民事手続法評論集

民事手続法評論集

石川 明 著

信山社

はしがき

　1　本書は主として私の民事手続法関係の小論を集めたものである。なかには民事実体法関係のものも混じっている。もともとは旧著『民事法の諸問題』（一粒社，昭和62年4月）と『民事手続法の諸問題』（朝日大学法制研究所，平成13年11月）の両書に収録した諸論稿を再録したものである。前者は一粒社が廃業したこと，後者は学内の刊行物であって公刊されていないことから，両書を合本して本書を刊行することにしたのである。

　本書収録の諸論稿は研究会で報告や討論を聴き，あるいは雑誌論文や判例を読んで考えたことをそのまま放置しておくと忘れてしまうことを考えて，将来の解決を思いつつメモしたものである。書いたまま論文に仕上げるところまで至らず放置している問題が多い。この点は慚愧に耐えないところである。

　本書は上記の経緯から，章わけはあるものの各章の論稿の並べ方にも体系性がないし，取り上げた問題についても体系性はない。論稿を発表順に並べたに過ぎない。各稿の掲載誌・掲載号については，各項目の末尾に記載しておいた。

　2　本書に収録した諸論稿中には，執筆時の古いものから比較的新しいものまで含まれている。ドイツについても1990年10月3日の東西ドイツ統合以前に執筆した論稿には，タイトルに「西ドイツ」が付せられている。わが国の民事訴訟法，民事執行法，民事保全法，倒産法等々について旧法時代に書かれたものもある。それらについては最小限ではあるが，旧法の条文の後に，カッコで相当する新法の規定を入れたり，「追記」をつけたりしている。既に法の改正により解決した問題についても，旧法上の問題点を記録として残す意味で収録したものもある。その場合にも最小限の「追記」をつけている。

　3　上記2に掲げた理由により「追記」を付するについては，本書刊行にあたり改めての調査を必要とし，若干の方々の絶大なご助力をいただいている。特に，ドイツ法に関しては三上威彦教授（慶應義塾大学法科大学院），河村好彦教授（関東学院大学法科大学院），EC・EU法に関しては庄司克之教授（慶應義塾大学法科大学院）等のご協力をいただいている。

前掲の三上，河村，庄司の各教授に対し，また転載を認めていただいた各誌各社に対し，加えて本書の刊行に尽力いただいた信山社，特に刊行に御協力いただいた今井貴，稲葉文子の両氏に大変なお世話を賜ったことに深い感謝の意を表したい。また同時に，本書の刊行についても近藤丸人法律事務所，金子正志法律事務所および手続法研究所の上田陽一基金の御援助をいただいたことに対し深く感謝したい。
　　2013年3月

　　　　　　　　　　　　　　　　　　　　　　　　　　石　川　　明

目　次

はしがき

I　判決手続

1　訴訟上の和解と調停 …………………………………………………5
2　抗告裁判所に対する執行抗告状の提出と移送 ………………………8
3　一部請求と残額請求 …………………………………………………12
4　処分権主義と憲法 ……………………………………………………15
5　判決裁判官特権というもの …………………………………………18
6　蓋然性ということ ……………………………………………………20
7　なぜ，訴訟上の和解か ………………………………………………23
8　管轄の合意の意思解釈 ………………………………………………26
9　録音テープは書証か検証物か ………………………………………28
10　訴訟上の和解における裁判官の独立性・中立性と規範的拘束について ……………………………………………………………………31
11　訴訟上の和解の訴訟法的規律 ………………………………………34
12　包括一律請求について ………………………………………………38
13　和解裁判官と訴訟裁判官の役割衝突 ………………………………40
14　外国法適用の誤りと上告理由 ………………………………………42
15　控訴審と時機に後れた攻撃防禦方法 ………………………………45
16　時機に後れた攻撃防禦方法の却下は裁量的か必要的か …………48
17　訴え取下げ契約の効力について ……………………………………51
18　違法に収集された書証の証拠能力 …………………………………54
19　職権主義の強化とその背景 …………………………………………57
20　管轄の厳格性と柔軟性 ………………………………………………60
21　訴訟上の和解の解釈原理 ……………………………………………63
22　訴訟上の和解と心裡留保・虚偽表示 ………………………………66

23	公証人と証言拒絶権	69
24	訴訟上の和解の権利保護機能について	71
25	裁判の理由付け義務	80
26	審級制と裁判を受ける権利	83
27	訴訟救助の考え方	86
28	民事裁判とその効率性と裁判を受ける権利	89
	── 慶応義塾大学での最終講義（平成7年9月）	
29	新民事訴訟法248条覚書	103
30	訴訟上の和解の既判力	107

II 執行手続

31	権利意識	113
32	民事執行法184条の公信的効果	115
33	取立訴訟と執行債権	120
34	実体法上無効な訴訟上の和解による執行	124
35	執行官のイメージ・アップを	127
36	和解調書の給付内容の疑義と執行力	129
37	執行官の苦労	132
38	動産執行の実態をめぐって	134
39	執行手続における執行官の助言 ── 西独法の場合	137
40	強制執行の非訟性	140
41	請求異議訴訟の類型論	142
42	「和解的執行」について	145
43	担保執行中の債務者の死亡・限定承認	148
44	有体動産執行のこと	151

III 保全手続

45	仮の満足と本案訴訟	155
46	文書配布差止の仮処分	157

目　次

　　47　保全命令手続における紛争の自主的解決 …………………160

Ⅳ　倒産手続
　　48　親企業の倒産と下請企業の下請債権 ……………………165
　　49　所有権留保と破産 ……………………………………………168
　　50　慰謝料請求権と破産財団 ……………………………………171
　　51　宣告後の破産者の法律行為と善意取得 ……………………173
　　52　破産実態法学 …………………………………………………175

Ⅴ　その他手続
　　53　民事調停雑感 …………………………………………………179
　　54　裁判外紛争解決の則法性 ……………………………………181
　　55　ADRの発展と法的規制のあり方 …………………………185
　　56　ADR 3題 ……………………………………………………195
　　57　調停の型 ………………………………………………………204

Ⅵ　司法制度
　　58　判例と弁護士と裁判官と ……………………………………211
　　59　法曹倫理教育 …………………………………………………216
　　60　簡易裁判所の事物管轄の引上げ ……………………………218
　　61　裁判所ごとに訴訟法があるということ ……………………221
　　62　簡裁、地・家裁支部の配置の適正化 ………………………223
　　63　最高裁判所の少数意見 ………………………………………225
　　64　弁護士の基本的性格に関連して ……………………………227
　　65　AdvokatとRechtsanwalt ……………………………………233
　　66　違憲法令審査権に関する若干の考察 ………………………236
　　67　外国法事務弁護士のこと ……………………………………239
　　68　法廷と外国語 …………………………………………………242
　　69　外弁規制緩和問題 ……………………………………………245

ix

70	民事裁判へのアクセスと費用 ………………………………	247
71	民訴改正要綱と裁判所制度の充実 …………………………	251
72	弁護士と司法書士の役割分担について思う ………………	254
73	新民事訴訟法の成立を契機に司法制度改革を ……………	257
74	裁判外紛争解決制度と弁護士法 ……………………………	262
75	弁護士法1条と弁護士の説明義務 …………………………	267
76	弁護士の誠実義務について …………………………………	271
77	これからの実務法曹 …………………………………………	276

Ⅶ ドイツ法

78	"in dubio pro libertate" について ………………………	281
79	ドイツ民訴法38条(新規定)のこと ………………………	284
80	ドイツ連邦弁護士法雑感 ……………………………………	286
81	強制抵当権制度の導入を提唱する …………………………	288
82	西独民訴法279条と訴訟上の和解 …………………………	291
83	西独民訴法における当事者本人の役割 ……………………	296
84	西ドイツ民訴法における訴訟促進と審理の充実 …………	299
85	Bankrecht のこと ……………………………………………	303
86	西独連邦司法省を中心とする『法的事実の研究』(Rechtstatsachenforschung)について ………………	305
87	執行証書の執行力の拡大 ……………………………………	311
	──ドイツ強制執行法第2次改正法の日本法への示唆	

Ⅷ カネミ油症事件

88	集団的損害賠償訴訟における損害の類型化 ………………	317
89	判例批評というもの …………………………………………	319
90	個人主義・遵法精神と信頼の原則 …………………………	323
91	法律家と文章 …………………………………………………	329
92	裁判と法的安定性 ……………………………………………	335

目　次

93　Entwicklungsgefahr（発展的危険）について ……………………338
94　製造物責任と危険防止義務 ………………………………………341
　　　── 使用目的に適った，あるいは予見しうる使用ということに
　　　　　ついて
95　法律と法的常識 ……………………………………………………344
96　被害者救済と不法行為責任 ………………………………………349
97　産業社会と信頼の原則 ……………………………………………352
98　判決は既成事実か …………………………………………………356
99　予見可能性と信頼の原則 …………………………………………358
100　予見可能性と注意義務 …………………………………………360

IX　そ　の　他

101　在野法曹の質的向上 ……………………………………………365
102　教育の機会均等・義務教育の無償性など ……………………367
103　監護権者の決定基準について …………………………………371
104　1つの視点 ………………………………………………………373
105　韓国民法における「同姓同本禁婚制度」について …………378
106　民事訴訟法の学習と実務 ………………………………………382
107　第1種財産分離をめぐる若干の問題 …………………………385
108　男女の平等について考えること ………………………………387
109　司法修習生と外国修習 …………………………………………389
110　信義則、事情変更の原則と不安の抗弁 ………………………392
111　生きる権利の平等 ── 脳死・臓器移植論議に思う …………394
112　法律専門職の注意義務 …………………………………………397
113　法の発展と実務 …………………………………………………399
114　ECの公証人像 …………………………………………………401
115　判例集の当事者実名登載とプライバシー ……………………404
116　法学教育改革の1つの試み ……………………………………408

117	憲法改正の実体験	413
118	法科大学院教育に関与して	417
119	法科大学院制度について	427
120	新司法試験の合格者数について 　　法科大学院の一教員の立場から	434
121	新司法試験の合格者数について（続）	447

凡　例

1　オリジナル原稿の発表後法律改正があった事項も多い。人名の肩書や数字は原則として発表時のものである。必要最小限の補足は文中で括弧を用いたり，各稿末尾に追記を加筆することによってなされている。

2　文中で西独法とあるのは1990年10月3日の東西ドイツ統一日以前の西独法を指す。

3　固有名詞はドイツ語表記のものと日本語の片仮名表記のものとがある。敢えて統一はしていない。

4　各論文末に初出掲載誌を掲げた。

民事手続法評論集

Ⅰ 判決手続

訴訟上の和解と調停

〈1〉 第1審に訴訟が係属中に当事者間の合意による紛争の解決をするために，訴訟上の和解と調停という2つの方法があることは周知のとおりである。

訴訟上の和解により紛争を解決するタイミングとして2つの時期が考えられる。第1は，双方の主張が出揃って争点が明確になった時点，すなわち証拠調べに入るに先立って和解をすすめることがありうる。私の調停委員としての経験からみると判決による解決にはそもそも適しない紛争というものがある。それがどのような種類のものであるかはここでは論じないことにする。特にこの種の紛争については，なるべく和解や調停といった当事者間の合意による解決をすすめることが裁判所の責任であるように思われる。

この種の和解は，主張も法律構成も単純明解な事件についての和解であり証拠調べを経ていなくても，裁判所としても法律関係を十分に把握したうえで考えられた和解案を前提に両当事者の主張を調整していくという，いわば裁判所主導型の和解ではなく，むしろ，裁判所がそうやかましく出ていかなくても当事者が自主的に作成した和解条項をもって和解を成立させるという，いわば当事者主導型の和解にしてもよかろう。

本格的に裁判所が前面に出て裁判所主導型の和解をすすめるためには，裁判所が相当程度事実関係，法律関係を的確に把握していることが必要である。そのためには，出揃った主張について事実関係把握のためにある程度の証拠を当事者から提出させる必要がある。このように和解期日に手続の係属している裁判所が心証形成をすることは，結局，和解が成立せず事件が訴訟に戻ることを考えると適当であるといいうるであろうか，疑問がないわけではない。したがって，この時期において，当事者主導型の和解が不成立に終ったとき，裁判所が紛争の性質上なお合意による解決を望むのであれば，事件を調停にまわすべきであって，裁判所主導型の和解をすすめるべきではないように思う。裁判所が和解手続において心証形成してしまうことにより不調の場合その心証が再開された訴訟手続に影響することがあるからである。むしろ，かかる事件では，和解をもって処理したければ受託裁判官に和解を委ねるべきなのであろう。

訴訟上の和解をすすめるべき第2のタイミングは，証拠調べが一通り終了し

Ⅰ 判決手続

た段階である。この段階になれば，裁判所も事実関係や法律関係を的確に把握するから，裁判所がそれを前提にして考えられた一定の和解条項を念頭において，裁判所主導型の和解をすすめることができることになる。当事者も証拠調べの結果からある程度判決の予測も可能になるから，和解に応じやすいという面がでてくる。

　この段階までくれば，判決は目前であるから，和解をすすめるより判決をしたほうがよいという考え方もあるかもしれない。しかし，紛争解決方法としては公権的なものより自主的なものを優先させるのが建前であろうし，判決をすること自体，裁判官にとって大きな負担であることを思えば，和解が裁判所の省力化に役立つという面も否定できない。

〈2〉　訴訟から調停にまわされる事件は，本来当事者間の合意による解決になじむ事件であるから，調停委員会としてはできるだけこれを調停によって解決するよう努力する。しかし合理的と思われる調停条項をもっていくら説得しても，当事者の双方又は一方がかたくなにこれを拒否して，これで説得できないこともしばしばである。このような場合，代理人たる弁護士も，司法の一翼を担う法曹実務家として当事者から一歩離れてその説得にあたる責務があることはいうまでもない。弁護士にそのような努力に欠ける面がよくあることは誠に残念である。

　そして，このような場合には，逆に一度事件を訴訟に帰して，証拠調べを進めたうえで，和解をすすめたり，再度事件を調停に付することが適当であるように思われる。調停案をかたくなに拒む当事者というのは，自らに分がないのに分があると信じている場合が多い。そこで証拠調べを終ると自らに分がないことが自ら推測しうる状態になるので，案外すんなりと和解や調停に応じることがあると思われるのである。

　調停委員会の説得力ないし権威とか受訴裁判所の証拠調べにかける労力等を考えると，一度調停に付された事件を訴訟にもどすことは，調停委員会の力不足に基因し決して好ましいことではないのであるが，しかし，それが紛争解決のために適切であるならば，それも止むを得ないものと思われる。

　このようにして，訴訟・訴訟上の和解・調停は，紛争解決手段として相互に補完的にその機能を果たすべきものであり，現に果たしているものと思われる。

［判タ457号4頁，昭57］

追記 なお本稿中で取扱った問題については拙著『訴訟法上の和解』(信山社, 2012年6月) の, 特に第5章第6節, 第7節第8節等を参照されたい。特に現行民事訴訟法には第3節が設けられているが, 私見はこの段階の終了時が最も和解に適切な時期である旨説いている。本稿は同手続が設けられる以前に執筆されたものである。

Ⅰ 判決手続

抗告裁判所に対する執行抗告状の提出と移送

〈1〉 民執法10条2項によると、「執行抗告は、……抗告状を原裁判所に提出してしなければならない」とされている。これに違反して抗告状が直接抗告裁判所に提出された場合、抗告裁判所は執行抗告を却下すべきかあるいは原裁判所に移送すべきかという点をめぐり、判例がわかれてしまっているのが現状である。その詳細については、山田二郎「執行抗告の抗告状が直接抗告裁判所に提出された場合の移送の可否」（金融法務事情993号11頁以下、以下山田・判批という）を参照されたい。判例の数の上では却下説が移送説をやや上廻っているし、却下説に立つ文献も多い。山田・判批は移送説をとるものであるが、私も結論的にいえば、民執法20条により旧民訴法30条1項を類推適用する移送説が正しいのではないかと考える。なにぶんにも最高裁判所による判例統一が望めない分野であるために、高等裁判所の裁判例が統一されることを願いつつ、山田・判批に若干の蛇足を加えてみたい。

〈2〉 却下説をとる代表的な判例である東京高裁昭和56年2月17日第2民事部の決定（判例タイムズ435号98頁、金融法務事情953号77頁）は次のようにその立場を説明している。すなわち、「民事執行法10条2項は、執行抗告は抗告状を原裁判所に提出して提起しなければならない旨規定し、抗告裁判所に直接抗告状を提出することを認めていない。そして、同項が、同条の他の規定と相まって、同法施行前において強制執行及び任意競売手続における決定に対する抗告が、多くは、右手続の進行を遅延させることを目的として提起されたことに鑑み、かかる事態を阻止するために設けられたことに照らせば、抗告状が抗告裁判所に直接提出された場合、民事訴訟法30条1項を類推適用し、当該抗告を原裁判所に移送することは許されないものと解すべきである。けだし、右移送を認めるときは、前記目的を損うのみならず、原裁判所及び関係当事者が原裁判の確定及びその時期を知ることを困難ならしめ、法的安定性を損うおそれがあるからである」とするのである。

これに対して、東京高裁昭和56年5月25日第1民事部決定（金融法務事情969号46頁、前記山田・判批はこの判決に対するものである）は移送説の立場に

2 抗告裁判所に対する執行抗告状の提出と移送

たって，その理由を次のように述べている。すなわち，この種の執行抗告を却下すると，「執行抗告の期間が前記のように1週間と限られていることから，抗告状の提出先を誤った抗告人は，多くの場合，適法に執行抗告の申立てをする機会を失することになるが，執行抗告について本来管轄を有する裁判所に抗告状を提出したという手続上の誤りのゆえに，抗告人にこのような不利益を負わせることは相当でないと考えられる。そうして上告状（又は特別抗告状）が直接上告裁判所（又は特別抗告裁判所）に提出された場合，上告裁判所（又は特別抗告裁判所）は，事件を上告状等を提出すべき原裁判所に移送するのが既に長年にわたり確定した先例であるが，これは，上訴期間を遵守して上告状（又は特別抗告状）が提出された場合には，その提出先を誤ったという瑕疵を理由に直ちに上告（又は特別抗告）を排斥することなく，不服について実質的な判断を受ける機会を与えるのが相当であるという考慮に基づくものであって，いわば手続法における普遍的原理の1つの顕現というべきである。従って，民事執行法が上告等を規律する民事訴訟法とは別個独立の法律であること及び民事執行法には，執行抗告につき抗告状の提出先を誤った場合について特段の規定のないことは，抗告状の提出先を誤った執行抗告の申立について，前記のように事件を原裁判所に移送すべきものとすることの妨げとならないものと解せられる。もっとも，このように移送すべきものとすると，執行抗告の期間が経過しても，原裁判が確定したかどうかが原裁判所に当然には明らかでないことにより，そのため執行抗告の確定をまって進行すべき次の手続が，原裁判所に抗告状の提出があった場合に比し遅延することにはなるが，執行抗告の期間が前記のとおり1週間と短く定められており，しかも事件の移送は特に長時間を要するものでないうえに，必要があれば抗告状の提出の有無を抗告裁判所に照会する等の方法もあるから，移送すべきものと解したからといって，民事執行法が執行抗告につきその第10条により達成しようとした趣旨目的に著しく背馳する結果となるものということはできない」と説明しているのである。

〈3〉 民執法10条2項が，抗告状の提出先について，上告状に関する旧民訴法397条1項（現行法314条1項），399条（現行法316条1項）を母型として，原審提出主義をとり，不適式，不適法な執行抗告については原裁判所において却下できるものとしている（民執法同条5項）。上告状に関する原審提出主義は，上告審の負担軽減にその根拠を求めることができるのに対して，民執法におけ

I 判決手続

る執行抗告に関する原審提出主義は，不適式又は不適法なものの原裁判所による却下手続を通して，濫抗告を簡易・迅速に却下し，手続の不当な引き延ばしを防ぐという点にその根拠が求められ，それぞれ原審提出主義の根拠を異にしているといえよう。

しかしながら，上訴状が誤って上訴裁判所に提出された場合，却下説によると，実質上上訴人の上訴権が奪われる結果になるという点では，双方のケースについて一定の共通性がないわけではない。そして，原審提出主義の母型である上告状に関する旧民訴法397条1項（現行法314条1項），399条（現行法316条1項）に関しては，実務の運用が，有力な却下説があるにもかかわらず移送説に定着したことは注目に値するものと思われるのである。

山田・判批は，この問題を，結局のところ，濫抗告を防止しようとする民執法の趣旨・目的にそった簡易・迅速な処理を重視するか，それとも不服申立権を奪わないことを重視するかという選択の問題であるとされる（前掲14頁）。私もこの観点が問題解決の規準になるものと考える。そして，続けて，同判批は移送説の根拠を前記東京高裁昭和56年2月17日の決定にしたがって次の2点に求められる。すなわち，第1に，執行抗告の期間は1週間と短く定められており，抗告状の宛先である抗告裁判所（管轄裁判所）に直接抗告状を提出するということは，陥りやすい誤ちであり，また，いったん抗告が却下されると，多くの場合適法に抗告する機会を失ってしまうこと，第2に，移送を許すと確定の確認に手間どり，手続が遅延することになるが，移送はとくに長期間を要するものではなく，抗告状の提出の有無を抗告裁判所に照会する方法もあり，本来管轄権を有する抗告裁判所に誤って抗告状が提出された場合に限定すると，移送を認めることにしても，民執法10条の立法趣旨に背馳することにはならないことがこれである。

〈4〉 私自身も，以上に挙げられた移送説の根拠に大旨賛成であるが，これに若干の蛇足を加えてみたい。

第1に，却下説による実質上抗告人の抗告権を否定する結果になるのであり，手続法規違背が重大である場合であれば抗告申立権を実質的に否定することになっても止むを得ない面もないではないが，違背が軽微であるにもかかわらず，抗告申立権を実質的に否定する結果になる解釈は，いかがなものであろうかと思われるのである。

第2に，上告状（特別抗告状）の原審提出主義（旧民訴法397条1項（現行法314条1項），旧399条（現行法316条1項））の運用として移送説が定着し，これに賛成する学説も多数になりつつあることを勘案すると，これにならって，執行抗告状の原審提出主義についても，申立人が同様の取扱いを期待して抗告裁判所に抗告状を提出することも予想されないことではないので，移送説が特に民執法10条2項の趣旨に著しく反する取扱いにならないのであれば，実質上抗告人の抗告申立権を否定する結果になるような却下説の取扱いをすることには疑問が残る。

ここで想起されるのは，いわゆるMeistbegünstigungsprinzip（最恵的取扱原則）である。すなわち，裁判所が本来なすべき裁判の種類を誤った場合の上訴の種類については，主観説と客観説とが対立していることは周知の通りであるが，この場合上訴の種類の選択にあたり，当事者は，原審裁判所が裁判の種類（例えば判決か決定か）の選択を誤ったことにより不利益を蒙る理由がないという原則が貫かれなければならない。したがって，当事者は誤ってなされた種類の裁判に対する上訴も，また本来なさるべき種類の裁判に対する上訴も，提起することができる，とされるのである。いわんや本人訴訟における当事者は，裁判所以上に正しい種類の上訴の方法が何かを適切に判断しうるものではないから，その責任を当事者に転嫁することはできない。この考え方を拡張すると，執行抗告の提出先についても，明文でこれを原審とする規定はあっても，上告状（及び特別抗告状）における原審提出主義についても上記原則の対象になりうるし，且つこれにつき宛先を誤ったとき移送説による運用がなされるという例がこれまでもある以上，執行抗告状を抗告裁判所に出しても移送説により処理されると解することを一概に非難することができないということにはならないであろうか。すなわち，上告状の原審提出主義の運用のなかに執行抗告状の原審提出主義についても同様の運用がなされる旨期待せしめる原因があるとすれば，後者につき移送説が立法趣旨を著しく害さないかぎり右の期待に反する取扱いをすることは，抗告人にとり不測の損害を与えることになり，許されないのではないかと思われる。

[判タ470号2頁，昭57]

Ⅰ　判決手続

　一部請求と残額請求

〈1〉　1個の債権の一部請求の訴えの可否をめぐって見解が対立していることは周知のごとくである。問題は後訴による残額請求の可否という形で提起されている。すなわち残額請求肯定説，既判力による遮断を理由にする残額請求否定説という基本的対立の中間に折衷的見解として，明示した一部請求にあっては残額請求を肯定し，明示しない一部請求にあっては残額請求を否定する判例の立場がある。

　一方では，諸般の事情から全部請求を求めることが無理であって一部請求しかなしえない場合とか一部請求をするについて合理的な理由のある場合（試験訴訟）などにも一部請求を否定することは，原告にとり苛酷である。また，反面一部請求であることを明示しないで一部請求してきた場合，残額につき更に請求できるとしたのでは，相手方は，既に決着がついたと考えていた紛争に再度つき合わされることになって不都合である。そして，原・被告両者のこれら対立利益の調整を考えると，折衷説の立場に説得力があるように思われるのである —— この問題を考える場合，裁判所の利益をも考慮しなければならないことはいうまでもないのであるが ——。判例が折衷説を採用しているのも，かような配慮からであろう。

〈2〉　私は，基本的には一部請求肯定説の立場に賛成する旨既に説いたことがある。なんといっても，実体法上は1個の債権の分割請求が許されるのであるから，実体権の観念形成を目的とする判決手続においても裁判制度の規模という公的問題はあるものの分割訴求を認めることを原則とすべきである。民事訴訟の基本原理である処分権主義の建前からみても分割訴求ができる旨を原則とすべきである。そして，分割訴求が訴権乱用にあたるような場合にかぎって訴えを不適法なものとして却下すべきである。訴権乱用にあたるような分割請求がなされた場合，裁判所のとるべき措置は訴えの不適法却下であって，本案判決をしておいて残額請求を遮断するという方法によるべきではない。訴えを不適法なものとして却下することなく本案判決をしてしまった場合にも残額請求を否定すべきではない。

〈3〉　かように一部請求を原則的に肯定する立場からしても，原告が明らかに一部を全部として，全部請求しているとか，あるいは明らかに一部に上限を画して請求しているというような場合にまで残額請求を認める必要はない。残額を訴求しない旨の原告の意思が明らかであるから，原告の残額請求の利益を保護する必要なしと考えられるからである。いわば原告が，客観的にそれが一部であるか全部であるかは別にして，明示的に全部請求として一部を請求した場合（以下，明示的全部請求という）には，後訴により残額請求又は残額と称する請求をすることは許されないものと解してよかろう。

　判例にみられる従前の折衷説は，明示的一部請求の場合に限って残額請求を許し，一部である旨を断わらない場合には残額請求を否定するのであるが，上記の私見は，明示的全部請求の場合に限って残額請求を否定し，その他の場合は残額請求を肯定しようとする。両者ともに一部請求にあたり，残額請求の認められる場合と否定される場合の双方を肯定するという意味で，折衷説と呼ぶことができる。しかし両者を比較すれば，判例的折衷説は私見的折衷説よりも一部請求否定説に近く，私見的折衷説は判例的折衷説より一部請求肯定説に近い。

　特に一部をわざわざ全部であると断わって一部請求するということは，特段の事情がある場合であって，通常は考えられないことであるから，私見的折衷説は殆ど一部請求肯定説そのものといってよいくらい肯定説に近い。その意味では，折衷説の名に値する折衷説は判例的折衷説であって，私見的折衷説でないといえるかもしれない。この点は暫くおくとして，両折衷説のこの相違は，一部請求の可否をめぐる原則のたて方の相違に起因するものと思われる。すなわち，請求のたて方についての原告の利益を強調して分割訴求を認めることを原則とするか，あるいは紛争の一挙抜本的解決という制度的利益を強調して分割訴求を否定するかという基本的立場の相違に起因するものといえようか。

〈4〉　訴訟行為についても原則的には意思の自由を認め，それが訴権乱用にあたるなど正当な理由に欠けるような場合にかぎって例外的に制度的利益を優先して考えるのが基本的に正しい考え方なのではないであろうか。手続の制度的要請の実体法秩序に対する踏み込みは必要最小限度にとどめるべきなのである。紛争解決の一挙抜本性の要請を強調する見解は，この要請に過大な役割を果たさせているのではないかと思われてならないというのが，私の率直な感想

I 判決手続

である。

[判タ489号8頁, 昭58]

追記 新訴訟物理論のベースになっている紛争の一挙抜本的解決という理念からすれば私見は格好の反論の対象になるであろう。請求をたてる原告の意思の自由と制度的利益の抵触という問題に帰着する論点である。

処分権主義と憲法

〈**1**〉 西独 Konstanz 大学の Rolf Stürner 教授（現在 Freiburg 大学）は，最近，„Festschrift für Fritz Baur"に„Verfahrensgrundsätze des Zivilprozesses und Verfassung"(「民事訴訟の手続原理と憲法」) と題する論文を寄せている。この記念論文集のユビラールである Baur 教授は，かねてからこのテーマに関心をいだかれ，例えば，„Der Anspruch auf rechtliches Gehör" AcP 153, 393 ff., „Zeit- und Geistesströmungen im Prozess" JBl, 1970, 445 ff.,〈Les guaranties fondamentales des parties dans le proces civil en République Fédérale d'Allemagne〉in Mauro Cappelletti und Denis Tallon, „Fundamental guarantees of the parties in civil litigation" Milano 1973, S. 1.ff.,等の論文を書かれている。

〈**2**〉 ここでは，民事訴訟手続の基本原理の1つである処分権主義と憲法との関係について，Stürner の所見を参考に考察してみたい（[ ] 内は現行 ZPO 条文)。

ドイツ民訴法上処分権主義を内容とする規定は数多い。当事者による全体手続の開始及び全体手続中の各段階の開始に関しては，253，338，485，518，[519]（以下 [ ] 内は現行 ZPO），553，[549]，578 [575]，920 の各条，当事者の申立の裁判所に対する拘束力につき，308，525，[528]，559，[557] の各条，申立人による一方的な手続終了について，269，515，[516]，566，306，514，[515]，566，[565] の各条，相手方による一方的な手続終了につき，307 条，合意による訴訟の終結について，91条a，794条1項1号，251条1項 [565]，一方的な責問権の放棄について，295 条，訴訟上の合意について，例えば38条以下，128条2項，1025条以下の各規定がある。

ところが，処分権主義にいう当事者の処分権が憲法上の要請であるのか否か，そうであるとすれば，その保障を憲法のいずれの規定に求めるべきか，という点については，ドイツにおいても，またわが国においても，あまり議論がなされていないのが現状である。例えば，Rosenberg/Schwab の体系書は，単に，処分権能の原理の中核は憲法上保障されていると述べるにとどまる（Zivilprozeßrecht, 12 Aufl., S. 5 f.）。Brüggemann は，憲法における民事訴訟の制度的

15

I　判　決　手　続

保障から当事者の処分権を導こうとしている („Judex statutory und judex investigator" S. 127 ff., 134–156)。Bettermann は，裁判官の中立性の要請から司法権の中心的領域につき職権主義の採用が憲法上禁止されている旨論じているのである (JBl. 1972, 57 ff., および 60–62)。

処分権主義が憲法上保障されているというだけでは，その根拠条文が不明であるし，民事訴訟制度の憲法上の保障に求められるというだけでは，処分権主義が民事訴訟制度に本質的なものであるとの命題を通さなければ，処分権主義の憲法上の保障は出てこないことになるし，憲法が処分権主義まで含めた民事訴訟制度の保障をした旨を論証する必要がある。さらに，裁判官の中立性は当然には民事訴訟における裁判官の消極性とつながるものではないであろう。換言すれば，裁判官の積極性（職権主義）が必ずしも常に中立性と矛盾するわけではないことを考えれば，中立性を処分権主義の保障の根拠とみることは正しくないともいえる。

Stürner は，処分権主義の憲法上の保障を，基本法における財産権的請求権の原則的処分可能性（処分の自由）の保障に求めている（前記論文集 651 頁参照）。すなわち，基本法 14 条 1 項は，「所有権及び相続権はこれを保障する。その内容及び制限は法律により定める」と規定している。さらに第 2 条 1 項は，一定の制限の下に人格を自由に発展させる権利を基本権として保障している。そこで，処分権主義は実体的処分権が憲法上保障されていることの帰結であると解するのである。したがって，人事訴訟におけるように身分関係に関して実体法上処分権が制限されている領域においては，訴訟法上も一定の範囲で処分権主義が制限される（ドイツ民訴法上は 606〜687 条の人訴事件―現在は削除され，「家庭事件及び非訟事件における手続に関する法律（FamFG）」中に規定されている―）。しかしながら，民事訴訟手続にあっては，当事者の処分権の利益のほか訴訟制度を設営する国家の利益，相手方の利益等をも考慮しなければならないから，実体的処分権と手続法上の処分権主義の範囲が同一であると解することはできない。そこで手続法上の処分権主義の保障の根拠は，憲法上財産的請求権の処分可能性の保障に求められるけれども，処分権主義の範囲については処分当事者の利益以外の利益をも勘案して個別的に検討しなければならないことになる，というのである。

〈3〉　以上の議論を日本国憲法に引き直して考えると，76 条 3 項の裁判官の

独立，31 条の裁判を受ける権利，29 条の財産権の保障等が問題となってくる。これらはボン基本法の前記各条文と必ずしも正確に対応する規定ではないが，なかでも比較的対応度が高いのは 29 条であろうか。

　私自身は，基本的にいって前記 Stürner の見解に賛成であり，処分権主義の根拠は，日本国憲法 29 条（特に処分の自由を導くことのできる第 1 項），及びボン基本法 2 条 1 項に対応するものとして自由権規定全体の背景にある人格の自由の思想，に求められるのではないかと考えている。

[判タ 497 号 49 頁，昭 58]

追記　＊　現在は Rosenberg-Schwab-Gottwald は第 17 版が再新版である。

I 判決手続

判決裁判官特権というもの

〈1〉 判決裁判官特権（Spruchrichterprivileg）というのは聞きなれない用語である。わが国においては，不当判決の騙取にあたり騙取した当事者が相手方に対していかなる責任を負担するかという点について判例があり，学説が対立していることは周知のとおりである。しかしながら，当事者以外の第三者，例えば裁判官の場合を除いて，訴訟代理人たる弁護士や鑑定人ないし証人が，誤った裁判，誤った訴訟追行，誤った鑑定ないし証言をしたために当事者に損害を与えた場合，それぞれがいかなる責任を負うかという点については，あまり議論がない。

判決裁判官は，誤った訴訟指揮，誤った裁判をすることによって当事者に損害を与えた場合に，当事者に対しいかなる要件の下に賠償責任（国家賠償のほか個人責任）を負うかという点が問題になる。一般の不法行為責任におけるように，故意又は過失を要件としてその責任を認めてしかるべきか，違法性をどのように考えるべきか，という問題である。

一般の不法行為責任と同一の要件の下に賠償責任を課することは，判決の既判力や裁判官の独立性ないし中立性との関連から問題があり，したがって，その責任を制限し，極めて限られた要件の下においてのみ認めることを，責任制限のゆえに判決裁判官特権と称するのである。

〈2〉 判決裁判官の責任制限はいかにあるべきか。『ドイツ法律用語辞典』は，この Spruchrichterprivileg を次のように説明している。すなわち「判決をする裁判官の特権。公務員が故意・過失で第三者に対して負担した職務上の義務に反したときは，第三者に対して損害賠償義務を負担するが，裁判官は法を歪曲して適用した判決を下しても刑罰をもって処罰される場合のほかは責任を負わない（独民法839条1項，2項）。……もし，判決の不法なことを理由とする損害賠償の訴をみとめると，損害賠償請求事件では確定判決をさらに審査しなければならないことになるから，これを避ける趣旨である」というのである。

BGB（民法）839条は，「①公務員が故意又は過失によって，彼が第三者に対し負う職務義務に違反したとき，彼は第三者に対し右の義務違反から生じる

損害を賠償する責に任じる。公務員が過失の責任のみを負うときは，被害者が他の方法により損害賠償の請求をすることができない場合にかぎり，請求をすることができる。②公務員が法律事件の判決にあたり職務義務に違反したとき，義務違反が犯罪行為として成立している場合にかぎり，それから発生した損害について責任を負う。…後略…」と規定している。

通常，この判決裁判官特権の根拠として，既判力の尊重と裁判官の独立及び中立の尊重という2つの事項が挙げられている。このうち，裁判官の独立は正しい裁判の保障手段の1つであるところから，正しい裁判をそのうちに包含する——当事者権の保障等正しさの担保があるから既判力も生じる——既判力の尊重に吸収されること，さらには，「ある者が自己に委託された公務の執行上，第三者に対して負う職務上の義務に違反したとき，原則として，この者を使用する国または団体がその責を負う。……」と規定するボン基本法34条の免責規定もあるものの判決裁判官特権の根拠を既判力の尊重にのみ求める見解も提唱されている。

〈3〉 再審以外の方法により確定判決の当否を検討することは，当該判決の既判力により遮断されるはずである。裁判官が職務義務に違反して処罰されることがあっても，それだけで職務義務に違反してなした裁判の不当性が論証されるわけではない。また，職務義務違反と裁判の不当性との間に因果関係があることが論証されたわけではない。裁判の不当性を論証するためには，再審によりこれを取り消すことが必要である。処罰の対象となった義務違反による裁判の再審＝取消がなされてはじめて，当該義務違反と不当判決との間の因果関係が論証されたことになる。もっとも，当該義務違反と不当判決との因果関係は，再審によらなくても別訴としての裁判官に対する損害賠償請求の訴えによっても審判できないわけではないともいわれる。しかしながら，判決の不当性は再審により取り消さないかぎりでてこないものである。これを再審＝取消により判断しないかぎり，別訴により審判することは許されないはずである。再審により取り消さないかぎり，不当判決の不当性を別訴で審判することは不当判決の既判力に抵触することになるはずである。かかる意味において，裁判官の損害賠償義務を当該判決に関連して刑事処罰がなされた場合に限定するのはよいが，その責任を追及するためには，当該判決が再審により取り消されることが前提になるものと考える。

[判タ501号55頁，昭58]

I 判決手続

 蓋然性ということ

〈1〉 公害訴訟や医療過誤訴訟といった現代型の不法行為訴訟において，加害者の過失や因果関係の直接証明が極めて困難であることは周知のとおりである。そのために，被害者救済という観点からも，被害者の立証の軽減をはかることを目的にしていろいろな方策が考案され，その一部は現実に実施されている。

その方策は，大別して2つにわかれるが，第1は，証明責任の転換であり，第2は証明責任は法律要件分類説に従い分配することを前提としつつ，間接証明，一応の推定＝表見証明，疫学的証明，間接反証といったテクニックを用いる方法である。第2の系列に属するものとして，いわゆる蓋然性説がある。蓋然性説といってもその説くところは多様であるが，公害訴訟における因果関係の証明は因果関係の存在の蓋然性の証明でよいとし，そこでいわゆる蓋然性の証明とは，あくまでも証明であるが，実は疎明に近いものが考えられているように読める。

一例を挙げると，「一般の裁判では立証責任を負う者が裁判官に対し，経験則上ほぼ確実に近い心証形成を与えなければ，相手方は反証の必要さえないのに対し，公害では，前述のような被害者の立証困難などを考慮して，自覚的に，裁判官に蓋然性の程度で因果関係を推認することを認め，相手方の反証にまつ範囲を拡大しようとするわけである」と説かれている。

ここでいわゆる「蓋然性」は，「経験則上ほぼ確実」より低い心証を指すものと思われ，「経験則上ほぼ確実」は証明を意味するものと思われるので，これより低い心証を指す「蓋然性」は実質上疎明に近くてよいということになろうか。民事訴訟においては，証明が原則であって疎明で足りる場合は例外であるから，疎明でよいのは法律に規定がある場合に限られる。公害の因果関係は証明困難であるから疎明でよいというのであれば，一般の訴訟で証明困難ならすべて疎明に近いものでよいということになるのであろうか。いつから民事訴訟法ないし民事訴訟法理がそのように変ったのであろうか。

公害訴訟では，被害者の救済という要請があるということをその根拠にしようというのであれば，これも問題である。被害者救済の必要は公害訴訟だけに

特有な要請ではないのである。さらにまた，被害者救済は，証明責任の部分の問題も含めて実体法の解決すべき問題であって，事実について証明を要求する民訴法の大原則をまげてまで訴訟法の領域で解決すべき問題では決してないのである。間接証明，一応の推定＝表見証明は，いずれも経験則の助けを借りる立証の軽減の方法ではあるが，それらはあくまでも経験則の助けをかりた証明を目標にしているのであって，疎明で十分としているわけではないのである。

〈2〉 蓋然性という語の意味するところは大変に幅が広い。極端にいえば，51パーセントから99パーセントまでといってもよいかもしれない。場合によっては，可能性が50パーセント以下でもそれなりの可能性がある以上蓋然性あり，といってよいのかもしれない。したがって，証明にあたる高度の蓋然性もあれば，疎明にあたる，より低い蓋然性もある。

東大病院ルンバール事件の最高裁判決は，「訴訟上の因果関係の立証は，一点の疑義も許されない，自然科学的証明ではなく，経験則に照らして全証拠を綜合検討し，特定の事実が特定の結果発生を招来した関係を是認しうる高度の蓋然性を証明することであり，その判定は，通常人が疑を差しはさまない程度に真実の確信を持ちうるものであることを必要とし，かつ，それで足りるものである」と判示している。ここでいう高度の蓋然性は，一点の疑義も許さない自然科学的証明まではいかないにしてもいわゆる証明であることに変りがない。右判決が，蓋然性でよいとしていることから疎明で足りる旨判示されたと考えるのは，明らかに誤りなのである。問題は蓋然性の程度なのであろう。ルンバール事件でも「高度の蓋然性」を必要といっている。

〈3〉 公害事件や医療過誤事件において，被害者の救済が大切であるということを私も否定するものではない。しかし被害者救済の法理が展開されるのは，証明責任の問題をも含めて主として実体法の領域においてであって，訴訟の基本構造を崩してまで訴訟法の領域に被害者救済の要請を導入することは誤りである。

実体法の領域においても，被害者救済の要請を強調するあまり，解釈論と立法論を取り違えた学説の展開がしばしばみられるように，私には思われる。立法論としては傾聴すべき理論が堂々と解釈論としてまかり通るようでは，法的安定性という法の理念は何処へ行ってしまうのであろうかと心配になってくる。

I　判決手続

　解釈論が現代型の不法行為に対処するには自ずから限度があることは，実定法の宿命であって，そこで救い切れないものは，行政的救済によらざるを得ないのである。現代型不法行為訴訟をめぐる実体法・手続法の解釈論には，このあたりのけじめが見失われているような気がしてならないのであるが，それは私自身の物の考え方が古いからなのであろうか。蓋然性も証明の手段として用いられるのであるから，ルンバール事件の前記判例のように高い蓋然性でなければならないことはいうまでもない。

[判タ 506 号 63 頁，昭 58]

　追記　日本の現行民事訴訟法 248 条は損害額の認定について例外を設けている。

⟨7⟩ なぜ, 訴訟上の和解か

〈1〉 本書83章において述べたように, 簡素化法施行後のZPO旧279条 (現行法278条) 1項は,「裁判所は手続がいかなる段階にあるかを問わず, 訴訟又は個々の争点の和解的解決に配慮しなければならない」と規定している。要するに, 同項は, 訴訟上の和解による紛争解決を推奨することにより, その機能を裁判による解決と同格のもののように重視していると思われるのである。

簡素化法がかようにして訴訟上の和解を重視している理由をいかに考えるべきであろうか。その理由として考えられるのは, 第1に, 民事紛争の解決における私的自治の原則である (自主的紛争解決)。私的法的紛争は, 何よりもまず私的解決に委ねられるべきであり, 公的解決である裁判による解決は, 私的解決の不可能な場合に限定さるべきであるというのであろう。訴訟上の和解は私的解決の系列に属するものである。

第2は, 和解の紛争解決機能ないしは和解内容の実質的合理性である。この点について Kurt Rudolph は, „Der Prozessvergleich, Rechtstatsachenforschung, Herausgegeben vom Bundesministerium der Justiz" 1983 Bundesanzeiger の論文„Der Vergleich im Zivilprozess aus der Sicht des Richters" (35頁以下) において, 以下の諸点を列挙している。

①紛争解決方法としての柔軟性。とくに証明に際して厳格な証明を必要としない点。②和解内容の形成の柔軟性。法定の効果にとらわれないし, 限界事例については all or nothing の解決をしなくてもよい。③裁判官は和解条項の作成にあたり自由に釈明・指示等を行うことができること。④当事者の意思の尊重。裁判におけるように, 裁判官の判断に当事者を強制的に服せしめるのではなく, 自らの事件を終局的には自らの意思をもって規制するようにすることができる。⑤併合和解の可能性。和解により, 客観的には訴訟物以外の権利もしくは法律関係を組み込み, また主観的には, 訴訟当事者以外の第三者をも組み入れて, 紛争の綜合的解決を図ることができる。わが国においてもこれら諸点は既に説かれている。

以上の諸点が指摘されているのであるが, これらのうち④は, 紛争解決における私的自治の原則を示したものであって, 本項目において, 第1の理由とし

て挙げたものである。当事者の自らの意思による解決という点で，当事者間に真の法的平和を回復することができることになる。

第3は，訴訟経済的理由である。すなわち，従来も，立証の長期化，判決起案の長期化等の難点を回避するという観点から，和解が実務上評価されてきたといえる。裁判官としては，和解条項の作成に慎重を期する必要があるし，そのためにある程度の事実の調査を必要とするという点で，どれだけ時間や労力の節約になるのかという疑問もなくはない。さらにまた，和解に既判力を否定するとするならば，その効果は不確実なものになり，再度紛争を誘発するから必ずしも訴訟経済に役立つとは限らないとの批判も，ないわけではない。しかしながら，一般的にいえば，訴訟上の和解が訴訟経済的にみて有用であるといってよいであろう。とくに下級審で成立した和解は上訴審を省略するという点で，民事司法の事務負担を軽減するといえる。

〈2〉　ところで，K. Rudolph は，冒頭に掲げた ZPO 279 条 1 項の規定から，裁判官が和解手続にあたり和解提案（和解条項の提示）をなす必要があり，裁判官が純粋に仲介者的役割を果たすにとどまるのは全く例外的なケースであると解している（a. a. o., S.36）。証拠調べが終了して裁判官が一定の心証を得た段階においてはもちろんのこと，事実および法律上の争点が明確になっただけで証拠調べ手続に入らない段階でも，裁判官は和解提案をなすべきであるというのである。ただ異なるのは，前者の場合，和解提案の内容が心証にそった，予想される判決をベースにしたものになるのに対して，後者の場合，その内容はかなり幅のあるものになるという。

裁判官の職権を強化して審理の充実と促進を図ることを基本理念とする簡素化法の下で，訴訟促進という観点から和解を推奨し，和解手続においても裁判官の和解提案を義務づけるという形で和解手続における裁判官の職権強化にそって手続の進行を図るという考え方も，理解できなくはない。

しかしながら，ZPO 279 条 1 項の規定から裁判官の和解提案義務まで認めるのは行き過ぎであって，同項の文言から裁判官の仲介的役割を読み取るだけで十分である。

本書83章においても述べているが，証拠調べ以後の和解の試みは裁判所主導型であるべきであるが，これに反して，証拠調べ前の和解の勧試にあたり，裁判官の和解提案を義務づけるというのは無理な場合がある。逆にいえば裁判

官が仲介的役割を果たさなければならない場合がしばしばではないかと思われる。訴訟経済とか手続の促進という点からみれば，右の場合も裁判官が積極的に和解提案をしていくのがよいかとも思われないではないが，私的自治の原則を強調するならば，その役割を仲介的なものにとどめるのが適当ではないかと考える。和解は訴訟経済よりもむしろ私的自治の原則を第一義的なものとして認められる制度であることに留意すべきなのである。ある程度の心証形成がなされる以前においても裁判所主導型であってよい場合もありえよう。訴訟経済の要請は重要であるが，それはいわば第2次的ないしは反射的効果なのである。

［判タ513号95頁，昭59］

追記 拙著「訴訟上の和解」信山社　2012年6月刊の根底にある考え方は常に私的自治を強調している。

Ⅰ　判決手続

⟨8⟩ 管轄の合意の意思解釈

〈1〉　合意による管轄裁判所が1個しか特定されていないが，合意の文言上「専属的」と明記されていない場合，それが専属的か付加的かという点は必ずしも明らかではない。この点を取り扱った文献としては，高島義郎「管轄の合意をめぐる問題点」（新・実務民訴講座Ⅰ所収，とくに228頁以下）があるが，本稿において若干の私見を述べておきたい。

　この点について，通説は，法定管轄を有する裁判所の1つをとくに指定しているときは専属的合意と解するが，そうでない場合は付加的合意であると解している。これに対し，近時，わざわざ当事者が特定1個の裁判所を指定しているときは，訴訟をするなら当該裁判所で専属的にという趣旨で，他の裁判所ですることを予定していないとみるのが当事者の意思であると解し，したがって，付加的合意と解する特段の事情のない限り，指定された裁判所が法定管轄裁判所であるか否かを問わず専属管轄の合意と解すべし，とする見解も有力である。

　通説・有力説のいずれによろうと，法定管轄裁判所の1つが指定されたときは，合意は専属的ということになる点で共通しているが，両説の相違は，法定管轄裁判所以外の裁判所が指定された場合に生じる。すなわち，通説によれば右合意は付加的であるのに対し，有力説によれば専属的であることになる。

〈2〉　専属的と解する有力説に対しては以下のような批判がある。すなわち，法定管轄権のない裁判所が指定された場合，専属的と解することが当事者の意思に適うとはいえないのではないかというのである。たしかに，個別的取引においてなされる管轄の合意は，通常，専属的なものと解しうるが，約款でなされる場合には，約款作成者の意思が専属的であるとしても，一般契約者の意思は協議・決定の自由がないために，通説に従って，付加的合意であると解するのが相当であるというのである。しかし，この批判は若干問題である。本来，約款の合意条項が専属的であるならば，一般契約者は当該条項を含めて附合契約を締結しているのであるから（附合契約とはそういうものである），協議・決定の自由がないから一般契約者の意思は専属的合意であるとはいえないと解することは適当ではないといえそうである。しかしながら私が当該合意が専属的

ではなく付加的であると解する根拠は，これを一般当事者の意思とみるよりむしろ一般当事者の保護に求めるべきではないかと考える。

　また通説に対しては，解釈基準が必ずしも明確ではないという批判がなされている。すなわち，約款作成者は画一的に特定1個の裁判所を指定するが，法定管轄原因は顧客の住所地，履行地など多様であるし，作成者が原告になるか被告になるかによっても異なる。画一的な約款に含まれる合意管轄の記載が，相手方いかんとか，また作成者が原告になるか被告になるかといった偶然的事情により，これに対応して，指定が専属的合意になったり付加的合意になったりする結果になるが，これでは実務上妥当な解釈基準になりえない。かような合意は，相手方は原告，被告のいずれになる場合にも常に企業の本拠地の裁判所での訴訟を強いられることになり，これは企業にとってのみ便宜で，相手方に一方的に不利になる不公平な合意である，というのである。

　本来，画一的である約款に含まれる合意管轄の記載が，かように個別的事情によって専属的になったり付加的になったりするような解釈基準は，実務にとり妥当な解釈基準たりえないというのであるが，この場合の非妥当性とは何を意味するのであろうか。専属的か付加的かという点が不明確になるわけではないから，この意味で妥当性を欠くとはいえない。専属的か付加的かが画一的に決まらないという意味で妥当性を欠くというのであろうか。かりにそうであるとしたら，そのことは妥当性を否定するにつきそれほど決定的な根拠であろうか。私はこの批判は必ずしも通説の決定的欠点であるとは思われないのである。

　〈3〉　約款における一般契約者の利益保護の観点からすれば，有力説を採用しえないことはもちろん，通説によっても専属的合意になる場合があること自体に問題があるように思われる。法定管轄裁判所以外の裁判所を指定した場合は通説と同様に付加的合意と解し，法定管轄裁判所のうちの1個の裁判所を特定した場合は，通説とは異なり，当該合意は無意味な合意でありなんらの効力も有しないものと解すべきであろう。専属的合意を望む場合はそれを明示すればよいのであるから，上記の結論も決して無理なものということはできないものと思われる。これに反して約款によらない個別的取引における管轄の合意は決定管轄の内外を問わず専属的と解してよいであろう。

[判タ516号71頁，昭59]

I 判決手続

⟨9⟩ 録音テープは書証か検証物か

〈1〉 書証とは，文字ないしそれに類する符号の記載された文書の意味内容を証拠資料とする証拠調べであるが，検証というのは，裁判官が五感の作用によって，直接に事物の性状，現象を検査して得た認識を証拠資料とする証拠調べである，と一般に説かれている。録音テープは文字ないしこれに準じる符号を使用しないし，視覚により意味内容を把握するという性質の証拠でもないという点では書証性を欠くのであるが，思想の表明であるという点では新形式の文書であるといえなくもない。かように二面性をもつ録音テープという証拠方法は，現行法の立法者の予定しなかったものであり，二面性をもつがゆえに物証か書証かをめぐり議論が対立するのである。わが国では書証説が有力であり，ドイツでは逆に検証説が有力であることは周知のとおりである。

しかしながら，かような二面性をもつ録音テープを，書証又は物証のいずれかに分類してしまうこと自体に問題があるのではないか，というのが私の率直な感想である。立法者の予定しなかった新形式の証拠方法なのであるから，それが現行法上認められている証拠方法のいずれにも分類しきれない二面性をもつ場合には，これに対して立法的に対処していくのが最も好ましい方法である。しかし，現行法（旧法）上の取扱いを問われるとすれば，二面性のある証拠方法を書証ないし物証のいずれかにきめつけてしまうことに，そもそも無理があるといえるのではないであろうか。

〈2〉 裁判官が録音テープをかけて聴覚によって聴取した結果を証拠資料とする面ではそれは物証であり，証拠調べの方法は検証である。これに対して，裁判官が録音テープの性状の認識を目的とするのではなく，テープに固定された話者の思想ないし意味内容を聴取し，これを証拠資料とするという点では，テープは書証である。この関係を率直に認めたうえで，書証説と検証説が対立する諸問題，すなわち提出命令の範囲，職権鑑定の可否，形式的証拠力等について，その取扱いを各別に検討するのがよいのではないかと思われるのである。

そこでまず，証拠提出義務の範囲の問題についてはどうか。録音テープが文書ないし準文書であるとすれば，文書提出を求めうる範囲の制限（旧民訴312

条）に服することになるが――最近，文書提出義務の範囲が拡大される傾向にあるとはいえ――，検証物であるとすると，民訴（旧）335条では312条の準用が除外されているから，検証協力義務は国民の一般的義務とされ，提出義務の範囲の制限がないことになる。録音テープも人の思想内容を証拠とするという点では書証と共通性を有し，思想内容の表明は無制限に認めるべきではないとの発想からすれば，証拠提出義務に関する限り，録音テープを書証と同じに取り扱うべきであると考えることになるのであろう。

　形式的証拠力との関係でいえば，録音テープを検証物として取り扱うべきであろう。書証の形式的証拠力に関しては，旧民訴法323条以下に詳細な規定がある。録音テープについてこれら諸規定が適用される余地はないから，相手方が争う場合，挙証者がその形式的証拠力を証明しなければならないことになる。その場合，テープの性状や声紋などを調べる必要がでてくるが，それらは検証によることになる。この限りにおいては検証説によらざるを得ない。

　証拠調べの方法としても，録音テープの場合，書証におけるように裁判官による文書の閲読という方法によるものではなく，テープの再生による供述の聴取という方法によらなければならないのであるから，意味内容を重視した書証説が正しい。

　職権鑑定についても（旧民訴334条）同様に，検証説を正当とすべきである。形式的証拠力の検証においてのみならず，実質的証拠力の判定にあたっても鑑定を必要とする場合がありうると思われる。わが国の通説は職権鑑定を否定するために，録音テープを書証と解するとその証拠力の判定にあたり職権鑑定をすることが許されないことになるのに対して，これを検証物とみれば職権鑑定ができることになる（民訴334条）。

〈3〉　書証か検証かを問う場合，区別基準として証拠の内容とか証拠調べの方法とが考えられる。証拠調べの方法からみれば録音テープは検証物的側面をもつものであるのに対し，内容からみると書証に準ずべきものである（提出命令との関係）。録音テープの二面性を率直に認めたうえで，問題によって二面の使い分けをするという点で，私見は折衷説とも呼ぶべきであろう。実務上は反訳書が証拠として提出されることが少なくないことから，反訳書を提出したうえで，その証明力を補強するために，録音テープを検証により取り調べるという順序・方法によるべきとする折衷説も有力に提唱されているが，私の折衷

Ⅰ 判決手続

説はこれと少々趣きを異にするものである。

[判タ 517 号, 昭 59]

　追記　本章の日本民事訴訟法の引用条文はすべて旧民事訴訟法の規定である。現行民事訴訟法 231 条はこれを準文書として取扱っている。本稿は旧民訴法の解釈論である。現行法は大旨旧法時代ここに展開した処に適合した改正がなされたように考えている。

⟨10⟩ 訴訟上の和解における裁判官の独立性・中立性と規範的拘束について

〈1〉 証拠調べにより心証を得た後になされる和解は裁判所主導型のものであり，その和解提案は基本的には判決をベースにしたもの，換言すれば，基本的には実体法的拘束を受けるものでなければならない旨を説いたことがある。もちろん，"基本的"に実体法の拘束を受けるということは，和解提案の内容につき裁判官の裁量の余地をまったく否定するというものではない。すなわち，実体法的拘束を前提にして，互譲により条理に適い実情に即した和解事項を提案すべきなのである。換言すれば，実体法的拘束から逸脱しうる範囲は公序良俗とか信義則といった一般条項を基本として，かつ条理に適い実情に即した合理的な範囲にとどまる（訴訟上の和解についても調停におけると同一の考慮が働くといってよい）。基本的には証拠調べ終了後の和解提案の実体法的拘束がかなり強く働くし働かなければならない。

証拠調べ前の段階における和解の勧試にあっても，和解条項を作成する段階における実体法の基本的拘束性や公序良俗や信義則という一般条項による──証拠調べ後の和解提案よりやや──ゆるやかな法的拘束を基本とすることはいうまでもない。

訴訟上の和解の，かような実体法的拘束という要請からみれば，一貫性のない訴え（unschlüssige Klage）にあっては，主張整理後証拠調べ前の段階においてすら和解の勧試をそもそもなすべきではないものと思われる。原告適格や被告適格が欠缺する訴えにおいても事情は変らないというべきであろう。訴法要件は具備されている必要がある（訴訟要件の具備を必要とするか否かは和解の性質論との関係で見解が分れる）。

〈2〉 訴訟上の和解につき，上記のような実体法的拘束を強調する理由は何であろうか。その理由は，第1に，訴訟上の和解も司法制度ないし，とくに訴訟制度の枠内で認められている紛争解決制度であるから，とくに判決に熟した段階で裁判所がなす和解提案は，法的解決に即したものでなければならないことを挙げることができる。さらに，第2に，和解活動における裁判官の独立

Ⅰ　判決手続

性・中立性の要請に注目する必要がある。裁判官の独立は憲法上の要請であり，裁判官の中立性も独立の要請と深くかかわっている。実体法による拘束は，司法の本質であると同時に，結果的には裁判官の独立性・中立性の維持につながる。裁判官の和解活動における中立性は，両当事者の法の下の平等，和解の下の平等を保護することにもなるのである。私は，これらの点にも訴訟上の和解の実体法的拘束の根拠が求められてよいものと考える。

〈3〉　ところで，和解の提案が実体法の拘束から離れる場合の1つの基準として，「条理に適い実情に即すること」が考えられる。ここで，いわゆる「条理」とは，実定法体系の枠内での条理を意味するものと思われる。それでは，それが実定法体系の一般条項に反しない限りで，実定法体系の枠を離れて道徳とか慣習といった法規範以外の社会規範（法と離れた行為規範）に基づく和解提案は許されないものであろうか。結論的にいえば，私はこの点，例外的なものとして肯定的に考えたいと思う。ただし，その場合，依然として要求されるのは，第1に，当該社会規範が社会規範として確立しているということである。けだし，確立した社会規範を和解提案の基礎とする限り，裁判官の独立性・中立性の要請は充足されると考えられるからである。訴訟上の和解が，司法的紛争解決制度の一環でありながら，法律以外の社会規範を基準となしうるのは，当事者の合意を本質とする自主的紛争解決規範であるからにほかならない。第2に，法規範以外の社会規範に基づく和解の提案にあたり，裁判官は，それがもっぱら法規範に基づく和解の提案ではなく，法規範を前提としつつそれ以外の社会規範に基づくものであることを当事者に対し明示しなければならないものと思われる。この点を明示することなく和解を成立せしめることは，裁判官の独立性・中立性に関する疑問を生ぜしめ，さらには訴訟上の和解の本質である合意の任意性を疑わしめることにもなるからである。

ちなみに，法的に自己に有利な和解条件を望みうる当事者は，とくに法規範以外の社会規範による解決が自己にとりより不利になる場合，当該社会規範による和解を望まないのが通常であろう。

〈4〉　判決における悉無律（Alles-oder-Nichts-Prinzip）の弊害を回避するために，心証割合による利益配分，逆にいえば，敗訴の危険率（Prozessrisiko）による利益配分も，和解の一応の合理的基準と考えられるので，これもまた裁判

官の和解活動における独立性，中立性を阻害するものとはいいがたい。

〈5〉　なお以上に説いたところは，単に訴訟上の和解についてのみならず，調停についても通用することはいうまでもない。

［判タ 519 号 61 頁，昭 59］

追記　本項の記述は拙著「訴訟上の和解」2012 年 6 月（信山社）刊の内容と若干相違している処がある旨を記しておく必要がある。現在の私見は上記拙著第 6 章に記載したとおりである。

Ⅰ　判決手続

⟨11⟩　訴訟上の和解の訴訟法的規律

　〈1〉　訴訟上の和解も訴訟法上の紛争解決制度であるという点からみれば，一定の訴訟法的拘束を受けることは容易に考えられる。前述（本書**10**章）のとおり，私は訴訟上の和解の実体法的拘束について若干の考察を試みたのであるが，ここではその訴訟法的拘束に注目したい。

　ZPO旧1034条2項（ZPO 1042条2項）は，仲裁裁判所の手続に関して「その他当事者が特段の合意をなさない限り，手続は仲裁裁判官の自由な裁量により定まる」と規定している。わが旧民訴法794条2項（仲裁法26条2項）も同旨の規定である。訴訟上の和解についていえば，この種の規定はZPOにもわが民訴法にも存在しない。反対解釈が成り立つとすれば，訴訟上の和解については，その性質に反しない限り一定の範囲で民訴法の規定が適用されるものと解することができる。問題になる若干のケースを検討してみたい。

　フランクフルト大学教授のManfred Wolfが，訴訟上の和解の権利保障と手続保障について，"Rechts-und Verfahrengarantien beim Prozessrengleich"と題する論文を"Der Prozessverergleich" Bundesministerium der Justiz, 1983, S. 153 ff.に発表している。以下，基本的には上記Wolf論文によりドイツの状況を中心にしつつ議論を展開したい。

　〈2〉　法的審問請求権と釈明（ないし解明―以下同じ）について論じる。ボン基本法103条1項は法的審問請求権を保障している。この法的審問請求権は，裁判官の釈明義務や指摘義務（ZPO 139条，273条，278条3項）により補完されている。ところで，これら諸規定が和解の締結手続にどの範囲で適用されるかという点が問題になる。とくに判決につき重要な事実と和解につき重要な事実とは，相互にオーバーラップする場合とそうでない場合とがあり，後者に含まれるが前者に該当しない事実がある。前者に該当する事実についてはその諸規定の適用があることはいうまでもないが，後者にのみ含まれる事実につき，その諸規定を適用すべきか否かという点が問題になる。この問題に答えるためには，訴訟上の和解の目的ないし目標が問われなければならないし，加えて右諸規定の理念が問われなければならないであろう。

ドイツでは，「法的」審問の概念からも，また ZPO 139 条，273 条，378 条 3 項等の規定の体裁からも，それが認められるのは，裁判所の職分たる法的紛争解決の裁判との関係に限定されることが明らかであるとされている。したがって，もっぱら和解にとってのみ重要な事実の解明については，これら諸規定の適用はないものと考えられている。そこで，訴訟上の和解も基本的には実体法的拘束を受けるという観点からすれば，その限りにおいて判決上重要な事実の解明につきその諸規定を適用することが必要となり，法的審問請求権，釈明義務，指示義務を認める必要があるといわれる。これに反して，もっぱら和解にとって重要な事実の解明につき，法的審問の保障や裁判官の釈明および指示義務ではないが，しかしそれが禁止されているわけではないから，訴訟上の和解の成立に役立つ限り，法的審問，釈明および指示が許されるものと解される。

かくして，判決にとり重要な事情ではなく，もっぱら訴訟上の和解にとり重要な事実の解明は，裁判所の義務ではなく権限であるということになるが，逆に，この種の解明の制限もまた考察されなければならない。けだし，限度を超えた解明が和解の成立を阻害する結果になることが考えられるからである。とくに，ある事実の解明が当事者の不名誉，過誤を明らかにするため，当事者がそれを望まないために和解の成立を期するような場合が考えられる。和解の前提としての事案の解明と和解の成立へ向けての努力とが相矛盾する場合，裁判官としては，原則として，事案の解明にこだわることよりも和解成立へ向けての努力を優先させるべきである。ただし，法的利益の放棄ないし譲歩がそもそも違法である場合，これを和解的解決の対象とすることは許されないし，違法といわないまでも和解的解決の対象とすることが当該法的利益の性質上適当でない場合には，審問，釈明および指示等に配慮することが適当である。

〈3〉 以上，ボン基本法や ZPO の解釈を中心にして，訴訟上の和解と審問請求権，釈明および指示義務との関係について述べたが，当事者権や釈明権ないし義務をどの範囲で認めるかという問題は別にして，ほぼ同じことがわが民訴法上の訴訟上の和解についてもいえるのではないかと考える。

訴訟上の和解の勧試における訴訟法的拘束は，法的審問，釈明および指示に関するものに限定されるものではない。その他訴訟法的拘束として問題になる若干の事項については，以下に論じることにする。

Ⅰ　判決手続

〈4〉　時機に後れて提出された攻撃防禦方法を，裁判所は和解条項の提案にあたり勘案しないことができるか，という問題がある。時機に後れて提出された攻撃防禦方法は，旧民事訴訟法139条の要件を充足する限り却下をすることができるものとされている。一定の要件の下に必要的却下を規定しようとする考え方もありえよう。しかし，その考え方は，旧民事訴訟法139条（民訴法157条）と内容を異にする。そのZPOの解釈としても，時機に後れた攻撃防禦方法を和解条項において斟酌することが紛争の包括的解決に必要である限り，相手方の同意の下にそれが許されるものと解されている。すなわち，ZPO旧296条は訴訟上の和解については適用されないものと解されているのである。旧民事訴訟法139条（民訴法157条）の下で却下は必要的ではないがゆえに，相手方の同意なしにこれを和解提案にあたり斟酌することが当然に許されるものと考えてよいものと思われる。

〈5〉　和解の締結にあたり，証拠調べを必要とするような事態（主として自由な証明であろうか）がないわけではない。とくに主張の整理を終り事実及び争点が明らかになったが，証拠調べに入る以前の段階で和解を勧試する場合についてみると，そのような場合に進められる和解は，通常当事者主導型が多いのかもしれないが裁判所主導型であっても和解条項の提案はかなり幅広いものにならざるを得ない。この点は証拠調べ終了後の和解条項の提案にあって，その内容が予想される判決を基礎とした具体的なものでなければならないのと対照的であるといえよう。前者の場合，裁判所としては和解条項の提案のためになお必要最小限度の証拠調べ（通常自由な証明と考えられる）を必要とする場合が考えられる。そこで，証拠調べの対象として2種類の事実が考えられる。第1は，判決にとって重要な要件事実である。第2は，第1の事実からはずれるが和解の成立につき重要な事実である。この段階で裁判所主導型の和解を認めるとするならば，裁判所の和解条項の提案が可能な限り実体法的拘束をうけるものであるためには，第1の事実も証拠調べの対象にされなければならないということになる。しかもここでいう証拠調べの方式は，厳格な証明ではなく自由な証明である。そこで問題になるのは，和解が不調に終って，本来の判決手続に戻った場合，厳格な証明による以前に，和解のための自由な証明によって裁判官が心証を形成してしまう点である。かかる不都合を避けるために，この段階における和解は，裁判所が勧試するにしても，当事者主導型にとどまるべき

であって，裁判所主導型のものとして裁判所が具体的な和解条項にいたるまで提案の内容とすることは好ましくないものと考えるのである。

　これに反して，証拠調終了後判決前の和解の勧試にあっては，前記第2の事実に関する自由な証明がなされうることは当然である。

　〈6〉　調停や和解による紛争解決の本質は紛争の自主的解決，すなわち両当事者（第三者の参加する併合和解の場合は第三者を混えて──第三者の当事者権の保障──）の合意にあると考えられる。しかし，その本質が合意であるからといって，その成立に関して実体法的，手続法的拘束をすべてはずしてしまうということは許されない。私は，本書10章および本章において，Manfred Wolf の論稿に触発されて，右の拘束について問題となる若干の点について論及してきた。最近，わが国の民事訴訟法学においても，当事者権の保障という概念を通して，訴訟における手続保障の在り方が問題とされている。この考え方が民事訴訟のなかの一制度としての訴訟上の和解につきいかなる範囲において適用され，和解における実体法的保障，手続法的保障がいかに在るべきかという問題を詳細に検討することは将来の一つの課題であるといえよう。

　実体法的保障や手続保障の問題は，従来もっぱら手続における当事者の利益保障という観点から論じられてきたのであるが（例えば，当事者権の保障という観念），この問題はこの観点と密接に関連することではあるが，裁判官の独立性・中立性の観点からも考察されるべき問題であることを忘れてはならない。この点については本書10章において若干言及したのであるが，ここで再度指摘しておきたい。

　私は，訴訟上の和解について，裁判所が実務上，実体法的，手続法的拘束を十分意識され，かつ尊重されていることと考えるものである。しかし同時に，この点に関する実務の実態調査をしてみることも有意義であると考えるものであるが，いかがなものであろうか。

[判タ520号53頁・521号53頁，昭59]

Ⅰ　判決手続

◇12◇　包括一律請求について

〈1〉　原告が多数にのぼる公害訴訟，薬害訴訟や消費者保護訴訟等の現代型不法行為訴訟において，原告が包括一律請求を提起するという現象がみられる。各原告ごとに各項目別に損害を算定することが困難で手間がかかるため，個別的算定・積算のかわりに包括的に，各原告ごとの事情を考慮した算定のかわりに一律的に，請求を定立している。この包括一律請求について，遅延損害金の発生時期と一律請求の定め方に関する私見を述べてみたい。

〈2〉　一般に不法行為の損害賠償債務は不法行為時に成立し，その遅延損害金も不法行為時を起算日として算定される。これは不法行為時に損害が発生すると考えられるからである。しかし，厳密にいえば，治療費は支払時，逸失利益は得べかりし利益の逸失時に損害が発生し，それぞれの時点から遅延損害金が発生すべきものである。集団訴訟にあっては，各原告ごとに各項目別に損害を細かく算定するには，時間と手間がかかり，そのような算定方法は集団訴訟には向かない。そこで，損害金をそれらの項目別に細分することなく，これらを一括し，口頭弁論終結時における一切の損害を勘案して損害額を算定することが行われる。そのために，この種の包括請求がなされる場合，遅延損害金の起算日を不法行為時や各項目の損害の発生時に求めず，口頭弁論終結時の翌日に求めるという判決がしばしばみられる。あるいは，慰謝料という形で一切の被害を包括的に算出すべきものとする場合，日時の経過に伴う諸事情をもすべて含めて最も新しい時点での総体としての損害を算定すべきものとして，損害金算定の基準時を口頭弁論終結時とする判例もある。スモン訴訟の9つの地裁判決のうち7判決が，遅延損害金の起算日を口頭弁論終結時若しくはその翌日としている。カネミ油症小倉第二陣判決も，原告らの損害金請求を，「発症から現在までの総体としての一切の損害を基礎としていると解せられる」とし，「当裁判所も本件各慰謝料額を算定するに当り，発症から現在に至る本件症状の変遷，多様化，長期に亘る症状の継続に伴う身体的，精神的な被害，さらに社会的経済的影響等現在までの日時の経過による諸事情一切をしんしゃくして最も新しい時点での総体としての損害を基礎としたものである」からとして，

遅延損害金の起算日を口頭弁論終結時としている。

　不法行為の損害賠償請求訴訟にあっては，各損害項目ごとに損害額を積算し，その総額を請求すること，遅延損害金は各損害につきその発生の時点から算定することが建前である。それにもかかわらず，各項目ごとの損害算定が集団訴訟において困難であり，これを避けるための包括請求は，いわば原告の都合による。被告としては個別算定・積算方式によるほうが防禦しやすいから，包括請求方式は被告にとっては問題である。したがって原告が自らの都合で，被告に不利益に包括請求を定立する以上，遅延損害金の発生時期を不法行為時にすることには問題があり，逆に口頭弁論終結時を基準時とするのが適当である。一律に不法行為時を基準時とすると不法行為時以後に発生した後発損害につき損害発生以前から遅延損害金をつける結果になるが，それは少なくとも問題がないのであろうか。

　〈3〉　この種の集団訴訟にあっては，原告らの損害に等級を設け各等級について一律に損害賠償額を算定することが行われる。等級化による一律請求は原告にとり便利である。本来ならば各原告ごとに個別に損害額を算定するのが筋であるし，被告の防禦権の保障にもなる。しかし，原告は原告の便利のためにあえて筋を放棄して一律請求をするのである。したがって等級化による一律請求額の算定にあたって，各等級中の高い方に合わせるのではなく，両者の中間に一律化するのが適切なのではないかと思われる。

　　　　　　　　　　　　　　　　　　［金融・商事判例694号2頁，昭59］

I　判決手続

◇13◇　和解裁判官と訴訟裁判官の役割衝突

　訴訟において裁判官が，当事者に対して訴訟上の和解を勧試して和解手続に入る場合，和解手続の主催者としての裁判官と訴訟手続の主催者としての裁判官という，同一人格の2つの側面相互の間に矛盾衝突が生じる。これを両者の役割衝突と表現したタイトルなのである。

　この問題は，争点および証拠の整理の終了後，証拠調べ以前の段階で，裁判官が和解を勧試する場合に生じてくる。この場合，裁判官としては和解を成立せしめるために，重要な事実を調査する必要を感じることがあろう。それは法定の証拠調べによるのではなく，自由な証拠調べによることになる。しかし，和解の成立に重要な事実が実は判決に重要な事実であることが多く，すなわち，両者がオーバーラップしていることが多い。後者につき，厳格な証明手続によらずに心証を得てしまうということは，将来，和解の勧試が不奏功に終り，訴訟を継続して判決をしなければならなくなった場合のことを考えると，問題があるといわざるを得ない。訴訟裁判官としては，自由な証拠調手続によって心証を得ることは許されないのが原則であるのに対して，和解裁判官としては，自由な証拠調べ手続によって心証を得ていかなければならないという点で，両者の役割衝突が生じるのである。

　しかるがゆえに，この段階における和解は，裁判官が積極的に具体的な和解条項を提示する裁判官主導型のものではなく，むしろ当事者主導型のものであることが好ましいと思われる。また仮に，裁判官が和解条項を提示するにしても，右条項はかなり幅のあるものでなければならないと思われるのである。

　ところが，わが国には幸いにして調停という，その実質が極めて訴訟上の和解に類似する制度が存在する。1度訴訟係属した事件も，これを調停に付する場合，調停主任裁判官は，訴訟裁判官とは人格を異にするため，調停にあっては訴訟上の和解におけるように同一人格における役割衝突という事態が生じない。調停と和解の主要な相違点の1つは，手続を主催する主体の相違に求められるが，それとの関連において，上に述べた手続主催者における役割分担の矛盾衝突の有無も，重要な相違点の1つに数えることができよう。

　この意味では，手続の段階で紛争の自主的解決を試みようとする場合，事実

13 和解裁判官と訴訟裁判官の役割衝突

関係の幅広い解明や新たな主張の示唆を必要とすることなく，和解の容易な成立が予測できるような特殊事情のある場合を除き，原則として，自主的解決の場を調停に求めるのが適切ではないかと考える（民調法20条1項）。

これに反して，争点の整理も証拠調べも終り，裁判所が一応の心証を得た段階では，上記のような役割衝突は生じない。折にふれて指摘したように，この場合には，判決内容に準じた和解条項を含む和解提案という裁判官主導型の和解がなされるべきことになる。この場合でも，民調法20条1項但書により当事者の合意がない場合には，調停で事件を処理することができない。ドイツ法の場合は，もちろん調停制度というものがないから，訴訟係属中の紛争の自主的解決といえば，訴訟上の和解に求めざるをえないことになる。

問題の役割衝突が存するにもかかわらず和解による紛争解決をしなければならないような場合，裁判官としては，その役割衝突をいかに解決すべきかという点が問題になる。この種の問題について従来ある程度は意識されながらも，理論的な研究がなされたことがないというのが実情であろう。

ZPO 279条（現行278条）1項は，訴訟がいかなる段階にあるかを問わず，裁判所は和解的解決を試みるべき旨を規定している。また労働裁判所法54条1項は，通常裁判所の民事訴訟手続以上に和解を重視して，「口頭弁論は，当事者間の和解的合意を目的とした，裁判長の面前における弁論をもってはじまる（和解的弁論）。裁判長はこの目的のため，すべての事情を自由に評価して，紛争関係のすべてを当事者と討論しなければならない。裁判長は事案解明のために直ちに奏功しうるすべての行為をなすことができる」と規定している。

そこで同条をめぐって2つの問題が提起されている。第1に，裁判官は和解手続において，新たな申立てを指示し，新たな事実を調査し，新たな抗弁等を勘案することができるかという点，第2に証拠による事案解明の方式いかんという点（法定証拠調べによるか自由な証拠調べによるか）である。西独コンスタンツ大教授 Rolf Stürner（現在フライブルク大）は，その著 „Die richterliche Aufklärung im Zirilprozeß" の67頁以下に "Richterliche Aufklärung im Güteverfahren" と題する一節を設けてその理論的解明をしているが，わが国においてもこの種の検討がなされてしかるべきであると思われる。　　［判タ525号74頁，昭59］

　追記　現在では§15a EGZPO（ZPO施行法）により訴訟前の調停制度が一部導入されている。この点については吉田元子著「裁判所等による和解条項の裁定」成文堂2003年2月刊65頁以下参照。

I 判決手続

⟨14⟩ 外国法適用の誤りと上告理由

〈1〉 準拠法としての外国法の適用の誤りの主張は法律問題か事実問題か，という点で，見解が対立していることは周知のとおりである。適用すべき実体法の解釈・適用を誤っているのであるから，国内実体法の適用を誤った場合と同様に法律違背であり，上告理由になるという法律問題説[1]が，極めて素直な見解であるように思われるのであるが，しかし，事実問題説もあり，そう簡単に結論を導き出しえない現状にあることも事実である。結論的にいえば，私は，上告理由との関係において法律問題説に賛成したいのであるが，以下，本稿において私見の根拠を述べておきたい[2]。

〈2〉 「汝事実を語れ，我汝に法を語らん」との法諺は，「法は裁判所が知る」という命題を前提としている。しかしながら，この命題が現段階においては残念ながら未だ1つのドグマであって，必ずしも現実に適合したものではないことが明らかである。裁判所が，地域慣習法や外国法のすべてに通じているわけではないという事実は，誰しもこれを認めないわけにはいかない。かような事実を前提とすれば，外国法をも事実と同様に，証明責任の分配による証明の対象とするということにならざるを得ないであろう。もちろん，法の適用は裁判所の職責であるから，外国法の探索については職権探知を認める必要がある。しかし，そのことは，外国法の認定を証明責任にかからしめることを否定するものではない。けだし，職権探知しても外国法の存否についてノンリケットの状態は生じうるからである。この限りでは，外国法の探索・適用は事実問題に類似しているといえよう。

〈3〉 上告制度の目的の1つに法令解釈の統一がある。外国法の探索は外国法が当該外国において適用されている現状をその対象とする。わが国の下級審における当該外国法の解釈・適用の多様性を統一することが上告制度の目的ではないが，外国法の当該外国における解釈・適用の現状に従った統一は，わが国の上告制度の目的とされてよいであろう（公序の問題は一応別にして）。

外国法の探索には，すくなくとも一，二審の裁判所より上告審裁判所のほう

がより権威があるということが一般的にいえるとすれば，外国法の適用を法律問題とし，上告理由に含めて上告のルートにのせることが適当であると思われる。

「法は裁判所が知る」という命題が，外国法に関していえば１つのドグマに留まっている点は既述の通りであるが，しかしながら，情報化社会が高度化するに伴って，そのドグマ性が徐々に緩和されて，現状が右の命題に近づきつつあるということも否定できない。かような傾向を前提にする場合，仮に従来，外国法の解釈・適用を事実問題と解する見解が正当であったとしても，そろそろこのあたりで，法律問題説に向って軌道修正がなされてもよいのではないかと思われる。

　法律問題と事実問題とを区別して，前者のみを上告理由とし後者を上告理由からはずすという仕方は，上告制度の目的を法律解釈の統一に求めることによって理由づけられる。しかしながら，上記の原理は，同時に事件の先例的重要性の尊重という考え方にもその根拠を求めることができるのである。すなわち，事実認定は各事件ごとに異別の個別具体的性質を有するため，原則として先例的重要性に欠ける。これに対して，法律の解釈・適用は，個別的事件を契機としてなされるものではあっても一般的意義を有するがゆえに，原則として先例的重要性が認められる。外国実体法の解釈・適用は一般的意義を有するのであるから，原則として先例的重要性が認められるのであって，外国法の適用の違背も上告理由とするのが適切であるように思われる。

　ZPO 旧 546 条 1 項は，不服の価額が 4 万マルクを超えない財産法上の請求，および非財産法上の請求についての上告を，裁量上告とし（上級地方裁判所による上告許可制），上告許可の理由の 1 つとして，同項第 1 号は，法的事件が基本的意義（grundsätzliche Bedeutung）を有することを挙げている。この点については，三ケ月章教授の『民事訴訟法研究』第 8 巻 92 頁以下に詳細な研究がある。事件が「基本的意義」を有するというのは，事件が先例的重要性を持つということであって，不服が事実認定に関するか法律の適用に関するかを問わない。そのことは，上告の目的が拡大されていることを意味するのであって，かような傾向から見る場合，仮に従来，外国法の解釈・適用を事実問題と解する見解が正当であったとしても，法律問題説に向っての軌道修正が必要なのではないかと思われる。

　私自身は，今後ますます法律問題説への傾斜が強くなっていくのではないか

I　判決手続

との予測をたてている。

[判タ 527 号 81 頁, 昭 59]

追記
1. 本稿のテーマである外国法適用の問題として一般に①外国法の性質論②外国法の証明③外国法不明の場合の処理方法④上告可能性が挙げられる。本稿は④の問題を扱ったものである。しかし近時外国法の性質論に関する法規説か事実説かという問題は結果からみた分類以上の意味はないとの評価をうけるようになっている。
2. 1に述べたところから私自身法律問題説への傾斜に傾いたがこの点今後再検討する必要があると考えている。

⟨15⟩ 控訴審と時機に後れた攻撃防禦方法

⟨1⟩ 控訴審の第1回期日または控訴審の当初に新たに攻撃防禦方法を提出することが，時機に後れたことになるのか否かという問題があることは，周知のとおりである。控訴審から見れば，時機に後れたことにはならないが，一審の経過をも通観すると時機に後れたことになる場合，控訴審はこれを却下すべきかという問題である。控訴審が続審である点を考慮すれば，時機に後れたかどうかは，一・二審を通して判断すべきで，二審のみを基準として判断してはならないのであるが（最判昭和30年4月5日民集9巻4号439頁），この点をあまり厳格に解すると，不服申立方法としての控訴制度の性質と矛盾・抵触することになるので，その解釈は慎重でなければならない，とするのが通説的な見解であると思われる。

⟨2⟩ 攻撃防禦方法の提出が時機に後れたか否かの判断の基準は，一般的に見れば，準備手続を経た事件についての攻撃防禦方法の提出制限（旧民訴法255条）ほどははっきりしていない。そこで，特別の場合を除けば，それぞれの事件の具体的進行状況に即して，その提出時期より早く提出すべきことが期待できる客観的事情があったか否かにより判断すべきものとされている。

上記の基準を貫くとすれば，第一審において既に時機に後れたものは，控訴審の第1回期日にこれを提出しても，時機に後れたものといわなければならない。すなわち，控訴審における提出が時機に後れたものであるか否かは，第1に，既述のとおり，二審のみを基準として判断すべきものではないことはもちろんである。第2に，例外的に，第一審で提出すれば，既に時機に後れたものとして却下されるような攻撃防禦方法であっても，当事者の考え方と一審判決の結果とが両者の理論構成が異なるなど喰い違ったために，控訴審において新しい攻撃防禦方法を提出せざるを得ない場合には，この新しい提出を時機に後れたものということはできないというようなケースもありうるであろう。

前記の第1の命題は，一見したところ，控訴審の続審的性格に抵触し，その不服申立方法たる性質に矛盾するようにも考えられるのであるが，しかしながら，第2の命題に見られる攻撃防禦方法は，これを控訴審において新たに提出

Ⅰ　判決手続

することが許されるのである。

〈3〉　ところで，旧民訴法139条は，単に，「時機ニ後レテ」提出した攻撃防禦方法は，これがために訴訟の完結を「遅延」せしめる場合に却下される旨を規定しているにすぎない。

　旧民訴法139条は，攻撃防禦方法の随時の提出を促すことによる手続の促進を意図する規定である。攻撃防禦方法の失権による手続の促進は，審理の充実ならびに随時提出主義（あるいは旧民訴法がすでに適時提出主義に解釈上変っていたという考え方もありうる）と矛盾・抵触する側面をもっている。民訴法の解釈・運用上は，手続の促進と審理の充実との調和をとることが必要である。民事訴訟の建前上，随時提出主義は，民事訴訟手続の重要な原則の1つであった。逆に，旧民訴法139条は，その原則に対する例外的制約であるにすぎないということもできる。準備手続終結の効果に関して旧民訴法255条第1項但書は，「著ク訴訟ヲ遅滞セシメサルトキ」と規定している。同条にいう「著しい遅滞」と，139条にいう「遅滞」との間に，本質的な相違はないという見解もないではないが，文理上は，遅滞が著しいか否かの相違は存するのである。そして，この相違を前提として考えるならば，旧139条が随時提出主義の例外であること，民事訴訟において真実発見の要請であること等の諸点を勘案して，旧139条の単なる「遅滞」は，むしろ旧255条の「著しい遅滞」に準じて解釈・運用する必要があったのではないかと考える。

　時機に後れた攻撃防禦方法の失権の制度は，手続の促進と審理の充実（真実発見）という相互に相矛盾する民事訴訟の2つの基本的要請の調和のうえに成り立っている制度である。西独の民訴簡素化法においては，手続促進の要請が強調されて，失権を強化せよとの考え方があったのであるが，この失権強化が間接強制になって，攻撃防禦方法の適時の提出が促進されているようである。反面，時機に後れた攻撃防禦方法の失権は，いわば伝家の宝刀であるから，軽々と抜けるような宝刀であってはならない。審理の充実による実体的真実の発見は，民事訴訟制度の第1次的要請であることには，変わりがないのである。失権はあくまでも伝家の宝刀と解したい。

[判タ540号72頁，昭60]

　追記　本項は旧民訴法について執筆されたものであって現行民事訴訟法下における攻撃防

15 控訴審と時機に後れた攻撃防禦方法

禦方法提出の原則が随時提出主義から適時提出主義に変ったことは周知の通りである。例えば民事訴訟法156条および156条の2，157条，157条の2等参照されたい。唯私見によれば上記諸条による却下の条文上の文言は裁量的却下である。却下の裁判をするか否かについて裁判官が裁量権を行使することになるが，旧民事訴訟法139条と比較すれば原則は適時提出主義に変っているために却下の裁判がしやすくなっている。しかし私見によれば正しい裁判の要請は一方で厳然として存在するのであって，却下の裁判の運用については慎重であって欲しいということになる。

　なお本章に関連して本書16章参照

Ⅰ　判決手続

16　時機に後れた攻撃防禦方法の却下は裁量的か必要的か

〈1〉　時機に後れた攻撃防禦方法の却下について，必要的却下説と裁量的却下説との双方が対立し，旧民訴法139条1項（現行民訴法157条，157条の2）は，「却下ノ決定ヲ為スコトヲ得」と規定するために，裁量的却下説が通説とされていることは周知のとおりである。

　文理解釈からすれば，「……スルコトヲ得」という場合，裁量的であるという解釈が受け容れられ易いといえようが，しかし，必要的である場合にも，この表現を用いる条文上の例が他にないわけではないことも一般に知られている。したがって，上記の条文の文言は裁量的却下説の一応の根拠にはなっても，決定的な根拠にはなりえない。むしろ問題の解決は，時機に後れた攻撃防禦方法却下制度の制度目的に求められなければならない。しかし，この制度目的は裁量的表現をとるものであって，ここからストレイトに解決として必要的却下論を導くことは難しい。

　この制度は，訴訟の理念である客観的真実の探求および随時提出主義（現行法は適時提出主義に変った）と訴訟促進というある意味では相対立する理念相互の調整のうえに成り立つものであるということができる。両理念の調整点を奈辺に求めるかは，立法政策および解釈論の問題である。前記2説は，いずれも解釈論の一部として提唱されていることはいうまでもない。

〈2〉　たしかに，必要的却下説が提唱される理由も理解できないわけではない。時機に後れた攻撃防禦方法の却下に極めて消極的な実務の運用からみて，旧民訴法139条が実質上空文化するということが考えられるが，これでよいのかという疑問がでてくるのは当然であろう。それくらいであるならば，却下の要件を厳格に解釈したうえで却下を必要的に近いものと考えるほうが合理的ではないかという主張にも，相当な理由があるように思われる。それにもかかわらず，私は，現行法（旧民訴法を指す）の解釈論としては，裁量的却下説に賛成したい。ことは，民事訴訟の基本理念である真実発見の要請に関係するだけに，たとえ要件を厳格に絞った場合でも，要件を具備した場合，画一的に却下

することに躊躇を感じるからである。しかし，裁量的却下説に立つ場合でも，注意すべき若干の問題点に言及しておきたいと考える。

　第1に，裁量権を認める場合，常に問題になるのは，不公平を避けるための裁量基準の設定ということである。裁量の基準は，地域差に基因する若干の相違が認められることはあっても，法の下の平等の観点から，原則的には全国的に統一されていなければならない。とくにわが国は連邦国家ではなく単一国家なのであるから，連邦国家におけるよりもより以上に，解釈・運用の統一化が望まれることはいうまでもない。手続法の解釈・運用の相違も，裁判の結論に影響を及ぼさない範囲のものであれば，相違を肯定できるにしても，これに影響するような相違を設けることは厳に慎むべきである。

　第2に，時機に後れた攻撃防禦方法の却下の制度は，まさに訴訟促進を狙った伝家の宝刀である。伝家の宝刀を滅多に抜くべきではないことは当然であるが，抜くべきときに抜かないと宝の持腐れになることも事実である。真実発見，実体に即した裁判という要請のまえに，時機に後れたものとして，却下の要件を具備した攻撃防禦方法を却下することについて著しく消極的である裁判官の心情はわからないでもない。旧民訴法139条が攻撃防禦方法の時機に適した提出の空文的間接強制になり下ってしまっているというのも，困った現象である。やはり，同139条の却下の解釈・運用上の裁量的基準を設けて，これに照らして却下すべき場合には却下することが適当であると考えられる。実体的真実に適った裁判という理念が，却下決定に対する裁判官の消極的態度を招いているという点は否定できないにしても，却下の運用上の基準が設定されれば，同139条の却下の運用が仕易くなるということも否定できないのではないかと考えられるのである。

〈3〉　裁量基準をここに列挙するには，なお慎重な検討が望まれる。しかし若干のものを例示するとすれば，次のようなものが考えられる。

　訴額が一定額以下の少額事件にあっては，それ以上の事件と比較して，旧民訴法139条の却下がなされる可能性が大きいものと認められる。時機に後れた攻撃防禦方法の不提出につき，相手方の信頼の形成も，裁量の1つの要素になりうるであろう。また先に述べた（本書15章）ように，訴訟の遅延の程度が極めて著しいことなども要素の1つと考えることができるであろう。いずれにしても，民事訴訟においては，実体的真実を重視しなければならないが，民事訴

I 判決手続

訟における正義というのは，実体的真実に限られることなく，手続的正義をも含んだものであるという点も忘れてはならない。したがって，旧民訴法139条を空文化することも許されない，という点にも留意しなければならないことはいうまでもないのである。

[判タ542号71頁，昭60]

追記 第15章の追記にも述べたように随時提出主義をとる旧民訴法に対して現行民訴法は適時提出主義を採用しているので，時機に後れた攻撃防御方法の却下の運用はそれだけ強化されなければならないことはいうまでもない。この点についての判例法の形成は重要である。

⟨17⟩ 訴え取下げ契約の効力について

⟨1⟩ 訴え取下げ契約否定説が今日もはや提唱されていないこと，契約肯定説の中に，私法契約説と訴訟契約説とがあること，そしてさらに，肯定説のうちいずれの理論をとるかによってその効果の説明に相違があることなどは，いずれも周知の事実である。私は，かつて，不執行の合意の法的性質および法的効果を論じて，債務と対称させた意味での責任の放棄という私法契約説を展開した。

私自身は，不執行の合意ないし不起訴の合意および訴え取下げ契約を，私法上の契約と解すべきか，または訴訟上の契約と解すべきかあるいはそのいずれもありうるのかという点について今日なお若干迷っている面もないではない。したがって，この点は，いましばらく措くとして，仮に，訴訟契約説を前提とした場合，訴訟終了効の根拠をいかに説明すべきかという問題について，若干の私見を述べてみたいと考える。

⟨2⟩ 訴訟契約説を前提としても，訴え取下げ契約は処分的効果と義務づけ効果の双方をもつものと考えられる。

訴取下契約によって，訴訟法上訴えを取下げるべき義務が，原告について生じる。その不履行は損害賠償義務を発生せしめる。これは，訴え取下げ契約の義務づけ効果である。

それでは，その処分的効果としては，いかなる効果が発生するのであろうか。私見によれば，訴え取下げ契約の処分的効果としては，原告が訴え取下げの義務を履行しない場合，被告に対して訴訟終了の申立権限を与えるという効果をもつものと考えられる。この効果は，被告がこの種の訴訟上の権限を与えられるという点では，一種の直接の処分効であるといってもよいが，被告がその権限を行使して訴訟終了の申立てをしない限り，訴訟は終了しないという意味では，この処分効は間接的なものといえる。

したがって，訴え取下げ契約によって直接に訴訟終了効が発生すると説くのは誤りである。さらにまた，訴え取下げ契約によって，訴えは訴えの利益を欠くにいたり，したがって，訴えの利益なしとして不適法却下されるべきである

とする見解も正しくない。また，訴え取下げ契約の成立により，原告による訴訟の追行が信義則に反することになったり，被告に悪意の抗弁が帰属することになったりするために，訴訟終了を宣言する決定により，当該訴訟が終了するものと考えることも正しくない。

処分権主義のもとでは，訴訟の終了は，裁判によるものを別にすれば，当事者の意思によるべきものである。通常は，原告による訴えの取下げという訴訟行為によるべきものであるが，訴取下契約にあっては，原告に訴取下義務が発生すると同時に，原告がその義務を履行しない場合，被告に訴えを終了させる処分権限が発生するのであって，被告はこの権限を行使し，被告の意思によって訴訟を終了させることができるのである。被告のその行為は，原告の訴え取下げに対応すべき行為であって，書面によらなければならない。原告が訴取下義務を履行しない場合，被告のその権限は信義則によるとか，悪意の抗弁によるというのではなく，その契約からストレイトに出てくると解されるのである。

〈3〉 訴訟終了を当事者の意思によらしめるべしという1点を貫けばよいとするなら，訴訟終了効を訴取下契約の直接の処分効とすれば足りる，という議論もありうる。しかし，訴取下契約はあくまでも当事者間の合意であって，裁判所が直接これに関与するものではない。訴訟終了効が裁判所の関知しない処で発生すると解することはできないのではないかと思われる。訴訟終了のためには，訴取下契約による原告側の訴えの取下げ，または被告側の訴取下契約の主張（被告の抗弁としての訴取下契約の存在の主張すなわち被告の訴訟を終了せしめる権限の行使）を必要とする。したがって，訴訟終了効を訴取下契約の直接の処分効と解する見解は誤りである。

訴取下契約において，原告の訴取下義務と被告の訴訟を終了させる権限との関係をいかに理解すべきかという問題がある。すなわち，原告が訴取下義務を履行しない場合に初めて被告の権限が発生するのか，あるいは，原告による義務の不履行とは無関係に被告の終了権限が存在するのか，という点が問題になる。

訴取下契約は，通常は，第1次的に，訴取下げを原告に義務づける契約と解されるので，原告の取下義務が先行し，相当の期間内に原告が訴えを取り下げない場合に限り，被告に訴訟終了の裁判を求める申立権が発生するものと解すべきであろう。もちろん，そのように解されるのは，原則的事例であって，合

意内容によっては，原告の訴取下義務不履行を待つまでもなく，被告に訴訟終了の申立てをなす権限が発生すると解する場合もないわけではない。

　訴訟終了効は，被告が訴訟終了権限を行使することにより当然に発生する。裁判所の訴訟終了宣言判決を必要としない。この点，原告の契約上の義務の履行としての訴取下行為とパラレルに考えればよいものと思われる。勿論，訴え取下げの場合訴訟終了宣言決定をすべきであるとの見解もある。傾聴すべきものを含んでいるが，反面請求の放棄・認識と取扱上軌を一にする必要性もあるであろう。

[判タ 541 号 87 頁，昭 60]

I　判決手続

⟨18⟩　違法に収集された書証の証拠能力

〈1〉　刑事訴訟においては，違法に収集した証拠の証拠能力を否定するのが一般的であるのに対して，民事訴訟にあっては，その証拠能力を認めるか否かについて見解が対立していることは，周知のとおりである。この問題は，わが国においても，これまで多くの学者により論じられてきた。

民事訴訟にあっては，刑事訴訟におけるとは異なり，実質的に違法な手段により入手した証拠でも，訴訟上これを違法とし，その証拠能力を否定しなければならない論理必然性はなく，また現行法上，これを制限する規定も見当らない。したがって，証拠収集の違法性と証拠調べ手続違背とは区別すべきであり，たとえば，窃取した文書も証拠資料になるとする学説や判例がある。しかしながら，これに対して，証拠能力肯定説によると，損害賠償さえ覚悟すれば，違法収集証拠を裁判で利用し，多大の利益を挙げることができることになり，その弊害が甚だしいこと（証拠能力否定説からは違法収集の一般的抑止効の問題になる），違法収集証拠の証拠能力を認めることは，信義則に反すること等の理由から，証拠能力否定説も提唱されている。

証拠能力肯定説の立場は，民事訴訟法と実体法の二元論，実体法と比較した場合の民事訴訟の技術性＝道徳的要素の稀薄性，民事訴訟における真実発見の理念等が，その根拠になっているものと思われる。

〈2〉　ところで，ドイツのDilcherは，ZPOの規定から，違法に収集した書証の証拠能力の問題を解決しようとしている（AcP 158, 469 ff. わが国でもDilcherの見解は，多くの学者により紹介されている）。

すなわちZPO 420条は，「証拠の申出では，文書の提出によりこれをなす」と規定している。そして民法による文書の提出義務について，「相手方は，挙証者が民法の規定により文書の引渡し又は提出を求めることができるとき，文書の提出の義務を負う」と規定するZPO旧422条，文書を引用した場合の提出義務について，「相手方は，自ら訴訟において立証のために引用したその手中にある文書を，提出する義務を負う」と規定するZPO旧423条を類推適用して，挙証者の手中にある文書による証明は（患者の医療過誤訴訟における医師

の過失の証明の為に患者が盗んだカルテによる証明），相手方が所持する文書による証拠の申出と同様の取扱を受けるとするのである。そして，ZPO に類推の根拠になる法規定の存する以上，信義則をもって律する必要なし，とされているのである。さしずめこれを日本民訴に引き直して考えると，挙証者に実体法上相手方に対し文書の引渡請求権があったり，あるいは文書提出命令の対象になりうる文書が窃取されたものであっても，窃取者に対し提出義務を負わせてそのカルテの証拠能力を有するということになる。Baumgärtel は，"Die Verwertbarkeit rechtswidrig erlangter Beweismittel im Zivilprozeß" (Festschrift für Ulrich Klug) と題する論文のなかで，Dilcher 理論を，信義則の立場から批判しているが，具体的な適用例では大差がないようである（この論文集は，昭和 59 年に出版されたもので，本稿執筆時にはわが国では未だ紹介されていなかった）。

　私自身も，この点に関する Dilcher の理論には反対である。それを認めることは，結果的には，文書収集の違法性を一般的に是認することになるし，違法な文書収集を一般的に予防することができなくなるからである。

〈3〉　信義則により問題の解決を図る見解は，Baumgärtel のみならず，わが国でも若干の学者により提唱されている。しかしこの見解に対しては，いかなる評価を与えるべきであろうか。私は，この考え方にも疑問なしとしないのである。この考え方によると，違法収集証拠の利用を，信義則に違反する場合と違反しない場合とに分けることになる。前者の場合，すなわち，その利用が信義則に反するとはいえないような場合に限り，違法収集文言の証拠能力を認めようとする。この場合当該文書の証拠としての利用それ自体は信義則に反するものではないとする。しかし，その利用は，結果的には，収集の違法性を裁判所が是認することになり，好ましくない。それでは，違法収集の違法性に対する一般予防的効果を期待することもできない。

　それよりも，むしろ，文書提出命令の対象となる文書については，提出命令を出して，これに違反した場合に，文書に関する主張を真実と認めればよいのであって，当該違法収集文書にストレートに証拠能力を認める形で，証明に利用する必要はないといわなければならない。たしかに，旧民訴法 316 条は，「……真実ト認ムルコトヲ得」として，「真実と認むることを要する」とはしていない。しかし，正当な理由もなく，相手方が文書提出命令に違反して，当該

Ⅰ 判決手続

文書を提出しないような場合の殆どについて，裁判所は，挙証者の文書に関する主張を真実と認めることになるであろう。したがって，私のように理解しても特段の不都合は考えられないというべきであろう。

　第三者から窃取した文書を，挙証者がそれを知らずに入手した場合この文書は，挙証者についてみれば，違法収集証拠ではないと考えるべきであろう。

［判タ 545 号 68 頁，昭 60］

　追記　私見はこのテーマについてかなり狭いと評されるであろう。間渕清史「民事訴訟における違法権集証拠（一）・（二完）民商 103 巻 3 号，4 号参照。

⟨19⟩ 職権主義の強化とその背景

〈1〉 昭和60年2月16日より3月3日までの約2週間にわたり，日本学術振興会の招待により，西独・コンスタンツ大学ロルフ・シュツルナー教授（民事訴訟法・民法専攻）が来日された。そして，「民事訴訟における営業上の秘密」(民訴学会関西支部)，「民事訴訟の事案解明における当事者の義務——同時に証明妨害理論の問題について」(東京大学)，「民事訴訟における裁判官の解明」(慶応義塾大学，福岡大学)，および「ドイツにおける司法共助」(慶応義塾大学）の各セミナーが開催された。いずれも民事訴訟法学会の後援をうけている。

1977年の西独民訴簡素化法によって，民事訴訟における裁判所の職権が強化され，前記「民事訴訟における裁判官の解明」も，裁判官の解明義務を簡素化法の線に沿って強化しようとする報告であったように思う。報告原稿の翻訳は既に雑誌に発表された。議論の内容については，雑誌に掲載される翻訳を見ていただきたい。ただ，私はここで，簡素化法にみられる裁判所の解明義務強化の背景の一端について述べておきたいと考える。

〈2〉 シュツルナー教授との会話から窺い知れることは，弁護士の質の一般的低下現象が，職権強化の一因になっているのではないかという点である。

すでに幾多の論稿で紹介されているように，西独において司法試験の合格率は，わが国のそれと比較して著しく高い。もちろん法学部の学生それ自体の数がわが国の法律学系の学生数に比較すれば，著しく少ない。それでも法学部には定員制がないために，理科系の学部と比較すれば，学生数はかなり多い。司法試験受験の段階までに多くの学生が脱落して大学を去っていくという事情を勘案しても，合格率，合格者数が，わが国のそれを遥かに超えていることは否定できない。通常，7ゼメスター（3年半）を経てその他の要件を具備すれば，司法試験を受験できることになるが，2回の回数制限があるため，7ゼメスターで受験する者は少ないといわれている。それが受験者の高齢化をもたらし，逆に高齢化により転向のきかなくなった受験者を落とすことに躊躇を感じることが，合格率を高める結果につながるという面があることも否定できないよう

Ⅰ　判決手続

である。そのことは結果的に合格者の一般的水準を落とすことになる。ちなみにこの悪循環を断ち切るために，不適格な学生に，転向のきく早い時期に法律学の勉強を諦めさせようとして，中間試験を設けたり，あるいは一定期間経過した段階で司法試験の受験を強制するという対策が講じられているようである。

　このような対策は，いったい大学の在り方に関するあのフンボルト的理念に反するものではないか，という疑問をシュツルナー教授にぶつけてみた。この問に対する彼の解答は，次のようなものであった。すなわち，現在の西独の大学は，フンボルト的理念を論ずるには，あまりにもマスプロ化し過ぎており，かつての少数エリートを教育するための大学ではなくなっている，ということであった。もっとも，私が昨年西独を訪問した折に聞いたところでは，裁判官法に規定された，この中間試験の不合格者は退学になるのであるが，中間試験の実施方法は各大学に委ねられているため，実質上は骨抜きになっているということであった。そして，その場合，中間試験に反対する根拠の1つとして挙げられているのは，既述のフンボルト的理念であった。おそらくは，教授たちにかかる中間試験実施のための考査委員の負担も，中間試験を骨抜きにしている原因の1つであるように推測される。

〈3〉　話が脇道にそれてしまったが，いずれにしても，裁判所の職権の強化は，審理の充実と手続の促進を狙って，民事訴訟法に導入されたものではあるが，その背景には，弁護士の質の一般的低下現象があるということができる。そして，この現象は，最近の大学のマスプロ化に伴ってとくに著しいものとなっているようである。もちろん，弁護士の質の一般的低下現象が，民事訴訟における裁判所の職権強化の唯一の原因であるとはいえないにしても，主要な原因の1つであるとするならば，西独の場合と比較して，わが国の場合，立法論として，また解釈論として，いかなる範囲で職権強化の方向に進むべきであるのか，慎重な検討を要するといえよう。とくに，裁判官の事案解明について，その職権を強化するにとどまらず，それを義務化する（ZPO旧139条1項は，それを義務化したものと解されている）ところまで進んでよいのかという点については，強い疑問を感じる。

　一言付言するならば，特段の規定はないにしても，本人訴訟と弁護士訴訟とでは，裁判所の解明義務についても相違があることは，認めざるを得ないのではないかと考える。わが国は本人訴訟を原則とするが，弁護士強制制度を一定

の範囲内で導入すべきではないかと思う。それが，国民の権利保護，訴訟の促進，弁護士の過剰に対する対策につながることを考えるべきである。

[判タ 548 号 62 頁，昭 60]

追記 法科大学院制度と比較してわが国の場合，法学部を 4 年制と 6 年制の二つに分けて，6 年制の学生には 4 年終了時に総合試験を行い，これにパスしないと 4 年で卒業するか留年して再度総合試験を受験させるかの選択をさせるというのも一つの方法ではないかと思う。

Ⅰ　判 決 手 続

◇20◇　管轄の厳格性と柔軟性

　〈1〉　管轄には公益的要素が強いといわれる。裁判所の負担や裁判の公正という理念が，当事者の負担の調整と並んで尊重されなければならないからである。公益的要素が強いからこそ，管轄はZPOにおけるそれのように，極めて厳格に，したがって融通性が認められることなく，構成されなければならない，ともいわれるのである。

　たとえば，ZPOには，わが民訴法旧21条（現行民訴法9条）にみられるような併合請求の裁判籍を一般的に認める規定がなく，併合請求の裁判籍に関しては，不動産の訴えに関連して25条が，反訴に関連して33条が，これを認めているにすぎない。また，ZPOには，合意管轄および応訴管轄の規定は，38条および39条にあるものの，わが民訴法30条（管轄違いの訴えの移送の規定で現行民訴法16条に相当）ないし34条（移送の効果）にみられるような移送の制度に関する規定を欠いている。すなわち，管轄に関する限り，わが民訴法は，ZPOよりもはるかに柔軟なのである。第2次世界大戦後も，西独が，かように厳格な管轄制度を崩さなかった背景には，ボン基本法に，いわゆる「法定裁判官」（Gesetzlicher Richter）の要請が厳然として存在していることによるのかもしれない。

　しかしながら，管轄をZPOにおけるように厳格に構成すべきか，あるいはやや柔軟化すべきかという点を問題にするとするならば，管轄をめぐる公益が著しく侵害されない限り，当事者の利益をも尊重してこれを柔軟化すべきである，と私は考える。したがって，わが民訴法が管轄制度を柔軟化している点は，十分評価できるのである。

　〈2〉　ところで，わが国においても，非訟と訴訟との間に，管轄違いによる移送を認めるべきか否かという点をめぐって，学説が対立していることは周知のとおりである。民訴法30条は訴訟事件に関する規定であって，それ自体が地方裁判所と家庭裁判所相互間，すなわち，訴訟事件と非訟事件相互間の移送までを，直接の内容として認めているという趣旨の規定ではない。したがって，判例は，家庭裁判所と地方裁判所相互間の移送については消極説を採用してい

60

る（最判昭和44・2・20民集23巻2号399頁）。そして，学説のなかには，この判例の立場に賛成する見解もある。これに対して，訴訟事件と非訟事件の概念が不明確である以上は，両者相互間の移送を認めるべきであるとする見解も有力に提唱されているのである。

わが民訴法が管轄を柔軟化したとはいえ，それはあくまでも例外的であって，管轄は明文の例外が認められない限り，管轄規定は厳格に解釈されなければならないとするのが基本であるとの見解からするならば，訴訟と非訟との間に移送は認めない，移送の規定は民事訴訟法のなかに置かれたものであるから，民事訴訟の範囲内で適用されるにすぎないとする見解が妥当性を有することになるであろう。

〈3〉 しかしながら，地方裁判所と家庭裁判所との間の移送を認めることは，かえって，いわゆる「法定裁判官」による裁判の要請によりよく適合することになるとも考えられる。裁判所の負担の偏在を来すという虞がないばかりか，むしろ負担の偏在の回避に役立つことになるし，また紛争の適正な処理の要請にも適う。そして，むしろ，現行法のなかには，例外的にではあるが，訴訟と非訟との間に移送を認めている規定があるのである。たとえば，家事審判法18条第1項は，家事事件について調停前置主義を規定しているが，同条第2項は，「前項の事件について調停の申立をすることなく訴を提起した場合には，裁判所は，その事件を家庭裁判所の調停に付しなければならない」と規定している。ここにいう調停に付する決定は，2つの側面ないし内容をもつ裁判であるように思われる。すなわち，第1のものは，例えば人訴事件訴訟事件を調停に付するという建前を守るというである。家事調停は家庭裁判所で行われるものであるからである。第2に，事件の係属を通常裁判所から家庭裁判所へ移すという，すなわち移送決定たる側面が含まれていなければならないはずである。第2の側面がないとすれば，係属を移す効果がでてこないと考えられるからである。したがって，家事調停に付する旨の決定は，当然に，移送を含んでいるものと考えるべきで，ここに，訴訟から非訟への移送が認められているということができる。

〈4〉 管轄規定には公益が伴うのであるから，その解釈，立法にあたり，原則として厳格性が要求されることは当然であるが，そのことは，特段の必要が

I　判決手続

あり，かつ公益性を害しない限り，例外的に柔軟性を認めることを否定するものではないといえよう。すでにみたように，わが民訴法は，ドイツ民訴法と比較して，管轄の柔軟化への1歩を踏み出しているのであるし，この方向は誤っているとは考えられないので，今後の管轄の立法にあたっても，管轄の厳格性を常に貫くことが合理的であるとは，必ずしもいえないのではないかと思われる。　　　　　　　　　　　　　　　　　　　　　［判タ554号82頁，昭60］

　追記　本稿は家事事件手続法及び人事訴訟法制定以前の状況下で執筆している。しかし，移送に関する柔軟性をはかる必要性を説くべきであるとの観点を強調したいために本書に収録した。

21 訴訟上の和解の解釈原理

〈**1**〉 Rosenberg-Schwab, Zivilprozeßrecht 12. Aufl., S. 727 をみると，訴訟上の和解の和解条項の解釈について，極めて簡単に2行の叙述があり，そこでは「訴訟上の和解は，私法行為として，BGB 133 条，157 条，242 条の各解釈規定に従う。解釈は事実審の裁判官の確定による（RG 154, 320)」と説かれている。BGB 133 条は，意思表示の解釈について，「意思表示の解釈にあたっては，現実の意思を探究し，表現の文字が示す意味にとらわれてはならない」と規定する。また BGB 157 条は，契約の解釈について，「契約は，取引の慣行を考慮して，信義誠実を促進するよう解釈されなければならない」と規定している。最後に，BGB 242 条は，債務関係の内容としての履行義務に関する規定であり，履行を信義則に従ってなすべき旨を定めているのである。

　民法上，意思表示の解釈は，その内容が解釈を必要とし（auslegungsbedürftig），かつ解釈に適する（auslegungsfähig）場合になされるものである。明白，かつ一義的な意思表示は，解釈を必要ともしないし，かつ解釈に適するものでもないというのが，通説（Jauernig-Schlechtriem-Stürner-Teichmann-Volkommer, BGB 3. Aufl., S. 74)，判例（BGH 80, 248；WM 83, 1364）の立場であるといえよう。

〈**2**〉 和解条項が，それ自体として明白，かつ一義的であるにもかかわらず，当該和解の成立した背景や事情を勘案したうえで，和解条項の文言の明白かつ一義的な意味とは異なる意味をもって当該条項を解釈することは，そもそも適切なのであろうか。

　法律行為の解釈は，行為者の真の意思を探求することを目的とするのであるが（BGB 133 条参照)，その意思は，錯誤の場合を除けば，客観的に表示された意思であって，これと異なる内心の意思ではないのである（BGH WM 81, 266)。Falsa demonstratio non nocet（"偽の叙述は文書を無効とせず"。いわゆる Andeutungstheorie) の原則が適用されるのである。客観的な表示価値（der obj. Erklärungswert）が，何が表示されたかを特定するのである。したがって，信義則や取引慣行をも含めた社会通念に従って，客観的に表示されたものと解される

意思こそが，表示されたものとして解釈されなければならない (LM Nr 7〔D〕mN. Jauernig-Schlechtriem-Stürner-Teichmann-Vollkommer, a. a. O., S. 75)。そして，このようにして確定された，客観的に表示された意思が，仮に諸般の事情からみて合目的的ではないものであったとしても，それだからといって，ここで客観的に表示された意思に，別の意味が与えられるということがあってはならないのである (Jauernig und andere, a. a. O., S. 75)。契約締結の際の諸事情を勘案すれば，客観的に表示された意思が不合理であると考えられ，合目的的でないとしても，社会通念に従って客観的に表示された意思こそが効果意思として取り扱われなければならないのであって，諸事情によって客観的に表示された意思の解釈が歪められてはならないのである。

　以上に述べたところは，法律行為の解釈の一般原則である。訴訟上の和解に含まれる私法上の和解の解釈についても，同じことがいえる。解釈の対象たる意思は内心の意思ではなく表示意思であるとするのが，わが国の民法学においても通説であることは周知のとおりである。

　〈3〉　大正15年の大改正以前の旧旧民訴法やZPOによれば，訴訟上の和解による紛争解決の自主的性格，合意的性格が濃厚であったのであるが，旧民訴法203条および現行民訴法267条が，調書に作成された訴訟上の和解が，請求の放棄，認諾と同様に，確定判決と同一の効力をもつものと規定するにいたり，自主的性格から当事者の内心の意思より裁判所が関与したという公権的性格を濃くしたことは否定できないのである。既判力否定説が有力である以上，訴訟上の和解がすべての点で確定判決と同じであるというわけにはいかないにしても，和解条項の解釈などについては，判決に準じて，私法上の契約の解釈とは異なる側面を認めてよいのではないか，いな，認めるべきではないか，と私は考えるのである。この点からも，和解条項の解釈は，そこに示された客観的意思によるべきであって，契約成立の背景を斟酌しつつ意思解釈をすることは避けるべきである，というべきではないかと考える。裁判所がその締結に関与し，わざわざ調書にも作成しておきながら，実は，和解条項に客観的に示された意思とは異なる主観的意思が，当事者の真の意思であるとして通用せしめられるというのでは，裁判所が和解の成立に関与した意味が問われることになるであろうし，さらには，裁判所の権威が問われかねないという問題が生じてくるのである。この点では，冒頭に掲げたRosenberg-Schwabの見解は，必ずしも日

21 訴訟上の和解の解釈原理

本法にそのまま当てはまるものではないことを明らかにしておきたい。

かようにして，訴訟上の和解条項の解釈は，そこに客観的に示された意思の探究であって，和解の成立した背景や和解締結に至る経緯が客観的意思を排除するような形で解釈されてはならないのである（最高裁第1小法廷昭和44年7月10日判決・民集23巻8号1450頁，判タ238号120頁参照）。

［判タ555号97頁，昭60］

追記 Rosenberg-Schwab-gottwalt は現在17版で，このなかには本章冒頭の記述は見当らないようである。

Ⅰ　判決手続

⟨22⟩ 訴訟上の和解と心裡留保・虚偽表示

〈1〉　訴訟上の和解に，旧民訴法203条（現行民訴法267条—以下同じ）を文理解釈して既判力を認めることをしない限り，右和解に含まれる私法上の和解について意思表示の瑕疵を主張できることになる。しかし，その場合，⑴詐欺・強迫および要素の錯誤などの瑕疵と，⑵心裡留保や虚偽表示などの瑕疵とを，取扱い上区別するのか，それとも，それらすべてを画一的に取り扱うべきであるのか。この問題について論じた文献は管見の及ぶ限り見当らないように思う。

最近，たまたま私の眼に触れることになった東京高裁の判例で，訴訟上の和解に心裡留保があり，民法93条但書が適用されるべきケースであるから，当該条項に関する意思表示は無効である旨の主張がなされた事例を取り扱ったものがある。この事例に触発されて，私は，瑕疵の主張に関して，⑴詐欺・強迫および要素の錯誤等のグループと，⑵民法93条但書や通謀虚偽表示等による無効のグループとを区別すべきではないかと考えるようになったので，この点の私見を披瀝しようと考える。

私は，本書22章において，訴訟上の和解における和解条項の解釈にあたり，条項の文言が明白かつ一義的である場合は，文言を文理解釈すべきであって，和解の成立の経緯などを勘案して，明文の文言から乖離した解釈をすべきではない旨を説いた。そして，その根拠を，意思表示ないし法律行為の解釈の一般原則に求めることに加えて，訴訟上の和解の本質が合意に求められるとはいえ，同時にその成立に裁判所が関与するという側面があり，この側面が重視されて，旧民訴法203条（現行民訴法267条）の下では，「確定判決と同一の効力を有する」旨の文言にみられるように，裁判に一歩近づけられたものとされる，という点にも求められることを説いたのである。

〈2〉　私は，前記①および②の2つのグループの瑕疵を区別して取り扱うべしとする根拠を，同様に，訴訟上の和解の裁判的性格に求めることができるように考えるのである。

前記第1グループの瑕疵にあっては，和解の成立にあたり，瑕疵ある意思表

示をなす当事者が瑕疵を主張して和解の成立を妨げることができなかったのであるから，当該和解の成立後にその主張を認めることが必要であって，それを既判力によって遮断することは，訴訟上の和解の私法的側面を否定することになり，当事者にとり著しく酷になることを否定しえない。

　これに反して，第 2 グループの瑕疵は，第 1 グループの瑕疵と事情を異にする。心裡留保に関する民法 93 条但書の場合には，心裡留保の意思表示者はその真意に非ざることを知っているし，相手方もこれを知り，または知りうべき場合であるから，真意に非ざる意思を和解条項とするについては，もっぱら両当事者の責めに帰すべき事由があることになる。裁判所が関与して訴訟上の和解を成立せしめるにあたって，両当事者が意思の真意に非ざることを裁判所に開示することなく，両当事者の責めに帰すべき事由によって，真意に非ざる意思をもって和解条項を作成するがごときは，いわば，裁判所を欺罔するものである。

　したがって，自らの責任においてそのような背信的行為をして，和解の成立に裁判所を関与させておきながら，和解成立後に至り，意思表示の瑕疵を主張するがごときことは，信義則に反し許されないものといわなければならない。すなわち，訴訟上の和解は私法上の契約として合意たる側面を有することに間違いはないが，加えて裁判所が関与するという意味では，純粋に私法上の契約にとどまるものではなく，それよりも裁判に一歩近づいた法形象なのであって，この面からみれば，第 2 グループの意思の瑕疵の主張を認めることは許されないものというべきである。それを認めることは，まさに裁判所を愚弄するものであり，裁判所の権威を失墜させるものであるということができる。

　この理は，両当事者につき弁護士が訴訟代理人として関与しているか否かにより左右されるものではない。しかしながら，弁護士が訴訟代理人として和解の成立に関与している場合には，ますますもって第 2 グループの意思の瑕疵の主張を認めることは許されないことになるものと考えるべきではないかと思う。

　大正 15 年の民訴法の改正（この改正により旧民訴法が成立した）によって，立法者は，認諾判決や放棄判決の制度を廃止し，認諾・放棄や和解に判決をしなくても判決をしたのと同じ効力を与え，和解判決という制度のなかった訴訟上の和解を認諾・放棄に準じて，それら 3 者につき確定判決と同一の効力を認めたのが，旧民訴法 203 条である。したがって，和解にも既判力を認めようとするのが，立法者の意思であったに違いない。通説のように既判力を否定する

I 判決手続

にしても，できるだけ立法者の意思を尊重する理論構成をすべきであるとすれば，既判力否定説をとったとしてもせめて私見のように解するのが立法者の意思に若干なりとも近い解釈になるものと思われるのである。

[判タ 556 号 67 頁，昭 60]

23 公証人と証言拒絶権

〈1〉 公証法学会第15回総会（昭和60年6月1日駒澤大学において開催）で、沖縄大学の波多野雅子助教授（現松山大学教授）の「西ドイツにおける公証人の黙秘義務と証言拒否権について」と題する研究報告が行われた。

1981年5月12日のミュンヘン上級地方裁判所の決定は、西独公証人法18条に規定された公証人の守秘義務（以下、「守秘義務」という）と西独ZPO（旧）383条1項6号の証言拒絶権（以下、「証言拒絶権」という）との関係について、守秘義務を広く証言拒絶権を狭く考え、両者の範囲を異にするものと判示した。これに対して報告者は、西独のこの点に関する学説を詳細に調査して、両者の範囲を一致させるべしとする学説を紹介された。従来、表立って、この問題について検討を加えた本格的研究が、管見の及ぶ限りにおいてわが国には見当らない。それだけに、波多野助教授の報告は貴重なものとして評価される。そして、この報告がわが国の公証人法4条の守秘義務と旧民事訴訟法281条第1項第2号（民訴法196条1項2号）における公証人の証言拒絶権との関係に関する理論の展開へと発展していくことを期待したいと考える。

もちろん、ZPO383条第1項第6号とわが国の民訴法281条1項2号とでは、証言拒絶権の要件を異にするので、ドイツの理論を、そのままわが国の証言拒絶権について引き直して、問題を考察することが許されるものではないから、比較法的研究について、この問題の検討には十分な慎重さが要求されることは当然のことであるといわなければならない。

〈2〉 本稿において、波多野助教授の前記報告を聞いて私が考えたことを簡単にメモしておきたい。

公証人法4条に規定された公証人の守秘義務と民訴法281条1項2号における公証人の証言拒絶権との関係について、論理的には3つの選択肢が考えられる。すなわち、第1は、両者の範囲を同一とみる見解、第2は、公証人法4条の守秘義務の範囲が証言拒絶権の範囲より広いとみる見解、第3は、第2の見解とは正反対に、守秘義務が証言拒絶権の範囲より狭いとみる見解、逆にいうと証言拒絶権のほうが守秘義務より広いとする見解がこれである。第3の見解

が不当であることについては，殆んど異論をみないものと考えられるので，ここでは検討の対象を第1および第2の見解に絞ってよいであろう。
　第1の見解は，守秘義務と証言拒絶権の双方につきその範囲を同一と考えるのであるが，この見解についても，2つの選択肢があるものと思われる。すなわち，その第1説は守秘義務の範囲を広く認め，それに証言拒絶権の範囲を合わせるという立場である。そして，第2説は，旧民訴法281条1項2号の「黙秘スベキモノ」(現行民訴法197条1項2号)の範囲を狭く限定し，守秘義務の範囲をこれに合わせるという立場である。すなわち，両者の範囲が同一であるとはいっても，広いほうに合わせて同一にするのか，あるいは狭いほうに合わせて同一であると解するのかという，2つの選択肢が認められるのである。

〈3〉　私は，結論的にいえば第2説に賛成したいと考えている。
　証言拒絶権は嘱託人の秘密の保持と裁判の公正という2つの要請の妥協点に成立するものである。他方に裁判の公正の要請が厳然として存在する以上は，嘱託人の秘密保持の要請もなにほどか後退せざるを得ないのであると考えるから，嘱託人の秘密も，訴訟では必要最小限に制限されなければならない。
　守秘義務の根拠には，嘱託人の秘密保持という要請に加えて，公証人の職務遂行の円滑性という要請が認められるのではないかと思われる。公証人の職務遂行の円滑性を確保するためには，証言拒絶権のように対象を極めて制限された秘密に限定することなく，それよりも広い範囲にわたり守秘義務を認めることが必要になる。公証人法4条は，「其ノ取扱ヒタル事件ヲ漏泄スルコトヲ得ス」と規定し，漏泄禁止の対象を単に「事件」という幅広い文言によって表現している。これに対して，証言拒絶権の対象について，民訴法281条1項2号は，「黙秘スヘキモノ」と規定し，公証人法4条の「事件」と比較すれば，はるかに狭い文言を用いているように見える。両条文の文言の比較からみても，私見の正当性が論証されうるのではないかと考える。

〈4〉　かようにして私は，前記ミュンヘン上級地方裁判所の決定に賛成するものである。しかしながら，私のこの見解も，まだ学説の詳細な研究を基礎にした立論ではなく，憶測の域を出ない思いつき的なものであるにすぎない。詳細については，公証法学第15号に掲載された波多野助教授の論稿を参照されたい。また波多野助教授の問題の研究が，将来，証言拒絶権の総合的研究にまで発展する契機になってくれることを念じたい。　　　［判タ557号64頁，昭60］

24 訴訟上の和解の権利保護機能について

1 はじめに

　一般的にいって，本案判決が国民の権利保護の機能を果たしているという点について異論をみないであろう。それでは，訴訟上の和解が権利保護機能を果たしているといえるかという問題について，いかなる解答を与えるべきであろうか。この点について，Konstanz 大学の Stürner 教授（現在は Freiburg 大学を退職）は，Rechtstatsachenforschung の一環としての"Der Prozeßvergleich"の 147 頁以下に，"Die Rechtsschutzqualität des richterlichen Vergleichs und die Regelung des § 279 ZPO"と題する論文を書かれている。

　私は，Stürner 教授がここに展開された論旨に必ずしも賛成ではなく，むしろ批判的である。そこで本稿において，私は，まず同教授の論旨を紹介して，次にこれに対する私見を展開してみたいと考える。

　ちなみに ZPO 旧 279 条（現行 ZPO 278 条）[1]は，以下のごとく規定している。すなわち，

　旧 279 条　(1)　裁判所は手続がいかなる段階にあるかを問わず，法的紛争ないしは各争点の和解的解決を考慮しなければならない。和解的解決につき裁判所は受命裁判官ないし受任裁判官を担当者に指示することができる。
　(2)　和解的解決のため当事者本人の出頭を命じることができる。出頭を命じた場合には，141 条 2 項を準用する。

　本来，和解は当事者間の合意を本質とするのであるが，それにもかかわらず，Stürner 教授が前記論文の標題に，「裁判官による和解」"der richterliche Vergleich"という表現を用いたのは，前記ドイツ民訴法旧 279 条の文言，ならびに以下紹介する同条の解釈に影響されたものと考える。

（1）　現行 ZPO の和訳として法務資料 463 号が刊行されている。

Ⅰ　判決手続

2　裁判官による和解による権利保護の質に関するStürner教授の見解

本項では，まずもって上記の問題について Stürner 教授の見解を要約して紹介しておく。

(1)　**権利保護概念の多義性**[2]

和解の権利保護的性格を論じる場合，まず問題になるのは，「権利保護」なる概念の多義性である。権利保護の概念が定まらない限り，和解の権利保護的性格の有無，すなわち和解がいかなる権利保護的性格をもつかという問題を論じることができないことになる。そこで彼は問題の考察を始めるに先立って，権利保護の概念の多義性を論じている。彼は権利保護の概念として，以下の4種類のものを挙げている。

(a)　権利保護の概念の古典的理解[3]

手続法の目標は法ないし権利の客観的実現にありとし，手続が法ないし権利を実現した場合に権利保護がなされたとするのが，権利保護の古典的理解である。ここでは裁判官の権限は，法典または先例拘束性による法の発見に限定される。この古典的理解の背景には，各裁判所各様の衡平感情の否定，判決の予見可能性による法的安定等の要請が認められる。この考え方は，次の(2)と比較して，保守的ないし場合によっては反動的理解とすらみられることがある。

(b)　権利保護の修正的理解[4]　(kompensatorisches Rechtsschutzverständnis)

権利保護概念の古典的理解は法的安定性に役立つものであるが，これに反して，法的安定性を犠牲にしても裁判官の法創造行為により実現される個別事例の具体的妥当性を強調する考え方がある。修正的理解はこれにとどまることなく，さらに一歩進んで権利保護を社会的修正（soziale Kompensation）と同概念と解する。すなわち，社会的弱者，知的弱者は法規範体系とは縁遠いのであるから，権利実現に関し不利益を蒙るのが一般的である。実体法体系それ自体が

---

(2) Gottwald/Hutmacher/Röhl/Strempel, a. a. O., S. 147 ff.(Stürner).

(3) Gottwald/Hutmacher/Röhl/Strempel, a. a. O., S. 147 (Stürner) ; Rosenberg-Schwab, ZPR 13. Aufl. §1Ⅲ ; Jauerning, ZPR 19. Aufl. §1.

(4) Gottwald/Hutmacher/Röhl/Strempel, a. a. O., S. 147 ff.(Stürner), Theo Rosehorn, Recht und Klassen, S. 42. ff., S. 157 ff., Wasserman. Der soziale Zivilprozeβ, insbes. S. 89, 155.
これに批判的なのは，Leipold, JZ 1982, S. 441 ff. 446 ff.

既に妥当性を欠き，修正を必要とするものであり，裁判官の使命は法発見手続において規範の社会的修正を行うという後見的役割を果たすことが権利保護に通じることになるとする見解である。この考え方は，実体法，手続法の双方について超実定法的基準（überpositive Maßstäbe）を設けて，実定法（Gesetz）および法（Recht）による拘束という場合，後者すなわち，超法的による拘束にアクセントを置くものである。しかもその場合，超実定法的法原理を「社会国家原理」（Sozialstaatsprinzip）という呪文に求め，これをもって実定法を修正しようとするものである。いうなれば，社会志向的新自然法思想とでも呼ぶべきものである。そしてこの場合，信頼すべきは実定法規ではなく，実定法規よりもより賢明な裁判官であることになり，「法的規制は立法者やそれを適用する裁判官よりもより賢明であるのであろう」（Die Rechtsregel sei klüger als ihr Schöpfer und der sie anwendende Richter）という伝統的命題を覆すことになるのであるとされる。そして権利保護概念のかような修正的理解は，必然的に裁判官の修正能力の検討を目指す裁判官社会学の登場を必要とすることになるのであるとされる[5]。

(c) 権利保護のプラグマチズム的理解

Stürner教授は，第3に，権利保護のプラグマチズム的理解を挙げる。すなわち，客観的に存在する法ないし権利の近似値をもってする紛争解決により権利保護の要請は満足されることになるとする考え方ある[6]。現代にあっては，規範との近似値をもってする紛争解決があれば社会的前進に十分であるという時代感覚を指摘する。そして，発展途上にある仲裁制度において開花した，このプラグマチズムの根拠は多様であるとしている。すなわち，精巧な思想に対抗するプラグマチズム的傾向，規範体系の一般条項への解消，予見可能性のないカズイスティックな法発展，民事訴訟事件の大量化現象等をその根拠として挙げている。

ここで民事訴訟事件の大量化に若干のコメントを加えて，次のように説明している。すなわち，精巧な規範体系の執行者という民事訴訟観（本稿(1)の権利保護観）は，ベルトコンベア方式では処理しきれない，民事訴訟の高度文化の産物であったが，大量処理機構としての民事訴訟は，訴訟の質的変化をもたら

---

(5) Dahrendorf, Gesellschaft und Demokratie in Deutschland, S. 260 ff.
(6) Gaul. AcP 168 (1968), 53 ff. 59. および Stürner, JR 1979, S. 133, 134/135 等参照。

Ⅰ　判決手続

し，近似値的紛争解決をもって満足せざるを得なくなる——この関係を，エリート的劇場は，たいしたことのない，容易に差戻しのできる俗っぽく，かつ一般人受けのする大衆向フィルムから乖離すると説明している——というのである。

(d)　権利保護を形成的司法（gestaltende Rechtspflege）とする解釈[7]

Stürner教授は権利保護の第4番目の解釈として，権利保護を形成的司法と解する考え方を挙げている。法的紛争を任意法に拘束されることなく解決し，将来の紛争を防ぐ私的自治に基づく司法による権利保護を形成的司法というとし，ここでは事前に権利がプログラム化されておらず，権利が形成されるのであると説明する。

(2)　和解の権利保護的性格の検討[8]

Stürner教授は権利保護の概念について，以上の4つの理解を挙げたうえで，次に和解がそのいずれの解釈に当たるべきかについて検討している。そして，概念的にいえば古典的意味における権利保護に該当するのは判決であり，和解はこれに該当せず，和解による権利保護に該当するのは，上記(b)(c)(d)の意味における権利保護であるとし，現行法上，和解として行われ，かつ行われるべきものはいずれのものであるか，という問題の検討に入るのである[9]。

(a)　「形成的修正」（gestaltende Kompensation）による権利保護

そこで，まず彼は形成的修正による権利保護を取り上げて，従来の実証的研究からみると裁判官によるこの種の和解がなされたことはないという事実を指摘する。ここで実証的研究として取り上げられているのは，„Alternativen in der Ziviljustiz", Herausgegeben von Blankenburg/Gottwald/Strempel, 1982, S. 145 ff., insbes. S. 150.にみられる労働裁判所における和解に関するRottlecuthnerの研究であり，解約保護に関するFalk/Höland/Rhode/Zimmermannの研究である „Kündigungspraxis und Kündigungsschutz in der Bundesrepublik Deutschland", Hamburg (Max-Planck-Institut), 1980, 区裁判所における和解に関するRöhl/Hutmacher' Der gerichtliche Vergleich in zivilrechtlichen Streitig-

---

（7）　M. Wolf, Gerichtliches Verfahrensrecht, 1978. S. 16. ff, E. Schmidt, Pup 1980, S. 106 ff, 110.

（8）　Gottwald/Hutmacher/Röhl/Strempel, a. a. O., S. 148 ff.(Stürner).

（9）　Gottwald/Hutmacher/Röhl/Strempel, a. a. O., S. 149 f.

74

keiten, Maschinemanuskript 1982, S. 53, 57 等である。そして修正的権利保護が行われていないというこの調査結果について，次の2つの評価が可能であるとされる。すなわち，第1の評価は，この種の調査結果からみて，裁判官が情熱をもって修正的形成を行うという幻想は否定されるものであるという点にある。第2の評価は，権利保護の修正的解釈論者の見解であり，和解は悪法の社会的修正であり，かつ訴訟技術の格差を調整する手段であるから，裁判官は実定法による拘束を離れ，超実定法的社会的理念から個々のケースを規律する必要がある。したがって，従来，修正的保護が和解としてなされてこなかったという調査結果をふまえて，今後，この種の和解をなす方向へ踏み出さなければならないというのである。

　Stürner教授はこの調査結果を高く評価して，従来和解が修正的権利保護としてなされなかったことは正しいのであって，裁判所は和解を通して実定法を軽視すべきではなく，訴訟外的基準を訴訟上承認することはその濫用に途を拓くことになる，としている。彼によれば，今日，社会的修正的和解を求める者は，明白に自己にとり不快な目標設定に驚くことがあっても止むを得ないことになる旨を説いているのである。

　(b)　「仲介的解決」(Näherungslösungen)による権利保護

　Stürner教授によれば，和解を仲介的解決による権利保護に該当するものと解する見解は，和解を事実上は任意に受け入れられる裁判官による仲介であると解している。その近似性は手続の各段階により異なり，たとえば，判決起案の省略を目的とするならば，和解の近似性は判決に著しく近いことになるという。従来なされた事実調査によれば，裁判官の和解提案，あるいはより適切な表現を用いるとすれば，「仲裁的試み」(Shiedsversuche)[10]は，事件の法的評価と訴訟の諸般の障害，たとえば，訴訟関係費用，証明危険，時間の浪費，不快，執行の必要等を衡量的に勘案してなされていること，したがって，簡素化手続で判決を先取りする仲裁判断的性格を有することが指摘されている。和解提案にあたって，裁判官は法的拘束を受けるとしたManfred Wolfの考え方[11]を適

---

(10)　M. Wolf, ZZP 89 (1976), S. 260 ff. 参照。

(11)　同上。

(12)　なお，BGH NJW 1980. S. 106 ff. 111 の事例および Röhl/Hutmacher, Der gerichitliche Vergleich in Zivilrechtlichen Streigkeiten, Maschinenmanuskript, 1982, S. 84 ff. も参照されたい。

切であると評価している[12]。

(c) 当事者自治的和解による権利保護[13]

ここでは，和解にあって，当事者の合意が出発点になり，法的観点が顧慮されることはありえても，それが顧慮されなければならないということはない，ということになり，この種の和解の権利保護的性格の根拠は契約自由の原則に求められるために，予測される判決の先取り的性格はもたないものとされる。したがって，この種の和解における裁判官の権利保護機能は公証人の公証機能と同一であって，両当事者の具体的意思の探求，効果の教示，方式遵守，未経験者の保護等にわたることになるとする（ドイツ公証法17条）。しかし従来の調査結果によると，この種の和解が有効な紛争解決として利用されることは稀であるとされている。

(3) **ZPO 279 条の規定**[14]

以上紹介したように，Stürner 教授によれば，和解的権利保護は本来，仲裁判断的，換言すれば判決近似的解決でなければならないとされるのであるが，この考え方を前提として，最後に ZPO（旧）279 条の検討を展開している。まず取り上げられているのは，ZPO（旧）279 条の和解について，立法者が仲裁判断的性格と当事者自治的性格のいずれかにはっきりと性格決定しなかった消極性を指摘している。

3 Stürner 教授の理論の批判

(1) Stürner 教授が訴訟上の和解，とくに証拠調べ終了段階における訴訟上の和解は，仲裁判断的性格を有するものと解すべきであるとしている点は，既に紹介したとおりである。しかしながら，この見解が成り立つためにはいくつかの前提がなければならない，と私は考える。

すなわち，第1は，仲裁判断の性質をどう考えるかという点である。ドイツ民訴法は仲裁について仲裁裁判所（Schiedsgericht）とか仲裁裁判官（Schiedsrichter）という概念を用いて，仲裁を裁判に近いものとしてみている。換言すれば，仲裁というのは簡素化訴訟手続としての性格を有するということになる。しかしながら，制度的に，ないしは解釈論として仲裁に一定の調停的要素を加

---

(13) Gottwald/Hutmacher/Röhl/Strempel, a. a. O., S. 150（Stürner）.

(14) Gottwald/Hutmacher/Röhl/Strempel, a. a. O., S. 150（Stürner）.

味することがないわけではない。仲裁の本質については，この２つの基本的に対立する見方があるのであるが[15]，Stürner 教授の見解は仲裁の本質を準訴訟的，準裁判的にみることないしは仲裁判断基準として実体法が選択されることが前提になっているということができる。仲裁につき調停的判断基準が定められ，それが準調停的なものと解されるならば，訴訟上の和解も，当事者自治的な権利保護方式と解することになるであろう。この場合，Stürner 教授の見解は当たらないことになる。

　第２に，Stürner 教授が和解を判決の先取り的，準仲裁的権利保護形式とみているのは，証拠調べ終了後の和解に限られるであろう。証拠調べ終了後であれば，和解に判決起案の省略的効用が認められ，それが判決先取り的性格を有するという側面をもっているといってよい。これに反して，主張の整理が終了して証拠調べに入る以前の段階において提示される和解案は，争点についての心証が得られていないものであるがゆえに，これをもって判決の先取り的性格を有するものということはできない。

　第３に，訴訟上の和解の概念を，「和解」という概念を基準にして，私法上の和解にオーバー・ラップして考えるならば，それを Stürner 教授がいう判決の先取り的性格をもつもの，したがって，準仲裁的性格をもつものと解することは困難になる。けだし，私法上の和解には互譲を必要とするからである。判決の先取り的性格を有し，単に判決書起案の手間を省くために和解が締結されるというのであれば，訴訟上の和解に必ずしも互譲を必要としないということになるであろう。Stürner 教授の理論が成り立つためには，訴訟上の和解に私法上の和解を含む必要がないことを前提としなければならない。

　第４に，Stürner 教授の主張するように，和解を判決の先取り的性格のもの，ないし準仲裁判断的なものとみるか，あるいは当事者自治的権利保護とみるかについては，国民の法意識が関係してくる面があるといえよう。法意識の高低は，国民が法を知る程度の問題として考えられがちであり，また現に，そのような用い方がなされることもあるが，私はこの問題をそのように理解すべきではなく，むしろ，国民の日常生活における生活規範が法に近いか否かによって決まるべきものと考えている。この意味では，法意識の高低という表現はそれ

---

(15) 仲裁判断の実体法による拘束性については，小山昇『仲裁法』（法律学全集38―Ⅲ）177頁以下参照。

Ⅰ　判　決　手　続

自体適切ではないのであるが，ここでは一応この用語を用いておくことにする。それはとにかくとして，かような観点からすると法意識の高い社会，すなわち，日常の生活規範と法規範とが近接している社会では，法規範それ自体が条理に適い実情に即した規範になるのであるから，和解を判決の先取りとしてもそれはどの不都合や不便はないが，一般の生活規範と法規範とが内容的に乖離している社会では，和解はむしろ判決の先取りであっては困るのであって，それを前提としながらも条理に適い実情に即したようにその内容が修正されている必要があるものと考えるべきであろう。Stürner教授の考え方が成り立つためには法規範と日常の生活規範とが乖離していない社会が前提となると考えなければならない。

　以上の諸点を考慮するならば，Stürner教授のいわゆる判決先取り的ないし準仲裁的和解論は，極めて限定された条件の下において成り立つものであるにすぎないことが理解されよう。仲裁を調停的に理解する場合には，Stürner教授の説を採用することができないのであるし，実体法上の和解に倣って訴訟上の和解にも互譲的要素を必要とすれば，和解提案を判決の先取りに徹して考えることは困難になる。さらにまた，ドイツ国民の法意識が高いこと，したがって，一般的にいって日常生活規範と法規範とが近似していることは認めるにしても，例外的に後者が時代の発展につれて前者との間に乖離がみられるようになるという部分も当然存在する。このような部分では，和解の提案は条理に適い実情に即した解決，すなわち，当事者自治的な解決であることが好ましいのであって，判決の先取り的なものであってはならないはずである。また，証拠調べ前の段階では判決の先取り的和解提案をするということは実質的にみて困難であるといえる。

　(2)　裁判上の和解も，民事訴訟手続の中で成立するものであるし，とくに裁判官主導型で行われる場合には和解提案の内容が条理に適い実情に即したものになるにしても，法的筋をふまえたものでなければならないはずである。それは，和解の本質が合意にあるとはいっても，したがって自主的紛争解決方式であるとはいっても，あくまでも司法制度の枠内において裁判官が提示する紛争解決案であるからにほかならない。したがって，この種の和解提案は，相当程度判決先取り型に近いものにならざるを得ない。裁判官主導型の和解にあって，裁判官による和解提案が判決先取り型に準ずるものでなければならないということは，それを出発点とすべきであるという意味であって，結果的に契約自由

型になることを全否定するものではない。けだし，和解は自主的紛争解決形式だからである。これに反して当事者主導型の和解は，契約自由の原則からして和解内容が違法でない限り判決先取り型である必要はない。

かようにみてくると，裁判官による和解提案が判決先取り型に準じるものでなければならないといっても，それは訓示的要請であると考えられる。これに反して，仮に，それが訴訟法上の義務であると解するにしても，その義務違反は，和解の成立により責問しえないものになると考える。元来，和解の本質は自主的紛争解決方式なのであるから契約自由の原則が適用され，成立すべき和解の内容が違法でない限りは，当該事件の法からの乖離がみられる場合これをもって違法とまでいうわけにはいかない。

したがって，和解における裁判所の役割の最も本質的な部分は，和解にみられる当事者の合意の適法性を検討し，右合意を調書作成という形で公証するという点に求められる。この調書作成による合意の公証に法は訴訟法上の効果を与えたものとみることができる。

 3　和解における当事者の権利保護を十分なものにするために，当事者の合意に先んじて裁判所は当事者に対して和解につき錯誤なきよう，また当事者が合意の意味を十分理解するよう，事実および争点の現状，合意のもつ法律的意味等について教示する義務を負う。和解の成立を促進するためにある程度の心証開示をすることも許されると考える。

〔判タ 577 号 23 頁，昭 61〕

追記　Manfred Wolf によると本文中にあるように和解提案につき裁判官は法的拘束をうけるものとされている。私は昭和 61 年執筆の本稿において既に Wolf 見解を紹介している。
　私見が和解を始めとして ADR に則法性を必要とすると称しているのは Wolf や Stürner の考え方と同系列のものである。また Stürner の見解には私にとり訳のうえで若干不明な処があるので同教授に質問したいと考えている。
　なお裁判所の心証開示に関しては拙著『訴訟上の和解』（信山社 2012 年 6 月刊）第 6 章第 3 節参照。

I 判決手続

◇25◇ 裁判の理由付け義務

〈1〉 旧民訴法191条1項によれば，判決に「事実及争点，理由」を記載すべき旨を定めている。裁判に理由を付すべしという一般原則がそもそも存在するのか否か，それが存在するとするならば，それは何に由来するのかという点が，憲法と民事訴訟の接点の問題としても問われるであろう。

ところで，裁判に理由を付すべき義務を裁判所に課する明文規定を憲法中に置いている国は，意外に少ない。管見の及ぶ限りでは，ギリシャ憲法93条3項，トルコ憲法141条3項，イタリア憲法111条1項，スペイン憲法110条3項，ベルギー憲法97条1文，などがある。

明文規定を置かない諸国では，裁判に理由を付する義務は，明文はないが当然の前提とされた法治国家原理から導き出されているといってよい。

これに反して，イギリス，アメリカ合衆国およびカナダ等においては，裁判を理由付けるべき裁判所の義務を認めるという一般原則は，そもそも存在しない国もあるようである。これらの諸国においては，実務上，裁判所は裁判に理由を付しているのであるが，もちろん，すべての裁判に理由を付するのではなく，一定の類型の裁判には理由を付していないようである。

〈2〉 日本国憲法も裁判に理由を付すべき義務を裁判所に課する規定を置いていない（民訴法312条2項6号参照）。それでは，わが国においては，憲法上右の義務は存在しないものというべきであろうか。私は，憲法32条の裁判を受ける権利および同76条3項にみられる法律による裁判，裁判における法治国家主義から，裁判の理由付け義務を導くことができるのではないかと考える。

第1に，裁判を受ける権利は，訴訟の当事者に当事者権を保障する。与えられた裁判に対して不服を申し立てるについて（上訴，再審），その攻撃のポイントを的確に摑むためには，裁判に理由が付されていなければ，当該裁判に対し奏功しうるような適切な不服申立てを提起することができないことになる。それは不服申立てを提起すべき当事者権を侵害し，したがって裁判を受ける権利の侵害につながることになる。

第2に，法治国家主義に基づく法律による裁判の要請からすれば，裁判が法

律による旨を明示するために，理由を付することが要求されるものと考える。それは，法律による裁判，その意味において法治国家における正しい裁判の保障の一つの手段と解される。それは，正しい裁判の保障という点では憲法82条の公開主義と共通の要請であるということができる。

　第3に，法律による裁判の要請は，裁判の予測可能性を保証し，それが法的安定性の維持に役立つことになる・予測可能性の保証のためには，法の解釈・適用の過程が明らかにされなければならない。

　この過程は裁判の理由により明らかになることはいうまでもない。この点からも，裁判に理由を付する義務は演繹されてしかるべきであろう。

　以上の諸点から考察する場合，裁判の理由付け義務を一般原理として存在しないと考えることは適当ではないし，また，さらに，それを憲法上の要請とはせずに，一般の法律に由来する要請と理解することも適当ではないと考えられる。理由付け義務について，憲法に明文の規定はなくても，法治国家であり，裁判を受ける権利を保障するすべての国家においては，不文の当然の要請と解すべきものなのである。

〈3〉　さらに，わが国のように裁判所に違憲法令審査権を認める場合，それが問題になるケースにあっては，理由付け義務は当然に認められて然るべきであろう。憲法解釈の判断をなす裁判にあっては，とくに憲法判断に達する論理の過程が示されることが重要である。最高裁判所判事の国民審査との関係からも，その資料を提供する意味もあり，少数意見記載の必要性と相俟って，多数意見についても理由付けが要請されるといってよかろう。

　違憲法令審査権や最高裁判所判事の国民審査から離れて，裁判一般に立ち帰って考えた場合でも，〈2〉に述べた理由のほか，以下の諸点を指摘しておかなければならない。

　第1に，理由付けがないと，判例法を形成すべき部分が明確にならないことから，理由を付することが必要とされる。

　第2に，とくに，社会主義国家において強調されるところであるが，裁判の教育的，啓蒙的効果が問題になる。自由主義国家においても，右の効果は，これをいかに強調するかは別にして，まったくその効果は否定されえないであろう。そうであるとすれば，一般国民に対して裁判が教育的効果を挙げるためには，理由を付する必要が認められることは，いうまでもないのである。

Ⅰ 判決手続

〈**4**〉 以上に述べたように，私としては，裁判に理由を付する義務は憲法に由来するものと考えるために，国によってはこの種の義務につき憲法上の規定を欠き存在しないということについては，ある種の驚きを禁じえないというところである。

　この種の義務が憲法上の要請であるからといって，私自身もすべての裁判につきこの種の義務を肯定しようというのではない。たとえば，少額訴訟の裁判などはその例外と考えてもよいであろうし，仔細に検討すれば例外に該当するような場合がその他にも見出されうるであろうことを否定するものではないのである。

［判タ 599 号 20 頁，昭 61］

⟨26⟩ 審級制と裁判を受ける権利

〈1〉 憲法32条の裁判を受ける権利から審級制の保証を導くことができるのであろうか。同条はこの点について明規していない。他の多くの諸国の憲法も同様であるし、ヨーロッパ人権条約も同じである。
　上訴の権利を認める憲法としては、ユーゴスラビア憲法233条、チェコスロバキア憲法99条、イタリア憲法111条2項などを挙げることができるが、その他の諸国では、一般に審級制は保証されているが、それは、憲法によってではなく、法律によって規定されているにすぎないのである。
　審級制の保証に関する規定を置かない憲法の下において、審級制はもっぱら法律によって規定されることになるが、それならば立法政策の問題として、一般的に審級制を設けないこと、上訴審を認めないこと、換言すれば一審制を規定することが可能であろうか、という点が問題になる。
　私は、憲法に上訴制度に関する明文の規定を欠いたとしても、裁判を受ける権利の保障および法治国家理念という憲法上の権利および原理から見て、上訴制度、審級制の保障が憲法上の要請として存在するものと解すべきであると考えている。

〈2〉 裁判を受ける権利というのは、仔細にわたる点は立法政策の問題として、具体的には法律に委ねられて然るべきである。しかしながら、それが、近代的法治国家における裁判制度を予想していることは当然であって、そのような裁判制度は、少額事件のような特殊な例外を除けば、原則として、2つの事実審としての第一審および控訴審と、1つの法律審としての上告審を予定しているものと考えられる。
　法治国家の理念もまた、審級制と深く係わっている問題ということができよう。法治国家の理念の司法における具体化は、憲法76条3項に見られるのであるが、法律による裁判の理念は、紛争の法律的に正しい解決を意味するのであって、紛争解決が法律的に正しいものであるためには、二審制にするか三審制にするかは別にして原則として審級制を必要とすると解すべきであろう。けだし、紛争を複数主体（複数の審級を異にする裁判所）の眼をもって眺めること

83

Ⅰ　判決手続

は，通常，一主体（第1審裁判所）の眼をもって眺めるよりも，より正しい解決につながることになるからである。

　もちろん，いかなる範囲で上訴，とくに上告を認めるかという点は，上告制限という立法政策的問題として慎重に検討しなければならない問題である。三審制度を前提にするから上告制限を一切否定しようとするのではない（例えば民訴法318条）。ただ上告制限も合理的な範囲では認めざるを得ないであろう。事件の種類によっては，例外的に一審限りのものがあってもよいであろうし，二審限りのものがあってもよいであろう。例外的な審級制限も合理的な理由があれば，これを立法政策の問題として認めざるを得ないものと，私は考える。

　ここでいう立法政策の決定について登場してくる相矛盾する要請から考えられるものとして，第1に，公正な裁判の要請があり，第2に，裁判所の事件処理のキャパシティーの問題（逆にいえば，裁判所の負担軽減の問題）があり，また迅速な裁判の要請がある。これら2つの相矛盾する要請の適切な調整点において，審級制の制限の問題が解決されるべきものなのである。裁判所のキャパシティーの問題が立法政策的配慮の一要素となるとすると，この立法政策の決定にあたっては，各国の国情が相当に影響してくることは否定できないところであるといえよう。上告制限について諸国の法制が著しく異なるのもこのような事情に基づく側面があるのである。

　〈3〉　わが憲法76条1項は，最高裁判所および下級裁判所の設置を認めている。いかなる種類の下級裁判所を認めるかは立法政策の問題であるが，少なくとも，最高裁判所と下級裁判所という2種類の裁判所を憲法が認めているのは，何審制にするかは別にしても，審級制を前提としているものと解してよいものと思われる。

　以上に述べたところから見て，わが国においては，憲法のレベルで審級制が採用されているものと理解すべきではないかと考える。審級制の具体的内容の決定は立法政策の問題であるが，しかしながら，法律上そもそも審級制を採用しないとか，あるいは到底合理的なものとはいえないような審級制を採用することは，憲法違反になるがゆえに許されないと解される。したがって，上訴制限を設けることは一定の範囲で許されるものと考えるが，合理的な範囲を超えた上訴制限は憲法違反になるものと考える。

　この点に関連して，たとえば，オーストリー連邦憲法92条1項が，最高裁

判所の設置を規定し，かつ，一定の程度を超える上訴制限を設けることを禁じているのは，合理的であるように思われる。また，エアランゲン大学のシュワーブ教授およびレーゲンスブルク大学のゴットワルト教授が，第7回国際民事訴訟会議の「憲法と民事訴訟」と題する総括報告書（ギーゼキング，1984年石川＝出口訳　判例タイムズ613号）の中で，法治国家主義との関係から見て，上訴制度をそもそも廃止することは，たとえ審級制度を憲法上明文をもって保証していない国においても許されるものではない旨を説いている（原著30頁）のは正当である。

　上訴制限を設ける場合にも，われわれは上訴制度が憲法上の要請であることを前提にして，その例外的制度を設けるものであるという認識に立って，問題の検討をすることが望まれることを忘れてはならないであろう。

[判タ600号35頁，昭61]

I 判決手続

㉗ 訴訟救助の考え方

〈1〉 憲法32条の裁判を受ける権利が，裁判手続の無償性までを保証するものではないことは当然である。訴訟費用が不要であれば，訴訟へのアクセスが容易になることはいうまでもない。しかし，適切な訴訟費用の当事者負担が，乱訴を防止する機能をもつことも確かであるから，当事者負担は一種の公益に通じ，裁判を受ける権利がその範囲で制限されるのである。したがって，訴訟費用は，裁判へのアクセスの障害になるほど高額なものであってはならない。それは裁判を受ける権利の侵害につながるからである。

〈2〉 私は，かつて訴訟救助を求める権利というのは，裁判を受ける権利に由来する旨を説いたことがある（「訴訟救助について」新・実務民事訴訟講座3 287頁以下）。今日でもこの考え方に変わりはないが，救助権の根拠になる憲法上の基本権が何かという点については，必ずしも考え方が一致しているわけではないという点についても注目しておく必要がある。
　そもそも，救助権は，憲法レベルにその根拠を求めた場合，市民的国家における基本権なのか，あるいは社会権的基本権なのか，という点が問題になる。私は既述のように，救助権の根拠を憲法上の裁判を受ける権利に求めるのであるが，裁判手続における当事者の形式的平等性の下に生じた当事者の実質的不平等を修正する方法として登場したものであるから，裁判を受ける権利の一部としての訴訟救助権は，救助権の限りでは社会的法治国家的性格をもつものと解している。

〈3〉 この社会権的性質をもつ救助権を明文をもって規定する憲法としては，ブラジル憲法53条17項，イタリア憲法24条3項，スペイン憲法119条などがある。このほか，訴訟救助権ではないが，弁護士による無料法律相談および訴訟代理を求める権利を保障するものに，ソ連邦憲法161条がある。ブラジル，スペインおよびイタリアの場合は，救助権がこれを定める憲法の規定から直接に出てくるのに対して，憲法上直接の規定をもたない諸国（日本国憲法はそれに含まれる）において，救助権は憲法のいずれの基本権に由来するものと考え

27 訴訟救助の考え方

るべきであろうか，という点が問題になる。

　ベルギー，西独およびスイスでは，救助権の根拠を平等原理に求めている。すなわち，救助権は裁判手続における平等の保障という，平等権の一適用場面として登場してくるのである。西独では，このほか，法的審問請求権や社会的法治国家の原理にもその根拠が求められている。さらに，オーストリー，ギリシャおよびトルコ等の諸国にあっても，社会的法治国家の原理にその根拠が求められているといえよう。また，ヨーロッパ人権条約6条1項からも，限られた範囲においてではあるが，救助権を導くことができよう。

　私見によれば，既述のように，救助権の理由付けは裁判を受ける権利をもって十分に可能なのであって，加えて，社会的法治国家の原理とか平等権等をもって理由づける考え方があるとはいえ，そこまでの必要はないとの見解もありえよう。

　すなわち，裁判を受ける権利に，いわゆる「裁判」とはもちろん「公正 (fair) な裁判」を意味し，裁判が公正であるためには，訴訟手続内における両当事者の地位の対等，武器対等の保障のみにとどまらず，加えて，裁判所へのアクセスの平等をも含むものであるといってよい。公正な裁判の理念は，それ自体，当事者の地位の対等，平等を当然に含むものである。さらにまた，当事者の地位の対等，平等は，それが形式的なものにとどまることなく実質的なものであって始めて，公正な裁判の保障につながるのであるから，当事者の地位の対等，平等は，本来裁判を受ける権利について実質的なものでなければならない。

　かように考えてくると，救助権は，裁判を受ける権利のみから十分に説明しうるのであるが，裁判を受ける権利に加えて，社会的法治国家原理をも持ち出さないと理由付けができないものとはいえない。救助権が社会権的性質をもつことについては既に述べたが，それは，裁判を受ける権利が，初めはもっぱら市民法原理によって理由づけられていたが，近時，社会法治国家的要素をも含むものに変貌していることによるものである。したがって，救助権はかように変貌した裁判を受ける権利のみによって十分に理由づけられるとすれば，加えて，社会的法治国家の原理を持ち出すまでもないというのであって，裁判を受ける権利が社会的法治国家原理によって変貌したのであるという意味では，社会的法治国家原理によっても理由づけられるという主張にあえて反対する必要もないかもしれない。

〈4〉 救助権の基本的性格を市民法的に理由づけるか，あるいは社会的法治国家原理によって理由づけるかによって，さらにその理由付けを憲法のいずれの基本権に求めるかによって，救助権の範囲を著しく異にする結果になる。現に，アメリカやカナダでは，救助権を市民法原理によって理由づけようとする傾向にあるために，裁判へのアクセスの恣意的かつ極端な障碍を設けることを禁じるにとどまっているようである。たしかに，救助権の性格付け如何によって，国によりアクセス権の範囲が異なっているのであろうか。

しかしながら，社会国家原理によってこれを理由づけようとする傾向は，近時の世界の一般的傾向であるように考えられる。私はかつて，現行法の解釈論として，救助権の範囲を比較的狭く解釈する見解を発表したことがあるが（前掲論文），今日でもその解釈論は誤りではないと考えている。しかし，立法論として，近時社会的法治国家原理の立場から，現行法の問題点を検討しておくことも無駄ではないように考えている。

［判タ601号27頁，昭61］

28 民事裁判とその効率性と裁判を受ける権利
―― 慶應義塾大学での最終講義（平成7年9月）――

　坂原正夫教授には司会とこの最終講義の準備の労をおとり頂き，また倉沢康一郎法学部長には過分のご挨拶を頂きまして誠にありがとうございます。
　私がケルン大学から名誉学位を頂いた折に，日本の大使，学長及び学部長の出席のもとで講演を致しました。600年の伝統をもった大学ですから，冒頭に大使に対してはエクツェレンツ，学長に対してはマグニフィツェンツ，学部長に対してはスペクタビリテート，それからマイネ・ダーメン・ウント・ヘレンと呼びかけるのです。今日は学部長にご出席を頂いてますので，スペクタビリテート・マイネ・ダーメン・ウント・ヘレンというふうに始めるべきところであろうと思います。
　今日のテーマは「民事裁判とその効率性と裁判を受ける権利」ということです。今日の講義は用意している段階でいろいろお話ししたいことが出て参りまして，実はメインテーマの方は大いに削らざるを得ないという展開になって参りました。それらは逐次論文で雑誌に発表をして参ります。もう一部はすで発表済みになっておりますので，これらの論文でお読みいただけると大変有り難いと思います。論点を拾い上げますと，新民訴法の立法作業は大正15年改正以来の抜本的な立法ですから，何時間あっても問題点は拾い切れないということになります。今日は，2つの問題点に絞ってお話をさせて頂きたいと思います。

　本日の演題は憲法32条の「裁判を受ける権利」が民事訴訟の中でいかに保護されるべきかという問題点です。今日それは民事訴訟法学の中では当事者のアクセス権とかあるいは当事者権，あるいは法的審問請求権という形で論じられるのが常です。戦後の一時期，今はすでに民事訴訟法学会の最長老となられたある先生が，民事訴訟法学にイデオロギー的要素をいれて再構成しようと考えても，民事訴訟法自身が技術的な法律なのでそれは著しく困難な問題である，といわれたことがあります。私が民事訴訟法の勉強を始めた時代はそのような時代です。わが国に訴権否定論が提唱されたときに，私はこれに反発しまして，

89

I　判決手続

　いち早く訴権を憲法32条の裁判を受ける権利に結び付けるべきであるということを説いて，かなり厳しい批判を受けたことを覚えております。ところがその後，時が経つにつれましてボン基本法の法的審問請求権についての憲法裁判所の判例が多く出されるようになり，それに刺激されてか，ドイツにおいて法的審問請求権論が著しい発展を見たのです。これは一つには憲法裁判所の判例に負うところが大きいといってよいでありましょう。

　ドイツの戦後，ボン基本法のもとでの憲法史を論じる場合，憲法裁判所を抜きにこれを語ることはできないのは当然のことです。日本の最高裁と比較して極めて活発に違憲判決を出していることは注目に値いたします。わが国では司法の消極性を強調して積極的態度に批判的な見解もないわけではないのですが，私はわが国の最高裁と比較してドイツの憲法裁判所が果たした役割，これは幾ら高く評価しても評価しきれるものではないと思います。

　私はわが国の最高裁判所が違憲判断に比較的消極的であるのは2つの原因に基づくと思います。第1は最高裁が憲法裁判所ではないこと，第2は最高裁判所判事の選考方法に問題があると思います。多少本題から脱線いたしますけれど，第2点についてここで言及する余裕はありません。第1点についていいますと，ご承知の通りわが国の最高裁判所は一般の訴訟事件の上告裁判所であると同時に，あくまでも司法権の行使の範囲内ではありますが違憲法令審査権を持つという「憲法の番人」としての性格をもつという2つの特徴を併有しています。私は，通常の上告事件と憲法上告事件とを切り離して，通常の上告事件は上告裁判所としての最高裁判所，憲法問題については別に憲法裁判所を設けることによって，憲法裁判所を憲法問題に専念させるのがよいのではないかと考えています。その理由は2つあります。第1に現在のような長官以下15名の裁判官構成で通常上告事件と憲法上告事件の双方を取り扱うということは負担上無理があるということ，それから第2に憲法裁判所を設けた場合，憲法裁判所が違憲判決に消極的であればその存在意義を問われることになりますし，憲法裁判所は現在の最高裁以上に憲法問題に積極的に取り組む，ということになると考えられるからです。しかしながら今ここで憲法裁判所を設置すべき旨の提案をしてもそれが実現される可能性はほとんどありません。この点は良く承知しておりますので，今回の新民事訴訟法立法のための要綱試案も最高裁の負担軽減のために，専ら民事訴訟法の観点から上告制限の在り方を検討しているにすぎないということです。

ところでドイツで裁判を受ける権利の訴訟上の保護ということが判例を契機にして学説上もやかましく議論されるようになって，ようやくわが国でもこれに注目して民事訴訟法と憲法の関係が論じられるようになりました。それはここ20年ばかりのことだと思います，しかも最近はこの問題は，判決手続におけるのみならず執行，保全，倒産各手続においても論じられるようになってまいりました。最近では民訴の書物において憲法の裁判を受ける権利について項目を設けるのが普通になっています。

本筋からまた若干はずれますけれども，先程ドイツの憲法裁判所の積極的姿勢を褒めましたが，こと民事手続に関する限り，憲法裁判所の判断は訴訟法学者の中では極めて評判が悪いという面があります。それは大体，憲法裁判所の判事に任命されるのが公法関係の人が多いわけでありまして，民事訴訟法について必ずしも充分な知識を持っているとはいえない。そのために民事訴訟関係では大変おかしな判決が出る。一例を挙げますと，動産執行に当たって目的動産を差し押さえるために，執行官は債務者の住居に入る，こういう場合日本では債務名義だけで執行を開始すればそれでよろしいわけです。ドイツの実務も従来そうやっていたわけですが，憲法裁判所はそれでは不十分だとしました。これは住居の平穏を害することであるから，刑事手続並みに執行裁判所の許可を必要とするのだ，ドイツは令状主義を採っておりませんから許可ということになりますが，許可を必要とするのだという憲法判断を示したわけです。逆にいいますと，わが国におけるように債務名義だけで執行を開始して執行機関が動産の差押のために債務者の住居に入るということは憲法違反であるという判断を示したわけです。その判断は訴訟法学者の間では大変に評判がわるいのです。しかし憲法裁判所がそういう判断を示しますと実務はこれに従わざるを得ない訳で，現在（1995年）は法律上には何の規定もないのですけれど，執行裁判所の許可をもらってそして債務者の住居にいって動産の執行をやっているという状態です。また憲法裁判所でそういう判断が示されますと，どうしても立法的な手当てをしなくてはならないということで今度のドイツ強制執行法の改正の中では，執行裁判所の許可という制度を設けるという提案をしております。そのことを今年の公証法学会で紹介しましたら，公証法学会というのは大体検察官や裁判官のOBの公証人が多いわけですが，皆さん大変びっくりされました。やはり訴訟法の理論や実務からすると，そういう判断はおかしいことになります。これは一例です。ついでながら，ドイツにおける民事訴訟法と憲法の

Ⅰ 判決手続

　こういった問題を意識しながら，私は私の弟子の立命館大学の出口助教授（現在は教授）と法研叢書で『憲法と民事訴訟法』と題する本を出させて頂きました。

　なお，脱線ついでに若干立法作業の効用について言及させて頂きたいと思います。立法の第1の効用はもちろん新しい社会情勢に対応する法律を作る，あるいはできた当時からある欠陥を是正するということです。そういうことで，欠陥を修正するということは重要な役割です。加えて立法は，当該法領域の学術研究を著しく発展させるという副次的ではありますけれど非常に重要な効用を持っております。私がそのことを身をもって体験したのは昭和53年に制定された民事執行法の立法作業についてです。学問的発展途上国ないしは発展途上の分野ではまず研究は実務家によって開拓されることが多いのです。大正15年に判決手続が大改正されました。私はこの改正は多くの失敗を含んでいるように考えておりますけれど，この改正にあたり執行や保全，仲裁は手付かずのままに残ってしまったわけです。執行に関していえば戦後の一時期まで極めて僅かの研究者の研究を除けばこの分野の研究のほとんどは実務家によってなされていたといっても過言ではありません。戦後に幾らか落ち着きを取り戻した昭和20年代末から，徐々に始められました強制執行法の改正作業が本格化したのは昭和40年代の初めです。私は昭和45年頃からこの立法作業に加わりました。わが国の執行法の学問的研究が本格的に始まったのはこの頃であるといってよろしいかと思います。今日行われている，判決手続の改正作業は部会長の強い希望もあって5年を目途に進められております。平成7年末までです。執行法の立法には10年の歳月をかけ，その間，立法に伴う調査や研究が活発に行われて，そのことがわが国の執行法学を飛躍的に発展させたということがあります。この間の執行法学の発展は論文の数からいっても，研究に従事した学者や実務家の数からいっても誠に目覚ましいものがあり，立法の副次的効果が非常に大きかったといえると思います。

　今回の新民事訴訟法の立法作業に当たりまして，法制審議会における審議とは別に「民事訴訟法現代語化研究会」が組織されました。21世紀をにらんだ世界で最新の民事訴訟法を制定するという目標に向かって，適切な立法をなすべく，その基礎資料を収集するためにこの研究会では世界の主要国の民事訴訟法の比較法的研究に従事し，また立法美学の観点から，国民に分かりやすい法典の編成はいかにあるべきかという検討を重ねております。この研究会の成果

はやがて公刊されることとなっておりますが[1]、それがわが国の民事訴訟法学の発展に計り知れない利益をもたらすであろうことは目に見えております。勿論逆の現象もございます。社会現象が先行しそれが学問の研究を刺激し、その両者が立法を促すという場合があるわけです。私は10年くらい前、通産省の中小企業庁に設けられた「中小企業倒産対策委員会」の委員長を務めたことがあります。そのとき作成した報告書は現在でも同庁の倒産対策室や各地の商工会議所における中小企業の倒産対策のマニュアルとして用いられていると思います。この頃、中小企業の倒産が多発しそれが倒産法制の研究を活発なものとし、倒産法制の研究が著しく進んだのですが、倒産法制の研究が進むと現在の倒産法制の著しい非体系性、不備が目について参ります。倒産法制の体系的再編成が叫ばれるようになってきたわけです。それらが刺激になりまして現在行われている新民訴法の立法作業の終了後は、倒産法制の改正作業が1つのテーマになるであろうことが予想されます[2]。少なくとも今日、仲裁とならんで倒産法が次の改正の有力な候補であるということは確かです。脇道がだいぶ長くなってしまって大変恐縮ですけれど、本題に入らせて頂きます。

　先程もご紹介しましたように現在法制審議会民事訴訟法部会では民事訴訟法、判決手続の改正作業を行っております。その成果は平成3年12月法務省民事局参事官室編「民事訴訟手続に関する検討事項」として発表され、各界の意見が聴取されたわけです。既に御存知の方も多いと思いますが、それは『民事訴訟手続の検討課題』と題した、この本になっています（ここで本を示す）。それらの意見を受けて部会は平成4年6月から審議を再開しまして、その成果は今回平成5年12月に参事官室編「民事訴訟手続に関する改正要綱試案」として発表されました。それがこれです（ここで本を示す）。さらにこれについて各界の意見が求められまして、それらの意見を参考に引き続き要綱試案の検討作業が続けられております。慶応義塾からも、法制審議会としては両者に関する意見を頂いておりまして、これは大変参考になっていると思います。現在その第一読会を終えた段階で、1997年末までには第3読会まで終えて、審議会としては要綱をまとめるという予定です。要綱試案は既に発表されておりますので、ご関心のある方はその内容をご承知のことと思います。私はその中から、最初は、管轄の問題、弁論準備手続、当事者尋問、簡易裁判所の職分といったような問題を取り上げて今日の演題に加えたかったわけですけれども、時間の関係

I　判決手続

から，先程申し上げましたように，管轄の問題と弁論準備手続の問題に絞ってお話をしたいと思います。

　まず第1に管轄を取り上げたいと思います。私が問題としたいのは，知的財産権関係についての管轄についてです。読ませて頂きますと，「知的財産権に関する事件の訴えは現行の管轄裁判所のほか東京地方裁判所又は大阪地方裁判所（いずれも本庁）にも提起することができるものとする。この場合において東京地方裁判所は東京高等裁判所，名古屋高等裁判所，仙台高等裁判所及び札幌高等裁判所の管轄区域を管轄し，大阪地方裁判所はその余の高等裁判所の管轄区域を管轄するものとする」というのです。つまり知的財産権関係の審決取消事件は東京高等裁判所の専属管轄と決まっておりますからこれを除きますが，それ以外の知的財産に関する事件の訴えというのは現行法（旧民訴）では民事訴訟法の管轄規定通りということになるわけです。

　それに比べまして，東京，名古屋高等裁判所の管轄以北は全部東京の地方裁判所に訴えを提起することができる，そういう取扱いをしようというのです。その理由は，この種の事件の審理を充実し促進するという点に求められます。つまり，知的財産関係の事件というのは極めて特殊な事件で審理が非常に難しい。特に特許事件というのは東京高等裁判所におきましても大阪高等裁判所におきましても，特許庁から専門の調査官を常駐させこれが裁判所を補佐するという形を採っております。それ程専門技術的で難しい。ですから，こういう事件が一般の裁判所に提起されますと，当該裁判所としては審理に非常に苦労するわけです。そこで東京と大阪の地方裁判所に事件を集中しよう，ということです。もちろん集中するといいましても，原告が東京と大阪に起こすことができるというだけで，それ以外の管轄地方裁判所に起こそうとおもえばそれはできないわけではない。裁判所側の意図としてはなるべくここに集中させたいということです。そういうことでこの案に対しては裁判所側は圧倒的に賛成の意見を出しております。全国で58庁の意見を聴取しましたところ，賛成が56庁，つまり東京，大阪以外の地方裁判所ではこういう事件は裁判官は扱いたくない，というのが正直なところです。全部東京と大阪で扱って下さい，ということなのです。

　ところが日弁連の考え方というのはこれと非常に大きな開きがあります。この案に反対であるということです。それはどういうところからくるかといいますと，被告の裁判をうける権利というものがそのことによって侵害される可能

性があるということです。つまり原告側は東京地方裁判所なり大阪地方裁判所なりに訴えを提起すると，被告はそこで応訴しなくてはならない。そしてそれは被告の裁判をうける権利を侵害することになるのではないか，つまり裁判所に対するアクセス権というものが侵害されるということになる。そうなりますと，ここで憲法の問題も出てくるのです。それを配慮しまして，裁判所側の意見はそういう場合には（旧）民訴法31条（新民訴法18条）の移送というようなものを考える。原則は今申し上げた通りにしておいて，どうしても被告側の利益を擁護しなくてはならないという場合には31条の移送で処理するというのです。しかし31条の移送というのは職権によっても申立てによってもできるわけですが，必ず移送がなされるというわけではないので，申立てが却下されることがありうる。そういうことがあります。従って問題は原則の立て方なのです。原則的に東京や大阪に集めておいて，そこで被告の利益が守られなければ移送するという立て方がいいのか，今のように原則は管轄裁判所に起こさせるとし，そしてそこで効率的な審議ができないときは逆に31条で東京なり大阪に移送するという，そういう立て方がいいのかという問題です。

被告の利益というものを考えた場合には後者のほうが本来の姿ではないだろうか。多少知的財産権を勉強した私の知識からいいますと，本当に知的財産権関係の事件で難しいというのは，特許事件，コンピューターソフト関係著作権及び半導体の事件等です。こういうものは確かに技術的に非常に難しい。裁判官限りでは分からない。専門の調査官をおかないと分かりにくいという点があります。従ってそういう事件については特別に考えてもよいけれども，しかし，例えば商標とか実用新案，意匠とかあるいは不正競争防止法関係の事件とか，そういうような事件についてまで，特許事件等の取扱いに右へ倣えするようなことで，被告の利益が守られるのであろうかという疑問を私はもっているわけです。これはある意味では被告の裁判をうける権利の侵害になりはしないかと考えるわけです。移送で処理するというのは若干，甘い考え方ではないだろうかと思います。

それから，もう1つ取り上げたいのは争点および証拠の整理手続の問題です，これは今回の改正の最も大きな目玉の1つです。その手続として試案は3つの手続を用意しております。第1は「準備的口頭弁論」，第2は「弁論準備手続」，この弁論準備手続というのは検討課題の段階では弁論準備手続とはいいませんで新争点整理手続といっておりました。第3は「書面による準備手続」です。

I 判決手続

　書面による準備手続は，当事者が遠隔地にいる場合の特例なので，ここでは特に取り上げないことにします。ここでは準備的口頭弁論と，弁論準備手続について話をします。民事訴訟における審理は口頭弁論によっておこなわれるのが原則です。準備的口頭弁論という制度は，民事訴訟法の中には根拠規定がありませんが，民事訴訟規則に設けられておりまして，現在も行われております。準備的口頭弁論を設ける旨の提案には従いましてほとんど異論がないところです。

　それでは弁論の準備を専ら準備的口頭弁論に委ね，他の弁論準備手続を設ける必要がないといえるか，それは"no"です。審理は口頭弁論により行われるのが民事訴訟の原則ですから，本体的口頭弁論の準備も準備的口頭弁論によるべきである，として準備手続を準備的口頭弁論に限るというのは必ずしも効率的な審理に馴染まないのです。争点整理の簡単な事件では準備的口頭弁論をもって本体的口頭弁論を準備することが効率性に反するとはいえないでしょう。しかし，争点や証拠が多くその整理に相当の手間を要する事件につきましては口頭弁論の準備は非公開かつラウンドテーブル方式の準備手続によるのが効率的であると思います。従って口頭弁論の準備手続を準備的口頭弁論のほかに設ける必要性が認められると思います。この点についてもほとんど異論はないと思います。

　問題は弁論準備手続を設ける場合に，弁論準備手続の中でいったい裁判所や当事者がいかなる訴訟行為をなし得るのか，という点です。そのほか当事者の立会権を認めるかとか，手続の開始について当事者の意見を聴取する必要があるかないかとか，あるいは受命裁判官の資格制限をするかどうか，失権効をどうするかといったような問題があります。要するに弁論準備手続については，主体，それから実質的内容，終結の効果をどうするかということが問題になってくるわけです。特に争点や証拠の多い事件について口頭弁論を充実しかつ集中的に行う，即ち効率的審理のためには弁論準備手続を行うことが効果的であるということは間違いないところです。

　しかし手続に付するについて当事者の意見を聞かなければならないとすべきか，手続を公開すべきか，失権を認めるかといったような先程の問題点はこの手続の中でいかなる訴訟行為がなされるか，裁判所がこの手続の中で何をいったいなし得るのかという点にかかってまいります。この手続の中で裁判所のなしうる訴訟行為の範囲は試案によれば現行（旧民訴法）の準備手続においてな

しうるものと明文で定められた訴訟行為よりも遥かに広範囲にわたっております。即ち試案では次のように述べている訳です。「この手続においては現行の準備手続において行うことができるものと明文で定められている訴訟行為に加え，文書提出命令，文書送付嘱託，調査嘱託，鑑定の嘱託，証拠調べをする決定及び証拠調べの申出を却下する決定，証拠の取り調べ，弁論の制限・分離・併合，並びに受継及び参加の許否の裁判を行うことができるものとする」とされています。但し受命裁判官が手続を行う場合にはそれが若干制限されることになります。裁判所が弁論準備手続をするときに，受命裁判官ではなく裁判所が弁論準備手続を担当する場合，準備手続の中で証人尋問，鑑定人尋問，検証等を除いて証拠に関する重要な決定をすることができますし，さらに弁論の制限・分離・併合，受継および参加の許否の裁判までできるということになっております。書証の取調べもできることになっています。これらの事項は民訴法173条の規定はありますが，本来公開の口頭弁論において行うべき性質のものではないかと考えられます。これらを非公開の準備手続で行うとすることは裁判の対審の一般公開を規定する憲法82条の原則に反するように思われます。裁判の公開は裁判の公正を保障するための憲法上の大原則です。

　しかし私は，さらに，裁判の公開は裁判の公正の保障にのみ止まるのではなく，近時「知る権利」の要請というものが強調されておりますが，これにも基礎付けられるものと考えています。さらに加えて，その公開の根拠というものを裁判の公正の保障のみならず，国民の知る権利との関係でも保障するのだということになりますと，当事者の同意にかからしめるとか，当事者の意見を聞くということだけでこの要請をクリアすることはできないと考えるわけです。そういったことで試案の立場というのは，一般公開と程遠いものである。この試案でまいりますと，準備手続をやってその結果を口頭弁論に上程するために結果を当事者に陳述させる。これは当然保障されているわけですけれども，しかしその陳述は弁論の更新と同じように極めて形式的なものになるはずです。

　いったいそれで民事訴訟の審理は口頭弁論を原則とするという建前が維持できるのだろうか，という危惧を私は持っているわけです。そういう点から，どうも今回の試案中最も目玉商品となっております弁論準備手続には問題があるのではないのかと思います。それから，他方弁論準備手続を受命裁判官にやらせることができるか，その場合に未特例判事補にこれをやらせることができるかどうかという問題があります。これは主体の問題であります。裁判所側とい

I 判決手続

うちょっと語弊がありますが，一つの立場としての主張は，未特例判事補といってもピンからキリまでいる。それを，キリの方の未特例判事補にはやらせない。ピンの方の未特例判事補にやらせる。現在でも未特例判事補の場合は，判事補に任官して半年くらいは準備手続はやらせない。半年以上経ってからやらせるのだ，人を見てやらせるのだということも考えられます。しかし制度を立てるときに，そういうことは理屈にならないと私は思うのです。

現行の準備手続がなぜ失敗したか，なぜ効果的に行われないか。いろいろ理由はありますが，最大の理由は受命裁判官に対する不信感がある。もう一つは失権的効果です。ですから，そういう不信感というものを考えた場合に，受命裁判官に未特例判事補を任ずるということには，問題があるのではないかと私は思います。事実上本来は口頭弁論で行うべきで，現在は例えば書証の証拠調べのように準備手続で行い得ないような行為を準備手続の中に移行しまして，そしてそれを非公開の手続で行うというのはやはり公開の原則という点から考えると問題があるという批判はどうしても避けられないのではないのかと思います。

立法者は，立法に当たり効率的な事件処理を一つの大きな理念として掲げるということは当然ですけれど，そのために一瀉千里にはしって憲法上の要請が軽視されるというようなことがあってはならない。それは立法者としては厳に戒めなければならない。勿論そういうからといって私はいわゆる「護憲論者」であるわけではありません。

ご承知のように「護憲論」というのは憲法改正を一切やってはいかん，そういう極めて偏った考え方です。かつて某氏が法務大臣の時に，法律家としては憲法の改正の必要があるかどうかという点を検討すべきだと申したところ，国会で，法務大臣としては憲法を守る姿勢がないと，法務大臣としては不適格者だから辞任しろといわれたことがあります。これは極めておかしなことでして，法律家としては常に法律が現状にマッチしているか改正の必要があるかどうかを検討していることは当然のことです。わが国のいわゆる護憲論というのはそういう検討すらいけないというのですからそれは護憲論ではありません。大体護憲論という言葉が非常に嫌な言葉でして，改正を検討すると護憲論ではないというのです。護憲というのは憲法を守るということなので，改正を検討するからといって現行憲法を守らないといっているわけではないのです。「護憲論」と「改憲論」という対称のさせかたが極めて間違っていると私は思ってお

98

り，非常に不愉快な思いを護憲論についてはするわけです。私は決してこの意味の護憲論者ではないということを明確にしておきたいと思います。

　新民訴法の立法作業に従事して感じますことは，事件処理の効率的かつ適正な処理を考える場合に，裁判手続というソフト面からだけの改正を考えることも大切ですけれども，それだけでは足りないわけでして，裁判所の人的物的構成というハードの面の改革が併せて行われなければならないと考えます。それは当然のことです。この観点から見ますと現在の裁判所において，特に民事部は裁判官の負担が著しく重いのです。例えば東京地方裁判所を分割して八王子支部（当時）を独立の地方裁判所として，加えて東京区部に東西南北の裁判所を作る。司法試験の合格者も増やして，法曹人口を増やすべきである。私はかつて判例タイムズ紙上で合格者増員説を提唱したことがありますけれども，最近は最高裁も1500人説に変わったようです（当時）。そのことは裁判官の数の増加につながるわけです。また裁判官の負担を軽減して十分な労力を事件の審理に費やすことができるようにすることを考えるべきです。新民訴法の立法を考えるほどそのようなハード面での改正を併せて考えていかなければならないことを強く感じます。

　ところで私は昭和31年に助手として慶應義塾に就職をして以来，本年の3月の退職まで38年間ここで勤務したことになります。その間，慶應義塾並びに慶應義塾の先生方，同僚，後輩を含めてこの慶應義塾からうけた恩恵というのは計り知れないのです。私はここで特に改めて感謝を申し上げたいのは2つあるのです。第一は慶應義塾ですけれど，第2はドイツ連邦共和国というと大袈裟ですが，それに感謝をしたいと思います。

　ドイツの方については私は昭和34年にDAADの留学生試験を受けまして，それでミュンヘン大学に留学したのです。その当時慶應義塾には福沢基金がございませんでした。外国に留学しようとする場合，どうしても留学生試験をうけざるをえなかった。私や宮沢浩一先生は留学生試験を受けた訳です。当時の西ドイツは，アデナウアー首相やエアハルト経済相の努力によって戦後奇跡的な経済復興をなしとげたと言われていた時代でしたけれども，しかし多くの戦争の影響が残っておりました。経済的にも今ほど豊かでなかったわけです。今でこそドイツの中で日本の占める役割というのは大きくなってまいりましたけれど，ほとんどそういう役割のなかった時代ですから，われわれ東洋の留学生，しかも学者の卵，あるいは卵にもなっていないかもしれないような人達を招い

I　判決手続

て勉強の機会を与えて頂いた。それが今日の私にとっては学問の方向を決めてくれた。そういう意味では大変有り難いことであったわけです。今日，私はDAAD友の会という留学生OB会がございますが，その会長を務めたり，あるいは東日本フンボルト協会というところで，フンボルト財団の奨学生のOB会ですが，無償で奉仕をやらして頂いています。日独法学交流にも最大限の努力を続けたいと思っておりますのは，あの当時，ドイツで受けた恩恵に対する感謝の気持ちがそういうものに向かわせているのだろうと思います。

　もうひとつは，この38年間に慶應義塾在職中，国の内外で学会活動をすることができたのも，慶應義塾という大看板をしょっていたということによるわけでして，これは決して私一人の力によるものではありません。慶應義塾は自由に学問をさせてくれましたし，海外出張にも実に寛大で，私もそれに甘えて，同僚に迷惑をかけた面が多分にございます。在職中は実にのびのびと研究をやらして頂きましたし，国内外の学会活動に従事できたのです。ただ，この間にそのような慶應義塾の大恩に報いることができたのかと問われれば，どうも大変残念ながら胸を張って"Yes"というだけの自信がないわけです。私には特に誇るべき業績もありませんし，福沢先生の学者飼殺し論というのでいえばあるいは飼殺された学者の一人ではなかったのかとも思います。それにもかかわらず私の慶應義塾における生活というのは大変に幸せなものであったように思います。それは，先輩や同僚からも色々ご指導頂いたということもありますし，それに加えて多くの私以上に優れた能力を持った学生諸君が私のところに集まって勉強をして下さったということではないかと思います。そしてその中で，ある者は研究者として，ある者は法曹実務家としてある者は実業界に進んで，それぞれ優れた業績を上げておられます。教師という職業にとって，お弟子さん達が社会に出てそれぞれ立派に成長して，活躍してくださるということは一種の醍醐味であります。それは一般の職業の者には味わえないものです。そしてそういったお弟子さん達というのは，私にとっては何にも変え難い宝です。退職にともなって弟子を育てるという仕事は一応これで終わることになりますが，今後はお弟子さん達の一層の成長を見守って，かつ，孫弟子が育っていくのを楽しみにしたいと思っております。

　ところで私は慶應義塾にはいって「独立自尊」ということを学びました。現在法務省の法制審議会の民事訴訟法部会におきまして，民訴法の改正作業に準

備会の段階から参加しておりますが、本日の話にもありましたように試案の上では私は反対意見を持つ部分がたくさんあります。それは試案の中に、こういってはいけないのですが、裁判所訴訟法学に立脚した部分が多く見られる。当事者訴訟法学の面から見ると国民の裁判を受ける権利という観点から賛成し難い面があるからです。審議会全体からみても、あるいは学者実務家の中でも私の意見は少数派です。そのため、往々にして部会長とか小委員長や裁判所出身の委員とは見解が対立いたします。部会長小委員長はそのお立場で、案をまとめなければならないというポストにあるわけですから、私もその立場は十分に理解しているつもりであります。しかし、私は研究者としてやはり述べるべきことは述べなければならないと考えております。通説も一つの偏見であるという言葉があります。そのために発言をすることもあります。

　つい先だっての小委員会でも大方の見解に反して私は「当事者尋問の補充性を廃止すべきに非ず」という主張を展開いたしました。まずこの点について激しい批判を受けました。私はむしろこれほどの問題点を小委員会の記録に残して頂いたことを感謝しています。立法過程の中で学者の中に1人くらい補充性廃止反対論を展開するものがあってもよいし、それがなければいけないと思います。小委員会の中で1人だけ裁判所の意向に反して、あるいは大方の参加研究者の見解に反して少数意見を述べることを、そしてそれはさらにいえば、まとめ役を引き受けておられる部会長や小委員長のお立場を考えますと、時折発言を辞めようかと思うこともあります。シーザーがブルータスに暗殺されたときに、ブルータスはその心境を次のように述べています。「自分はシーザーを敬愛している、しかしそれ以上にローマが大切なのだ」と。そういうことを、シェークスピアはブルータスにいわせているわけですね。私の心境を言えば、部会長や小委員長は、私の尊敬する大先輩ですけれど、しかし、私にとってはそれ以上にわが国の民事訴訟、民事訴訟法学が大切なのだ、という心境なのです。歌に例えれば、「一筋に我が道を往くこの寒さ」ということであるかと思います。もの言えば誠に口唇寒しという心境ですが、しかし信念は曲げるわけにはいかない。私が慶應義塾から学んだ「独立自尊」というのはそういうものだと思っています。

　私の大好きな歌で旧制第4高等学校の寮歌の「北の都に秋たけて」というのがあります。その中に次のようなくだりがあります。

　「自由の為に死するてふ、主義を愛して死するてふ、男の意気地いまもな

Ⅰ　判決手続

お，石に砕けて砕けえじ」

　私は今後も研究者としてわが道をいくよりしょうがない。ほかに生き方がないのですから。

　最後に私が皆さんにお願いしたいことがあります。慶應義塾は私を育ててくれ，また私のお弟子さんたちを育ててくれたところです。私にとっては最も大切なものの一つです。慶應義塾は大学らしい大学，学校らしい学校です。そして，慶應義塾には優秀な教員や学生がおります。伝統があります。それだけに皆さんはこの慶應義塾の伝統をしっかり受け継がれて，さらにそれを次の世代に向けて発展させ，これを後輩に引き継いでいくという責任があるということです。伝統というのは誇るべきものであり，発展させるべきものではありますけれど，これに頼るべきものではありません。私がフライブルク大学で講演をしました折に，「この伝統ある大学において講演の機会をあたえられたことは光栄である」ということを言おうと思い，そのときに"トラディティオネル"という言葉を使おうと考えたのです。そしたら私の友人の亡くなったアーレンス教授が，"トラディティオネル"という言葉は，確かに伝統という意味があるけれども，しかし，それは伝統に頼るとか，古臭いといったような意味合いもあるので，どちらかというと使わないほうがよいのだ」，と言われました。

　まさに伝統というものは大切にしなければならないわけですが，しかしそれを古臭いままに止めておくとか，それに頼ればよろしいという，そういう性質のものではないと思います。私は，皆さんがこの期待に応えて下さることを信じつつ，私の最終講義を終りたいと思います。

追記
1　「民事訴訟法典現代語化研究会」の成果は，『各国民事訴訟法参照条文』（信山社 1995 年）として刊行されている。
2　現在は，新破産法，民事再生法，改正会社更生法が施行されている。
3　知財関係訴訟の管轄については現行民訴法 6 条及び 6 条の 2 に規定がある。

29 新民事訴訟法248条覚書

〈1〉 新民事訴訟法248条は、損害賠償請求について、損害の生じたことが認められるものの、損害の性質上その額を立証することが極めて困難である場合に、裁判所が「口頭弁論の全趣旨及び証拠調べの結果に基づき、相当な損害額を認定することができる」旨規定している。慰謝料についてこのような取扱いは判例、学説上確立しており、本条はその趣旨が、財産的損害に拡張され、ドイツ民訴法287条等を参考にして新設されたものと解されている。

慰謝料の算定はもともと財産的損害ではないのであるから、これを金銭的に評価することができないものを、日本法が損害賠償につき金銭賠償を原則としているために、無理して金銭的に評価させていたのである。これに対して財産的損害は損害額の立証が困難であるとはいっても、財産的損害それ自体は金銭的に評価できる性質のものであるから、慰謝料の場合とややケースを異にすることはいうまでもない。しかしながら、損害額の認定に著しく費用がかかりそれをかけさせてまで額の立証を強いることが適切ではない場合を含めて、財産的損害の認定と慰謝料の認定とでは本来その性質を異にする。しかし、額を立証しないかぎり請求棄却することが相当性を欠くという限りにおいて立証が極めて困難な財産的損害額の認定を慰謝料の認定に準じたという意味では、後者の取扱いを前者に拡大したということはできるであろう。

〈2〉 この問題については、①損害の立証における証明度の軽減を目的としたものとの見方や、②損害額立証の基礎となる事実について通常の証明度を要求するものの評価については裁判所の裁量に委ねたものと解するとする2つの見解が対立している。もっとも、いずれの考え方をとろうと、本条が慰謝料について実務上確立された取扱いの延長線上にあるものとするならば、実務の取扱いに相違をもたらすかは疑問であるといわれている。特に、新民訴法312条で必ずしもすべての法令違反が上告理由となるものではないとする上告制限がなされた以上、前記①②の考え方の相違がどれだけの意味をもつか疑問であるとの指摘は既になされている（清水正憲「損害額の認定」滝井＝田原＝清水共編・『論点新民事訴訟法』401頁参照）。この点は別にして理論的に考えてみると、

Ⅰ　判決手続

損害のみならず損害額をも証明の対象とされる原理・原則からみれば，新民訴法248条の取扱いは損害の立証について証明度の軽減をはかったものとみるほうが素直な見方ではないかと思われる。損害の発生は証明されながら，損害額の証明がないために請求を棄却することがいかにも正義感情に反するという観点が重視されたものとみられるからである。

〈3〉　損害の発生は証明されていても損害額の証明がない場合に裁判所が損害額を判示できるというのは，これを実質的にみると，後者の判断が非訟的裁判であると評価することができないのであろうか。証拠調べの結果や弁論の全趣旨を勘案するとはいっても，証明されていない損害額を認定するのであるから，それは合目的的な裁判所の裁量によるものと解されるからである。非訟事件でもある程度の証拠や当事者の主張の全趣旨を前提に合目的的な裁量による裁判がなされる。この点では両者共通である。

そのように解すると，それでは新民訴法248条の裁判は，もっぱら非訟事件的裁判であるのかといえば，必ずしもそうはいえないことも明らかである。すくなくとも当該裁判は，損害の発生については法判断それ自体を下しているからである。そうなると新民訴法248条の裁判は訴訟的要素と非訟的要素とを併有する裁判ということができる。

これとパラレルに考えるならば，慰謝料請求訴訟による慰謝料額の算定判決も非訟的要素を含むのかという疑問が生じる。慰謝料の算定の基礎になる事実の証明は必要とされても慰謝料それ自体はもともと金銭に評価しえないものを金銭的に評価するのであるから，どうしてもそこに合目的裁量の余地を認めざるを得ない。かかる観点からみると，慰謝料認容判決にも非訟的要素を認めてもよいのではないかと考えられる。慰謝料裁判は従来もっぱら訴訟事件の裁判と考えられてきたのであるが，事柄の実質をみると裁判に裁量的要素を残すがゆえに非訟的部分を含む裁判と解する余地がありうるのではないかというのが，私の率直な感想である。もちろんこのような見解が現在の通説の立場ではないことは十分承知したうえ，議論を喚起する意味で，あえて試論的に私見を表明させて頂いたのである。

損害額の立証が困難であるため原告があえて損害額の立証をあきらめている場合も，損害額の認定に関する限り訴訟事件的裁判を放棄して非訴的裁判をもって代えることとして訴えの内容を縮減しているものと解することができる。

〈4〉 新民訴法248条で問題になるのは次の点である。すなわち独禁法違反行為による損害賠償請求訴訟（独禁法25条または民法709条）において，損害に関する立証が不十分として請求が棄却された事件で，本条により立証の困難を克服できるかという問題である。有力な肯定説がある。例えば東京灯油訴訟事件の最高裁判決は「損害及び損害額が認められない」としているので，本条にいう「損害が生じたことが認められる場合」に該当するかどうかという問題である。鶴岡灯油訴訟の場合に，最高裁は，少なくとも損害額が立証されていないとして原判決を破棄したとも解される。損害額の立証がなければ損害の立証はないと解するならば，損害額の立証がなければ本条適用の余地なしということになるであろう。

しかしながら，損害および損害額を灯油の現実の購入価格と独禁法違反行為がなければつけられたであろうと考えられる想定購入価格との差額に求めるいわゆる差額説によるとどうなるのであろうか。差額したがって損害額が立証されない以上損害の立証がないということもできる。そのように解するならば本条適用の余地はないということになる。しかし，これとは逆に少なくとも両価格の間に相違が存することが立証できるかぎり損害の発生は証明できたものとして，その差額が具体的に証明できなくても本条適用の余地はでてくる。すなわち差額説をとっても本条適用の余地は十分にありうるといえるのである。むしろ本条を設けた趣旨・目的からみれば差額説をとりながら，本条を適用する論理構成をとることが必要なのではないかと思われるのである。このようにして本条適用の余地をなるべく拡大することが，消費者救済という観点からは望まれるのではないか。

〈5〉 本条は，損害が発生したことは証明できたが損害額が立証できない場合に請求を棄却すべき旨の従来の制度があまりにも被害者に酷であり，被害者をなんらかの形で救済することが市民感情に適合することから設けられた適切な立法であると評価すべきことは言うまでもない。しかしながら，そうであるからといって，当事者は損害額の立証をあきらめたりなおざりにしたりすべきではなく，可能なかぎり具体的に損害額の立証に努めるべきであるといわれているし，また裁判所も訴訟促進の立場から当事者の立証に制限を加えることによって損害賠償額の認定を安易に本条にたよるべきではないともいわれている。そのことは，原告が損害賠償額の一部の立証にでも成功すれば，裁判所の額の

I 判決手続

裁量の下限はそれを上回ることになるからである。原告の右の立証の努力は損害額の認定に関する裁判所の裁量的判断の負担を少しでも減少することになる。訴訟の当事者は自らの立証の負担を少しでも軽減することができるとともに裁判所の負担を少しでも軽減させることが大切であることを忘れるべきではない。原告が損害額の立証に手を抜くことはそれだけ裁判所の損害額の裁量的認定に関する負担を増大させる結果になるからである。司法のエネルギーの節約という観点からすればそのような事態を可能なかぎり避けて司法の効率的運用に協力するのが当事者・代理人の勤めである。

〈6〉 周知のとおり新民訴法248条は今回の新民訴法の重要な改正点の一つである。それだけに「損害額の証明＝損害の証明」という考え方は避けて，両者と区別して，積極的にこれを活用することが望まれるといってよい。そのために，その適用要件の明確化を，学説によって，さらにはまた判例の蓄積によって早急につとめることが大切であり，目下の急務ということになるであろう。

本稿の執筆については，清水正憲「損害額の認定」滝井＝田原＝清水共編『論点新民事訴訟法』(判例タイムズ社，1998) 399頁以下，坂本恵三「損害賠償額の認定」新民事訴訟法大系3巻 (青林書院，1997) 271頁以下が参考になった。

［判タ992号74頁，平11］

⟨30⟩ 訴訟上の和解の既判力

　訴訟上の和解の締結にあたって裁判所は取消事由・無効原因などの実体的瑕疵がないようにきわめて慎重にその成立を期するが故に，和解にこれら瑕疵が伴うということは普通考えられない。したがって，和解に既判力を認めても差し支えないのではないか，そこで，既判力全面肯定説が正しいという主張が，研究者や実務家から提唱される。この点では，既判力否定説のみならず，制限的既判力肯定説も批判の対象とされることになるということはいうまでもない。
　和解の成立にあたって，裁判所は当事者双方の意思を十分に確認しているという指摘は納得できないものではない。さらにまた，和解条項について通常瑕疵は考え難いという点も説得力がないとはいえない。
　しかしながら，そうであるからといって，この議論の延長線上で和解に既判力を全面的に認めるというところまでいってしまうのは，論理の飛躍とはいえないか。常に和解の実務がすべての瑕疵を排除できるところまで完璧に行われているとはいえないのではなかろうか。疑問なしとしないのが私の素直な意見なのである。
　それでは，成立について裁判所関与による慎重性はいかなる局面でいきてくるのであろうか。裁判所が関与して慎重に成立させるからこそ，訴訟上の和解は執行力を付与され，債務名義になる（民訴訟法267条，民執法22条7号）。しかし，裁判所の関与による慎重性はこの限りにとどまるのであって，それ以上既判力を認めるところまでいかないのではないか。
　既判力否定説や制限的既判力肯定説では，せっかく慎重に和解を成立させた裁判所の労力は報われない，と言いたい裁判官の心情は理解できないわけではない。しかし，訴訟上の和解が私法上の和解と異なり，執行力をもち債務名義になり，加えて訴訟終了効をももつという点では，裁判所の労力は報われているといえよう。
　裁判所の関与による和解の成立の慎重性から導かれる既判力肯定説に対する疑問は次の通りである。すなわち，
　第1に，一口に訴訟上の和解といっても，その成立は多様であるといえることである。例えば，裁判所が，かなり十分な審理を行い，したがって事件の背

Ⅰ　判決手続

景事情まで含めての全体像を把握した上で，終始一貫和解の互譲に関与して，成立に慎重を期した場合もあるであろう。これに対して，当事者が訴訟外で，互譲によって自主的に和解条項を整えて，和解期日にそれを裁判所に持ち込んで成立をはかり，裁判所としては単に結果の適法性・妥当性のみを審査するにすぎないというような場合もあるであろう。前者の場合，裁判所が和解の成立に慎重に関与したといえても，後者の場合については決してそのように言うことができないことは明らかである。既判力肯定論は，前者について妥当するにしても，後者について妥当するとは決していえない。これらの両者の間に，ケースのいろいろなバリエーションがあるであろう。それにも関らず，それらのバリエーションを軽視して，すべて一括して既判力肯定論を展開しようということには問題があるのではないか。

　訴訟上の和解に訴訟物以外の権利または法律関係を訴訟物に加えて成立させる和解がある。いわゆる併合和解であるが，併合和解には，当事者間の法律関係のみならず第三者が関与して第三者と当事者間の法律関係が併合されて成立する場合もある。訴訟物についての慎重さが訴訟物以外の併合された権利または法律関係についても期待できるかといった問題もある。

　第2に，和解の既判力を論じる場合，成立についての慎重性という点にのみ注目しさえすれば足りるというわけでもない。既判力否定説の立場からその根拠として挙げられている事項に既判力の範囲の問題があること，既判力を肯定した場合の暇疵の主張方法として，もともと確定判決の取消のために設けられた制度である再審を認めることの当否が問題になることも忘れてはならない。それ故，訴訟上の和解の既判力の肯定の判断の決め手になるのは成立の慎重性だけではないのであることを指摘しておかなければならないのである。

　既判力肯定説を採った場合，前記の併合和解にあって，既判力が併合和解に含まれる複数の法律関係のうち訴訟物に限定されるというわけにはいかないという点が，その難点になると思われる。当然のことながら，和解に既判力を認める以上，併合された権利または法律関係についてまで既判力が生じるものと考えざるを得ない。当事者としては，訴訟物たる権利または法律関係と同じ比重で併合された権利または法律関係をもつ訴訟上の和解の対象としていると考えられるからである。言い換えれば，併合された権利または法律関係を併合して和解の対象としない限り，当該和解を成立させる意思が当事者にはないのであって，当該権利または法律関係を併合することが条件となって訴訟物につい

ての和解が成立していると考えられるのである。このように見てくると，訴訟物のほか，どうしても併合された権利または法律関係についても既判力を認めざるを得ないということになる。

併合された権利または法律関係についても既判力が認められるとするならば，極端なことをいえば，併合される法律関係が無限に拡大すれば，無限に既判力も拡大していく結果になる。そのようなことまで認めてよいのであろうか。

さらに，既判力というものは，判決の正しさの担保として当事者権や当事者保護の武器対等の原則に則って，攻撃防御を尽くし合うという審理があってはじめて認められるべきものなのであろう。それなしに，裁判所は和解を成立させるについていかに慎重であっても，その一事をもって既判力を認めるということは，心情的に理解する余地はあっても，理論的には誤っているというほかはないのではないかと思われるのである。

和解の効力に関する新民訴法267条に対応する旧民訴法の203条は，大正15年の改正によって，調書に記載された和解の効力を「確定判決ト同一ノ効力」と規定した。このことによって，大正15年改正前の旧旧民訴法の規定を改めて，訴訟上の和解に既判力までも認めてしまおうというのが大正15年改正における立法者の意思であったということができよう。しかし，既判力の発生根拠を考える場合，立法によって本来事柄の性質上，認むべからざる効力である既判力までも認めてしまおうとすることに無理があったというべきなのである。訴訟上の和解に既判力を認めようとすることは，一つの立法政策的配慮ということができるにしても，このあたりに，政策をもってしても変えることのできない本質的限界があることを知らされるのである。すなわち，ここに，政策論の限界を見ることができるのである。このような視点から見て，大正15年の改正が旧民訴法203条において訴訟上の和解につき認められる確定判決と同一の効力が，既判力を含めているとの考え方が破綻して，制限的既判力肯定説とか既判力否定説が生まれたのも必然的な結果であったということができる。この点では，大正15年の改正前の旧旧民訴法がドイツ法にならって，訴訟上の和解に既判力を認めず，条文上は単に債務名義としての効力や訴訟終了効力のみを認めるにとどめていたことは賢明であったといえよう。

さらにまた，既判力には，正しさの担保が前提になるという点から考えるならば，正しさの担保が十分でない和解に，既判力をみとめることは当事者の裁判を受ける（憲法32条）を奪う結果になるというべきであろう。裁判所が慎重

109

I 判決手続

に訴訟上の和解を成立させても，和解に既判力がないが故にその内容が易々と覆されるというのでは，裁判所は労多くして報われるところが少ないのということになる，ということも一面の真実を含んでいることは既に述べた。しかし，重要なことは，そのデメリットと国民が裁判を受ける権利を失うデメリットとを比較してみることである。我々は，後者の方が遥かに大きいことを認識しなければならない。

　第3に，訴訟上の和解に既判力を認めると，これを排除する確定判決の取消手段は再審ということになる。再審事由を規定する民訴法338条が，再審事由を極めて厳格に制限しているのは，本来の確定判決を想定しているものであって，それらは一般に和解の瑕疵といわれている実体的無効または取消事由と異なるとの批判が既判力肯定説に対して加えられていることは周知の通りである。このような違和感があるのは，既判力肯定説が実体的瑕疵の主張をそもそも認めていないにもかかわらず，瑕疵の主張を再審によらしめることに問題ありと考えている点である。しかし，ここではこの点に深入りしないことにしたい。

　なお，民調法16条は調停調書の「記載は裁判上の和解と同一の効力を有する」旨規定し，家審法21条でも家事調停について同様の規定をおいている。民訴法267条のように「確定判決ト同一ノ効力」としなかったのは，いかなる理由によるのであろうか。訴訟上の和解と調停とでは，手続の主体が裁判所か調停委員会かという相違はあるが，紛争の互譲による自主的解決という点では共通している。既判力否定説または制限的既判力肯定説によると，条文は「確定判決ト同一ノ効力」と謳いながら，確定判決のもっとも重要な効力である既判力は含まれないというように，明らかに条文の文書に反するような解釈を導かざるを得ないことになり，かような事態を，成文法主義を採るわが国の立法者としては避けたいという心理が働いたということも考えられないわけではなかろう。むしろ，既判力否定説の立場からは，調停が債務名義になる旨だけをおいておくだけで十分ではなかったのではないか。そこまで踏み切れなかったのは，既判力肯定説の余地を残したこと，換言すれば，学説の対立を立法的に解決することへの躊躇があったものと推測される。

［判タ1001号75頁，平11］

　追記　本稿は家事事件手続法制定施行以前に発表されたものである。

II 執行手続

⟨31⟩ 権利意識

　ある席で，私はドイツ人の権利意識が日本人のそれより高いという趣旨の話をしたことがある。これに対して，よくそういわれるが，一般のドイツ人は決して法律を十分知っているわけではないから，必ずしもその通りいうことはできないとの異論が出された。私にも，ドイツ人の法律知識を本格的に調査した経験がないので上記の私の話も正確な断言ではなく私の感想であるにすぎない。
　ドイツにおいて一般人の法律知識が十分であるとは必ずしもいえないかもしれない。しかしながら，法律知識の有無は別にして，彼等の日常生活における生活規範が法規範に近いものであるといえないであろうか。わが国では実体法が行為規範か裁判規範か争われている。裁判規範説の一つの根拠として，実体法は裁判における紛争解決の基準となるべきであって，これを日常生活がスムースに行なわれる段階の行為規範と解すると，日常生活があまりにも窮屈なものになると説かれている。日常生活の行為規範と法規範とが乖離しているというのである。我々日本人は日常生活に法律を持出すことをあまり好まない。ドイツの社会では，その乖離の幅がわが国におけるよりもすくないように思う。わが国において紛争解決の一形式としての調停やその他のADRが多く利用されるのもこの点に基因するものと思う。
　個人主義の定着した西欧社会では各人が利己主義にはしることなく相互にお互いの権利の尊重に十分配慮するという点も，権利意識の強さを認識させる1つの原因であろう。そして一度権利侵害がなされた場合，裁判所へ救済を求めることに躊躇しない。自らも他人の権利を侵害しないと同時に，自らの権利が侵害された場合には断固としてこれを排除するという個人主義に基因する現象があると思われる。ドイツ民訴法は，金銭債権執行が債務者の財産を発見できないために不奏功に終った場合，債務者の財産の開示制度を設けている。この財産開示制度を，わが国の民事執行法の制定に際して導入すべきか否かしばしば問題とされた。しかし，この制度はわが国の国民性になじまないから現在これを導入することは時期尚早であるとする消極論が圧倒的に強い。この点もその是非は別にして，彼我の権利意識の相違に基因するところが大きいと私は考える。この制度は，開示に応じない債務者に対しては勾留（人身拘束）を課し

II 執行手続

(ZPO 901条)，虚偽の開示保証に対してはかつては刑罰（現在は廃止）をもって，正しい財産開示を強制することを，債務を履行しない債務者に対して債権者に与えられるべき当然の手段であると考える。執行が不奏功に終った場合債務者はすべての財産を開示しなければならず，差押禁止財産を除き，執行債権の範囲内でその財産のすべてを差押えられる。この制度によって債権者は徹底的に債務者を攻撃することができ，債務者は債権者の攻撃の前には裸にならなければならない。債権者はその権利を中途半端な妥協しないで徹底して行使するし，債務者はそれを尊重すべきであるとする考え方がドイツ法の基礎になっているのであろう。私は機会があって西独ザールブリュッケン区裁（執行裁判所は区裁判所）で開示保証の現場を見学したが，担当司法補助官の財産目録に関する発問は極めてきびしいものであった。財産目録そのものは各財産項目を列挙した表になって印刷された書式に記入するものとされていて，債務者はこれに記入して，最後に署名するようになっている。主要項目に記入がないと必ず該当財産の有無がきびしく問いつめられるし，預金についても預金番号の記載がないとその場で通帳の提示又は銀行への問合せを命じられるといった具合である。余程の事由がないと開示期日の延期は認められない。開示すると直ちに取引の安全に資するためその名は債務者名簿に登録される。

彼我の権利意識の差は，個人主義の定着の程度にも原因するが，他にいかなる理由があるのであろうか。

［ジュリスト 513号 12頁，昭 47］

追記　わが民事執行法にも制定当時なかった財産開示制度が設けられている（民事執行法第 4 章 196 条〜203 条）。本稿はわが民事執行法制定の際に筆者がその導入を目指して執筆した文章である。なお財産開示制度については関西学院大学内山衛次教授の一連の詳細な労作がある。最近の著書として『財産開示の実効性』関西大学出版会 2013 年 2 月刊がある。ドイツ ZPO 899〜815 条は，ドイツ ZPO の財産開示の規定である。

32 民事執行法184条の公信的効果

〈1〉　一方で民事執行法184条は，担保権の実行としての不動産競売の公信的効果について，「代金の納付による買受人の不動産の取得は，担保権の不存在又は消滅により妨げられない」と規定している。他方では，同法によると，担保権実行のための不動産競売の開始すなわち手続の入口のところでは債務名義を必要とせず，担保権の存在を証する法定文書を提出すれば足りることになっている。民事執行法181条1項各号に規定される法定文書のうち，1号の確定判決や審判，2号の公正証書等は執行において債務名義になるものであるから問題はないにしても，3号の登記事項証明書や4号の一般先取特権の存在を証する文書等については問題がある。これに対して手続の出口のところでは競売に公信的効果を与えている。この入口と出口の取扱いの間に矛盾はないのであろうか。この疑問は執行手続における債務名義の意義という基本的問題にも関連する重要な問題であるように思われるのである。

旧競売法のもとでは，担保権の実行に債務各義を必要としなかったが，最高裁は，「競落許可決定確定後でも競売手続の完了（競落代金の支払）前に債務が消滅すれば，競売手続において債務者が異議抗告等の不服手段に訴えたか否かに関係なく，競落人は代金支払により所有権を取得できない」（最判昭37・8・28民集16巻8号1799頁）と判示した。そして通説も，登記に公信力がなく，債務名義を手続の要件としない以上，買受人の地位がかように不安定になることも止むを得ないと考えていたのである。

このような通説・判例の立場に対して旧競売法時代から有力な批判を加えた反対説が提唱されていた。例えば，山木戸教授は次のように主張された（「任意競売における競落人の地位」抵当権の実行(下)371頁，373～5頁）。すなわち，強制競売の場合に執行債権がかりに不存在であっても競落人の所有権取得が妨げられないというのは，債務名義の存在とは別に，債務者の利益と競落人の利益との比較衡量から競落人を保護すべき実質的根拠があるからである，とされた。そして，債務者はすでに債務名義の成立に関与しまたその送達もうけており，かつ，執行手続の過程においてその開始及びその後の追行につき告知され，その手続中に上訴・再審又は請求異議の訴え及びこれに附随する手続によって執

行を阻止する機会を保障されているが，これに反して競落人は裁判所の手続を信頼するほかはない地位にあるのであるから，競落人を保護し，あわせて競売への信頼を確保すべきである，そして，かかる観点から，債務名義のない不動産競売でも，所有者に対し相応の手続保障を与えるならば，所有者より競落人を保護することができる，と説かれたのである。

さらにまた，竹下教授も，民商法雑誌（74巻3号495頁）において，不服申立ての機会があるのにそれをしなかった債務者の態度に黙示の追完とみられるべきものがあるとして買受人の所有権取得を肯定されるのである。なお反対説（競落人保護説）については，中野貞一郎・民商法雑誌（48巻5号811頁，民事執行法増補新訂6版381頁），生熊「抵当権の実行としての競売と買受人の地位」岡山大学法学会雑誌（29巻第1号143頁）を参照されたい。

そして，これらの競落人保護説が前記民事執行法184条の制定に大きな影響を与えたことは疑いのない事実である。なお，同条の解釈については，新堂幸司「不動産競売 ── 買受人の地位の安定を中心として ── 」（判例タイムズ418号36頁以下）がある。

もちろん，競落人保護説の立場を承継した民事執行法184条の解釈としても，競売の公信的効果を無制限に認めようとするのではなく，同条を縮小解釈する見解がすでに提唱されている。新堂教授の前掲論文がそれである。引用すると以下のとおりである。すなわち「184条の認める効果は，前述したように本来所有者の利益と買受人の利益との比較考量に基づく結論であるから，その結論を妥当としない具体的状況である場合には，184条の適用はないとする余地も予想される。たとえば競売申立人が自ら買受人である場合，又は買受人が抵当権のないことを知っているような場合には，上述の利益考量は所有者側の保護に傾くべきであると思われる。また，たとえば所有者が知らない間に，偽造文書でその所有名義を第三者に移され，この第三者が設定した抵当権に基づいて競売が行なわれた場合などは，真実の所有者は，執行異議や第三者異議の訴えを提起できる地位にあるが，競売手続中そのような不服申立てをする機会を与えられないのが通常であり，そのような機会のなかった場合は，代金納付後も買受人の所有権取得を争うことができる。また，担保権者が所有者の住所をいつわって開始決定を公示送達したような場合も，現実に異議又は実行阻止の訴えを提起する機会を与えられなかった場合として，所有者は，やはり代金納付後も買受人の所有権取得を争いうるというべきである」（前掲論文41頁）と説

かれている。債務名義によって担保権の不存在がカバーされていない以上 184 条を制限的に解釈するのは止むを得ないところである。問題になるのは 184 条を制限的に解釈する場合制限の仕方ないし範囲いかんという点であるように思われるのである。

〈2〉 いずれにしても，前記競落人保護説の立場を拡大していくと，強制執行が有効な債務名義なしに開始されたときでも，債務者が執行債権についてなんら異議を申し立てることなく手続が終了してしまうと，競売の効果は安定し，競落人に所有権が移転するということになるのであろうか。それとも強制執行にあっては，債務名義は執行の絶対的要件であるために，債務名義を必要としない不動産競売とは異なると考えるのであろうか。債務者の利益と競落人の利益との比較衡量が問題を決する要素であるというならば，競落人保護の見解のほうが筋が通っているように思われるのであるが，それでよいのであろうか。

競売に公信的効果を与え，その効果を安定させるというのは，たしかに競落人の利益になる。しかしかような形で競落人の地位を安定させることは，とりもなおさず競売制度に対する社会的信用を高め，広く一般人の競売への参加を促すことになり，それが結果的には競売制度の機能を高めるという公益につながることになる。競落人保護説の真意は競落人の利益を尊重するとはいっても，実はそれを通して同時に競売制度の信用を高めるという手続的な利益の保持にあるのではないかと思う。

それでは，かような手続的利益のために，あるいはこのような手続的利益を一応別にしても，そもそも，手続法が実体関係に踏み込んでそれを変更することがあってよいのであろうか。もちろん手続法上の要請から実体関係を修正しなければならない事例がないわけではない。執行手続における担保権や用益権の取扱いがその端的な事例であるといえよう。しかし，手続法はできるだけ正確に実体法を実現すべきものであるから，手続法上の必要から実体法に修正を加えることはなるべく避けるべきであり，その必要があるときでも修正は必要最小限度にとどめられなければならない。

かような観点からすると，競売の社会的信用の向上という手続的要請あるいはなんらかの手続法上の要請をもって競売の公信的効果の根拠とするよりも，黙示の追完という実体行為をもってその根拠とする見解のほうが，より大きな説得力をもつように私には思えるのである。

Ⅱ 執行手続

　私自身は，それでもなお執行法における形式主義との関係からみて，執行の手続的適法・違法の判断が実質的判断を基準にすべきではないと考える。そしてまたそこで，仮にその例外を認めるにしても，例外が最小限にとどめられなければならないという見解は，依然としてこれを堅持すべきであると思う。結果的にあまり大きな違いはでてこないかもしれないが，債務者が不服申立ての機会をもちながらそれをしなかったことが手続法上著しく（「明白且つ重大に」と言い換えてもよいかもしれない）信義則に反するような場合に限って，その主張を許さず，反射的に競売に公信的効果を認めるにとどめるのがよいのではないであろうか。

　〈3〉　さらにまた，制限解釈の一方法として，次のような見解も考える余地があるかもしれない。すなわち，民事執行法184条から，新堂教授が列挙された若干の事例，すなわち所有者が異議の機会を与えられなかった事例を除いて，その余の場合について，同条が担保権の実行手続の違法性に関する立証責任を所有者に課したとする解釈がこれである。債務名義が存する以上，それによってカバーされる執行債権の不存在は執行手続を違法にしない。これに対して担保権実行手続に担保権の存在を表象する債務名義を必要としない。債務名義を必要とする建前をとっていれば，担保権がない場合，184条がなくても競落人は目的物の所有権を取得するから，同条は不要である。しかし担保権の実行に債務名義を不要とする建前をとったから，184条の存在意義がでてくる。担保権実行手続に債務名義を必要としないから，担保権の不存在は当該手続を違法にし，競売による買受人の所有権取得は認められないという建前を崩すことはできない。そこで，民事執行法184条の存在意義は，同条により担保権の存在を前提にして当該手続が適法に追行され目的物の所有権が買受人に移転した旨が法律上推定され，その結果，担保権の不存在＝当該手続の違法性＝買受人による所有権取得の否定の証明責任が担保権設定者に課せられる。したがって，買受人は，担保権の存在＝手続の適法性＝買受人により所有権取得について証明責任を負わない，という点に求められる。同条の意義はこの点にとどまるとの解釈も考えられるのである。

　〈4〉　184条それ自体は買受人の所有権取得について制限を設けていないが，いずれにせよなんらかの形でその制限的解釈が必要であるように思えるのであ

る。その制限のあり方についてはなお一考を要すると考えている。私見は今の処上記の通りである。この点では民事手続法の基本原則である民事訴訟法第2条の信義則が働くことになるものと思われる。

[判タ425号2頁，昭55]

　追記　中野貞一郎『民事執行法・増補新訂6版』382頁は授権擬制説を採用されている。

Ⅱ　執行手続

◇33◇　取立訴訟と執行債権

〈1〉　債権執行における取立命令（現在は廃止されている）[1]による取立訴訟において第三債務者は，原則として，執行債権の不存在ないし消滅を主張できないとするのが，通説（兼子・増補強制執行法209頁，宮脇・強制執行法〔各論〕150頁，戸根・注解強制執行法(2)476頁，中務・民訴講座4巻186頁，小山・現代法律学演習講座民訴法〔菊井編〕309頁，飯塚・判批・民商64巻2号304頁，豊水・解説・裁判解説民事篇昭和45年度748頁，中野・民事執行法〔増補新訂6版〕700頁），判例の立場である（最判昭45・6・11民集24巻6号509頁）。取立命令による取立権の取得は通常の債権者代位権による代位とは異なり，取立命令という裁判の効果によるものであり，この取立命令は執行により満足すべき執行債権の存否にかかわらず効力を生じるものであるから，第三債務者は執行債権の存否を争いえないという点，また現行法が私権の存否の確定手続と執行手続とを峻別し，簡易迅速をモットーとする執行手続にあっては，そして取立手続もその一環であるが，執行債権の存否を争わせないという法の建前等に，その理由が求められる。最一小判昭和45年6月11日（民集24巻509頁，第1審＝東京地判昭和44年3月25日判時564号54頁），東京地判昭和47年9月16日（判タ288号329頁，判時703号50頁）などはこの系列の判例である。

執行債権が消滅している場合は，本来であれば，執行債務者が請求異議の訴えを提起してそれを主張し取立てを停止するのが筋であろう。一般的には執行債務者自身がなんらのアクションも起こさない以上これを保護する必要はないといえる。この一般原則からすれば通説・判例の立場を是認することができる。

〈2〉　しかしながら，上記原則の例外を認める必要はないであろうか。私自身確信をもっているわけではないが，一定の場合例外を認めるべきではないかとの疑問を懐いている。実際に，前掲最高裁判決の原審である東京高裁昭和44年8月8日第7民事部判決は次のように述べている。

「強制執行法は請求権を表示する債務名義が形式上有効に存在する場合，表示された請求権の実質的存否を顧慮することなく執行手続を開始することとし，債務名義の内容である請求権の変更・消滅等によるその実体的効力を争

うには，執行手続から離れ別途異議の訴をもってすることとしている（旧民訴法545条－民執法35条——筆者注）。すなわち，債権の差押手続にあっては，形式上有効な債務名義が存在すれば，これに表示された債権の有無にかかわらず，適法に差押命令，取立命令が発せられ，かつこれによる手続の進行が許されるわけである。このような執行手続の技術的構造からみるときは，取立命令を得た取立債権者の第三債務者に対する取立訴訟においては，第三債務者は被差押債権の存否について争うことはできても，執行債権の存否・態様について争うことができないものと解さざるをえない。しかしながら，強制執行手続における右のような技術的構造は，手続の簡易迅速の要請から認められたものであって，債務名義が形式上有効に存在する以上，それに表示された請求権も実質上存在することが強く推定され，債務名義が形式上有効に存在する場合における執行は通常実体的に正当な執行であるとの蓋然性が担保されているところにその合理性があるというべきである。したがって，形式上有効に存在する債務名義が実体上無効であることが客観的事実から明白である場合にもなお，形式上有効な債務名義の存在の故をもって，その執行行為を適法とすること，殊に債権の差押取立命令の場合において，前記のように執行債権の存否・態様を争いえない第三債務者に対し取立権を行使することは，強制執行法が右の趣旨から認めた技術的制度を濫用することであって許されないと解さなければならない。……取立命令を得た執行債権者である被控訴人は執行債権により保証された主たる債務者に対する債権について前示のとおり各弁済のあったことを認めており，その各弁済金につきその都度利息制限法所定の利息または損害金の利率を超過する部分をそれぞれ元本に充当して計算するときは，右債権はすでに消滅していることが明らかであって，したがって保証人である訴外某に対する本件執行債権もまた実体的に消滅していることが明白といわなければならない。このような実体的に存在しないことが明白な債権を表示する債務名義をもって執行手続の続行を求め，かつ，本件取立訴訟において取立権を行使することは，執行手続上取立権を認めた前示のような趣旨に反し，信義則上許されない……」

すなわち，執行手続の技術的構造から取立訴訟において，第三債務者は執行債権の存否・態様を争いえないとしながらも（この点は通説および最判と同旨である），この原則を貫くと，取立訴訟における原被告の主張により債務が消滅したこと，つまり執行債権が消滅したことが客観的に明らかな場合にも取立請

II 執行手続

求が認容されるという不合理な結果をもたらす。そこで，右判決は一般条項である信義則により，そのような場合には取立請求は許されないとしたものである。すなわち，右判決は一般条項である信義則を用いて，労働債権に限らず一般の債権についても明らかに執行債権が存在しない場合につき執行債権者の取立権を拒否することができると判示しているのである。前記原則に対する1つの例外を認めたという点で注目すべき判例であるように思う。

〈3〉 執行における形式主義の観点から，債務名義に基づいて取立命令が存する限り，執行債権の不存在の主張は取立訴訟においてではなく請求異議訴訟によらなければならないとすることは原則的に理解できることは既に述べた。しかし，上記の事例にあっては執行の形式主義を破る程度に執行債権の不存在が明白であるために執行債権者の取立が権利濫用または信義則違反になるような場合であるがゆえに，これを形式主義の適用外と考えることができないこともない。ましてや取立訴訟は執行の過程で実施されるものではあるが，それ自体は判決手続であって，（取立命令があるとはいえ）執行債権者の当事者適格・取立権が審理の対象となるのである。したがって，第三債務者が執行債権者の取立権を争うべき義務ないし権利を有すると解されるならば，執行債務者による請求異議の訴えを待つまでもなく自ら取立訴訟において取立権を争うことができてもよいのではないか，と思われる。

〈4〉 ところで労働債権についてみれば，使用者である第三債務者は執行債権者の取立てに対し被傭者のそれを守る義務ないし権限が認められないものであろうか。

労働基準法24条1項は「賃金は……直接労働者に，その全額を支払わなければならない」旨規定している。

また民法306条2号・308条は，雇人の受くべき給料債権について一般の先取特権を認めている。先取特権のある給料債権は現行破産法98条により優先的破産債権とされ，破産手続開始決定により解約の申入れがあった場合の契約終了までの賃金債権は財団債権として処理される（現行破産法148条1項8号）。会社更生法によれば原則として手続開始前6カ月間の賃金，退職手当の一定額及び更生手続開始後の賃金債権は共益債権とされ（会社更生法130条・127条2号），それ以外の賃金は優先的更生債権とされている（会社更生法168条1項2

号)。

　さらにまた，賃金の支払を確保することが特別の必要性をもつことは，賃金の支払い確保等に関する法律をみても明らかであり，その第5条ないし第6条は事業主に対してそのための一定の措置を講すべき義務を課している。

　直接払・全額払（労基法24条）や相殺禁止（同17条）の原則等も差押可能である部分（民訴法152条）については例外的に適用されないことになると思われる点は別にしても，前記諸規定は，労働者の労働債権保護のために使用者に一定の負担を課していることがわかる。前掲の東京高裁昭和44年8月8日判決は，執行債権の不存在が明白であって被差押債権の取立てが信義則に反するという理論構成を，被差押債権が労働債権の場合に限らず，債権執行一般について展開したものである。しかし，これとは別に，特に労働債権に対する執行についていえば，第三債務者としての使用者は労働者の労働債権保護のために，これに対する取立訴訟において，執行債権が存在しないことを主張して執行債権者の取立権を争うことができるものとの理論構成ができないものであろうか。信義則上雇傭契約の1内容として，あるいは，信義則の適用を考えないまでも，労働者の労働債権を厚く保護しようとする前記諸規定の根底に流れる思想から演繹して，雇傭契約の解釈上当然にその1内容として，右の理論構成を認めることができるのではないか。

　さらに，かような理論を展開するにあたりもう1つ問題になるのは，取立権を争うことが使用者たる第三債務者の権限なのか，あるいはもう1歩進んで義務なのかという点である。労働基準法17条や24条は使用者と労働者の関係を定めるにとどまるが，給料債権についての一般の先取特権や倒産にあたってのその優先破産債権性，財団債権性，共益債権性は雇傭関係からみれば，第三者である破産債権者に対する関係で認められる優遇措置である点を考えると，雇傭契約からみれば第三者である労働者の債権者に対する関係においても，取立権を争う義務を使用者に認める可能性も十分にあるのではないかと考える。

　このような観点からみると，Johannes Denk, Einwendungen des Arbeitgebers gegen die titulierte Forderung bei Lohnpfändung, ZZP 92, Band, Heft 1, 1979, S.72 ff.は示唆に富む論文である。　　　　　　［判タ442号2頁，昭56］

　追記　現行法上取立命令の制度は廃止されたが，通説の説くところは現行法においても妥当するであろう。

Ⅱ 執行手続

〈34〉 実体法上無効な訴訟上の和解による執行

　裁判上の和解が実体法上無効であるとき、この和解調書は実質上債務名義たりうるであろうか。現在では結論的にいって、執行の形式主義からみて実体的瑕疵の確定がない限り債務名義たりうるとみる点にあまり異論はないのではないかと考える。公正証書にあっても、民執法22条5号に規定された執行証書の形式的要件を具備するかぎり、それは執行証書として債務名義になり、当該執行証書に記載された実体的請求権の瑕疵は債務名義性を損うものではないといわれているのである。いわんや既判力肯定説をとれば和解の実体的瑕疵は再審によらないと主張できないのであるから、和解調書の債務名義性はますますもって否定できない。

*　　　*　　　*

　ところが、判例のなかには、実体法上無効な和解を含む訴訟上の和解による強制執行にあたり、換価により買受人となった者が実体法上換価不動産の所有権を取得しない旨を判示したものがある（大判大正15年5月28日民集5巻439頁、小山・総合判例民訴(3)116頁）。この判例の考え方は和解につき既判力否定説を前提として次のとおりの結論を出すことになる。すなわち、競売は権利実行の方法に過ぎないから、基本になる抵当権が存在しないときは競売は実質上無効で実体法上権利移転の効果を生じないとする大判民連大正11年9月23日を引用して、更に既判力否定説の立場を前提にして私法上の無効取消原因による裁判上の和解の無効取消を主張できる場合には、その和解調書も実質上債務名義たる効力がないから、これに基づく競売も無効であって、競落人は実体法上競売物件の所有権を取得しないと説明することになるのである。

　旧法上抵当権なき競売により競落人は所有権を取得しえないとの命題（その後登場したこの命題に対する解釈論的批判は徐々に有力になり、競落人の所有権取得を認める見解が提唱され、それが代金の納付による不動産取得の効果を定めた民執法183条に結実したことは周知の通りである）と、私法上の無効取消原因を伴う裁判上の和解の無効取消を主張できる場合（既判力否定説）、当該和解調書の債務名義としての無効性から競売無効＝競落人の所有権取得の不可を導くこととは、実はパラレルに考えられない面をもっていることを忘れてはならないの

ではないかと思われる。というのは，旧法上任意競売については債務名義を必要としなかったのに対し（民執法上も債務名義を必要としない点では同じ），強制執行は債務名義を必要とする点が両手続における本質的相違であること，しかも訴訟上の和解は既判力肯定説をとれば当然のこと否定説に立っても，その実体法上の瑕疵が認められない限り，瑕疵があってもそこに含まれる私法上の和解の無効により当然にその訴訟上の効力（執行力＝債務名義性もその1つである）を失うわけではないことに注意すべきだからである。

　菊井『強制執行法（総論）』92頁は，この判例の立場を評して，「しかしこれは強制執行を甚だしく不安定ならしめる点で賛成できない」とされている。この判例の立場によると，訴訟上の和解に含まれる実体的和解の無効により競落人は競売物件の所有権を取得できないことになるから，競売の効果は甚だ不安定なものになることは指摘されているのである。しかし，この不安定性はこの判例の理論構成の結果であって，執行の形式主義という観点からすれば，理論構成それ自体が難点を含むのであり，ここを是正すべきなのであろう。

＊　　　＊　　　＊

　たしかに，実体的和解の無効が確定されていればこれを含む訴訟上の和解も無効であって（両性説，私法行為説の立場），和解調書は執行力を有せず，したがって債務名義にならないと解することができ，これに執行文を付与することがそもそも許されないことになるのであるから（誤って執行文が付与されてしまえば，執行文付与等に関する異議の対象となる），当該和解の無効の確定がなされないかぎり債務名義として有効であると解するのが正当であり，当該和解に既判力・執行力ともにありとすれば買受人の保護としてはより厚いといえる。実体的和解の瑕疵の存在は明く，その主張も確定もされていない以上買受人は保護されることになる。このようにみてくると，債務名義の当然無効説を否定すべきであろう。

　しかし，仮に和解調書が債務名義として無効であるとみると，これに対して執行文を付与することはできないのであるから，執行文付与機関としては，執行文の付与にあたり，和解に実体的無効原因があるか否かを検討せざるを得ないことになるのであるが，執行文付与機関にかような実体的に困難な判断の責任を課すことは決して好ましいことではないといえよう。仮に執行文付与機関が執行文を付与してしまったとしても，当該調書がそもそも債務名義として無効であることがわかれば，執行機関としてこれに基づいて執行することが

125

Ⅱ　執行手続

できないことになるのではないかとの疑問も生じうるかもしれない（ただし執行文が付与されていれば債務名義が無効であっても，執行機関は免責されるのが原則であろう）。執行機関に和解調書の執行力の存否についての判断をさせる結果になることこそが執行の形式主義からいって好ましいことではないと思われる。

［判タ468号4頁，昭57］

35　執行官のイメージ・アップを

　執達吏が執行吏になり，昭和41年の執行官法により執行官になった。それは執行官制度の近代化の歴史でもあった。しかしながら執行官というものにまつわる社会的イメージがそれに伴ってアップされてきたとは必ずしもいえないのが現状であろうか。執行官のイメージといっても，一般の国民のもつものと法律家のもつものとの間には，ある程度の相違があることは当然であろう。

＊　　　＊　　　＊

　執行というものそれ自体には，従来どうしても暗いイメージがつきまとってきた。西洋の近代のカリカチュアのなかにも鬼面の執行官が打ちひしがれた貧しい債務者の財産を情け容赦もなく差押えているものがあることは周知のとおりである。執行という最後の手段に出る鬼畜のような債権者の手先が執行官であるというイメージが，まだわが国の国民の間に拭いきれずに残っているのであろうか。わが国では，新民事執行法の下でも依然として，軒下競売においていわゆる道具屋が差押えられた動産の換価に介入して，結局それを債務者に引き取らせるケースがあるやに聞いている。動産が売れない一因として，わが国の場合，わざわざ執行というケチのついた物を買わなくてもという感情があることは確かである。差押動産をザッハリッヒに単なる物としてみないのである。このような感覚のあるかぎり，執行官のイメージは暗い。

　執行官に対するこの種の感覚は裁判所や警察に対する感覚と一脈相通じるものがあるように思われる。社会一般において，裁判所は国民を裁く処，警察は国民を取締る処という意識から，双方ともに国民の権利や生活の安全を護ってくれるものという意識への転換が望まれる。裁判所や警察を統治権の側からではなく，国民の人権の側から見直すならば，裁判所や警察に対するアクセスがおのずからはかられるようになるであろう。日本語では警察官のことを俗語でお巡りさんというが，これに相当するドイツ語はおそらく Schutzmann であろう。Schutz はいうまでもなく「保護する」という動詞 schützen に由来する。Schutzmann が何を保護するかといえば，国民の人権であるといわなければならないであろう。

　執行官にしても同様なのである。執行官が債務者に対して苛酷な執行をなす

Ⅱ　執行手続

べきではないことは当然である。苛酷でない通常になされる執行についていえば，執行を受ける責任は債務を履行しない債務者にあり，債権者は法律上の手続にのっとり執行を行っているのであるから，これを苛酷であるとか鬼畜のようだなどということは勿論できない。執行機関にしてもそうである。むしろ執行機関は債務者の債務の不履行によって違法にその権利を侵害されている債権者の権利を正当に擁護すべく執行を実施しているのである。すなわち，執行を，もっぱらあるいは主として，これを受ける債務者の側からみるのではなく，視点を変えてこれによって権利救済を受ける債権者の側から眺めてみる必要がある。そうすれば執行乃至執行官にまつわる暗いイメージは払拭できるのではないかと思う。

*　　　*　　　*

　執行官のイメージ・アップのもう1つの方法はその地位を高めることである。民事執行法の下では，現況調査にあたり執行官の権限が拡大・強化されたが，現行法以上に執行官の権限を拡大する余地はないか，洗い直してみる必要があるかもしれない。執行官の質と権限の問題はいわば相互作用的なところがあって，質的向上が権限を拡大するための先決問題であるという面と，権限を徐々に拡大することが執行官の責任の自覚を促進し，その質的向上につながるという面と，双方の面があることは認めざるをえない。執行官の権限の拡大や強化については執行における債権者および債務者双方の者の権利保護を考える場合相当に慎重でなければならないことはいうまでもないが，それが執行官の地位の向上がそのイメージ・アップにつながることは容易に推測できる。

　さらにまた，現在，執行官のなかには裁判所書記官や事務官から転進した者が多いと聞くが，例えば大卒者を最初から執行官として採用して，それ専用の養成機関において養成するというようなことができないものであろうか。

*　　　*　　　*

　民事執行法は，民事執行の適正且つ迅速な執行を1つの理念として制定された。執行官のイメージ・アップは執行官に対する国民の信頼を強め，執行官による執行をスムースに実施しうるようにするという結果をもたらすであろう。したがってそれは上に指摘した民事執行法の理念の実現にも奉仕するものである。一朝一夕にしてできることではないが，多様な方法を併用して，執行官のイメージ・アップのための地道な努力を積重ねていくことが必要であるように，私には思えるのである。

［判タ489号49頁，昭58］

36 和解調書の給付内容の疑義と執行力

① 債務名義たる和解調書の執行力の内容は，同名義に明示される給付の内容によって定まり，他の文書または理論により補足することができない旨の判例がある（東京控決昭8・10・27評論22巻民訴498頁）。これに対して，② 和解調書の執行力の内容は，同調書の文言の解釈により定まり，文言の解釈については，同調書の記載面以外の事情をも斟酌すべきである旨の判例がある（大決昭9・1・23判決全集㈡18頁)。③ 最判昭44・7・10（民集23巻1450頁）も，和解条項の解釈にあたっては，その和解の成立にいたった経緯のみならず，和解成立以後の諸般の状況をも考慮に入れることは違法とはいえない旨判示している。もっとも，この判決は，問題の和解が訴訟係属中訴訟代理人たる弁護士も関与して成立した訴訟上の和解であるから，文言自体相互に矛盾し，または文言自体によってその意味を了解しがたいなど，和解条項それ自体に内包する瑕疵を含むような特別の事情のないかぎり，和解調書に記載された文言と異なる意味に和解の趣旨を解すべきではないと判示しており，これがその判決要旨になっている。④ さらにまた，最判昭31・3・30（民集10巻242頁）によれば，裁判上の和解の有効無効は，調書の文言のみに拘泥せず，一般法律行為の解釈の基準に従ってこれを判定すべきである，とされている。

*　　　*　　　*

裁判上の和解は裁判官の関与の下に成立するものであるから，和解条項の内容は特段の事情のないかぎり，和解条項の文言に忠実に理解されるのが建前であることは当然である。しかし，文言が不正確乃至不適法であったり，矛盾しているというような特段の事情がある場合に，和解条項の解釈についていえば，一般法律行為の解釈の基準を適用したり，和解調書の記載面以外の事情を斟酌することは認められてよいであろう。この意味では，和解条項の解釈に限定する限りでいえば以上いずれの判例も極めて当然のことを判示しているのであって，賛成できる。

*　　　*　　　*

和解条項の解釈について，第1次的に文言により，第2次的に法律行為解釈の一般的基準や調書以外の事情を斟酌すべき旨の考え方は，これを肯定するに

Ⅱ 執行手続

しても，和解調書の執行力についても同じことがいえるかという点では疑問が残らないわけではない。というのは，文言以外の解釈基準乃至事情による和解条項の解釈は場合によっては実質的判断を必要とするものであるが，執行機関に執行すべき請求権の内容や範囲等について実質的判断の責任を課することには，その構成上からみて，また執行手続と判決手続の分離という点からみて，問題があると考えられるからである。執行すべき請求権の内容は，本来債務名義である和解調書それ自体から明らかでなければならず，和解調書の記載以外の事項を補充的に用いないかぎり和解調書上執行すべき請求権の内容が明らかにならないというのでは，そのかぎりで当該和解調書は債務名義としては不適格無効であるといわなければならないものと思われる。かようにして，和解条項の解釈，すなわち和解調書上の給付請求権の内容の確定の問題と執行力の問題とは区別して考える必要があるといえる。そこで，次のように考えるべきであろうか。

第1に，和解調書の記載のみから執行すべき請求権の内容が明確にならない場合，当該和解それ自体は成立するにしても，したがってその内容は，和解条項の文言以外の事情によって確定されうるにしても，当該和解調書は執行力を有せず，債務名義にはならないと解すべきである。

第2に，和解調書の条項については，文言以外の基準や資料を用いてその内容を確定することができるにしても，執行力の及ぶ範囲を文言以外の基準や資料を用いて確定することは許されないのではないか。その意味では，前記判例①には賛成できるが，②には反対であり，③も執行の基礎になる和解条項につき特段の事情があれば文言以外の事項を解釈の資料とすることを認めている点で賛成できないのである。④についても，ことが執行力に関する場合，一般法律行為の解釈基準の適用が極めて形式的なものである限りにおいて賛成できるにとどまる。

第3に，和解調書上の給付請求権の内容の確定の問題と執行力有無ないし範囲の問題とを区別して考えるべきである以上，文言のみから執行力の内容を確定できないために執行力が認められないことから，当然に裁判上の和解が無効になるわけではなく，裁判上の和解としては，解釈により和解条項が確定されうる以上有効である，といってよい。この場合当該和解は成立していても，当該和解調書は債務名義としての的確性を欠いているから，債権者は成立した和解に基づいて改めて債務名義をとりなおさないかぎり執行できないことになる。

第4に，和解条項の文言に基づいて執行したが，しかし文言以外の事情による解釈によれば，文言による請求権の内容が不明確である場合，債務者は請求異議の訴えにより救済されることになる。

［判タ 492 号 41 頁，昭 58］

37 執行官の苦労

私は,判例タイムズ(489号49頁,本書**35**章)に「執行官のイメージ・アップを」という1文を草した。現状では執行官の一般的イメージが決して良いとはいえないが,これは,1つには,執行官による執行の実態や執行官のもつ悩みが一般にあまりにも知られていないことによるものと思われる。その実態が広く一般に紹介されれば,それは執行官のイメージ・アップにつながるものと考える。

＊　＊　＊

執行官は,動産執行にあたり債務者の立場も考慮して,債務者在宅の場合には封印票をなるべく目立たない所に貼るのが一般的である。もちろん,数多い執行官のなかで権力志向型の者が皆無であるとはいわないが,大多数の執行官は,ただいたずらに債務者を刺戟したり畏怖せしめたりしないよう配慮しているようである。例えば,ただでさえ執行を受けることは不名誉なことであるから,債務者のショックを緩和する意味で,執行官は封印票を貼る場所に配慮したり,また,差押えの公示書の貼付の場所についてもなるべく目立たないよう配慮しているようである。目立つ所に封印票を貼付するのは,1,2回臨場しても債務者が不在であるために,名刺を置くとか債権者から電話連絡させるとかして,なんらかの形で債務者とコンタクトをとり,債務者在宅のうえで臨場しようとしているのに,次回の臨場の折,再度不在であるため開錠して動産差押えをしなければならないようなときに,ある程度懲戒的意味をもつ対応も必要であろう。

受験勉強中の子弟がいること,執行を畏怖する老人や子供がいること等,いずれも家庭生活の平穏を維持するために,執行官が執行にあたり配慮すべき事項であり,それらの事情をいかに配慮するかという点は,執行官の差押技術ないし差押えのノウ・ハウなのである。執行は対象財産や債務者ごとに千差万別であるが,臨機応変に右の債務者側の諸事情を配慮したうえで動産執行にあたらなければならない執行官の苦労は,大変なものであると推測される。けだし,債務者の立場に対する適切な配慮をなしつつも,執行を受けることについて債務者や家族を納得させることがなければ,執行にあたり極端な場合には債務者等の有形力の行使という抵抗を誘発し,結局,動産執行の効用が著しく減殺さ

れる結果になることが容易に予想されるからである。

　それでもなおかつ，執行官は執行にあたり債務者の有形力の行使による攻撃を受けることがしばしばあると聞いているのである。例えば，夫が内緒で借りたサラ金の返済義務の執行における妻の立会いにみられるように，全く執行を予期していないような場合，有形力の行使を受けることがあるといわれる。1人の執行官が1日12件の動産執行を担当するとしても，1週間実働5日間で60件を処理することになるが，そのうちの約5パーセントくらい，すなわち3件前後の事件について有形力の行使による抵抗があるやに聞いている。通常，動産執行にあたり執行官が単独で臨場する場合に，有形力の行使による執行の妨害はゆゆしい問題であり，執行官もこれには頭を悩ますようである。実際に臨場の結果，債務者等の抵抗が著しい場合には，執行官も110番によって警察上の援助を求めることになるのであるが（民執6条1項），執行官も1日の執行予定を組んで，これに合わせて立会人も待たしてあるので，警察上の援助を求めるのはむしろ異例のことである。その援助を求めない場合はもちろん，援助を求める場合も，警察官が臨場するまでは，執行官は単独で抵抗にさらされなければならず，その危険や屈辱感は相当なものであると聞いている。債務者との間のいたずらな紛糾を避けるために，執行官は執行にあたり法律一本やりではなく，人間味をもって債務者に接触するよう格別の配慮をしているようである。

　動産執行にあたり，不当な廉価換価が許されないことはいうまでもない。貴金属，宝石及び機械類等の高価物については，専門家の鑑定評価をしなければならないが（民執規111条），家具類等については債権者も鑑定評価を望まないため，執行官が評価せざるを得ない。執行官としては適正な評価のため，日頃から動産執行の対象になる類の物件について，その大凡の市価を勉強しておくことが必要であり，またそのように心がけていると聞いている。これは適正な執行を念頭においた執行官のプロ意識によるものである。

　法をその他の社会規範と区別する基準の1つとして，国家による強制が挙げられるが，執行はいうまでもなくその強制の一端である。その執行は適正でなければならず，また苛酷になってはいけない。執行官としてはその実効性を確保するために，債務者に対し人間性をもって接することが必要である。かくして，執行官はたえざる研究によりその学識を高め，人間性を豊かにするため研鑽を積まなければならないのである。世間の執行官に対する理解を望みたいものである。

［判タ497号11頁，昭58］

Ⅱ　執行手続

◇38◇　動産執行の実態をめぐって

〈1〉　旧民事訴訟法時代，動産執行が間接強制的に利用され，換価＝満足の段階にまで進んで動産執行の本来的機能が発揮されるということがなかったことは周知の事実である。動産執行のこの変則的利用方法を，本来の姿に戻すことをねらったのが民事執行法の動産執行の新規定であることもしばしば指摘されたところである。

それにもかかわらず，新規定の下で動産執行が，すべて差押え＝換価＝満足まで進むという意味で，その本来の姿に立ち帰ったとはいい得ないのが実情のようである。しかしながら，この現象をまことに残念なことといわざるを得ないというべきであろうか。私はこの点で，さように悲観的な見方をしているわけではない。以下その理由を述べてみたい。

〈2〉　新規定の下でも動産執行の半数以上は間接強制的に利用されており，換価に進むのは 30 ないし 40 パーセントであるといわれる。それまで断絶状態にあった債権者＝債務者関係において，差押えを契機にしてコミュニケーションが復活して，両者間に示談が成立し，動産執行の申立てが債権者により取り下げられることが多いという。

それにもかかわらず何故，私が必ずしも悲観的ではないと考えるのか，その理由は次の 3 点に求められる。第 1 に指摘しておきたいのは以下の点である。すなわち，旧法下におけるように，動産執行がその本来の機能（差押＝換価＝満足）を失ったがために，その代替機能的効果として，動産執行が間接強制的機能を果たさざるを得なくなったというのでは困るのであるが，新法下では動産執行が逆にその本来的機能を発揮しやすくなったために，その反射的効果として，動産執行がその間接強制的機能を強化したというのであれば，それはそれとして結構なことであって，困った事態であるというにはあたらないものと思われるのである。新法によって，動産執行の本来的機能が旧法下のそれと比較して，強化されたとみるべきか否かという点が問題になるが，すくなくとも，新法によって動産執行の本来的機能の強化の下地はつくられたといってよいから，自主的解釈の基盤がつくられたということはできない。示談という自主的

紛争解決形式は，執行段階においても望ましいものであって，決して排斥すべきものではないのである。

　第2に，旧法下における動産執行の間接強制的利用は，差押え状態を猶予による執行の停止や換価の延期を繰り返し継続することにより行われたのであるが，新法下では，執行の停止の繰り返しも制限されているし（民執法39条3項），換価の延期を制限しているために，継続的差押え状態を間接強制的に利用するという事態はなく傾向の下地がつくられているようである。

　第3に，家具類であるが，これらは換価をいくら合理化しようとしても，わが国のリーガル・カルチャーの下においては，一般的には換価性が高いものとは決していえない面をもっていることを指摘しておかなければならない。中古の家具は二束三文になるという環境，ましてや中古であることに差し押えられたというマイナス要因が加わることによって，当該家具はますますその魅力を失い，価値や換価性を低減させていく傾向があるかもしれない。西欧におけるように，家具は末代ものという観念のないわが国において，そもそも家具について動産執行の本来的機能を発揮させようということ自体が無理なのかもしれない。そうであるとすれば，動産執行の本来的対象は，貴金属とか宝石といったような高価で且つ換価性の高いものに限定し，これらについてのみ動産執行の本来的機能を強化するのが好ましいと考えられる。逆にいえば，家具等については，動産執行がその本来的機能を発揮することを求めるのが財産の性質上無理であり，そもそも間接強制的機能をもつにとどまらざるをえないという面をもっているのかもしれない。将来社会的需要の変化により中古動産の買取の気風が生じれば動産執行が本来の機能を取戻す時代がくるであろう。

〈3〉　執行の方法を基準にして執行を分類すると，直接強制，代替執行及び間接強制にわかれる。これらのうち，間接強制は人的執行的要素を残しているから，最後的執行手段であって，直接強制や代替執行ができない債務について認められるものと説かれている。[1]この意味では，いかなる動産についてであれ，動産執行に本来の間接強制的機能を果たさせることには問題があるものと思われる。

　しかしながら，新法下における動産執行の間接強制的機能の内容は，旧法下のそれと著しく異なる点は既に述べたとおりである。すなわち，旧法下のそれのように，差押え状態を継続してそれを弁済強制の手段として用いるというの

Ⅱ 執 行 手 続

ではなく，動産差押えはこれを契機にして，両当事者間に対話を復活させ紛争の自主的解決の糸口を与えようとするという意味において，間接強制的機能を果たすのである。かくして，換価に進まないという点は共通でも，動産差押えのもつ間接強制的意味が，新旧両法においては大きな変化をとげている点を見逃してはならない。新法下における意味での間接強制的機能は，ある意味では訴え提起にも認められるものであるから，最後的執行手段としての間接強制に該当するものとして，これに対し消極的評価を下す必要はないのではないかと私は考える。　　　　　　　　　　　　　　　　［判タ 502 号 63 頁，昭 58］

追記　もっとも近時わが国において間接強制の適用範囲が拡大されている。その傾向の当否について私は疑問をもっている。債務の本来的執行方法である直接強制に代える安易に間接強制を用いるがごとき立法に対して私見は批判的である。その根拠は間接強制が本来人格権に影響する執行方法であることによる。

間接強制の適用範囲の拡大について具体的にいえば以下のとおりである。すなわち平成 15 年改正により，非金銭債務中直接強制，代替執行が可能なものに拡大された（民事執行法 173 条 1 項平成 16 年改正により扶養義務にかかる金銭債務にも拡大された（167 条の 15 第 1 項）。

平成 15 年改正についての立案者解説として谷口園恵＝筒井健夫編著『改正担保執行法の解説』（2004 年 3 月商事法務刊），平成 16 年改については小野瀬厚＝原司編著『一問一答平成 16 年改正民事訴訟法・非訟事件手続法・民事執行法』（2005 年商事法務刊）がある。

⟨39⟩ 執行手続における執行官の助言——西独法の場合

〈1〉 ZPO 139条第1項は，裁判長の釈明義務について，「裁判長は，当事者が重要な事実の総てについて完全な陳述をなし，適切な申立てをなし，特に主張した事実の不十分な摘示を補充し，証拠方法を示すように努めなければならない。裁判長は，この目的のために，当事者とともに事実及び争点を事実及び法律の両側面から究明し質問を発しなければならない」と規定している。同項を執行手続における執行官についても類推適用して，執行官の助言権ないし助言義務（Beratungsrecht od. Beratungspflicht）又は指示権ないし指示義務（Hinweisrecht od. Hinweispflicht）が認められるかという点が問題とされている。

　上記の問題は，西独における強制執行法の改正をめぐる議論にあたり，しばしば論じられてきた問題の1つである。例えば，Behr, Rechtspfleger 1981, S. 417 ff.; Seip, Rechtspfleger 1982, S. 257; Alisch, Deutsche Gerichtsvollzieherzeitung 1983, S. 1 ff.等がそれである。Seip は，執行制度における執行官の「サービスの提供（Serviceleistung）」なる語を用いている点注目される。ここで，いわゆる「サービス」の対象として債権者・債務者の双方が考えられるが，執行官が債務者と相対して執行する場合，とくに債務者に対するサービスとしての助言ないし指示が問題になるものと思われる。

〈2〉 執行官の助言権ないし義務は，ボン基本法の社会的法治国家の理念や，同20条の「公平手続（ein faires Verfahren）」にその根拠が求められるという。すなわち，武器対等の原則は，この「公平手続」の訴訟及び執行における具体化であるとされている（BVerfGE 40, 99; 46, 210 及び Leibholz-Rincke, Komm. Zum GG, Art. 20 Rdn. 39）。

　また，執行は執行官の職務行為であり，それは原則として両当事者との関係において中立でなければならない。したがって，債権者への指図も法律の認める範囲内にとどまることはいうまでもない。執行機関の中立性は，社会的法治国家の理念から要請される債務者に対する助言権ないし義務を否定するものではないとされている。もちろん，執行機関の中立性とこの助言との調和は重要な問題であって，助言の許される範囲については右の中立性との関連において

Ⅱ　執行手続

慎重な検討を要することになる。

　手続法において，当事者の無知・無経験・無助言等に基因する当事者権の不行使を避けることが武器対等の原則から要請されるのであるが，行政裁判所法25条は，右の原理を一般的な行政訴訟について宣言している。しかしながら，同規定は行政訴訟のみに関する例外規定と解さるべきではなく，むしろ訴訟手続一般の原理原則であり，その行政訴訟における顕現と見るべきであるといわれている。

　〈3〉　たしかに，執行官につきかかる助言権ないし助言義務を認めることについて批判がないわけではない。

　第1に，裁判所は中立的立場から訴訟手続を進め裁判をするのに対して，執行機関は債権者の利益を事実的に実現するという点で，両機関の間に機能的な相違があることは認めなければならないとの批判がある。しかしながら，執行機関も法の維持実現のために執行を実施するという点では裁判機関と共通性を有しており，その限りでは債権者の代理人ではなく中立的機関として手続の適法性を遵守しなければならない立場にあるといえよう。そのために執行機関は執行手続における武器対等の原則，機会均等の原則（Chancengleichheit）に配慮しなければならないはずである。

　第2に，執行官にかかる助言権ないし義務を認める旨の明文の規定を欠くことが挙げられている。しかしながら，既述のように，武器対等の原則はすべての手続における憲法上の要請であると見ることができる。

　第3に，ZPO 139条は直接執行手続に適用されるべきものではないが，その執行手続への類推適用は執行手続の性質上これを否定すべきものではないといわれる。同条は，いわゆる消極的釈明にとどまらず一定の範囲で積極的釈明にもわたるものである。積極的釈明や執行官と執行当事者との対話は執行の機能的向上，手続の促進に役立つ。執行官が債務者に場合によっては不服申立の可能性をも示唆すべし，とすることは奇異に聞こえるかもしれないが，その辺まで含んだ執行官の債務者に対する助言が不当な救済の申立を防止する結果にもなるといわれている。

　第4は，かかる助言権ないし義務を認めるに十分な素質が執行官に具備されているかという点が問題とされている。

　第5に，助言義務を課すると義務違反における国家賠償の問題が発生するこ

とも考慮しておかなければならないという指摘がある。

　第4，第5の批判ともに，助言義務の限界を何処に引くかという問題と不可欠に関連している。それらはその引き方いかんによっては助言義務を真向から否定する理由にはならないであろう。また，一定の義務や責任を課することが執行官の素質の向上につながることも否定できない。

　〈4〉　以上において執行官の助言権ないし義務という耳慣れない事項について展開されている西独の議論の大略を紹介した。わが国においては，もちろんこの種の事項に関する明文の規定を欠いている。たとえ立法上又は解釈上判決手続につき釈明権ないし義務を強化したとしても，執行には形式主義が適用されるがゆえに執行官の助言のごときものを認めるべきではないのであろうか。それを肯定することが執行の適法性の維持や機能的向上につながるとするならば，一考を要すべき問題であるように思われるのである。私見はこれを肯定的に解したい。

〔判タ 509 号 57 頁，昭 58〕

追記　現行 ZPO 139 条 1 項は，若干文言が異なるものの第 1 文と第 2 文を逆にし，釈明の主体を裁判長から裁判所に変えている。ドイツ民事訴訟法典，法務資料 462 号の同条参照。

Ⅱ 執行手続

⟨40⟩ 強制執行の非訟性

〈1〉 強制執行が，判決手続との間に少なからぬ相違を有することは明らかであるにしても，執行手続と判決手続とが共通して有する行政との相違，すなわちそれらの司法的特質を無視すべきではない，というのが強制執行の本質に関する訴訟事件説の主張である。

その特質として，次の諸点が指摘されている（以下，訴訟事件説の説明は主として，中野貞一郎教授の著作『民事執行法［増補新訂6版］』青林書院，2010年10月刊79頁がある）。①司法は紛争の解決を，行政は国家目的の積極的実現を目的とするが，強制執行における国家は各事件につき直接の利害をもたず，行政行為におけるように規制対象につき関係人として自己の目的を追求するものではない。②行政は，全体性・総合性を特色とするが，強制執行はつねに個別的・具体的である。③執行機関も裁判機関同様独立性を有し，行政機関のように指揮命令の階層関係に立つ，全体としての統一的機構をもたない。④行政は，国家目的の実現をはかる能動的・積極的作用であるが，執行は司法の特色としての受動的・消極的性格をもち，当事者の申立てを前提とする。以上の観点から見ると，執行は多分に司法的特色を有する。「訴訟＝司法，非訟＝行政」とする見解からすれば，執行は訴訟事件的特質を有する。

さらに，非訟にあっては申立人に対する相手方を欠くことが多く，二当事者対立の形式をとらないことが多いが，執行は，判決手続その他の債務名義作成手続における二当事者対立がそのまま執行手続に持ち込まれているという点で，それなりの争訟性が認められる。「それなりの」というのは，執行手続における争訟性と判決手続における争訟性とが，執行手続においては，執行の申立てにより相手方の審尋なしに職権で実施されるというようにしかるべく異なるということである，というのである。以上に紹介したところは，保全執行や担保権の実行についても妥当するので，これらも含めた民事執行（ただし形式競売は除く）は，訴訟事件であると説かれるのである。

〈2〉 訴訟事件と非訟事件の区別基準を奈辺に求めるかという点について，学説が激しく対立していることは周知のとおりである。しかしながら，わが国

40 強制執行の非訟性

の有力説は「訴訟＝司法，非訟＝行政」との図式を提示しており，私もこれに賛成したい。そして，司法と行政が最も典型的には論者の指摘するような相違を示していることも確かであろう。その意味では，論者の前記説明は，典型的な行政作用と司法作用との間に存する性格的相違のまことに明快な描写であるといえる。しかしながら，司法と行政の区別は，手続の属性の相違を基準にして探るべきなのか，それとも逆に本質上の相違に切り込み，そこから演繹的に属性上の相違を導くべきものなのであろうかという疑問は残る。

　前者の方法に若干の危惧を感じるのは，最近，司法と行政とが必ずしも典型的な対照を示さなくなっている分野がふえているという点に起因するように思われる。例えば，1つには行政機関の担当する紛争解決制度等がこれであるし，また非訟と訴訟の区別に例をとれば，かつて両事件は手続上まったく典型的な対照を示していたが，真正争訟事件という類型の事件が登場し，それは両者の中間的な性格を示し，訴訟の非訟化現象が見られることなどが挙げられる。最近のかような現象から見ると，両事件の手続の属性が必ずしも典型的な対照を示さないがゆえに，手続の属性に両者の区別の決定的基準を求めることには若干の危惧があるように思われるのである。司法は紛争解決のための法判断それ自体を目的とするのに対して，行政は法判断を前提とした処分を目的とする。その際に合目的配慮からする裁量の余地があるか否かは必ずしも決定的な問題ではない。紛争の行政機関による解決にしても，法判断それ自体による解決を目的とするのではなく，法判断を前提とした処分としての解決を目的とする。同じ紛争の解決制度であっても，司法と行政とでは右の点で本質的に異なると解すべきではないであろうか。裁判所で行われる調停とか審判というような非訟的紛争解決制度や行政機関の担当する紛争解決制度いわゆる ADR は，いずれも法判断それ自体を目的とするのではなく，法判断を前提として，これに通常は合目的的要素を加えた紛争の解決（処分）を目的とするのである。

　執行というのは，債務名義に観念形成された権利の事実的形成の手続であって，権利の形成という点では訴訟と共通するが，権利の事実的形成を目的とするという点では，権利の観念形成を目的とする訴訟手続とは究極目標を異にする。訴訟は法判断それ自体によって，執行は処分によってその目標を達成する。刑事訴訟において，刑罰権の観念形成は訴訟事件であり，刑罰権の執行は行政作用であるのと対比さるべきである。行政的ないし非訟的紛争解決制度の存在を考慮すると，執行が争訟性を有するから訴訟事件であるとは必ずしもいえないのではなかろうか。　　　　　　　　　［判タ 512 号 75 頁，昭 59］

Ⅱ 執行手続

◇41◇ 請求異議訴訟の類型論

〈1〉 請求異議訴訟の法的性質ないし訴えの類型論について、議論が激しく対立していることは周知のとおりである。最近、中野貞一郎教授は民事執行法学の集大成ともいうべき体系書『民事執行法［増補新訂 6 版］』（青林書院 2010 年、234 頁）を出版され、そのなかで、いわゆる新形成訴訟説を展開されたことも周知のとおりである（同書 234 頁以下）。

同教授は、さきの「請求異議訴訟の法的性質」（吉川追悼下 385 頁以下）に展開されたところに従って、右の体系書においても救済訴訟説、命令訴訟説といった特殊訴訟説について批判をされている。私自身は、それらにおいて展開された命令訴訟説に対する批判について異論があるわけではないが、救済訴訟説に対する批判については、若干私見を述べておく必要があるように思われる。

〈2〉 前掲体系書は「これらの救済訴訟説、命令訴訟説が、形成訴訟説や確認訴訟説の難点を鋭く衝き、請求異議訴訟（ないし執行関係訴訟一般）の機能的特質に適合する特殊訴訟としての構成を提示した意義は大きい」と評価されながら、①「しかし、救済訴訟説は、実体権の確定を形成宣言と同列に並ぶ本質的なものとみる点で、訴訟物の内容がかえって不鮮明となり」、②「同様に確認機能と形成機能とが併存するといえばいえる給付訴訟や形成訴訟に対する独立の訴類型としての救済訴訟の特異性を肯定せしめるに十分でない」とされている（同書 204〜5 頁）。

訴えの類型について、伝統的な 3 分類説を採用する限りでは、救済訴訟説によると、その訴訟物の内容が不明確になるということがありえよう。しかし、伝統的な 3 分類説を捨てて、従来の 3 類型のいずれにも属しない、救済訴訟という独立の類型を追加的に認める限り、換言すれば、4 類型論を採用する限り、訴訟物の内容が不明確になるとはいえないのではないかと思われる。債務名義の執行力の排除という形成効と請求異議事由の実体的確定という既判力とを求める訴えとしての請求異議の訴えは、3 分類説による以上は、形成請求と確認請求の併合であって、1 つの訴訟物を含むものと構成することができないことになる。しかし、前記 2 つの効力を併有する判決（救済判決ともいうべき類型の

判決）を求める救済請求という第4類型の請求を考えるならば，訴訟物が不明確になるというものではないと思われる。請求異議の認容判決という救済判決は，給付判決とまさに反対形相のものであって，給付判決が既判力による給付請求権の積極的確定と執行力を発生せしめるのに対して，救済判決としての請求異議認容判決は請求異議事由の既判力による確定（給付請求権ないし給付義務の消極的確定）と執行力の排除をその本来的効果とする判決であり，救済請求としての請求異議請求は，前記2つの効果をもつ1つの判決を求める1つの請求であると解することができるからである。

　救済判決と給付判決即（執行力の）形成判決とは，ともに確認機能と形成機能とを併有するという点で確かに共通している。しかし，形成機能や確認機能の内容が異なるという点で，両者は厳格に区別すべきものであるといえよう。給付判決における確認機能は，給付請求権の積極的確認であり形成対象は執行力であるのに対して，請求異議の認容判決の確認機能は，給付義務の消極的確認であり形成機能は執行力の排除である。したがって，両者をまったく別個の訴訟類型として観念せざるを得ないことはいうまでもない。形成判決も，形成力と形成権の確認機能を併有するという点では救済判決と共通性を有するが，形成判決の確定力は，形成権に及ぶのに対して，請求異議認容判決の確定対象は，異議権という形成権ではなく，形成権の法律要件事実である異議事由であるにすぎない。したがって，確認対象が異なる以上，救済判決をもって形成判決と称するわけにはいかないといってよい。かように考えてくると，救済訴訟説は，同様に確認機能と形成機能とを併有することから，給付訴訟や形成訴訟に対する独立の訴訟類型としての救済訴訟の特異性を肯定せしめるに十分ではない，と断定することができないのではないかと思われる。さような断定をすることは，両者の確認機能なり形成機能なりの内容的相違を軽視する結果になるのではないかと思われるのである。

〈3〉　以上により，私はさしあたって，救済訴訟説批判に対する反論としての私見を述べた。しかしながら，新形成訴訟説に対する批判を展開しない限り，救済訴訟説の正当性の論証としてはまだ不十分であるように思われる。私自身は，新形成訴訟説の立場からの批判にもかかわらず，依然として救済訴訟説が正当であると考えているのであるが，救済訴訟説の立場を肯定する者として，すくなくとも当面身にかかる火の粉だけは振り払っておかなければならないと

Ⅱ　執 行 手 続

考えて本稿を執筆した。これに加えて，稿を改めて新形成訴訟説批判をしてみたいと考えている。

［判タ 515 号 40 頁，昭 59］

追記　私は今日にいたるまで新形成訴訟説に対する批判を十分に展開していない。しかし考え方としては依然救済訴訟説にこだわっている。近い将来再度性質論について考察してみたいと考えている。唯現在の処は以下のように考える余地がありうると思っている。すなわち，請求異議訴訟は本来債務名義の執行力の排除を目的とする。したがって形成訴訟である。加えてこの形成判決は判決理由中の判断である執行債権の不存在を確定する。その確定は理由中の判断であるが，これを争うことは信義則上不可となるとの考え方ができないわけではないと考え方できるのである。

◇42◇ 「和解的執行」について

〈1〉 「和解的執行」という用語は必ずしも耳慣れたものではないし，また定着したものでもない。大石忠生判事が『民事執行実務第14号』に寄せられた「和解的執行」と題する論説の定義によれば，この概念は，「執行機関が執行の過程で債権者と債務者間の合意を促す方向に働きかけるとか，両者の合意による紛争解決に沿った方向で執行を行うという程の意味」にとらえられている（9頁）。動産執行の和解的運用については，既に三ケ月教授が，ジュリスト臨時増刊『民事執行セミナー』（1981年5月号）240頁において，若干言及されている。すなわち，「……差押動産の売却による換価というものには日本では限度があるということになり，しかも一方で動産執行に依存せざるを得ないというのは，多くの場合はかなり額としてはせっぱ詰った小額の債権だろうと思います。そうなると，私はそれに対して，和解的な形で分割弁済的な形にもっていくように動産執行を誘導するというのも1つの日本的ないき方だろうと思うのです」とされるのである。そして，そのためには，「執行機関の構成という問題が絡むと思うのです。和解的な仲介という形で世話をやくということになると，やはり執行機関が一体化して責任を持って前へ出ていかなければならないと思います」といわれている。

大石判事は，上記の三ケ月教授の発言中に2つの論点が含まれる旨，分析されている。すなわち，第1点は，動産の換価方法として競り売りを最も公平だとする公式論だけではうまくいかないこともあるから，思い切って動産執行を分割弁済促進的な形で運用するのも1つの方法であること。第2点は，執行を現実に即したように調整運用するためには，執行官に執行を委せきりにするのではなく，裁判所と執行官で形づくる執行機関に執行機関を一元化することがこれである，とされているのである。

〈2〉 まず第1点について，大石判事は，民事執行法によって，動産執行の本来的機能の回復がはかられたとはいえ，これによって問題状況が本質的に変ったわけではない，動産執行の間接強制作用は現実の問題として無視されえないのであるから，むしろこれを正面から肯定していくことが実務家にとり現

Ⅱ 執行手続

実的響きをもっているとされるのである。
　私自身も，大石判事の説かれるように，動産執行の間接強制的機能をまったく否定し去るということはできないものと考える。しかしながら，一般に間接強制は人的執行の名残りであるといわれており，そのために直接強制や代替執行のいずれにも適さない請求権についてのみ許される最後的執行方法であるといわれる。この意味で，動産執行の間接強制的な使い方が原則化することは好ましいとはいえない。私は最近の立法に間接強制を拡大する傾向がみられることに批判的である。民執法39条第3項は弁済猶予書面による執行の停止を2回に限り，6月を超えられないものとしている。もとより民事紛争については，たとえ判決による公権的解決がなされた後にくる権利の事実的形成の過程においても，自主的な解決がはかられることを否定するものではないし，それをはかることがむしろ好ましいとすらいえるであろうと考えている。しかし，一応弁済猶予をさせても，そこで執行機関が和解を勧試できる時的範囲は右の停止の枠内に限定される。また，執行裁判所が執行機関である場合は，審訊等の機会を利用して起訴前の和解に準じて裁判上の和解を成立させることは可能であろうが，執行官が執行機関である場合には，私法上の和解の勧試ができるにすぎない点に注意すべきであろう。もっとも，執行に対する請求異議の訴えや執行異議ないし執行抗告があった場合，当該手続のなかで訴訟上の和解を成立させうることは当然である。
　以上のように見てくると，民事執行法の下において，和解的執行というのはむしろ極めて制限された例外的なものと見なければならない。

〈3〉　つぎに，第2点について若干言及しておこう。従来，執行機関の一元化の要請は，責任体制の確立という観点から論じられてきた。大石判事の前掲論稿の立場も同様のものと思われる。執行機関の一元化の要請の根拠として責任体制の確立は，たしかに重要な要素の1つではあるが，加えて債権者の便宜をも指摘しておく必要があろう（拙著『ドイツ強制執行法研究』148頁以下参照）。さらにまた，動産執行における和解的執行という観点のみからみると，執行機関が執行裁判所へ一元化されていることが好都合であるように思われる。けだし，執行裁判所において裁判上の和解が成立する余地がありうるからである。
　ただし，執行機関の一元化というと，通常は執行裁判所への一元化が考えられるけれども，裁判官職務の純粋化という観点から執行官への一元化を提唱す

				42 「和解的執行」について

る見解もないわけではないことを指摘しておきたい（この点の詳細については，拙著・前掲参照）。

[判タ 523 号 59 頁，昭 59]

　追記　執行官には和解勧試の権限はないのであるから，事件をさつかけにして起訴前の和解を勧試できる権限を執行官に与えるということも 1 つの方法かもしれない。

Ⅱ 執行手続

⟨43⟩ 担保執行中の債務者の死亡・限定承認

〈1〉　担保執行の開始決定後，手続係属中に債務者が死亡し相続人が限定承認した場合，民法927条以下の清算手続と当該担保執行手続との関係如何という問題について，直接これを定める規定がないことは周知のとおりである。強制競売手続との関係についても同じことがいえる。大阪高裁昭和60年1月31日判決（判例時報1155号269頁以下）は，この問題について1つの解答を与えている。すなわち，第1の方法として，「相続人ないし相続財産管理人は，既に既判力を有する相続債権につき強制執行手続が進行していることから，その執行力の一部を排除しようとするならば，限定承認の結果右の新たな制限が生じたことを理由に，請求異議訴訟を提起することができ，そして右訴訟を提起したときは，民事執行法36条に定める執行停止の裁判を得てこれを執行裁判所に提出して爾後の執行手続の進行を停止させ，その間に民法929条の定めるところに従い相続財産と相続債務との割合に応じて減額された配当弁済額を定め，これを前示異議訴訟に反映させ，この配当弁済額に基づく配当の実現を計る」という方法が考えられる。これに対して，第2に，「限定承認の事実は家庭裁判所の申述受理証明書により容易に証明されるとして，その提出があれば売得金を一般債権者に配当することなく相続財産管理人に交付して限定承認の清算手続に委ねるとする」という簡易な方法も考えられる。

しかし，上記判決によると，第2の方法には欠点があるとされる。すなわち，「限定承認の申述が家庭裁判所に受理されたとしても，必ずしも右申述が有効であるとは断定できず，後訴において前提問題としてその無効を主張することができるし，また限定承認は相続人の無能力，意思表示に瑕疵あるとき（民法919条2項，4条，9条，12条2,3号等）等には取り消しうるのであり，また一定の事由あるときは単純承認とみなされる（民法921条各号）から，執行裁判所に家庭裁判所の限定承認受理証明書が提出されたとしても，執行裁判所はこれのみで直ちに有効に限定承認がなされていると断定することはできないといわなければならない。してみると，執行裁判所がこのような限定承認の有効性について判断しなければならないとすることは，迅速を旨とする執行の実際に適合しない不合理なものというべきであり，執行裁判所としては，基本たる債務

名義による執行が既判力ある判断によって排除され，これが執行に反映されない限り，当該執行を実施すれば足るものとするのが合理的であるということができる」との批判がこれである。そして，第1の考え方に対し予想される批判，すなわち，「一般債権者の有する債権を民法929条但書に定める優先権であると解したり，或いは優先権に等しい効力を付与するもの」という批判に対しては，これを否定し，その理由として，右のごとき結果が生じるのは，「相続人，相続財産管理人や他の配当加入をしなかった相続債権者が請求異議，配当要求或いは破産申立などの措置を執らなかったことのためにそのような事態にたち至ったというにすぎず，民法929条所定の実体法的制約とは無関係の事柄である」と反論している。この反論は正当であろう。

〈2〉 限定承認の申述受理の審判（家審法9条1項甲類26号）や家庭裁判所の限定承認受理証明書は，これに民執法39条1項7号ないし8号を類推して，執行の停止文書となるものと解する余地がある。すなわち，右の審判を7号文書とし，受理証明書は8号の弁済猶予文書に準じるものと解釈しうるであろう。しかしながら，執行を一時停止したうえで，その間に民法929条以下の清算手続を進めるというのは，一時停止の趣旨に適合しないのではないかと思われる。けだし，本来，問題は限定承認における清算手続を配当という執行手続に持ち込むべきか否かの問題であって，持ち込むべきではないとするならば，執行手続は取り消して民法929条以下の清算手続にすべてを委ねるのが正当であるものと思われる。つまり，両者の関係を個別執行と破産の関係に準じて考えるという前提をとることになる（破産法70条〔現行破産法42条〕参照）。この考え方を前提とすれば，相続人等は破産法70条〔現行破産法42条〕新破産法42条を類推して，限定承認申述受理の審判を民執法39条1項1号または6号の文書とみて，執行の停止・取消しをすることができる，ということになる。

しかし，そこまで考えなくても，前記判決紹介のなかで，第2の方法批判に出てきたように，限定承認の瑕疵や一定の事由の下に単純承認とみなされることがあること等を考慮すると，上記審判を民執法39条1項7号の文書と解して，執行を一時停止して，その間に限定承認の清算手続を終了すべきものと解する余地もないわけではない。しかし，このように考えると，限定承認の効力が争われたような場合，問題の執行手続を長期にわたり停止，係属のままに未済事件として放置する結果になるが，その当否は極めて疑わしい。そのような

Ⅱ 執行手続

観点から私は，破産法70条（現行破産法42条）の類推を認め，一般債権者の執行乃至執行参加は，限定承認の清算手続に対する関係で効力を失い，上記執行ないし執行参加は停止・取消しされることになると解すべきではないかと考える。ただし，担保権の実行の任意競売は，破産における別除権の行使に準じてその効力を有するものと解される。

〈3〉 以上の理解を前提にして，次のような補足を加えておきたい。すなわち，第1に，請求異議の訴えを認めるという方法は，限定承認をした相続人について，さらに請求異議訴訟の提起・追行という重い負担を課すことになるのであるが，その妥当性について疑問が残るという点を指摘しておきたい。第2に，民法929条以下の清算手続を破産に準じるものと考えるならば，停止文書としては，申述受理審判を考えるべきであって，受理証明書では破産開始決定とのバランスを失するのではないかと考える。

［判タ578号21頁，昭61］

追記 本章は旧破産法時代に書かれたものである。しかし，破産法42条を挙げたが，これらは新破産法を指すものである。

⟨44⟩ 有体動産執行のこと

　1975年後半ドイツのフンボルト財団の招きで西独ケルン大学の手続法研究所に滞在する機会をえた。かねてから，わが国において主として間接強制的機能しかもたなくなった有体動産執行が西独において依然としてその本来の機能を果しているのは何故かという疑問を抱いていた私は，これを機会にその解答をさぐってみようと考えた。この疑問をぶつけられた多くのドイツの人々は，学者も実務家も一様に何故そんなことが問題になるのかという怪訝な顔をされていた。一般庶民で不動産をもつ者のパーセンテージが低い。そうすれば給料等の債権執行を別にすれば動産執行を機能させざるを得ないではないかという。また動産執行本来の機能を発揮する条件もドイツにはあるという。現にバウムゲルテル教授の紹介してくれたケルンの上級執行官ゲルハルト氏に連れられて有体動産の競売場を見学した折にも，動産がよく売れていたのである。

　第1に家具・道具に対する感覚が違う。それらは半永久の使用に耐えるように製造されるし使われもする。新型が発売されればあるいは流行が変れば旧式のものは使用しないとか，一時ほどでないにしろ消費は美徳とか使い捨ての国柄ではないのである。中世からの建物がなお使用され，ケルンの聖堂（ドーム）の建築に六百余年をかけ，はじめに造られた部分が完成の頃には壊われはじめ，絶えず修理を重ねるという国柄なのである。使用に耐えるものは修理してでも使うし，むしろ古いものに誇りをもつ傾向すらある。だからこそ中古品の動産でも売れるのである。ミュンヘンにいる私のある知人が引越しの際事務机が不要になり，新聞広告で売りに出すと沢山の人々が買いにきたのを知っている。

　こんな国民性は他の色々な面にもあらわれてくる。債権の消滅時効期間がその一例である。日本では10年，ドイツでは30年である（BGB 195条）。1959年から61年にかけてDAADの留学生としてミュンヘン大学のボーレ教授の指導を仰いだとき，当時同大学で民訴の講義を兼担されていた前記バ教授の知遇をえた。1971年DAAD並びにザールラント大学の招きにより同大学のリュケ教授のもとに滞在する機会を得たのであるが，その折国学院大学の向山寛夫教授（故人）と一緒にバ教授をケルンに訪ねた。バ教授は研究室からケルン郊外

151

II　執行手続

ヘルミュールハイムの自宅に案内して下さり，我々を暖く歓迎してくださった。そこでバ教授はミュンヘン時代同教授と私との間にかわされた全書簡のファイルを私に示された。それらをすでに廃棄してしまっていた私にとってそれは驚きであった。時効の本質については諸説が対立しているのは周知のとおりであるが，およそ人間はいつまでも過去に拘って現在の生活を送ることができない。そこにまさに時効の本質があるのではないかと私は考えている。過去への拘泥期間が日本人とドイツ人とでは異なるので，前記のごとき時効期間の相違がでてくるように思われるのである。

　第2に，最近のドイツにおけるガスト・アルバイター（外国人労働者）の存在は，動産競売が機能する要因の一つになっているようである。

　第3に，動産競売といわゆる道具屋との結びつきというイメージが強くないことも指摘されてよいであろう。

　有体動産の競売価額が時価より低いのが競売の欠点であることは認められながらも，それが本来の機能を依然として果している要因は以上の諸点にありといえそうである。

〔ジュリスト619号12頁，昭51〕

Ⅲ 保全手続

45　仮の満足と本案訴訟

　ある研究会の席上で，某裁判官が，実務上の取扱に困りながら確信のないままに処理した次のような事件について，問題を提起した。すなわち，賃金の仮払仮処分があって，その後本案訴訟で被傭者が勝訴した場合，主文において遅延利息請求を認容すべきかあるいは棄却すべきかという点である。認容説・棄却説が対立した。

　認容説は，遅延利息請求を認容すべきであり，執行にあたり執行官が遅延利息について執行すべき額の算定に際して，仮払仮処分を勘案してゼロと認定すれば遅延損害金の執行はできなくなるから問題はない，と主張した。これに対して，棄却説は，仮払仮処分によって賃金は支払われており，原告が本案訴訟で勝訴することにより遡って仮払が本払に変るのであるから，遅延利息の請求は棄却してよいと主張した。

　問題提起者である上記の裁判官は，確信のないままに認容説に立って主文を書かれたそうである。私も認容説が正しいのではないかと考えている。

　ただし，執行にあたり執行官が遅延利息について執行すべき額の算定に際して，仮払仮処分を勘案してゼロ算定をすればよいという点は疑問である。というのは，債権者が主張しない限り執行官には仮払仮処分が存することはわからないのであり，債権者に執行申立にあたり仮払仮処分のあった旨の主張を必ずしも常に期待することはできないからである。そうすると，本案の請求認容によって，仮払が本払に移行することに伴って，遅延損害金は消滅することを理由に使用者に請求異議の訴を提起させることになろう。賃金債権は仮払仮処分によって仮払されているが，それはあくまで仮払であって本払ではないから，仮払である間は遅延損害金は発生しており，原告が本案で勝訴すれば遡って本払に移行するのであり，遅延損害金も遡って消滅することになる。しかも右遅延利息金の消滅は本案訴訟の口頭弁論終結後に発生した事由であるから，当然請求異議事由になるといえよう。かくして肯定説をとると被傭者が確定判決の主文に遅延利息の記載があることを奇貨としてその執行の申立をした場合，債務者はこれに対して請求異議による防禦というアクションをとらなければならないという負担を課せられる結果になる。これを難点であるとみれば，たしか

155

に肯定説の難点である。

　仮払仮処分による債権者の満足はあくまでも仮の満足であって終局的満足ではないから，仮の満足であっても遅延利息は発生するとみることにまず問題はなかろう。したがって，本案訴訟において，仮払を斟酌することなく遅延損害金の認定ができるのは，上級審が第1審判決の仮執行の結果を勘案することなく裁判することができるのと同様である。

　また，棄却説を前提にすると，通常予想できないことであるが，仮に本案判決確定後に債権者が仮払仮処分の執行を解放して（仮払金銭を返還して）仮処分命令の申請を取下げてしまった場合，債権者は遅延利息を執行できなくなるという不都合な結果になる。

　家屋明渡の仮処分があったことを奇貨として債権者が家屋を取壊した場合，家屋明渡請求の本案訴訟の帰趨いかんという問題もこれに類似する問題である（前者が仮執行，後者が上訴の関係でも類似の問題が生じる）。最近，最高裁は，家屋明渡を命じる仮処分により債権者が家屋明渡の執行をうけた後に，当該家屋を自らの手で取り壊した事例で，上記取壊しは本案の請求に影響し，請求は棄却さるべきことになると判示している（昭和54年4月17日第3小法廷判決）。

　仮処分はあくまで家屋の明渡にとどまり，家屋の取壊しまでを認めたものではないから，家屋明渡しは仮処分の内容であっても家屋の取壊しはその内容ではない。家屋の取壊しはその内容ではないがゆえに，取壊しが債権者によるものではあっても，それは朽廃や第三者による取壊しとなんら変るところがなく，したがって本案の明渡請求権にも影響を与えるというのである。

　しかしながら，この判旨には次のような疑問がないわけではない。すなわち，家屋の明渡は仮の満足であるから，本案に関していえば債権者との関係において家屋が存在し且つ明渡がないものとして判決する。但し朽廃や第三者による取り壊しや天災による滅失等はいずれも債権者による取り壊しではないから，この限りではない。建物の明渡を命じる仮処分は，仮の明渡という仮の満足を認めるものにすぎないから，通常はそれによって建物を現状のまま置いておくないしは使用することは許されても取り壊すところまでは許されないのであって，債権者による取り壊しをもって債務者に対抗できないということも，仮処分の効力の射程距離に入っているということも考えられる。そう考えることができるとすれば，仮処分執行後の債権者による目的建物の取り壊しは本案の帰趨に影響を与えないといってよいかもしれない。［判タ403号4頁，昭55］

46　文書配布差止の仮処分

〈1〉　私は判例タイムズ 472 号（271 頁）に，名誉毀損を理由とする雑誌の販売頒布等禁止の仮処分事件（いわゆる「北方ジャーナル」事件）第 1 審札幌地裁昭和 55 年 11 月 5 日判決について解説した。そしてさらに，「文書配布差止の仮処分の適性法」と題する論文（「法学研究」慶応義塾創立 125 周年記念論文集所収）において，この種仮処分の適法性を一定の要件の下に肯定した。わが国において，学説は公安条例による集会の事前規制は肯定しても，憲法 21 条第 3 項の検閲の禁止との関係から，特定個人の人格権を侵害するような表現の仮処分による差止等は別にして，例えば性表現のように公益侵害を内容とする表現についての事前差止，特に行政的事前差止はこれを否定するのが一般的であろう。

これに対して，伊藤正己著『言論・出版の自由』（121～2 頁）によれば，その理論的根拠として，次の 2 点が挙げられているとされる。すなわち，まず「第 1 に，映画は強烈な刺激をもって多数の民衆の視覚に訴える形式の表現であり，それだけに影響力が大きく，その表現の自由の濫用が行われたときの弊害は大であって，従って事前にこれを抑制する必要があるとの論拠である。第 2 に，映画は，思想の表現というよりもむしろ娯楽の手段であり，高度に営利性を帯びるものである。このような営利を主たる目的とし，思想の伝達という意味を欠くか少なくともその意味の稀薄な表現は，もともと憲法上の言論出版の自由に含まれず，含まれるとしても，書籍のごとき場合とは異なる原則が支配すべきであって，事前の抑制の理論も同じに適用すべきではない」ことを指摘されるのである。つぎにこれに続けて，「このような 2 つの論拠は必ずしも映画のみに該当するとは思われないから，このような事情は，事前の抑制の理論を変質せしめるかどうかを反省してみる必要があるであろう」と提唱されているのである。一見明白に思想性をもったものもあり，また営利性をもったものもあるので映画を一括して一概に検閲対象にならないといえないのではないか。

〈2〉　ところで，前掲第 2 点が示しているように，言論が営利性をもつか否

III　保全手続

かの基準は区別基準としては極めて曖昧なものであるとして，この基準の採用についてアメリカにおいても否定されているようである。伊藤・前掲書もこれに賛成している（199頁）。娯楽性も同様である。文芸性と猥せつ性が矛盾しないように娯楽性と思想性もまた矛盾しないのであろう。

　これに対して私見は以下のとおりである。前記第1点は一応理由があるように思われるものの必ずしも賛成しがたい。確かに猥せつもしくは涜神的映画が観客に与える影響が大きいことは否定できない。しかしながら，平均人はそれを猥せつ的もしくは涜神的映画として観るのであるが，それを事前規制しなければならないほどその悪影響が大きいか否かは疑わしい。それらによる公序良俗の侵害は，事後規制によっても十分これを防ぐことができるものである。むしろ，映画はその影響力の重大性のゆえに検閲の対象になると考えることによって，表現の自由が不当に制限されることのほうが問題であるように思われる。猥せつ的もしくは涜神的映画の影響力は，公共の場所における集会が公共の場所の利用者に与える不利益と同様あるいはそれ以上に大きいものとは言えないのである。かくして映画も事後規制の対象にすれば十分であって，これについて事前規制である検閲の対象とすることは許されないのが原則である。

〈3〉　これに対して，表現が被害者の名誉やプライバシー等人格権を侵す場合，それは被害者に対して回復し難い損害を与える。公序良俗の侵害は事後規制によっても防げるが，被害者の人格権の侵害は，事後規制によってはこれを法的に保護することができない。したがって，人格権の侵害の危険に対しては被害を予想される者に実体法上事前差止請求権が認められて然るべきであり，さらに右請求権が本案判決を待っていたのでは意味がなくなる場合には，右請求権を被保全権利とする仮処分による配布・上映の差止も認められてよいのではないか。人格権の侵害を予防するための事前差止は，人格権が個人法益にかかるものであるとの理由から，本案訴訟や仮処分という民事的救済を認めれば足りるのであって，公益が被害法益ではないから行政機関による検閲を認める必要はないといえる。

　人格権の侵害の危険のある文書等の配布事前差止，映画の上映事前差止等の仮処分を検閲の禁止との関係で疑問視することは，検閲の禁止を強調するあまり個人の人格権に対する不当な侵害を容認する結果になり，到底これを認めることができないと考える。

158

本稿に関連して私が参加した座談会の記録が判例タイムズ607号（5頁以下）に掲載されているので参照されたい。

［判タ500号77頁，昭58］

追記　なお本稿に関連したものとして拙著「仮の権利保護をめぐる諸問題」（慶応義塾大学法学研究会　平成3年4月刊87頁以下）がある。

Ⅲ　保全手続

◇47◇　保全命令手続における紛争の自主的解決

〈1〉　保全命令手続において，訴訟における紛争の自主的解決方法である請求の放棄・認諾および訴訟上の和解が許されるか否か，という点が問題とされる。一般には，請求の認諾は，保全命令手続における請求が，特定の実体法上の権利主張ではないことを理由に，旧民訴法203条（現行民訴法267条―以下同じ）の準用がないとされているようである。これに対して，保全命令手続における請求の放棄は，債権者が申請について理由がないことを自認するものとして，民訴法203条の準用を認めているようである。そこで訴訟上の和解も許されるものと解されている。保全命令手続において，当事者間に和解が成立したときは，当該和解が口頭弁論期日において成立した場合は，和解調書を作成することになるが，審訊期日に和解が成立したときは，旧法上は即日口頭弁論期日を指定したうえで，和解調書を作成するか，あるいは審訊期日調書を作成しているようである。いずれにしても，和解ができるとするならば，民訴法203条の適用ないし準用があるものといわなければならないことになる。

〈2〉　ところで，請求の放棄・認諾および和解は，いずれも紛争の自主的解決形式であるという点では共通しているのであるから，保全命令手続におけるそれらの許否については，共通の考え方ができるはずである，と私は考えたい。
　保全命令手続にあっては，被保全権利と保全の必要の主張はあるのであって（仮の地位を定める仮処分の場合，被保全権利の主張が必要であるといえるか否か問題であるが，私見によれば，仮の地位を定める仮処分もその例外ではないと考える），被保全権利プラス保全の必要イコール保全請求権が訴訟物であるとみても，訴訟物に被保全権利が含まれ，被保全権利の主張があることに間違いはない。したがって，和解による解決の対象たる紛争の存在も対象も明らかである。加えて，被保全権利に関する紛争が解決すれば，保全命令手続の対象である保全請求権をめぐる紛争も，当然に解決し，保全処分も無用に帰することになるのである。そうであるとすれば，被保全権利をめぐる和解を認めて，本案の紛争と保全請求権をめぐる紛争とを併せて，両者を一挙に解決してしまうことができてよいはずである。その場合，被保全権利だけを和解の対象とすれば足りる。

けだし，保全請求権を対象としなくても，保全請求権をめぐる紛争は，被保全権利をめぐる紛争の解決によって当然に解決するからである。したがって，保全請求権を和解の対象としなくても，被保全権利について和解した以上，それによって保全命令手続も当然に終了するものと解される。被保全権利につき和解したことにより，保全命令手続が，保全請求権をめぐる紛争の消滅によって，訴えの利益なしとして却下されるとか，被保全権利が変様し保全の必要もなくなるために，保全請求は棄却になるとか，あるいは，保全命令の申立てが取り下げられたものと看做すとかいうような説明をする必要はないものと考える。被保全権利をめぐる和解により保全手続も当然に終了する[1]。

　保全命令手続における和解を即決和解に準ずるものと解する必要もない。あるいは，保全命令手続における被保全権利に関する和解は，保全命令手続の訴訟物である保全請求権に関する和解ではないから，訴訟上の和解ではなく，即決和解と解さざるをえないとの論理もありえよう。しかし，保全命令手続も本案の付随的手続であって，その意味では，付随手続であるとはいえ本案に関係する手続は係属しているのである。

　〈3〉　かくして，保全命令手続において，被保全権利に関する和解を認めるとするならば，同じように，請求の放棄や認諾を否定する理由もないものと考える。けだし，既述のように，請求の放棄・認諾にあっては，当事者のいずれか一方の譲歩のみあって，互譲がないという点で，訴訟上の和解と相違するにすぎず，当事者の自主的紛争解決形式という点では共通性があることからみれば，和解が認められて，請求の放棄・認諾が否定されるということでは，筋が通らないものと思われる。概念矛盾を承知であえていうならば，請求の放棄・認諾とは互譲なき和解なのであるから，これらを和解と区別して取り扱う必要も必然性もないものといわなければならない。

　保全命令手続において，本案の請求について請求の放棄・認諾および裁判上の和解を認める点は，保全命令手続において口頭弁論を開くか否かにより異なるものではないことも付言しておきたい。

[判タ550号107頁，昭60]

（1）　民事保全法7条により保全手続について民事訴訟法267条が準用される，そこで保全命令手続のなかで訴訟上の和解が成立することが考えられる。本文中民訴法203条は現行民訴法267条にあたる。

Ⅲ　保 全 手 続

追記　本稿は民事保全法制定以前の旧法時代に執筆されたものである。民事保全法7条は「特別の定めがある場合を除き，民事保全の手続に関しては，民事訴訟法の規定を準用する」ものとされている。

　訴取下に関しては，民訴法261条（旧民訴法236条）に相当する部分は民保法18条・35条・40条において独自の規定を設けているので，準用されないといえよう。訴取下の効果である民訴法262条（旧民訴法237条）1項については準用されるが，2項は準用されない。訴取下の擬制である263条（旧民訴法238条）については，書面主義である決定手続では不出頭による不利益を課することができないことから準用はされないと考えられている。

　民事保全事件については，請求のあることが前提となる民訴法266条・267条のうち請求の放棄と認諾に関する部分は準用されないと考えられている（瀬木比呂志編『注釈民事保全法（上）』146頁，さんざい1999年刊）

Ⅳ　倒産手続

48 親企業の倒産と下請企業の下請債権

　民法306条は雇人の給料債権について債務者の雇人が受くべき最後の6カ月間分に限り一般の先取特権を認めている。同条によれば先取特権により担保されるのは給料債権のうち最後の6カ月間分という限定がついているのであるが、これに反して、商法295条の会社使用人の雇傭関係に基づき生じた債権の一般先取特権にはそのような制限がつけられていない。同条は有限会社法46条2項により有限会社にも準用されているが、合名会社や合資会社についてはその準用がない。合名会社や合資会社の雇人の給料債権については民法306条の原則に立ち戻ることになるのであろうが、このようなアンバランスを生じる根拠は必ずしもはっきりしないから、それは不合理ではないかと思われる。改正が望まれるところであろう。

　株式会社や有限会社の雇人の未払の給料債権は一般の先取特権により担保されることになるから、破産手続にあっては、破産法39条（現行破産法98条）によって優先破産債権として取り扱われるし、会社更生手続にあっては、会社更生法228条1項2号（現行会社更生法168条1項2号）により保護されることになる。

　倒産会社の従業員の労働債権はこのようにして保護されることになるのであるが、倒産会社と例えば下請関係にある関連企業の従業員の給料債権は右の倒産によりいかなる取り扱いをうけるであろうか。

　もちろん、形式的にいえば下請関連企業が倒産会社に対して有する下請関係より生じる債権（以下、下請債権と呼ぶ）は、通常は一般の破産債権ないし更生債権であって、賃金債権ではないから一般の先取特権も認められない。しかし、多くの場合、その債権の多くの部分は、実質上、下請関連企業の従業員の給料債権（以下、労働債権という）に相当する。この部分の取り扱いがまさに問題である。通常下請関連企業は、その従業員に対して給料を支払ってしまい、親企業からは先付の手形で下請債権の弁済をうけるのであろうから、親企業の倒産手続においてその賃金相当部分について一般の先取特権を認めないからといって、下請企業の連鎖倒産による失業という事態を一応別にすれば、下請企業の従業員が直接に被害を蒙るわけではない。

IV 倒産手続

　倒産にあたり下請企業の従業員の労働債権を手厚く保護せよという要請は，その労働債権が未払いの場合，特に問題になる。その場合には，法人格否認の法理を適用して，労働債権の保護を考えることができる場合もないわけではない。しかしながら，法人格否認の法理の適用にもおのずから限界がある。そこで，この法理を適用できないような場合に，下請企業の従業員の労働債権を，親企業の倒産手続のなかで面倒をみるためには特別な立法的手当が必要になってくるであろう。

　その方法として2つの仕方が考えられる。第1に，下請企業の存在を抜きにして，親企業の倒産手続のなかで，直接に下請企業の従業員の下請企業に対する労働債権の面倒をみるという方法が考えられる。さらに，第2に，親企業の倒産手続のなかで下請企業の下請債権中労働債権相当部分について下請企業に先取特権を認めるという方法が考えられる。前者の場合には，下請企業の従業員の労働債権のために親企業について一般の先取特権を認める特別規定が，後者の場合には，下請債権のうち労働債権相当部分のために親企業につき一般の先取特権を認める特別規定が，それぞれ実体規定として必要とされよう。

　ところで，下請企業の既払の労働債権相当部分の下請債権についても，親企業の倒産手続のなかで優先権を与えよという強い要請がある。労働債権は既払であっても，それに相当する部分の下請債権が親企業の倒産手続のなかで優先的に取り扱われるとすれば，それは，たとえ親企業の経営が危機に瀕しているようなときにも，下請企業の労働債権の支払を促進することになるという点で，結果的には労働債権の履行の確保という社会政策的意味をもつといえないわけではない。しかし，労働債権が既払いという通常の場合には，それは，労働債権の履行の確保という社会的政策的要請よりも，むしろ，下請企業という関連企業の連鎖倒産を防止するという中小企業施策的な色彩をより強くもつものではないかと考えられる。

　それが社会政策的要請，又は中小企業施策的要請のいずれの色彩をより強くもつかという点は別にしても，前記のような立法的手当が必要であるように私には思えるのである。

　もちろん，下請債権のうち労働債権はどの部分かを特定することは困難な作業であろうし，また労働債権相当部分のすべてにつきすべての下請企業に優先権を与えることが適当であるかといえば問題がないわけではない。例えば，当該下請企業の年間売上高の何パーセント以上が破産ないし更生債権になる場合

に限るというように，なんらかの制限を工夫する必要はあろう。

[判タ 417 号 4 頁，昭 55]

追記　上記諸問題中第 1 段落と第 2 段落に述べた点については，現行法上既に立法的措置がとられている。すなわち平成 15 年の民法改正により，雇用関係に基づく債権については，雇主の種類を問わず，かつ，期間の限定なしに一般の先取特権が認められることとされた（民法 306 条 2 号，308 条）。そして現行破産法 98 条 1 項は，一般の先取特権を優先的破産債権として扱っているから，雇用に基づく債権は，期間の限定なくその金額につき優先的破産債権として認められることになった。さらに破産法 149 条 1 項によって破産手続開始前 3 カ月間の破産者の使用人の給料債権は，財団債権として特に優遇されている。

　また，会社更生手続においてもそれらの債権は優先的更生債権として優先的扱いをうけているし（会更 168 条 1 項 2 号），民事再生手続では，一般優先債権として手続外の権利行使が認められている（民再 122 条）。

Ⅳ 倒産手続

〈49〉 所有権留保と破産

〈1〉 所有権留保付売買について，破産法旧59条（現行破産法53条）の未履行の双務契約の原則の適用があり，管財人が契約を解除できるか否かが問題になる。肯定説が通説であったが，目的物の引渡しがある場合，売主の債務の履行は完了しているとみられるので，旧59条の適用はないとするのが近時の有力説である。私もこの見解に賛成したい。この見解によれば，契約は解除されえないから，買主破産の場合，所有権留保売主に，留保所有権に基づいて別除権が認められるにすぎないのか，あるいは取戻権まで認められることになるのか，という点が問題になる。

所有権留保を担保権的に構成すれば，売主には別除権が認められるにとどまり，取戻権までは認められない。ただし，売主は右の別除権により清算金と引き換えに管財人に対し目的物の引渡しを請求することができる（帰属清算型）ことになる。このほか売主に動産売買の先取特権が認められることはいうまでもない。

〈2〉 私は現在のところ，一応別除権説に賛成しておきたい。けだし，取戻権説は破産法旧59条の規定と矛盾するのではないかとの疑問があるからである。同条1項は，双務契約について破産者及びその相手方が破産宣告の当時，未だ共にその債務の履行を完了していない場合，管財人は契約解除か又は破産者の債務を履行して相手方の債務の履行を求めることができる旨規定している。取戻権説によれば，債務履行完了の状態を未履行の状態に戻して，管財人ではなく留保売主がイニシャティブをとって契約解除を選択できるという結果になるからである。

しかしながら，右の議論は，あくまでも破産法旧59条1項との関係で，現行法上取戻権説を採用することができないというにとどまるのであって，留保売主に取戻権を認める立法まで否定するものではないことはいうまでもない。

〈3〉 現に，フランスにおいて，『売買契約における所有権留保条項の効力に関する1980年5月12日法律80-335号』は，動産の所有権留保条項付売買

168

において，目的物引渡し後，残代金完済前に買主が倒産した場合，売主は一定の要件の下に留保所有権に基づき目的物を取り戻すことができる旨を規定している。同法は，フランス倒産法の基本法ともいうべき『整理・清算・人的破産および破産犯罪に関する1967年7月13日法律67-563号』第59・65・66各条の改正を主たる目的とするものである。同法はまたフランスにおいてはじめて，倒産処理手続の枠内においてではあるが所有権留保条項の法的効力を認めたものであるという点で，その意義が認められる。

　留保所有権による取戻しの要件は，次の通りである。まず実質的要件として，(a) 1980年法1条によるものとして，①代金完済まで所有権移転を停止する条項が合意されていること，②売買契約であること，③目的物が商品であること，(b) 1967年法によるものとして，④取戻しを求める者が所有者であること，⑤目的物が買主の手許に現物で存在していること，⑥目的物が所有権留保条項付売買契約により引き渡された物と同一であること等が挙げられる。つぎに形式的要件として，①書面による合意があること，②書面が遅くとも目的物引渡の時までに作成されていることが必要とされている。さらに1980年法2条は，67年法59条を改正し，取戻権行使の期間を宣告判決の公示から1年とされていたものを4カ月に短縮している。

〈4〉　右の80年法は，倒産法制における所有権留保の取扱いにつき，別除権か取戻権かという二者択一の形で選択を迫るのではなく，その中間に，要件・行使につき制限のある取戻権というものを選択する可能性もあるということを示している。別除権には認められない取戻しに伴う留保権者の利益が存するならば，たとえ制限された形であるにせよ取戻しを認めることにつき，立法論として一考の余地があるのではないかと思われる。もちろん，立法論として取戻権を考える場合にも，その要件をどのように定めるべきかという問題，我が旧破産法59条にみられるように，解除の結果としてそれを認めるべきなのか，あるいは契約はそのままに非典型担保の実行としてそれを認めるのかという問題等，理論的に詰めなければならない問題が多いことは認めざるを得ない。

〈5〉　フランスにおける所有権留保条項と取戻権の問題については，西澤宗英教授（青山学院大学）がかねてから進めてこられた研究成果を近く公表される予定と聞いている。本稿も同氏の御教示に負うところが大きい。私自身，1980

Ⅳ　倒産手続

年法の研究は〈4〉に述べた意味において大いに関心があるし，わが国の傾向に逆行する別除権から取戻権へとフランス法の推移がいかなる社会的背景の下に生じたのかという点興味をそそられるところである。なお，滝澤聿代「フランス法における所有権留保条項」（野田古稀記念『東西法文化の比較と交流』475頁以下）に，前記1980年法の詳細な紹介がある。

［判タ503号55頁，昭58］

⟨50⟩ 慰謝料請求権と破産財団

〈1〉 最高裁昭和58年10月6日第1小法廷判決は，名誉侵害を理由とする慰謝料請求権が行使上の一身専属権であることを前提としたうえで，被害者が死亡した場合は別として，被害者が請求権を行使する意思を表示しただけで未だその具体的金額が当事者間において客観的に確定しない間は，一身専属性を有し，その者が破産宣告を受けていても，それだけではこれが破産財団に帰属するものではないとし（判タ513号148頁），さきの大法廷判決が慰謝料請求権の帰属上の一身専属性について大審院判例を変更する判断をしたのに対して（最高裁昭和42年11月1日大法廷判決民集21巻9号2249頁），行使上の一身専属性について初めての判断を下したものである。すなわち，上記昭和58年判決は，以下のように判示しているのである。

「思うに，名誉を侵害されたことを理由とする被害者の加害者に対する慰謝料請求権は，金銭の支払を目的とする債権である点においては一般の金銭債権と異なるところはないが，本来，右の財産的価値それ自体の取得を目的とするものではなく，名誉という被害者の人格的価値を毀損せられたことによる損害の回復の方法として，被害者が受けた精神的苦痛を金銭に見積ってこれを加害者に支払わせることを目的とするものであるから，これを行使するかどうかは専ら被害者自身の意思によって決せられるべきものと解すべきである。そして，右慰謝料請求権のこのような性質に加えて，その具体的金額自体も成立と同時に客観的に明らかとなるわけではなく，被害者の精神的苦痛の程度，主観的意識ないし感情，加害者の態度その他の不確定的要素をもつ諸般の状況を総合して決せられるべき性質のものであることに鑑みると，被害者が右請求権を行使する意思を表示しただけでいまだその具体的な金額が当事者間において客観的に確定しない間は，被害者がなおその請求意思を貫くかどうかをその自律的判断に委ねるのが相当であるから，右権利はなお一身専属性を有するものというべきであって，被害者の債権者は，これを差押えの対象としたり，債権者代位の目的とすることはできないものというべきである。しかし，他方，加害者が被害者に対し一定額の慰謝料を支払うことを内容とする合意又はかかる支払を命ずる債務名義が成立したなど，具体的な金額の慰謝料請求権が当事者間にお

Ⅳ　倒産手続

いて客観的に確定したときは，右請求権についてもはや単に加害者の現実の履行を残すだけであって，その受領についてまで被害者の自律的判断に委ねるべき特段の理由はないし，また，被害者がそれ以前の段階において死亡したときも，右慰謝料請求権の承継取得者についてまで右のような行使上の一身専属性を認めるべき理由がないことが明らかであるから，このような場合，右慰謝料請求権は，原判決にいう被害者の主観的意思から独立した客観的存在としての金銭債権となり，被害者の債権者においてこれを差し押えることができるし，また，債権者代位の目的とすることができるものというべきである。」

〈2〉　この判決について，2点，私見を述べておきたい。

第1点は，一定額の慰謝料を支払う旨の合意や債務名義が成立して具体的金額が定まったからといって，一身専属性が解除されたことにはならないのではないか。したがって，それだけで当該慰謝料請求権は差押えの対象にもならないし，当該慰謝料請求権者を破産者とする破産財団にも帰属しないのではないか，という疑問である。慰謝料は金銭化されてはいるが精神的損害を塡補するものであって，これに対する一般・個別執行を認めることは，慰謝料債権者が一身専属性を解除しない限り，結果的には，現行法上許されていない人的執行をするのと同じ結果になるのではないか，という疑問がある。たしかに，精神的損害の塡補であってもそれが金銭債権である以上，財産権に転化しているといえなくもないのであるが，しかし，それが財産権に転化しているのはそれ以外に精神的損害を塡補する適当な方法がないから止むを得ずそうしているからであって，それがあくまでも精神的損害に代わるものである点を忘れてはならないであろう。

第2に，本件判旨が，被害者の死亡により承継取得者につき行使上の一身専属性を認めるべき理由がなくなることが明白であるとしている点に，疑問がある。前掲最高裁判決の立場によれば死亡による相続は一身専属性を解除すると考えられているが，死亡により行使上の一身専属性を認めるべき理由がなくなるのは何故かという点が必ずしも明白とはいえないのではないか，この点の説明が必ずしも十分になされていないように思われるのである。ちなみに学説上は相続否定説が通説である（潮見「不法行為法」）によれば死亡による相続があっても一身専属性は解除されないことになる。

[判タ 526 号 85 頁，昭 59]

⟨51⟩ 宣告後の破産者の法律行為と善意取得

〈1〉 旧破産法53条1項（現行破産法47条）は，破産者が破産宣告後破産財団に属する財産に関してなした法律行為は，これを破産債権者（破産財団）に対して対抗することができない旨規定している。通常，その理由として説かれているところによれば，破産宣告と同時に破産者は，破産財団に属する資産に対する一切の管理処分権を失うからであるが，それは固定主義を採用することとの関係から破産宣告当時における破産財団の現状を凍結して，破産債権者の利益を最大限に保護することを目的とするものであるから，破産財団の減少を防止できればよいのである。したがって，破産者の当該行為を絶対無効とまでする必要はなく，破産債権者に対抗しえないものとすれば足りる（相対無効），と説かれている。

論理を通すならば，破産者が破産財団に属する財産について一切の管理処分権を失う以上は，破産者の法律行為は相対無効ではなく絶対無効でなければならないとの見解もありうるであろう。それにもかかわらず上記の行為の効果を相対無効であるというのは，破産者に破産債権者に対抗できない管理処分権が帰属しているからにほかならない。これを潜在的管理処分権と呼んでよいかもしれない。換言すれば，旧破産法53条の規定の反対解釈として，破産法は破産者に対して潜在的管理処分権の存在を認めているということができるものと考える余地がないとはいえないようにも思える。

〈2〉 破産宣告後の破産者の法律行為と動産の善意取得の関係については，殆ど例外なく以下のように説かれている。すなわち，破産者から直接動産の権利を取得した受益者は，善意であっても即時取得の保護を受けない，受益者から善意で権利を取得した転得者についてのみ即時取得の保護があるにすぎない，というのである。これは，旧破産法53条1項を，民法192条の特別規定ないし例外規定と解する立場である（通説，旧53条優先説と呼んでおこう）。

しかしながら，逆に民法192条が破産法53条1項の例外規定であると解すること，換言すれば，前者が後者に無制限に優先して適用されると解する（善意取得優先説と呼んでおく）余地がないものであろうか。そのいずれと解するか

173

は，結局のところ，破産者の相手方である受益者の善意取得を尊重することにより取引の安全を優先させるか，あるいはそれによる破産財団の減少を防止して破産債権者の利益の保護をはかるかという，利益衡量の問題に帰着する。動産取引の安全よりも破産債権者の利益をより厚く保護しようとする通説の見解も，取引の安全保護の要請が強調される昨今，必ずしも絶対的な見解とはいえない面を持っていることを認めなければならない。私としては，現在すでに取引の安全を強調することによって通説の見解を変えようとまではいわないにしても，通説が決して論理必然的なものではなく，利益衡量の結果としての1つの立場を示すものであって，現行法の下で，決して絶対不動の学説ではないことを指摘しておきたいのである。

〈3〉 仮に通説に反して，破産者の直接の相手方たる受益者について善意取得を認めるとした場合，善意・悪意についていかに考えるべきであろうか，という点が問題になる。受益者は債務者たる破産者の信用状態については然るべき注意を払うのが当然であるとも考えられる。したがって，たしかに文理上は，善意・悪意の推定に関する旧破産法58条（現行法51条）の規定は同53条について適用されないのであるが，上記の考え方からすれば，53条の場合についても58条を類推適用できると考える余地もないわけではない。そうなると，悪意の推定が働いて，善意取得優先説をとっても結果的には53条優先説の取扱いと殆ど異ならないことになるかもしれない。58条の悪意の推定が破れる限り善意取得を主張できるという限度において，善意取得優先説の効用が認められるにすぎないことになる。これに対して，58条の類推適用を認めないとすれば，善意取得優先説と53条優先説の相違は著しく大きいことになる。

おそらく，立法者が58条に53条の場合を含めなかったのは，53条優先説の立場を採ったことにより，58条に53条を含めることの要否について十分考慮していたとはいえなかったためであると思われる。

いずれにしても，旧破産法53条と民法192条との適用上の優劣関係について，取引の安全に関する要請が社会事情の変化に伴って変わってくれば，通説と異なる見解を採用する必要もでてくるのではないかと思われる。

私としては，善意取得優先説的な学説が提唱されないことについて奇異の感を持っているというのが率直なところなのであるが，いかがなものであろうか。

［判タ530号71頁，昭59］

⟨52⟩ 破産実態法学

⟨1⟩　民事訴訟法は明治23年に制定され，判決手続は大正15年に大改正を経ている。この時，改正から積み残された民事執行法は昭和54年に，さらに民事保全法は平成元年に，それぞれ単行法として制定された。現在（1993年当時），法制審議会民事訴訟法部会で新判決手続の立法作業が進められていることは，周知のとおりである。

　民事手続法としては，仲裁法，人訴法，破産法などが，改正らしい改正を経ないまま今日にいたっている。とくに，破産法を中心とする倒産法制の整備は，強く望まれることであろう。第1に，倒産法制が破産法・和議法を基本にして，会社整理，特別清算・会社更生等，時代の要請に従って付け足し的に制度化され，全体として調和のとれた体系的倒産法制として構成されていないことが問題であることは，しばしば指摘されるところである。第2に，一方では経済のボーダーレスの時代に入るに従って，国際倒産が発生し，他方ではクレジット社会の発展に伴って消費者倒産という現象がかなり多く発生してきている，という点に注目しなければならない。これらの新しい型の倒産事件に対して，倒産法もきめ細かく対応していくことが必要であるにもかかわらず，現行破産法・和議法（民事再生法の制定に伴って廃止されている）は，大正11年に制定された当時の姿をとどめ，これらの新しい現象に適切に対処する能力を欠いているといえよう。

⟨2⟩　一般的に，倒産事件数が増加するにつれて倒産法をめぐる多様な法律問題が発生し，学説・判例によりその解釈がなされ，倒産法学は日進月歩の発展をとげている。倒産事件の多発は憂慮すべき現象であるが，倒産法学の発展は歓迎すべきものという一見矛盾した事態が生じているのである。旧態依然たる倒産法と現実の乖離に直面して，一方では倒産法学の発展をもって対処しつつ，他方では判例を含む実務の運用をもって対応せざるをえないことになる。すなわち，破産法学の解釈に現れない実務の運用によって，現実の倒産事件が処理されていくということに注目する必要がある。いずれの法領域においても，このような現象が，多かれ少なかれ存在することを否定しえないのは当然であ

Ⅳ　倒産手続

る。法が社会の現状に適合しなくなればなるだけ，判例や解釈による法と現実との架橋が必要になるし，運用の果たすべき役割が大きくなることは必然的である。

　破産法も，その内容が古く，社会の現状に適合しない点が多いだけに，判例や倒産法学の理論に現れない裁判所や管財人さらには債権者による運用によって手続が進められる面が大きな法領域であるといえよう。破産法の体系書や判例集には出てこない破算手続の実態ないしノウハウが，手続関与者にとって著しく重要なのである。しかしながら，破産手続にあっては，総破産債権者の利益という，いわば公の利益に近い利益の保護が必要となるだけに，あまり多くを運用に委ねることの危険性もまた認められなければならない。さらには，法的安定の要請から，運用の実態も明らかにされなければならない。

　〈3〉　後者の観点から，実務家，とくに破産処理の経験のある弁護士等にによる実態解明の論稿が数多く発表されていることは，歓迎すべきことといえよう。しかし，その法的評価となると，倒産法学の側から，胸をはってこれだけの貢献をなしたといい切れるものであろうか。さらには，裁判所側の運用基準のようなものが，どこまで明らかにされるべきなのかという点も，検討されてしかるべきであろう。破産実態法の体系書が欲しいものである。当然のことながら体系的に整備された倒産法および倒産規則の制定が望まれるところである。

［手形研究477号，平5］

　追記　本稿は現行破産法制定作業開始前に執筆されたものである。

Ⅴ　その他手続

53　民事調停雑感

〈1〉　近時, いろいろな面から見直されている裁判代替的紛争解決制度(ADR)が, 現に機能的に活用されていることは周知のとおりである。また, 制度が発展するに伴って, その研究も盛んに行われるようになってきていることも喜ばしい。私も, 折に触れて, 右制度の一環である民事調停について私見を発表してきた。それは, 私自身東京地裁の調停委員として調停に関与して感じた色々な問題点があったからであるし, 仲裁以外にもこの種の制度を設けるのが, 世界的傾向であるといえるからである。

〈2〉　ところで, わが国の調停制度と, たとえばアメリカ等にみられるメディエーション等との間には相当に異質性が認められるといえば, 私の思い過しであろうか。わが国の調停制度を説明する場合, 聖徳太子の17条の憲法の和の精神が用いられるが, 適用すべき実体法が十分に整備されていない状態のもとで, かつては地域社会の長老が法的とはいえない条理にしたがって妥当と思われる解決を, しかもこれに従わなければ村八分という方法で強制していくというのが, わが国の場合地方によっては近代的法制度の確立以前からの連続性が認められるといわれることもあった。そしてそれがかつての裁判外紛争解決制度の実態ではなかったかと思われるところもあった。そこでは, 対等な人格者である当事者の合意という要素は軽視され, 当事者間の力関係が優先し, 自発的合意というよりも強制された合意が尊重されることがなかったのではないか。

　今日の民事調停がそのようなものであるというつもりはさらさらない。とくに, 戦後権利意識の高揚に伴って, 任意の合意が尊重されるようになってきたことは当然である。言い換えれば, 調停の実態が変わったというべきなのであろう。今日では, 実体法体系も整備され, 当事者間の力関係が影響しないよう民事調停法1条により〔法的〕条理が調停の基準とされるようになったという点でも, 調停は明らかに質的に変化しているということができる。したがって, わが国の調停制度を, 明治時代の近代法制度の整備の前後, 第2次大戦の前後について連続性をもって語ることは誤りというべきであろう。

V　その他手続

〈3〉　これに対して、アメリカにみられるメディエーション等は、両当事者間の合意の形成であり契約である。今日的に変質したわが国の調停の実質は、このように解すべきものなのであろう。ただ、そうはいっても、物事は一律に論じることができないのであって、調停もその例外ではないというのが、私の率直な感想である。調停という1つの制度を語るとき、地方によって相当に実情を異にすることは、私自身が身に沁みて感じている。都市部の裁判所は、調停委員に法律家を揃えることができるのに対して、主として素人（単なる地方の名士）が調停委員を務める地方の裁判所とでは、調停の実態に相当な開きがあることは否定できない事実といってよいかもしれない。東京近郊の都市部といってよい裁判所の支部ですら、そのことを痛感した経験を私はもっている。ことに、通常の調停期日に裁判官の立会いがなく（そのことの適法性はおくにしても）、非法律家たる調停委員のみで調停を進める場合、かなりの懸念がないわけではない。弁護士たる代理人がついていればまだしも、そうでないと右の懸念はさらに増大する。裁判所によっては、調停官制度が採用される以前のスタイルの調停が行われることも、ままあるのではなかろうか。

国民の権利意識が高揚し、飛躍的な増加は期待はできないものの、法曹実務家の数が増加すれば、そのような旧式調停も徐々に少なくなり、近代型の調停に統一されてくるであろう。可及的に速やかに、旧式調停が近代型調停に脱皮することを期待してやまない。弁護士という法曹人口の増加はこの点で大いに役立つであろう。調停委員に人を得ることは何にも増して大切なことなのである。裁判所の管轄区域に有能な人が得られないのであれば域外から送任することも考えられないことではない。　　　　　［手形研究483号1頁、平5］

注記　石川　明『調停法学のすすめ』（1999年信山社刊）および訴訟上の和解については同『訴訟上の和解』（2012年信山社刊）を参照されたい。
　　本稿は調停官制度導入以前に執筆されたものである。

⟨54⟩ 裁判外紛争解決の則法性

　裁判外紛争解決ないし裁判代替的紛争解決（ADR）は，則法的であるべきであって，はじめから法乖離的であってはならない，という主張を，私はこれまで繰り返し強調してきた。これをここでは一応則法説と名付けておこう。特に裁判所付設型の調停や行政機関付属型の，たとえば中央，地方の建築紛争審査会や，法の守護者である弁護士からなる弁護士会の仲裁センター等はそのようなものでなければならないと主張してきたし，現在でもその確信は揺らいでいない。

　私がこの主張をベースにして基調報告したあるADRの座談会で，ある高名な弁護士さんから，私の主張に対して強い反対論が出された。法をベースにしたのでは真の紛争解決はできない場合が多いといわれるのである。たしかに，民調法1条も，調停は則法性から離れて「条理にかない実情に即した」解決を目標としているのではないか，ADRにおける紛争解決は法乖離型のものでないかぎり，真の紛争解決にはならず，則法型の解決ではかえって紛争を後に残すというのである。その座談会の元裁判官，弁護士，研究者等出席者のおおかたの意見もこれに同調する傾向にあったように思う。

　それにもかかわらず，私は，一方では，法乖離説に若干の理解を示しながら，他方では依然として則法説を堅持したいと考えている。すでに過去においてその理由に若干言及したことがあり，このような批判を受けたこともあって，則法説の根拠を再度繰り返しておくのが私の責任であると考える。これが本稿執筆の動機である。

　前記の通り私は法乖離説に若干の理解を示しながら，則法説をとるのである。それでは「法乖離説に理解を示しながら」というのはどういう意味であろうか。私見によれば，法乖離説によるか則法説によるかという問題は，法的紛争の解決方式に関する現実論と理念論の相違に求められるのではないかと思う。すなわち，法乖離説は現実論であり，則法説は理念論なのではないかと思う。

　明治期における西欧法の継受以来約百余年，日常の行為規範と法規範との間に存する相違が，少しずつ縮まってきているとはいっても，未だに厳然としてそれが存在していることは，誰もこれを否定することができない。日常の行為

181

V　その他手続

規範と法規範との間に乖離があることは，西欧社会においても存在しないわけではない。しかし，母法国の一つであるドイツにおける右の乖離は継受国であるわが国におけるそれと比較すればはるかに小さい。この点を私は母法国の市民の法意識の高さと称している。現実問題として，紛争解決にあたってこの乖離は大きな影響をもたらす。「法律家に家を貸すな」(普通これに新聞記者が加わると聞いているが)ということは，それがいわれた第二次世界大戦前にいかに法律家の判断尺度である法律が日常の生活規範と乖離していたかということを示している。当時法律家は一般に敬遠されたのであろうか。戦後新憲法の制定に伴って国民の権利意識が高揚し，法治国家思想が定着するにつれて，徐々に両者の差が縮まりつつあるものの，戦後五十余年たってもその差がほぼ完全に埋まったというわけではない。主としてそこに ADR の存在意義の一つが認められる。もちろんそれが ADR の存在意義のすべてであるというわけではないのであるが。したがって，ADR もまさに法乖離型の紛争解決方式であってこそ，紛争の真の解決になりうる，すなわち裁判にない ADR 固有の機能を果たしうるのであるといわれている。法乖離説の根拠はこの辺りに求められる。存在の問題ないしは現実論としてはそれはその通りであるとして認めざるを得ない。これが，私が既述のように「法乖離説に理解を示しながら」といった意味である。

しかし，現実論は存在の問題である。当為の問題として制度を眺めた場合，現実論にとどまってよいのかという問題は残る。そういうと現実に紛争を理解できなければ紛争解決の制度理論としては意味がないのではないかという声が聴こえてきそうである。それにもかかわらず，我々が制度を論じる場合，現実をふまえながらも，なにほどか制度をその理想に近づける建て方をするのが肝要なのではないか。現実に引きずられて制度を現実のままにとどめるということがよいのであろうか。

国民の生活規範と法規範との間に存する溝を埋めること，そしてそのような制度論を展開することこそ，我々法律家の使命なのではないかと思われる。ADR の紛争解決に則法論を提唱するのはこのような考え方に基づくものに他ならない。則法説といっても，ADR の紛争解決が裁判と同じように法判断それ自体でなければならないといっているわけではない。主張したいことは，ADR における紛争解決が最初から法から乖離してようとするのではなく，法をベースにしてそこから何処まで乖離できるかを考えるべきであるといってい

182

るのである。すなわち，既述の通り民調法1条は法からの乖離を認めているのであるから，則法説と雖も法からの乖離をまったく認めないといっているのではなく，乖離する場合も，法を一方では基準としつつ，他方でしかるべき範囲におけるそれからの乖離でなければならないといっているのである。

　法乖離説と雖も全く法を無視するわけではないというのであれば，則法説も法乖離説もそれ程異なる結果をもたらすわけではないと思われる。殆どのADRに法律家が関与していることからみて通常の場合，いずれの説によっても大きな差は出てこないのであろう。そこで肝心なことは基本姿勢の問題なのである。それが大きな相違として顕れることも考えられないことではない。

　多くのADRに法律家が必ずといってよいほどに関与しているということは，法乖離説に若干の不安を感じるからではないのであろうか。調停の通常期日に調停主任裁判官が関与することなく（私が調停委員をつとめていた時代）非法律家の調停委員だけで調停手続を進めることがないわけではないが，この場合でも調停主任裁判官が肝心なところは期日調書に目を通しているという点からみれば，調停があまりに法乖離的であってはならないという考慮が働いているからであろう。

　私は，則法説によったのでは真の紛争解決には繋がらないから，法乖離説をとるということには，私の調停委員としての経験からしても必ずしも賛成しない。この事件の法律的筋はこうなる，裁判ならばこのような解決になるという法律論をまず説明して，調停委員としての心証を開示して，そこから当事者が何処まで互譲できるかを聴取するという方式を，私はしばしば採用していた。それで当事者は案外納得してくれるものである。問題は当事者に法律的筋を納得させる方法と熱意にあるのではないかと考えている。

　私は，これまで再三にわたってADRにもたせるべき教育効果を説いてきた。程度の相違はあってもなにほどか法から離れたところで紛争を解決しようとするADRのもつ法教育的効果を説くことについて，いささかの違和感をもつ方もあろう。私のADR＝法教育効果論は，ADR＝則法説に不可分に関連している。ADRにおいて，法律家が事件の法的筋を示すことによって，日常の生活規範と法規範との乖離を多少なりとも徐々に埋めていくことができるという希望を，私はADRに託したいと考えているのである。それだけにADRが初めから法乖離的であっては困るのである。

　既述のとおり西欧では日常の生活規範と法規範の近似性が認められる。わが

V　その他手続

国における両者間の乖離ほどの大きさは認められない。そうであるとすれば，ADRの法教育的効果によって，わが国においてもその乖離の程度を狭くしていくことが肝要である。

　今や世界は法の調和（ハーモナイゼーション）の時代，国境のない（ボーダレス）時代に向かいつつある。EUを通してEU域内における法のハーモナイゼーションが進行しつつあること，加えて欧州裁判所や欧州第一審裁判所がEU域内の共通の裁判所として機能をしていることが現実なのである。国連が主催する会議，例えば国際商取引法委員会（UNCITRAL）で1976年の「仲裁規則」，1985年の「国際商事仲裁モデル法」ができたり，「国際物品売買契約に関する国連条約」(United Nations Convention on Contracts for the International Sale of Goods, CISG：いわゆるウィーン売買条約）ができたりしているのはこの傾向を示している。ヨーロッパにおいても，ヨーロッパ統一民事訴訟法の立法の試みがなされており，ブリュッセル条約やルガノ条約が既に発効していることは周知の通りである。このような法のグローバリゼーション，ボーダーレスの時代への傾向は今や歴史の世界的潮流の1つであって，これを押し戻すことはできない。

　余談にわたるが，ご承知の通り，フランスのアルザス地方の帰属に関しては歴史の中でフランス・ドイツの両国間で争われてきた。過日ドイツ，ザールラント大学で行われたある日独シンポKeio Tage後のストラスブールへの遠足の途中で，同大学の法制史家ワドレ教授がアルザスの歴史を説明された。説明の最後に，現在EUのなかでボーダレスの時代を迎えて両国間にアルザスの帰属をめぐる感情的対立はない旨付加された。EU時代に入ってヨーロッパは確実に変わりつつある。市民概念も構成国各国市民からEU市民に変わってきている。

　そのような時代にあっても，わが国の国民の生活規範について，世界の常識は日本の非常識，日本の常識は世界の非常識であっては困るのではないか。もちろんそれは決して日本固有の文化を抹殺しようというのではない。法のハーモナイゼーションには長い時間を必要とするのであろう。しかしこの傾向に向けて世界が動いており，良くも悪くも，わが国もその圏外にとどまることはできないことを認識すべきではないか。

　私がADR則法論，ADR法教育論を提唱するその背景にはこのような事情があるというと，大風呂敷を広げすぎたとの批判もありうるであろう。しかし，私は本稿において，それを承知の上で私見の背景を明らかにしておきたいと考えたのである。

［判タ995号32頁，平11］

55　ADRの発展と法的規制のあり方

1　はじめに

　司法制度改革審議会は平成11年12月21日「司法制度改革に向けて―論点整理」という文書を公表している（月刊司法改革4号〔2000年〕10頁以下）。そのⅢ2(1)において，裁判外紛争解決制度について数行言及している。以下のとおりである。

　　社会で生起する紛争には大小さまざまあるが，事案の性格や当事者の事情に応じた多様な紛争処理の仕組みを用意することも，司法を国民に近いものとする上で大きな意義を有する。このような観点から，裁判手続外の各種紛争解決手続（Alternative Dispute Resolution。以下ADRという）のあり方についても検討すべきである。

としているのである（同前掲14頁）。そして別紙論点項目中にも1(1)にADRが摘示されている。したがって，今回の司法制度改革審議会もADRについてのなんらかの提言をなすものと考えられる。
　ADRの問題は，ジュリスト1170号（2000年1月1・15日合併号）の特集「司法制度改革の展望」のなかでも取り上げられている。座談会「司法制度改革に何を望むか」前掲12頁，徳田和章「民事手続法の改正と司法制度改革」前掲40頁，山本和彦「紛争処理の迅速化と費用の適正化」前掲112頁などがある。加えて各界の要望意見をみても，たとえば，東京商工会議所意見のうち前掲145頁，国民生活審議会消費者生産部会報告のうち前掲172頁のほか，日弁連編「司法制度改革に関する各界意見要旨集」のうち前掲196頁以下も参照されたい。
　かようにみてくると，司法制度改革審議会がADRを司法制度関連の問題点として検討の対象とすることは間違いのない事実であると思われる。
　そのことに拍車をかけるのは，裁判所付設型のADRである調停のほか，近時各種の公的機関の設けるADRが増え，特に製造物責任法の制定に伴って各種の製造物についてそれぞれのPLセンター等が設けられるようになったとい

Ⅴ　その他手続

う事実である。かかる事実は，裁判と比較してADRの法的紛争解決に占める役割を着実に増大させていることは間違いない。それだけに，ADRを野放しにすることなく，これ対するある種の制度的規制をかけざるをえないし，その規制のあり方が問題になってくるのである。

　私が拙著『調停法学のすすめ』（信山社，1999年）において「ADR基本法の制定を」（114頁以下）と題する小論を発表したのも上記の理由による。

　以下，法的規制のある調停・仲裁を除くADRを中心に論ずる。

2　「ADRは裁判の機能不全を補う」という命題について

　「ADRは裁判の機能不全を補う」ということはよく言われることである。この命題は一見したところ3つの意味を思っているように思われる。

　第1は紛争解決の質の問題である。すなわち，裁判は紛争の法的解決，ADRは条理的解決という質の相違はよく指摘されるところである。

　第2は訴訟固有の性質，たとえば高価性，長期間性，要労力性および公開性等の問題がこれである。この点での裁判の機能不全性をADRが補うというものである。すなわちADRは低廉性，迅速性，省力性および非公開性という性質をもつ。

　第3は司法のエネルギー（紛争処理能力）の限界の問題である。第2，第3の意味においては，訴訟制度は，これらの難点を回避すべく，最善の改革をしたとしても，そこに自ら制度固有の限界があることを認めなければならない。ちなみに，第2・第3の問題はある面では関連しているといえるが，一応これとは別個の問題であるが，両者の関連性がいかなる点に認められるかという問題は容易に理解される。すなわち，司法のエルネギーを増やせば少なくとも法的紛争解決の長期性は著しく改善されることになるであろう。それに伴って高価性や要労力性についても若干の改善がみられることになるものと考えられる。これに対して問題の異別性は次の点で認められる。すなわち，司法のエネルギー（あるいは容量）をいくら拡大しても訴訟に伴う上記の3つの性質は訴訟に固有のものであって，前者による後者の改善には限度があるということである。しかし，第2，第3の問題の共通性のゆえに司法のエネルギーの拡大に努めなければならないということは当然のことなのである。

　紛争解決の質の問題は注目に値するのでこの点若干のコメントを加えておこう。訴訟による紛争解決は訴訟物たる権利または法律関係に関する限りにおけ

55 ADRの発展と法的規制のあり方

る紛争解決であるにとどまるが，裁判上の和解におけると同様にADRにおける紛争解決は当事者間の社会的紛争を包括的に解決できるという点で特質を有する。さらに訴訟による解決は実体法レベルでの紛争解決であることを運命づけられているが，これに対してADRによる紛争解決は実体法を離れた条理による解決が図れるといわれる。もっともADRにおける紛争解決がどこまで実体法乖離的であってよいかという点については争いがある。私はかねてより，たとえば調停という裁判所内ADRにおける紛争解決が基本的には則法的であらねばならず，これを基本として，どこまで法から乖離することが適切かという点を問題として考えるのに対して，則法性を基本に捉えたのでは，紛争の実質的解決は得られない，むろん解決内容が違法であってはならないが，しかし法乖離的であることが基本であるとするとし，したがって民調法1条の「条理」も法の条理ではなく，日常生活規範における条理であるとの解釈を出発点とする考え方が通説といってよかろうか。両者の基本的相違はADRにおける紛争解決のベースに実体法を置くか否か，置くとしてそれにどれだけの拘束性を認めるかという点にある。ところで私見を採るにしても，ADRによる紛争解決が則法性を基礎にしながらもそこからなにほどか法乖離的であることは認めざるをえない。この点でADRが裁判による紛争解決と質を異にすることは間違いのないことである。

　さらには，現状では第2，第3の問題として裁判が機能不全に陥らぬよう法曹界が協力して現状を改善していくことが必要である。それにもかかわらず，現状ではこれらの改善が十分でない以上は「ADRが裁判の機能不全を補う」という命題が第2，第3の意味においても十分に通用することを認めないわけにはいかない。ところで司法のエネルギーや容量が拡大され，裁判の高価性，長期性，要労力性が随分と改善されても，第1の意味における裁判の機能不全性を完全に改善しえないということはいうまでもない。むしろ，裁判に本来的な紛争解決の質は司法の本質に由来するものであって，これをもって機能不全と言うべきものではない。それを機能不全というならば，裁判はそもそも機能不全であってよいということになる。ももちろんそう考えることは誤りである。この問題は別にして，紛争解決の内容の質が裁判とADRとでは異なることは認めざるをえない。

　たしかに，現在の司法のエネルギーが訴訟事件と対比して不当に小さいことは認めざるをえない。したがってこれを増大させる必要は認められるものの，

187

V　その他手続

司法のエネルギーの拡大には小さな国家機関という理念からすれば自ら限度があることも認めなければならない。

3　「ADRは紛争を誘発する」という主張について

ADRの本来的効用は紛争解決にあるが，それ以外にもとくに以下の点を指摘しておきたい。第1にADRによる紛争の掘り起こし的機能である。ADRはかえって紛争を誘発するという危惧を述べる見解もある。たしかに紛争を誘発する面は否定できないが，私はそれが必ずしも困った現象であるとは考えない。ADRが紛争を誘発するのではなく，紛争の種はもともとあったのであって，それが，訴訟やADRという形で表面化することなく（アクセスの問題も大きい），公的解決や交渉を諦めてしまったり，強い者勝ちという形で解決されてしまい，表面化してきていないのである。これらの紛争がADRによって表面化し，ADRの場で，訴訟にはない手続上のメリットのゆえに，公平に解決されるということは推奨されるべきであって，決して消極的に評価されるべきものではない。ADRによる解決ができなければ，ADRが紛争の訴訟への発展の道筋をつけることになることも多いと思われることを考えると，ADRが紛争を発掘することはむしろ評価されてよい。

第2はADRの紛争当事者からの相談機能である。紛争当時者のなかには，紛争における救済可能性について予見できない者が多い。救済可能性がないことがわかればADRなり訴訟へのアクセスを諦めることになるし，利用が認められればアクションを起こすことになるであろう。この点でADRの機関が当該紛争の成否についてアドバイスを与えるということは，かなり大きな効用である。この機能すなわち相談機能についてはADRの法規制にあたり，その職分として規定すべきである。加えてADRの手続に乗せる以前にADR機関が相手方との間を仲介してADR手続の開始以前に紛争が解決してしまうことも多い。これは一種の紛争予防機能であるが，その効用は著しく大きいものであって，決して過小評価できないものである。

わが国においてはADRの重要性が認識されてくるにしたがって，調停制度以外に，雨後の筍のように数多くのADR制度が「無秩序に」といってもよいくらいに多様に開設されるようになった。そのこと自体は時代の趨勢であってこれに棹さすことはできないし，むしろ歓迎すべきことなのであるが，いかなるADR機関が存在し，それぞれがいかなる特質をもつものか，いかなる役割

を果たしているのかという点について，若干の著書を別にすれば，統一的な情報を得がたいというのが現状であろうか。弁護士も一般的にいえば，有名なADR機関は承知しているもののADR機関について全般的な知見を有しているとは言いがたい。情報提供機関を置く必要性があるという点については後述する。

4 ADR基本法の制定について

　私はかつて「ADR基本法の制定を」（拙著「調停法学のすすめ」信山社1999年1月刊114頁以下）と題する小論を発表したことがある。裁判所付設型のADRである民事・家事の調停は民事調停法・家事審判法（新法として家事事件手続法）の規制を受け，その運営に裁判所が関与するので問題は少ない。仲裁にも仲裁法がある。さらにまた，公的機関，例えば単位弁護士会の行う仲裁等のADRあるいは各所管官庁の設置するADR（その名称はいろいろであるが）によって紛争解決にあたる仲裁や裁定についても担当機関の人的構成，手続等についてしかるべき配慮がなされている。したがって概ねその信頼性は認められるといってよいであろう。すなわち，現状では，委員に人を得ており，委員会の中立性についても問題はないのであろう。各ADR機関がそれなりにその公的使命を自覚して利用者の信頼に耐えうる相当な配慮をしているからである。しかしながら，今後ADR機関の，洪水的増加とまではいわないまでも，相当程度の増加がみられることは予想される。その場合，機関の構成，特に裁定委員（あるいは，審査委員等その名称はいろいろ考えられるが，ここでは一応この名称を用いる）の選任要件や裁定委員会の構成および手続の公正性の担保などの点についてまったく各機関の自主性に委ねるというのではなく一定の規制をする必要があるものと思われる。

　どこにいかなるADR機関が存在するか必ずしも一般人の目からみて詳かではない。また以下に述べるような法的規制をするとすれば，所管官庁がADR機関を把握していなければならない。このような観点からすれば，その設置に，ついて，特定官庁による認可制を採用し，毎年活動内容についての報告義務を課することを必要とするのではないかと思われる。

　ADRといえども社会的正義にしたがった紛争の解決を目的とするものだからである。

　そこで問題は最低限いかなる規制をなすべきかという点である。基本的にい

V　その他手続

えば，規制はADRの目的との関係で最低限にとどめて，その範囲で各機関に小回りの利く自主性を認めておくのがよいと思われる。

最低限規制するのは以下の事項であると考える。

(1) 目的規制

調停法第1条のごとき目的を定めることが必要であろう。

(2) 裁定委員会委員の選任基準

調停委員に準じるものの，必ず1/3は法曹実務家ないし法律関係の教職者を入れる。他は，たとえばPL関係であれば，各PL機関の対象事件に対応するメーカー代表者のほか，消費者代表を入れる等，法律家を中心にして調和のとれた人員構成とすること。委員としてこのほか，中立的技術者を入れることも考えられるし，あるいはそれを委員としてではなく調査員ないしアドバイザーとして，必要に応じて各個別事件について構成される委員会がその意見を聴取するという方向も考えられる。事件毎に構成される個別委員会の構成にあたっても上記の原則は維持し，かつその主任は法律家とする。

なお，弁護士法72条との関係もあるので，非弁護士についても裁定委員に任命しうる旨の規定を設ける。

(3) 裁定前の措置

執行力はないものの裁定のためにとくに必要があると認めたとき，各事件ごとに構成される個別裁定委員会は民調法12条の定めるがごとき裁定前の措置（ただし，強制力はないものとする）をとることができるものとする。

(4) 時効中断

民調法17条は調停不調の場合について調停申立てのときに訴えの提起があった旨規定しているが，少なくとも時効中断のとの関係ではADRの申立てのときに中断効を認めるような規定を設ける必要があろう。

紛争の裁判による解決よりも自主的解決を促進しようとの要請からみて，そして裁判よりも自主的解決により近いADRの利用を促進するためには，その利用によって，不調の場合の時効の不利益を課さないような配慮が必要と思われる。

(5) 手続について

a. 特殊専門的事件については裁定委員会の構成に専門家を加えるか，そうでない場合には前掲(2)の，必要なとき専門調査員の意見を聴取するものとすることが必要である。民調法27条，28条に準じた措置である。

b．一般国民のADRへのアクセスを考えた場合，口頭申立主義を認めるべきである。
　c．当事者双方に弁論権や証拠提出権を保障する必要がある。文書提出命令の制度は，裁判所を通して認めるようにしてもよいのではないかと思われるが，この点は強い異論も予想される。慎重に検討すべき問題である。
　d．裁定判断の提示権
　両当事者が仲裁契約をすれば，裁定委員会が仲裁判断をなしうることは当然であるが，仲裁契約がないときであっても裁定委員会が積極的に裁定条項を示して，これをADRの解決条項成立の基礎とすることができるものとすべきである。場合によっては調停に代わる決定のように裁定を出しうるものとすることも考えられるが，それは調停が裁判所付設型のADRであるから許されることであって，裁判所外のADRについてこれを認めることは妥当ではないとの見解もある。
　e．秘密を漏らす罪
　民調法37条の評議の秘密を漏らす罪および同38条の人の秘密を漏らす罪の規定を置くことは必要であると考えられる。
　f．ADRの効力
　裁判上の和解には裁判所が関与するため，それが確定判決と同一の効力を有し（現行民訴法267条），また調停が裁判所附属型のADRであり，調停主任として裁判官（調停官）が関与するという点で裁判上の和解と同一の効力を有する（民調法16条）。あるいは確定判決と同一の効力を有する（家審法21条）とするとされている。また仲裁判断は仲裁契約の上になり立つがゆえに確定判決と同一の効力を有する（旧公示催告手続及ビ仲裁手続ニ関スル法律800条，現行仲裁法45条1項本文）。これに対して一般のADRにあっては，これらの効力を認める根拠に欠ける。したがうて，ADR条項が合意されても，その効力は私人間の契約にすぎないとみられ，それ以上の法律上の効力を発生せしめるべきものではない。したがって，債務名義にもならない。
　g．裁定機関の構成および裁定手続内の構造に関する情報公開の必要性。
　h．手続は非公開とすること。

V　その他手続

5　ADR へのアクセス

(1)　ADR へのアクセスの問題

　調停のよう既に長い歴史をもつ ADR の制度は，利用者にとっても周知のものであるがゆえに，アクセスについて特段の問題はない。また中央や地方の建築紛争審査会や中央・地方の労働委員会・あるいは弁護士会の仲裁センターや公害等調整委員会のようにかなり周知のものになりつつある制度もある。これに対してわずか短期の歴史しかもたない各種の ADR 制度は，国民にとって必ずしも周知のものではない。それでは利用者はアクセスしにくい。紛争が生じたとき ADR の利用者にとって，どこにいかなる種類いかなる専門の ADR 機関が存在し，いかにしたらそれを利用することができるか等々の点について必ずしも十分な情報が提供されていない。これらの情報は利用者が ADR にアクセスするについて重要な，かつ不可欠の事項である。情報源は豊富であればあるほどよい。ADR 機関を周知徹底させるためにも，ADR 基本法を設け，そのなかで情報提供に関する規定を置くということも必要になるであろう。

　いずれにしても ADR のより活発な利用を促進するためには ADR に関する情報提供方法をより充実するために，その方法を大いに考慮することが必要であるといえる。

(2)　ADR 機関の配置

　裁判所の調停，弁護士会の仲裁，労働委員会の斡旋，調停，仲裁，国や都道府県の建築紛争審査会等々は，大都市のみならず地方にも配置されている。これに反して，たとえば PL センター（専門的事件の ADR の一例として挙げた）等は中央中心で地方に配置されていないものも多い。したがって地方の住民がそれを利用する場合に不便を感じることになる。そのことは地方の住民の ADR に対するアクセスを妨げる要因になることを怖れる。

　地方の住民が中央にのみ置かれた ADR にアクセスしにくいときは地方にもある裁判所の調停制度等を代替的に活用すればよいのであるということができるであろうか。ADR 機関の配置の適正化の問題は重要である。ADR はあくまでも身近に利用できる紛争解決制度でなければならないのである。各種の PL センターのごとく現状では全国配置の困難な種類の ADR についてそのアクセスを国民に保障するにはどうすればよいのであろうか。中央にしかその機関置いていない各種の PL センター等はそれぞれの専門家が充実しているという点

では調停と若干異なる特質をもっているので，PLセンターを利用できない国民は調停を利用すれば足りるというように簡単に割り切るべきではない。したがって調停よりも分野によってはPLセンターというADRを活用したいと考えるのも無理からぬことであるということもできるであろう。

　加えて調停は裁判ではないが，それにもかかわらず各種のPLセンターの方がPL事件について親しみやすいという申立人の感覚も大切にする必要があると考えられる。第1に，調停は裁判所付設型であるという点で，裁判所に付設されたものではない一般型のADRの方が親しみやすいということがいえるし，第2に，PLセンター等は相談事業を行っているという点もそのひとつのメリットであるということができる。このように考えてくると，PLセンターのごとき一般型のADRは，地方の国民にもアクセスが容易なものでなければならないというべきである。

　アクセスという点からいうと，ADRの種類によっても事情は異なるものの，東京あるいは東京および大阪といった一極または二極集中ではなく，せめて高裁所在地に支所を置くようなことを考えてもよいのであろう。

　もちろんその設置には財政的ないし人的負担を伴う。調停における調停委員のようにADRの裁定委員についてはなかばボランティア的な要員に頼らざるをえないことはいうまでもない。高齢化社会に向かっている今日，ボランティア的高齢者にADR委員を委嘱するようなことも積極的に考えるべきであろう。

　また，PLセンター等は少なくとも各高裁所在地に配置することが上記のごとく望ましいことではあるが，財政的にそれが不可能であるというのであれば，巡回制度も一考に値するのではないか。またアクセスの容易さという観点からすれば，通常の勤務時間以降に身近な役所等の公的機関において裁定委員会を開催するようなことを考えてみることも必要であろう。ADRの期日のために，わざわざ休暇をとるというようなことも当事者にとっては大きな負担となるのであるから，この面でも訴訟と異なる簡便さを考える必要がある。

6　むすび

　今回の司法制度改革審議会の論点は極めて多岐にわたる。その問題点のいずれをとっても，一見して重要なものであることは明らかである。短期間のうちに1つの審議会がこれらすべての論点について十分な審議のうえで答申を出すということは容易なことではない。ADRは今後着実に発展が望まれるし，健

V　その他手続

全に発展してもらわなければならない制度である。それは既述のとおり裁判制度の健全な発展のために司法のエネルギーを適切に軽減する一助として不可欠な制度なのであるし、本稿では言及しなかったものの紛争解決への国民参加という観点からも、ADRは不可欠の制度といえる。慎重な検討を切に望みたいところである。

[月刊司法改革7号20頁，平12]

追記

1　ADRに関する文献は数多いが、本稿執筆にあたり単行本のうちとくに以下の文献を参考にした。年代順に挙げる。
・田中成明著『現代社会と裁判』（弘文堂、1996年）とくに45頁以下。
・小島武司＝伊藤眞編『裁判外紛争処理法』（有斐閣、1998年）所収の各論考。
・『現代の司法5』（岩波書店、2000年）のうちとくに301頁以下の守屋明「裁判外紛争解決手続」。

2　ADRに関する私見については本編26のほか、拙著『調停法学のすすめ』（信山社、1999年）、および「ADRをめぐる若干の問題点－主として日本の状況－」朝日法学論集27号13頁要綱以下も参照。なお、司法制度調査会意見書II、第1、8参照。

　なお本章執筆後の平成16年2月1日「裁判外紛争解決手続の利用の促進に関する法律（平成16・12・1法律第151号）が制定された。この法律に関しては小林徹「裁判外紛争解決促進法」司法制度改革概説7（商事法務、2005年10月刊）内堀達「ADR法（裁判外紛争解決の利用促進に関する法律）概説とQ&A」別冊NBLNo101、商事法務2005年4月刊、内堀宏達「ADR認証制度Q&A」別冊NBLNo114、商事法務2006年9月等の解説書がある。

56　ADR 3 題

1　裁判所の負担軽減と ADR

　ジュリスト1170号（2000年1月1日＝15日合併号）「座談会・司法制度改革に何を望むか」が掲載されている。今回の司法制度改革審議会の検討事項の中に ADR も取り上げられているので，この座談会でもこれに言及されている（12頁，田中，小島発言）。そこでは，ADR の必要を議論するとき，裁判所や裁判官（以下裁判官という）の負担軽減を強調しすぎる傾向に対して強い疑問が投げかけられている。すなわち，一方では，裁判の機能の活性化がなされその上で ADR の拡充が進むことが望ましいとか，あるいは司法がその本来の役割を果たさなければ ADR も衰退してしまうという論調である。
　また田中成明教授は，「議論の論調が何となく費用がかかりフォーマルな裁判制度をこのままにしておいて，ADR でなんとか間に合わせようとか，安上がりにしようという方向に傾くきらいがみられるのが気になります。その辺は，やはり裁判手続自体の活性化ということと併せて，ADR の拡充が進むというのでないと，法の支配の現実や司法への実効的アクセスの保障という点からみて問題が多いのではないかと考えており……（中略）……最近はかなり慎重になっております」とされている。この論旨にあっては，一方で裁判制度の充実をはかることなしに手続の手軽さから ADR の拡充を図ることへの批判的慎重性が強調されている。これに対して小島教授も同じ主張を展開されて裁判所ないし裁判官の負担軽減が強調されていることに疑問を呈されている。両発言は，ADR の発展のためには裁判制度の充実・発展が伴わなければならないと説く点では共通しているが，特に，小島教授の発言には裁判官の負担軽減を ADR の存在根拠として強調することに対する危惧の念が顕れているように読める。
　ところで，裁判制度の物的・人的構成の拡大と充実に異議を唱える者はいない。ADR の拡充とひきかえに裁判制度の充実・つまり小さな司法から必要な範囲での適正規模の司法への転換を不要と考える者もいない。従って両教授のこの点に対する説明は正しい。しかしながら，ADR の充実が裁判所の負担軽

V　その他手続

減をもたらしていることは，いついかなる状況の下でも確かな事実であるがゆえに，ADRの発展・充実に慎重になる必要は全くないというべきであり，ADRが裁判所の負担軽減に役立つことを強調しすぎることも誤っていないといえるのではないか。

　私もかねてより一方でADRの発展があるからといって司法の充実を怠ってよいことにはならない旨を強調してきた。憲法32条の裁判を受ける権利を制度的に保障するためには，いかなる種類の事件であれ，換言すればADRに向く事件であれ向かない事件であれ，裁判の対象になる法的紛争について裁判を受ける権利が否定されてはならない。そのために裁判制度を小さな司法から適正規模の司法へと変える努力あるいは訴訟手続を改善する努力を怠ってはならない。しかしながら，いくら裁判制度を拡大・改善したとしてもそこに自ずから限界があること，すなわちいついかなる時代にも司法のエネルギー（作業容量）には限界があり，かつ司法による紛争解決に超えられない性質上の限界があることはこれを認めなければならない。そこで訴訟社会化が進み法的紛争が増えれば増えるだけ，司法のエネルギーを節約するためにADRの拡充と活用が必要とされることも事実なのである。いくら司法の容量を拡大したからといって，訴訟化社会に十分に対応できるものではない。もちろんADRの充実が司法の拡充に対する怠慢の言い訳になってはいけない。このような観点からみると，ADRが司法の負担軽減のために，あるいは司法の紛争解決の性質的限界を超えるために必要とされるという論説も決して誤ったものであるとはいいがたいし，控え目に主張すべきものでもない。

　裁判のような純粋な法判断ではなく日常的条理による紛争解決を求める場合とか，事件の性質上非公開手続による紛争解決を求める事件，win-loss systemによる解決ではなく，win-win systemによる解決を求めようとする事件などはこれらを裁判所に持ち出さないことが適切であって，そのことが反射的に，裁判所の負担軽減につながるのである。もちろんそれらについても裁判を受ける権利は否定されていないのであるから，初めからこれらの事件について訴えを提起することができることを考えると，まずADRを利用させるということは反射的利益として裁判所の負担軽減につながるといえる。ここでも「裁判所の負担軽減のためにADRを」という命題は成り立つといってよい。ADRに向いた事件の解決のためにADRの利用を推奨することが裁判所の負担軽減につながる，そしてそのことが消極的に評価されるべき事柄とは必ずしもいえない。

司法のエネルギーの制約という観点からみると，「紛争は公権的に解決するよりも自主的に解決することが望ましい」という命題をたてるとするならば，全ての事件について，換言すれば事件がADR的解決に向くものであるか否かは別にして，ADR前置（例えば調停前置）とすることも考えられなくはない。それが極言であるとすれば，少なくてもADRに向く事件（何がそれに当るかの判定は困難であるが）についてADR前置主義をとることが考えられる。それも結果的には司法のエネルギーの節約につながる。

このように考えてくると，司法のエネルギーの節約という観点からADRの充実を説くことは決して背理ではない。そしてそのように説くことは国民の裁判を受ける権利の否定につながるものでもない。むしろそう解することが，当事者が裁判を望んでいる事件あるいは真に裁判に向いた事件に裁判所を専念させうることになり，そのことが結果的に裁判の権威を高めることにつながると考えられないこともない。

ドイツではADRはそれほど発達しているというわけではない。しかし，別の側面から裁判所の負担軽減を計っている。ドイツの裁判官数は人口比からみても日本と比較にならないほど多いことは周知の通りであるが，それにも関わらず，かつて裁判官の職域とされてきた事項の一部はかなり積極的に司法補助官とか（執行に関して）執行官に移管されている。対人口比で裁判官数の多いドイツでさえ，裁判官の負担を軽減して裁判官の本来的職務である裁判に裁判官を専念させようとしている（これは裁判官の職務の純粋化といえる）のが近時目立っている傾向である。

このことは，わが国と比較してより大きな司法の下でも裁判所や裁判官の負担軽減が計られなければならないことを示している。

わが国の近時の手続法の改正にあたっても，裁判官の職務であったものを執行官や書記官に移管する傾向にある。このようにして裁判官の負担軽減を計ることは，裁判の質を高める結果となる。当然のことながら，ADRの拡充による裁判官の負担軽減は，国民の裁判を受ける権利を後退させることになってはならない。その範囲で，ADRの充実・発展による裁判官の負担軽減は歓迎すべきことではあって，これに消極的になるべき性質のものではない。要はADRの拡充を口実として他方で裁判制度の充実と改善を怠ってはならないということである。

Ｖ　その他手続

2　非弁護士の ADR への関与と弁護士法 72 条

　ADR は多種多様である。非弁護士が ADR の裁定委員（その名称は ADR によって相違があるが，ここでは一応裁定委員と呼んでおく）になることは非弁活動を禁止した弁護士法 72 条に違反しないかという点が問題になる。
　調停委員の任免に関しては民事調停法（以下民調法という）8 条 2 項が規定しているが，選任基準を規則に委ね，民事調停委員及び家事調停委員規則 1 条は，非弁護士を調停委員に任用することを認めている。非弁護士が調停委員になりうることが法規上認められているので，それが弁護士法 72 条違反になるか否かは問題にならないと解されている。ただし，私は，この点若干の疑義を感じないわけではない。というのは，調停委員の選任基準は法律事項であるか，規則事項であるか問題があると考えるからである。この疑問を別にすれば非弁護士の調停委員の選任は法規上肯定されている。あるいはこれとは全く別の視点から弁護士法 72 条の解釈として，「72 条でいうのは，特定の事件毎に委任を受けてその当事者から報酬を得ることと解釈できる」から，「苦情処理を担当する者は，確かに賃金の支払いを受けて苦情処理を行っているが，それは報酬を得る目的，とは読めない」ので問題なし，と解する可能性もないわけではない（小島武司＝伊藤眞編『裁判外紛争解決処理法』（有斐閣）133 頁）。私見は，後者の解釈以前に前者の考え方をもって，非弁護士が調停委員になることについては弁護士法 72 条違反がないものと解する。
　問題は，非弁護士が ADR の裁定委員として，裁定委員会の一員として裁定にあたることについて，民事調停法，家事審判法や民事調停委員及び家事調停委員規則のごとき規定がないという点に求められるように思う。
　ADR の裁定委員についていえば，したがって，前掲後者の解釈が成り立つか否かがまさに問題になってくるのである。
　ところで，これとは異なり，日弁連調査室編著『条解弁護士法〔第 2 版〕』（弘文堂）529 頁には，同条の解釈として次のように記述されている。すなわち，「報酬は，事件を依頼する者から受け取る場合に限らず，第三者から受取る場合であってもよいと解するべきである。例えば，法律相談を業とする者が，無料法律相談と称して相談者から報酬を直接受け取らなくとも，その場所を提供している者等から報酬を受け取っていれば，本条に違反すると解すべきである」と説いている。

日弁連調査室の見解が正しいとすれば，非弁護士たる ADR の裁定委員が裁定委員会の一員として裁定にあたることについては問題が生じる余地がでてこないかという疑問が生じる。

　ADR の一つの特質として，delegalization（法乖離性）という性質が考えられるから，ADR の裁定は厳格な意味での法律事件ではないといえるかもしれない（私見は法的解決であると解している）。しかるがゆえに，これを非法律家が取扱うことについて弁護士法 72 条違反は問題になる余地がないという論理も考えられないわけではない。

　しかしながら，ADR といえども，法律をベースにし，条理にしたがってどこまで法から乖離できるかという点を考慮して紛争の解決にあたるべきであるという建前や，加えて少なくとも解決の結論の内容が適法でなければならないという点では法判断が入るということを考慮するならば，ADR の裁定が法律事務ではないと言い切ることは困難である。delegalization というのは，その根底に法からの乖離を意味するものの，乖離の前提としてあるいは基礎として法が意識されていることを忘れてはならない。そのことは現に存在する各種の ADR の裁定委員の中核が法曹によって占められていることから容易に理解されうるであろう。したがって，ADR を非法律事件と見て，この点から弁護士法 72 条の適用外と見ることは若干の問題を含む。小島＝伊藤編・前掲書も記述のとおり，ADR を非法律事件と解して弁護士法 72 条の適用を回避しているのではなく，「報酬を得る目的」に該当しないという点で同条の適用除外と解しているのである。この限りでは同書の立場は正しいということができる。

　そこで問題は，ADR の裁定委員は法律事務の取扱いにつき「報酬を得る目的」があったかなかったか，という点に集約される。これは，小島＝伊藤・前掲書の解釈と日弁連の解釈を前提とする見解とのいずれを正当とすべきかという問題である。

　有料で法律事務を取扱うことは，取扱者にそれだけの責任が生じるということで，非弁護士にその責任ある取扱いを求めることはできない。それだけの責任を伴うという点では，日弁連の指摘する事例でも変わりはない。無料法律相談であっても，相談業務設定者から報酬を得ている以上，相談担当者は相談事業の設定者に対して，加えて設定者を通して間接的に相談者に対してそれだけの責任を負っている筈である。そのように考えると，日弁連の考え方のほうが合理的であるように思われる。

V その他手続

このように考えてくると，非弁護士であるADRの裁定委員の選任資格については，法律に一定の基準を定め，これを弁護士法72条の例外規定とするのが正当な方法であって，非弁護士である裁定委員は弁護士法72条にそもそも違反しないと解釈することによって同条の適用を回避するよりはるかに説得力のある方法であるように考える。ADRの裁定委員の資格についてはなるべく疑義を残さないように，その法的地位を確立することが望ましいのではないか，というのが私の意見である。この点で，田島純蔵「裁判外紛争処理機関とその在り方」（自由と正義1999年4月119頁以下）に賛成したい。

3 民調法3条の合意による地方裁判所調停

民調法3条は管轄裁判所を「……簡易裁判所又は当事者が合意で定める地方裁判所……の管轄とする」と定めている。調停事件の管轄は原則的に簡易裁判所にあり，例外的に当事者間の合意により地方裁判所の管轄が認められることになる。いわゆる合意管轄である。私の調停委員としての経験上この種の事件をそう多く担当したわけではなく，この種の合意管轄が地方裁判所に認められる事件の数はそれほど多いわけではないように思う。

その点は別にしてもこのような民調法3条の取扱いは妥当なのであろうか。私はいささか疑問に思うのである。以下私の疑問を示して批判を仰ぎたいと思う。

これまでも折りあるごとに私が主張してきたことであるが，凡そ調停制度を考える場合，その範型を諸条件の行き届いた中央の制度に求めて，そのイデアルティプスをつくって，それをもって地方の簡易裁判所について迄一律にこれを及ぼしていくことが妥当か否かという問題がある。調停制度の在り方を論じる場合，東京や大阪といった高等裁判所所在地の簡易裁判所の調停制度を考えて，これをもって中央と同様な条件のない地方にまでもその規律を及ぼすべきものと考えがちであるが，そのような基本的姿勢に問題があるように，私には思えるのである。調停委員の質の問題，弁護士資格のある調停委員を求められるか否か，非弁護士たる調停委員に人を得られるか否かという点で高等裁判所所在地とそれ以外の地方とでは可成り大きな開きがあることは率直に認めざるをえないのではないか。また更に細かくいえば高等裁判所所在地であっても，調停委員の質の問題という点からみると中央地区と地方地区とがあり，両者の間で格差があることを認めざるをえないのではないかと思う。裁判官が調停主

任として関与するから法曹無資格者のみで調停を進めても問題はないとか，また調停は合意を本質とするがゆえに法曹無資格者だけで調停を進めても問題はないのだという申し開きは妥当ではなく，通りにくい議論なのではないか。調停は裁判所付設型のADR（裁判代替的紛争解決制度）であるだけに，手続についても解決内容についても適法性がベースになければならないはずである。調停による紛争解決は手続的にも内容的にも基本的には他のADRと比較して，より則法的でなければならないというべきなのである。手続の途中の過程では，裁判官が常時タッチするというのではなく，しばしば調停委員だけで手続を進めるということは適切ではない。いわんや調停委員がいずれも法曹無資格者であるということは，本来あってはならないことなのであるが，同一裁判所内で同時併行的に多くの調停事件が進行する現状では常にすべての調停事件について期日に調停主任たる裁判官の主任としての手続主宰を要求することには無理があることは理解できないわけではない。それだけに訴訟に関係なく，また事件の複雑性に関係なく，あるいは事件の法解釈の難しさに関係なく，簡易裁判所に調停事件の管轄を認めることには問題があり，しかるがゆえにより慎重性を考えて民調法3条の合意管轄が地方裁判所に認められることになったのであろう。そのことは上記の理由から評価されてよい。

　しかしながら民調法3条によって地方裁判所に調停の合意管轄を認めるのみで十分なのであろうか。私はこの点大いに疑問なしとしない。例えば申立人が訴訟に必然的に伴うデメリットを避けて調停で事件を解決したいと考えてはいるが，当該事件の訴額が高いとか，困難な法律解釈を伴う等の事件，すなわち重い事件であるとき，相手方が同意しないと地方裁判所に事件を上げることができないということでよいのであろうか。

　申立人のみの意見で地方裁判所に上げらるということになると，相手方は期日毎に身近な簡易裁判所ではなく地方裁判所に出向かなければならないというデメリットが認められる。しかしそのデメリットよりも，事件の重さのゆえに地方裁判所の調停を望むという申立人の意思をより以上に尊重すべきではないのか。申立人のみの意思を尊重し，相手方の意思に反していても地方裁判所調停を認めることにより，相手方に対しても前述のデメリットは認められるものの地方裁判所のより慎重な調停を受けることができることになるというメリットはあるともいえるのである。

　申立人の意思のみで管轄地方裁判所における調停ができる旨の改正をしたと

V　その他手続

すると，もう1つのデメリットが考えられる。それは申立人が相手方の意思を無視して本来簡易裁判所で処理するに十分適した軽微な事件を重要な事件としてこれについて地方裁判所の調停を申立てることができることになって，相手方がそれに歯止めをかけることができなくなるという畏れがあるという点である。その対策としては，例えば，一定の訴額制限をしておくのがよいと思われる。あるいは申立てを受けた地方裁判所に簡易裁判所に対する裁量的逆移送権を認めておくのもよいであろう。申立人の地方裁判所調停の濫用に対する対策は色々と考えられないわけではない。私は原則論をどうたてるかという議論が大切なのではないかと考える。

　申立人としては，重大な事件の調停を実質上調停主任以外法曹有資格者を含まない調停委員のみで行われることも全くないわけではない簡易裁判所の調停に委ねることに躊躇することは十分に考えられる。勿論，重大事件が簡易裁判所に持ち込まれた場合，当該簡易裁判所は調停委員会の構成に慎重な配慮を示すであろうことは十分に予測される。しかし簡易裁判所によっては法曹有資格者を十分に揃えられないところもあるであろうし，委員会の構成に法曹有資格者を入れるという制度的な保障は何もないことにも注目しておく必要がある。当然のことではあるが，裁判所は法曹資格のない調停委員の選任にあたって慎重を期し，良識ある調停委員の選任につとめているということは十分理解できる。この点に関する裁判所の配慮には敬意を表することに私も吝かではない。また調停の過程で，特に法曹資格のない調停委員が調停主任たる裁判官の意見を聴き，それに沿って調停を進めているということも認められる。私はこの点を否定するものではないことは付言しておかなければならない。唯いたずらに調停制度の現在の運用に消極的な意見を表し，調停制度に対する不信感を募ろうとする意図をもつものではない。

　現行民調法3条の下で地方裁判所調停につき相手方の同意が得られなかったために重要事件の扱いにつき簡易裁判所調停に甘んぜざるをえないとしても，簡易裁判所調停が不調に終わったときに，最後は裁判所の裁判を受ける権利は申立人に保障されているのであるから問題はないというかもしれない。しかしながら，この見解にも賛成しえない。というのは，申立人はとりあえずは訴訟による解決ではなく，調停による解決を求めるいるのであるから，そこで申立人によって地方裁判所の調停が求められればそれに対応する制度を充実しておく必要があるのではないかと思われるからである。

最近，裁判外紛争処理解決制度の重要性が叫ばれるようになったことは周知のとおりである。ADRの効用が強調され多種多様なADRが設けられるようになった。現在（本稿執筆時）進行中の司法制度改革審議会においてもADRは審議対象の1つとなっていることは周知のとおりである。ADRが重視されるようになりつつあるという現象に対応してADRにおける手続保障ないし当事者権の保障の重要性が認識されるようになった。ADRのなかでももっとも中心的で他のADRについて模範となるものは訴訟上の和解であり民事・家事の調停であって，そこでの手続保障はより充実したものにしなければならない。調停は裁判所付設型のADRであるから，調停制度の中での当事者権の保障も当然必要とされ，本項で取り上げた民調法3条の改正提案もその一端であるということができよう。

　私自身約30年にわたり東京地方裁判所の民事調停委員を勤め，その経験から私の調停法学ないしADR論にどれだけ多くの示唆をうけたか，計り知れないものがある。その経験は私の調停法学ないしADR論の基礎になっている。ADRの中心的存在として調停制度を暖かく見守り，その更なる発展を祈念するために，調停制度に対する私論を今後も展開して行きたいと思う。

〔判タ1028号74頁，平12〕

　追記　司法制度改革審議会の答申は2001年6月に提出された。但し民事調停法3条については改正はない。

V　その他手続

⟨57⟩　調停の型

1　裁判外紛争解決制度と裁判所外紛争解決制度
　　――民事・家事調停の位置づけ――

　alternative dispute resolution（以下 ADR という）といえば，裁判代替的紛争解決制度を指すのであるから，わが国の民事・家事調停のように，訴訟ではないが，裁判所附属型の紛争解決制度（すなわち, court annexed ADR）をも含む概念と考えることができる。これに対してドイツ語で，aussergerichtliche Streitsbeilegung という概念は，これを素直に理解すれば，裁判所外の紛争解決制度を意味する。そして裁判所内で行われる調停はここに含まれないことになる。aussergerichtlich（直訳すれば裁判所外）なる概念において，Gericht の意味をそのまま直訳して，すなわち「裁判所」という意味に受け取れば，それは「裁判所外紛争解決制度」ということになるが，ここで，Gericht という語を Prozess（訴訟）という意味に解すれば，それはわが国の調停のような court annexet ADR をも含むことになり，ADR と同じ意味を持つことになる。aussergerichtlich に含まれる Gericht の意味の取りようによって，一つの語ではあるが，意味する概念の内容が異なることになる。すなわち，ADR が aussergerichtliche Streitsbeilegung とイコールではなくなることになる。
　したがって細かな点と思われるかもしれないが，わが国で ADR といえばアメリカ流に court annexed ADR である調停も含めて考えるのが通常であるから，ドイツで ADR 論を展開する場合には，両者の概念的相違を区別しておく必要がある。
　両概念を調停との関係で区別することなく，調停は ADR に含まれると考えるが故に，何らの説明なしに，aussergerichtliche Streitsbeilegung の中で調停の説明をすると概念上の混乱が生じるおそれがある。あるドイツの大学で, aussergerichtliche Streitsbeilegung に言及して，ADR の一種として調停を説明したところ，調停は裁判所外紛争解決制度ではないとの指摘を受けたことがあった。以上のようなことからすれば，これは当然に生じてくる疑問であろう。しかし，この事情は所詮言葉の使い方の問題であるにすぎない。

2 調停者主導方か当事者主導型か

調停手続の進め方について，調停者主導型と当事者主導型という分類があり，近時は後者が前者よりも手続として推奨される傾向にあるようである（本稿2〜4の調停の型に関する論稿として，萩原金美「ADR 導入と司法改革の課題」月刊司法改革 No.7, 30 頁以下参照）。調停は合意であるといっても，手続の過程で当事者に当事者権の保障をすることが必要であることは一般に認められており，これはドイツ流にいえば，ボン基本法 103 条の審問請求権の保障につながるのである。手続保障が fair な紛争解決という結果につながることはいうまでもない。

しかしながら，そのことから当然に当事者主導型がよいという結論を導くことは余りに短絡的に過ぎると思われる。第1に，かねてより私が主張しているように，ADR における紛争解決は基本的に則法的でなければならないという点から，調停手続の中で，調停者は法的解決を説示すべきであるし，それを説示すべきであるということは，この法的解決策を基準に調停条項をまとめるように説得すべきであることを意味すると考えられる。第2に，当事者に十分な主張を尽くさせるべきであること（手続保障）はいうまでもないが，手続進行の経済性ないし効率性・迅速性の観点から見て当事者主導型は必ずしも好ましいとはいえない。特に代理人調停ではなく，本人調停の場合，現実に当事者主導型では手続の経済性ないし効率性・迅速性に反する事態がしばしば認められる。第3に，紛争をめぐって当事者が感情的に激しく対立しているような場合，当事者主導型を終始貫くことには無理がある。調停委員会が主導権を取って当事者に説示し，説得しないと解決に至らない場合がしばしば見られる。第4に，第3の点と関連するものではあるが，当事者に冷静な法律的考えができないようなケースでは，しばしば代理人である弁護士すら当事者を充分に説得することができず，代理人がこの点で手を挙げてしまい，当事者の説得を調停委員会に委ねざるを得ない場合が見られる。弁護士である代理人が，法的解決を基準にして当事者の説得に当たるのは本来代理人としての弁護士の責任なのではあるが，当事者の態度が頑なであるために，代理人による説得すら不可能な状態もしばしば見られる。加えて決して好ましいことではないのであるが，代理人である弁護士が迎合して当事者の説得に敢えて当たろうとせずに，調停委員会による当事者の説得をまって一種の責任逃れをするということも見られる。こ

Ｖ　その他手続

れらの場合に，調停はどうしても当事者主導型では成果をあげにくい。第5に，当事者が自己決定や対話を嫌う性格の者であるときは，その手続はどうしても調停者主導型にならざるを得ない。

　以上，調停者主導型のメリットを種々述べてきたが，これら5つの論点のうち特にすべてのケースについて基本的に重要なことは前記の第1，第2の論点である。第3ないし第5の論点は必ずしもすべての調停事件に該当するものとはいえないからである。

　私の上記主張の第1点について，かなり強い批判があることは十分に承知している。そこでこの点をしばらくおいておくとしても —— とはいっても，私が第一点の主張を放棄したわけでは決してない ——，第2点は重要である。

　裁判所が裁判にかけるエネルギーには限界があり，それを補充するという点に調停の存在意義を認めることは一般にいわれていることではあるが，その調停のエネルギーにも限界があるということはいうまでもないことなのである。そのことはどんなに裁判の容量ないしは調停の容量を拡大してみても，若干の緩和は見込まれるかもしれないが，完全に解消されることはないものである。そうであるとすれば，手続の経済性ないし効率性・迅速性を考慮しないわけにはいかない。そうなるとどうしても調停者主導型にならざるを得ないというべきであろう。

3　調停の進め方 —— 交互面接方式か対席方式か ——

　調停の進め方について，交互面接方式か対席方式のいずれによるべきかという点もよく取り上げられ，かつ議論される問題であり，最近は後者から前者へという傾向が見られるといわれている。この問題も一律にどちらがよいという問題ではないように思われる。一般的にいえば，確かに対席方式の方が，当事者の主張の迅速且つ正確な相互理解に役立つ。しかしながら，両当事者の対立状況によってケース・バイ・ケースで，両当事者が交互型を望む場合は手続保障を放棄しているのでいずれかの方式を使い分けることが必要なのではないだろうか。当事者が感情的に激しく対立しているような状況の下では，対席方式によるべしといっても，手続の進め方に無理が生じることがしばしば認められる。確かに，当事者としては調停をもって紛争を解決する以上は，互譲の限度を考える。しかし調停は所詮駆け引きの場なのであるから，当事者は途中の段階で譲歩の限度を調停者には明らかにしても，ある段階に至るまでは相手方に

明すことを望まない場合がある。このような問題については交互面接方式によらざるを得ない。

現実の調停手続に関しでもケース・バイ・ケースで，両方式を使い分けているのが現状ではないかと思われるし，それがまた調停が訴訟と異なる機能を発揮する上で合理的でもあるように思われる。

4 調停者は単独制でよいか

ADRのメリットとして delesralization, deprofessionalization とかいうことがいわれている。そのこと自体は正当であるといえよう。しかし私がかねてより主張しているところではあるが，ADRにおける紛争解決も，実は法が基本になるべきものであって（則法性），解決内容がそこからどの範囲で delegalize するかという点が問題なのである。そうすると調停者の中に法律家が含まれることが不可欠ということになる。delegalize の範囲いかんという点では法律家に往々にして欠けるきらいのある庶民感覚が必要になるという点では，法律家と非法律家の両方による調停委員会の構成が必要になる。調停者を法律家だけで構成することにも，あるいは非法律家だけで構成することにも私は危惧を感じる。非法律家のみの構成は，ADRの解決の基本が法にあるという私見からすれば納得がいかない。そうなると調停委員会の非法律家のみによる構成には疑問を感じざるを得ないというのが私の率直な感想である。少なくても法律家を含む3名構成が望ましいということになる。ここで，3名構成というのは，いかにも，ADRにとって重装備に過ぎるといわれそうであるが，ADRの性質上あるいはADRに対する国民の信頼性を確保するためにはやむを得ないのではないかと思われる。

この点に関しては私見は以下のような見方が考えられる。すなわち，第1に裁判ですら単独制で行われることがあることからみて非法律家のみによる調停よりも単独裁判官による和解のほうが好ましいこと，第2に訴訟上の和解は，受訴裁判所が単独制の場合訴訟上の和解は1名の当該単独裁判官によるし，そうでなくても受命裁判官ないし受記裁判官によって行われることがあること，第3に，現に調停は事実上2名の非法律家の調停委員により進められることがあるのだから，必ず法律家が加わるべしとの主張にこだわる必要はないこととの批判は delegalijation の行過ぎであること，などの諸点がこれである。

もっとも上記の第1の議論は，ADRが法的且つ条理的である点を軽視した

V　その他手続

議論であると思われること。第2の議論は，訴訟上の和解は，原則として本来の法的紛争解決という裁判を目標とした手続のなかで行われるものであり，ADRの理想型を示すものではないこと。第3の議論も，調停の進め方として理想型ではなく，むしろ常時裁判官が調停主任として期日に関与することが必要であると考えられることなどの点を指摘することが考えられる。

　私見によれば，法律家にdelegalizeを期待できないと断定してしまうことも行き過ぎであると考えられ，法律家の単独制によるADRを考えることまでは認めてよいかもしれない。しかし，ADRの解決基準として，基本的には法律的基準（則法的であること）を考えるべきであるとすれば，非法律家の単独制はいかにしても賛成できない。

［判タ1040号81頁，平12］

　追記　本稿については拙著『訴訟上の和解』（信山社　平成24年6月刊）第2章第6節，第4章第2節，第6章第4節参照。そこでは私見は対席型が調停機関の中立性から導かれるものと考え方に変っている。裁判官の積極的心証開示については私見は消極的立場に見解を変えている。したがって本稿は著者の調停委員時代の経験における調停の型ないしはそれが引継がれている現在の調停の型の分析として理解されたい。

VI 司法制度

⟨58⟩ 判例と弁護士と裁判官と

　1976年8月にベルギーのゲントにおいて開催された第1回国際民事訴訟法会議の帰途，私は知人を訪ねて西独（当時）国内を旅行した。その折フライブルク大学の今はなきアレンス教授の紹介で，カールスルーエの連邦通常裁判所（BGH）にグレル判事を訪ねることができた。連邦通常裁判所の警備は実にきびしかった。長い銃を所持した警官が各所に数人ずつグループをつくって警備にあたっており，それがまた目立つのである。門の処で厳重な所持品検査をうけた。旅行の途中で大きな旅行用鞄をもっていたが，その中味を全部ひろげて調べられた。BGHの建物の入口にも防弾ガラスの扉があり，守衛がボタンで操作して開閉するようになっていた。その扉の奥の玄関のホールにまた数人の警官が警備にあたっていた。わが国の裁判所の警備と比較すると，BGHのそれが神経質にすぎるというべきなのか，あるいはわが国がより平和であるというべきなのか，私にはよくわからなかった。多分後者なのであろう。BGHの見学後近くの連邦憲法裁判所に立ち寄ってみたが，こちらの警備のきびしさも同様のものであった。ボンの司法省でも同じような厳重な警備をみているので，西独ではこのように厳しい警備が当時は一般的であるといってよかったのであろう。それはとにかくとして，グレル判事（当事民事3部の部長判事であった）はBGHの当時の実状を詳細に説明して下さった。判事室の隣りが法廷で，それは実に質素なものであった。これがあの秀れた判例を数多く出しているBGHの法廷かと思うようであった。

　ドイツから法律関係の学者や実務家が来日されると，私は最高裁判所にお願いして庁舎の見学をさせていただくことにしている。西独のある大学教授を最高裁判所に案内した帰路，私はBGHのあの古めかしい建物と比較して，わが国の最高裁判所の庁舎の大きさ，立派さを自慢する気持もあって，見学の感想を聞いてみたことがある。彼は，最高裁判所の建物の立派さに感心したといいながらも，次のような感想を述べてくれた。すなわち，ドイツでは，あのように立派な庁舎を最上級裁判所のために建築することができないであろう。その理由は，第1に，チープ・ガバメントの思想が裁判所にも適用されること，第2に，西独ではナチス時代に国家権力によって国民が甚大な被害を蒙っている

Ⅵ　司法制度

ので，たとえ建物でも国家機構が強大化するようなことをよろこばないこと等に求められると説かれたのである。そういうと失礼になるが，この発言には多少の美しさがあったのかもしれない。

　三権分立制度のもとでは，裁判所は国会や内閣に匹敵する重要な国家機関の1つであり，最高裁判所は裁判所機構の頂点に位置するものであるから，建物というハード・ウェアの点でも内閣や国会に匹敵する立派なものであってよいであろうし，世の中が平和になってくると，よい裁判はよい環境のなかでという要請があったとしてもそれはそれなりの合理性をもつと思われる。そこで，私は最高裁判所の庁舎が立派であることはそれ自体意味のあることであると考えるのであるが，前記の西独の某教授の話も1つの考え方として理解できないことではなかった。

＊　　　＊　　　＊

　ところで話をもとにもどして，BGH の判例が何故高い権威のある秀れた内容をもつのであろうか。この点を少し考えてみたい。

　もちろん，BGH の判例のみならず，わが国の最高裁判所の判例も高い権威をもち，それが学者の批判をうけるか賛成をうけるかは別にして，判例法を発展させるうえで重要な役割を果し，学説や研究の発展の契機になっているという点で，実務上は勿論，学問上でも重要な意味をもつことはいうまでもない。それと同様に西独では BGH の判例が実務上並びに学問上高い評価をうけていることは周知の通りである。

　BGH の判例を高度の水準のものにしている理由として，第1に判事のすぐれた能力を挙げなければならないのであるが，これに加えて，連邦弁護士という制度が挙げられるのではないかと思う。BGH の訴訟手続に関与する弁護士が優秀な者に限られれば，そのことが BGH の裁判官のすぐれた資質と相俟って，BGH の判例の水準を高く保つ原因になることは容易に推測されるのである。事実そのように説くドイツの法律家もいる。民訴法のあの分厚いコンメンタールを担当した Wieczorek も連邦弁護士の1人である。極く限られた数の連邦弁護士でなげれば BGH の訴訟の代理人をつとめることは許されない。連邦弁護士会の入会審査は極めて厳しいものと聞いている。BGH では訴訟代理人である連邦弁護士が木目の細かい高度の弁論をすることが，BGH の判例の質的向上に一役も二役も買っているのである。

　わが国では，法曹一元の導入が叫ばれて久しいが，法曹養成制度の司法研修

所による一元化がはかられるにとどまり，それ以上に進まず，いつの間にかその声も下火になってしまったようである。現在では弁護士から裁判官に転職する者がいても少数である。在野法曹の質的向上はなんといっても法曹一元制を導入するための前提要件である。一般的にいえば，裁判官の研修制度と比較して，弁護士会のそれは必ずしも十分であるとは言い難いというのが現状であろう。最近では研修のなかに義務化されたものもある。この点は別にしても弁護士資格を一般資格と特別資格（例えば，専門別でもよいし，審級別にすることも考えられるのであるが）とに区別し，弁護士資格を多様化すれば，心ある弁護士は特別資格を取得するために更なる研鑽を積むであろうし，それが弁護士の質的向上にもつながるであろう，ないしは，それができないならば，弁護士の数をふやして実質上実力本位の激しい競争原理を導入することによりその質的向上をはかるべきではないか，というのが私の予てからの持論である[1]。この辺りで思い切って最高裁弁護士といったような資格を設けてみることも一案であるように思う。

　私はかつて法曹一元制の導入が唱えられたとき，その導入は司法の民主化という観点から好ましいが，前記の前提条件（もちろんそれが唯一の前提条件というわけではないのであるが）が欠けているがゆえに時期尚早であると考えた。しかし，いつまでもこの前提条件を具備するための効果的手段を講ずることなく時期尚早といっていたのでは，事態は一向に改善されない。そろそろ思い切った改革がなされてもよいのではないかと考えるのである[2]。

　さらにまた，わが国の場合，法曹人口が，西独の場合と比較しても人口との比例で非常に少ないということも，弁護士の質の問題と若干関係があるのではないかと私は考えている。単純計算をすると，弁護士の数が多ければそれだけ弁護士１人当りの手持事件数は少なくなり，弁護士は１つ１つの事件について十分な準備をして法廷に臨むことができるようになる。それは弁護士の仕事の質を向上させることにつながるであろう[4]。

　手持事件を減少させるには，弁護士の数を増やすことのみならず，大都市への偏在を解消しなければならない。そうしないと，大都市に弁護士が偏在する反面，中・小都市における弁護士数が少なくなり，そこでは１人当りの手持事件数が異常に増大するのみならず，弁護士過疎地をつくりだしてしまう。極端にならない程度に弁護士の適正配置を考えるのは，弁護士自治を建前とする各弁護士会ないし日弁連の配慮すべき事項であると思われるのである。

Ⅵ　司法制度

　　　　　　　＊　　　＊　　　＊
　弁護士の質的向上は判例の質的向上の重要な要因の1つである。これに加えて，裁判官は，質的に高い弁論をうけとめて，それを上まわる質を伴う応答をする能力と態度をもたなければならないことになる。
　そのためには，現に判事補時代に若い裁判官に課すべき厳しい研修は有意義であると思う。さらにまた，裁判官が研究論文を発表したり著書を刊行することも，裁判官の能力を開発するうえで大切なことのように思う。原稿を書くことにより，裁判官としての職務がおろそかになってはならないのは当然のことであるが，そうでなければ，研究の成果を世に問いその批判を仰ぐということは，自らの法解釈をより正しいものにするのに役立ち，それが自らの裁判の質的向上につながる。それが学説に対する刺戟にもなる。
　裁判官が研究者的立場にたって原稿を執筆する場合，当該裁判官は裁判においてそうするように，裁判官としての良心にしたがって法を解釈するのではなく，個人の良心にしたがって法を解釈することになるが，それは当該裁判官が裁判官の職にとどまるかぎり好ましくない，ということもいえないであろう。当該裁判官が極端な思想の持主であれば別であるが，良識的な裁判官であれば，当該裁判官の個人の良心と裁判官としての良心とがそれほど大きくかけ離れるということは考えられないし，さらにまた，両者の間に存する距離が若干のものにすぎなければ，当該裁判官は両者を使いわけることが十分に可能であるからである。そのような懸念よりも，むしろ研究によりあるいは原稿の執筆によりえられた成果が裁判の質に影響するメリットのほうがはるかに大きいのではないかと私は考える。私は，この意味で特に若い裁判官には研究発表の機会を利用してもらいたいし，執筆もしてもらいたいと願っている。
　弁護士の質が高く，これに応える裁判官の能力が高ければ，判例の質はおのずから向上する。ちなみに，裁判官が判決理由中で弁論にあらわれた法律論に応答するとはいっても，その応答の仕方は多様である。判決文は学術論文ではないから，研究論文のような判決理由を書く必要は全くない。最近の判例のなかには，しばしば学術論文ではないかと思われるような，詳細な解釈論を展開するものがある。それのみではない。勢いあまって傍論で新しい解釈論を展開しているものもある。傍論はいくら書かれても，またいくら積み重ねられても，本来判例法を形成するものではない。それどころか，一定内容の解釈論を含む傍論を繰返し記述することは，事実上法律の世界の規範を形成することになる

という意味で，司法の消極性という観点から，あるいは三権分立制という観点から，是認されてよいことであるか否か，多分に疑問があると思われる。

［判タ408号2頁，昭55］

追記
1. わが国の新司法試験制度の下では現在約2000人余の合格者を輩出しているが1500人説が有力になりつつあることは周知の通りである。本文中で弁護士の数を増やす必要性を説いたが，それも限度があることはいうまでもない。
2. 注1参照
3. わが国における弁護士会の研修制度は昔と比較してかなり充実してきていることは認めなければならない。その点で日弁連を始めとして各地区の弁護士会の活動も評価される。
4. 新司法試験制度の下での現状は更なる調査分析を必要とするであろう。

Ⅵ　司法制度

⟨59⟩　法曹倫理教育

〈1〉　裁判官や弁護士をめぐる若干の不祥事が発生すると，にわかに法曹倫理が問題とされ，それとの関係で法曹教育，法曹選抜の在り方やその改革が議論されるようになる。法曹の選抜や養成制度が法技術・法知識に重点をおく傾向にあり，法曹倫理という観点が必ずしも重視されていないという点は認めざるを得ないであろうし，それが右制度の欠陥といえばいえないこともないかもしれない。したがって，ここで法曹選抜制度や法曹教育の現状を見直して問題点を改革しようとする動きに賛成こそすれ，反対するつもりは全くない。

　技術や知識偏重の教育というのは，ひとり法曹教育についてだけいえるわけではなく，戦後の教育の一般的傾向である。医師の養成にしてもそうである。医学の知識や技術は教育しても医の倫理にかなりの比重をかけて教えているとはいえない。しかしながら，法曹教育や医学教育はいわば専門教育なのである。正常な倫理感覚をそなえた人間が専門教育の対象になっていれば，たとえ専門教育が技術教育，知識教育にとどまっても，正常な倫理観をもった専門家が養成される。逆に正常な倫理感覚が十分に養われていない人間が専門教育に入った場合，いくらそこで法曹倫理や医師の倫理が教育されても，正常な倫理感覚をそなえた立派な専門家の養成を期待することは難かしい。少し行き過ぎた言い方になるかもしれないが，正常な倫理感覚をもつ者に対して仮に反倫理的な専門教育を施したとしても，その者はこの反倫理的専門教育を批判的に吸収して立派な専門家として育つことが期待できないわけではないのである。

〈2〉　正常な倫理感覚を養うのは高等学校までの下級学校の時代なのである。何故ならば，この時代が人格形成にとって最も重要な時期であると思われるからである。教育基本法第3条第2項は，法律に定める学校における教育の政治的中立性について規定しているが，高等学校以下の下級学校においては，生徒の批判能力を養うのに大切な時期であるだけに，教育の政治的中立性は大学におけるそれ以上に徹底して要請される。大学においても教育は政治的に中立でなければならないことはいうまでもないが，大学生は高等学校迄の教育によって一応の批判能力を具備しているのが建て前であるだけに，偏向教育の悪影響も下級学校におけるそれ程ではないといえる。教育の最も重要な資料である教

科書につき，下級学校の場合，その内容や方法は別にしても，検定が必要であるとされる理由はそこにあると思う。もちろん，教科書の検定制度がなくても中立的な教科書ができるような健全な社会であることが理想である。しかし現在のわが国は残念ながらそのような理想的な社会ではない。教科書に政治的中立が要請される以上，その範囲内で，教科書執筆における表現の自由がある程度制限されることは止むを得ないのである。

教科書検定にそれてしまったが，話の筋にもどると，かようにして，高等学校以下の下級学校時代は，人格形成をするのに最も重要な時期なのであり，この時代までに形成された人格をその後の時期に是正しようとしても，それはなかなか困難な作業なのであると私は考える。

〈3〉 専門教育に入って法曹倫理を教育することの重要性を私は決して否定するものではない。しかしながら，それよりも重要なことは，専門教育における法曹倫理教育を受け容れる下地を高等学校以下の下級学校でつくっておくことである。これができていなければ，法曹倫理教育はその効果を挙げることが難しい。けだし，法曹倫理も一般倫理にうわ積みされる職業倫理であって，一般倫理の基礎なくして成り立ちえないものであり，一般倫理と切り離して存在しうるものではないからである。

戦前の全体主義的価値観に基づく誤った道徳教育の反動として，戦後道徳教育はあまり歓迎されてこなかったようである。しかし，否定されるべきであるのは戦前の誤った価値観に基づく道徳教育であって，道徳教育とか倫理教育一般ではないことはいうまでもない。正しい価値観に基づく道徳教育，倫理教育は，社会の種々の分野に進出するであろう青少年にとって欠くことのできない教育なのである。そして，法曹倫理教育もこのような下地のある者に施してこそはじめて効果を挙げることができるのであって，この種の下地のない者に対する法曹倫理教育の効果を期待することは難しい。

立派な法曹を養成するという観点から，法曹の選抜制度，養成制度の欠陥を洗い直して改革しようとする試みは高く評価されるべきであるが，それと同時に，問題は決して右の両制度のうちにだけ存在しているわけではないことにも注意しておきたいと思う。　　　　　　　　　　　　［判タ447号4頁，昭56］

　追記　法曹倫理教育は今日では法科大学院の授業課目として開設されているし，日弁連や各単位弁護士会においてもそのための研修を行っている。本稿執筆当時と比較して事情は大きく変ってきていることは確かである。

Ⅵ 司法制度

⟨60⟩ 簡易裁判所の事物管轄の引上げ

　先日（昭和57年5月頃），新聞に簡易裁判所の事物管轄の変更，すなわちその取り扱う訴訟物の価額の上限を90万円にすることについて，法曹3者の合意が成立した旨報道された。昭和45年に裁判所法の改正により上限が10万円から30万円に引き上げられたが，その後の物価指数等経済事情の変動がこの合意を成立せしめたのであろう。
　昭和45年の指数を100とすると，昭和55年の国民総生産指数は321.2，1人当たりの国民所得は283.6，勤労者の可処分所得は294.8，1人当りの個人消費支出は316.4（以上いずれも年額基準）となる。都市勤労者の1世帯当り平均1か月の消費支出も285.1，農家の場合が321.7である。全国市街地の土地価格指数も昭和45年を100として昭和55年は232である。ここに紹介したかぎり，この10年間で若干のばらつきはあるものの殆んど指数は3倍になっている。
　民事第1審訴訟事件の新件の地裁・簡裁分担割合をみると，昭和46年が地裁51.6％に対し，簡裁が48.4％であったが，昭和55年には地裁62.2％に対し簡裁37.8％である。地裁の分担割合が，この10年間に約10％増加していることがわかる。
　以上のような数字からみると，ここで簡裁が取り扱う訴訟物の価額の上限を，現在の30万円の3倍の90万円にすることは適切であるように思われる。その範囲ではこの簡裁の事物管轄の引上げは，簡裁の在り方を抜本的に問い直すものとはいえない。

　　　　　　　　＊　　　　＊　　　　＊

　多少問題になるのは，不動産に関する訴訟はその目的物の価額が90万円を超えないものについて，地方裁判所と簡易裁判所の競合管轄を認める点である。原告がこの種の事件の訴えを地裁に提起することができることに対応して，被告が，この種の事件が簡裁に提起され，本案につき弁論する前に移送を申し立てたとき，簡裁はその専属管轄に属するものを除くほか，訴訟の全部又は一部をその所在地を管轄する地方裁判所に移送することを要するものとされる。
　不動産に関する事件で訴額が90万円までの事件が実際にどの程度あるのか私には不明であるが，しかし，いずれにしても，その取扱いにより，訴額が90

万円までの事件のうち地方裁判所に係属する事件が若干でてくる可能性は否定しえないであろう。

　不動産に関する事件には，たとえ訴額が90万円（現行法については追記参照）までのものであっても，事件の内容が複雑であるために簡裁で審判するには適さず，地裁で審判すべきものがあるということであろう。

　この種の事件につき，簡裁・地裁の競合管轄を認めるのであるから，一方で簡易裁判所の身近さを保障すると同時に，他方で地方裁判所によるより慎重な審判を保障し，その選択は当事者に委ねるとするのである。

　従来も旧民事訴訟法30条2項（現行民事訴訟法16条2項）の受理制度にみられるように，がんらい地裁の事物管轄が認められていない簡裁事件について，地裁が例外的にこれを引き取るという制度がないわけではないが，右の改正は，同一事件について簡裁，地裁の競合管轄を認め，且つ一定の要件の下に必要的移送を認めようとするものである。

　競合管轄を認めて，職権で行う場合を除けば簡裁，地裁の選択は当事者に委ねるというのであるから，それが当事者にとって不利益になることはなく，この改正に賛成できても反対する理由は全くないように，私には思えるのである。

＊　　　＊　　　＊

　しかしながら，競合管轄や職権移送の制度を設けること自体，たとえ少額事件であっても，複雑且つ困難な事件の審判をめぐる簡裁不適当論を前提とするものと考えられる。およそ人とか機関とかは，責任をもたされることにより育成される面があることは否定できない。簡裁の事物管轄の拡大は簡裁の自覚を促しその充実化の努力を生むことになるであろう。目的物の価額の上限を90万円（現行民事訴訟法140万円）に引き上げたこと自体は経済情勢の変化の当然の帰結であるとみることができるが，競合管轄を認めたことはむしろ本来簡裁事件のなかで重要なものを地方裁判所に引上げるという点でプラスの制度と評価することができるのであろう。

　戦前の区裁判所とは異質のものとして戦後発足した簡易裁判所の在り方については，臨時司法制度調査会の報告のほかでも，しばしば論じられるところである。今回の改正，特に競合管轄や職権移送制度を認めた背景に，いささかなりとも簡裁の在り方に関する判断があるとするならば，ここらで，簡易裁判所の在り方について抜本的な再検討を加えてみることも，あながち無益ではないように私には思えるが，いかがなものであろうか。その場合，簡裁を利用した

Ⅵ　司法制度

訴訟当事者の簡裁訴訟に関する意識調査，簡裁判決の具体的内容の広汎な分析等も不可欠なものになるであろう。

[判タ465号6頁，昭57]

　　追記　本稿は，昭和57年法律第82号による裁判所法の改正（地裁・簡裁の事物管轄の配分の改正）に関して書かれたものである。現行裁判所法33条1項1号では訴額140万円を超えない事件とされている。

　　更に，旧民事訴訟法30条2項に相当するものとして，現行民事訴訟法16条2項がある。

〈61〉 裁判所ごとに訴訟法があるということ

〈1〉 西独では，よく「裁判所ごとに訴訟法がある」といわれている。統一的な連邦法である民事訴訟法が厳然として存在することは周知のとおりである。この連邦民訴法の下で各裁判所ごとに訴訟の運用が裁判所によって少しづつ異なるというのである。州単位で異なるというのか，あるいはまったく各裁判所ごとに異なるというのかという点について，西独の裁判実務にそれほど通じていない私には必ずしも的確に解答することはできない。

ボン基本法第3条は法の下の平等を規定しているのであるが，上記のような事態は同条に違反することにならないのであろうか。他方，同法第20条は連邦国家性を規定している。連邦国家性という観点から見ると，各州の自主性の尊重によって州ごとに民訴法の運用を異にすることがあっても，それが合理的な範囲のものにとどまる限り，法の下の平等の原理に反するとはいえない，いわゆる合理的差別にとどまると考えるべきであろう。かえって，各州ごとに訴訟の運用の独自性を一定の範囲で認めることが連邦制の下では自然であり，かつ連邦制に適っているといえるのかもしれない。

ドイツ法が日本法の母法であるということから，日本法の解釈にあたり，われわれはドイツ法に目を向けることが多いが，その際に注意しなければならないことは，西独が日本のような（中央集権的といわないまでも中央志向型の）単一国家ではなく，連邦国家であるという点である。

連邦国家では，リーガル・カルチャーも地方分権的であって，それが各州ごとに異なっても不思議ではない。リーガル・カルチャーも各州ごとに特色をもちつつも連邦全体として見れば一定の調和がとれていればよいのである。そこで，訴訟の運用の面でもまた各地方のリーガル・カルチャーを前提とし，これに条件づけられる面があることを否定することはできない。むしろそれを尊重することが連邦制のメリットであるといえる。さらにまた，これもまた連邦制に由来するといえるかもしれないのであるが，西独の場合，法曹実務家の地域的固定化傾向があるといわれている。例えば，バイエルン州で大学教育を受けた学生はバイエルン州の司法試験を受験し，裁判官や検事に任官する場合も主として，バイエルン州で勤務する。裁判官の身分保障との関係で裁判官の転勤

Ⅵ 司法制度

もあまりないようである。勤務している州以外の裁判所へ移るというのは連邦裁判官になるときぐらいであろうか。弁護士もまた然りである。このような事情が州独自のリーガル・カルチャーを生む地盤を形成しているものと思われる。

したがって，極端にいえば，連邦法としての民事訴訟法は枠決め的法律（Rahmengesetz）の性質を有することになり，それが定める枠内で各州の裁判所がそれぞれのリーガル・カルチャーを前提にして独自の運用を展開していくものとする理解も，あながち見当違いとはいえないのではないかと思われる。

〈2〉 かつて民事執行法の制定作業に伴う調査の結果を拝見して，例えば東京と大阪の強制執行の実務にある程度の相違があることがわかったという経験を私はもっている。これは両地域におけるリーガル・カルチャーの相違に基づくものと思われ，相違の存在それ自体止むを得ない面もないではない。

同一の手続法の下で手続運用上相違が生じることは，実現すべき実体的法律関係の性質の地域的相違に対応して止むを得ない面もないではない。しかし，このような場合は別にしても，わが国は西独とは異なり単一国家なのであるから，とくに法の下の平等との関係から，できる限り運用上の相違を解消していくべきであるように思われる。西独におけるように，運用上の相違を合理化する連邦制という根拠がわが国の場合存在しないのである。

とくに，マスコミュニケーションの発達の必然的効果としてのリーガル・カルチャーの地域差の解消という一般的傾向から見て，手続法運用上の地域差の解消の要請はますます強いものと解される。

もちろん，かくいうからといって，私は裁判官の独立を否定しようというものではないことを念のために明確にしておきたい。最高裁判例による統一とか会同等による事実上の統一に期待するところが大きいし，場合によっては立法による統一を考えなければならない場合も出てくるであろう。それらの作業の予備的作業として，われわれは当面どこまで運用上のバラツキが許されるかという点について検討しておく必要があるのではないであろうか。

［判タ 511 号 49 頁，昭 59］

追記 私はかつて，東京地裁では不動産執行において強制管理は殆んどなく強制競売のみを行うと聞いたが，大坂地裁では強制管理を行うことがあるとも聞いた。この差は大きく，地域差として看過できないのではないかと考えている。

62　簡裁,地・家裁支部の配置の適正化

　行政区画の変更，人口の移動や交通手段の発達といった社会的要因の変動は時代の推移とともに避けることができず，簡裁，地・家裁支部（以下単に簡裁という）の配置の適正化もこれに対応すべきものであるがゆえに，その適正配置の問題は古くて新しい問題であり，常に検討され手直しされなければならない問題である。
　第1に，裁判所といえども限られた国家予算のなかで運営されるものであるから，裁判を受ける権利の保障を害さない範囲で事件の経済的効率的処理という観点から社会情勢の変化に対応した簡裁の整理・統合等適正な再配置を要請されるのはむしろ当然である。人口減少，事件過疎地であるにも拘わらず，従来通り簡裁を置き庁舎を維持管理し人員を配置しつづけることは限られた国家予算のなかで世論の納得をうることは困難であろう。第2に簡裁の配置の適正化は人口とか事件の数に応じた簡裁の物的設備および人員の適正配置につながるために，適正且つ迅速な裁判の保障を結果することになるといえよう。特に都市部の大規模簡裁におけるクレジット関係を中心とする事件の近時の著しい増加を考えるとき，事件過疎地の裁判所の人的物的設備を吸収して整備することは急務であるように思われる。
　簡裁の配置の適正化に伴い廃止又は縮小される庁もでてくるであろう。配置の適正化は裁判の保障を害さない範囲でなされなければならないことは指摘されているところであるが，しかし，近時の交通手段の著しい発達を勘案すると，右の廃止が裁判の保障を害するとは必ずしもいえないのではないかと思われる点がないではない。
　西独と比較するとわが国の場合人口に対する裁判官の数の割合が低いことは周知の事実である。したがって，適正且つ迅速な裁判のためには，裁判官その他の人員の増員が基本的に重要な要因の1つであると考えられる。簡易裁判所がかつての区裁判所にとって代った経緯からすれば，事件過疎地にも（それも過疎の程度の問題であるが）身近な裁判所として簡裁をおいておくことが理想ではあると思うが，限られた国家予算のなかで人的物的設備を拡大することは不可能に近いのであるから，理想は理想として，我々は実現可能の範囲内で適正

Ⅵ　司法制度

且つ迅速な裁判の保障のための最善策を考えていかなければならないのである。

　もっとも，第1に，簡裁の存廃は裁判を受ける権利の保障と密接に関係していること，第2に，簡裁の設置は当該自治体のステータス・シンボル的意味を有すること等からみて，その配置の適正化にあたっては，まず事件過疎の原因の調査，つぎに，配置の適正化，特に廃止ないし縮小にあたって，関係自治体に納得のいく説得力ある資料の作成が望まれる。

　都市部の大規模簡裁ではクレジット関係の金銭訴訟等事件が過密化していると聞くが，その対応策として簡裁の配置の適正化のほか，西独で実施されているような督促手続事件のコンピュータの利用による機械化を考えてみる必要があろうし，また調停制度の充実による対処も1つの対策になりうるであろう。都市部の大規模簡裁の一部をクレジット専門の簡裁にするということも考えられる。配置の適正化という1つの処方箋のみをもってしては簡裁のかかえる問題に対処しきれなくなっているのが現状ではないかと思われる。

　いずれにしても，戦後40年近い間にわが国の社会事情の変化が極めて著しかったにもかかわらず，事物管轄の改正がなされたにとどまり，簡裁の適正配置の問題についてなんの手も加えられなかったのは奇異な感じすらするのである。司法の一層の充実を通して国民の司法に対する信頼をつなぎとめるためにも，簡裁の配置の適正化をはかることは，司法行政に課せられた急務であるといってよい。

〔金融・商事判例 692 号 2 頁, 昭 59〕

　追記　裁判所の適正配置の問題は人口移動の激しい今日でも1つの重要な問題ではあるが，本稿は昭和59年の状況を前提にして執筆されたものである点に注意いただきたい。本稿発表後クレジット関係事件のコンピュータ化もなされている。

63　最高裁判所の少数意見

　わが国の裁判所法11条は，最高裁判所の「裁判書には，各裁判官の意見を表示しなければならない」旨規定している。少数意見の表示の必要性が，最高裁判所裁判官の国民審査と不可分の関係にあることについては，異論のないところであろう。
　それでは，国民審査制度のない西独においては，実質上の最高裁判所に相当する憲法裁判所の少数意見がどのように扱われているのであろうか。西独において，少数意見が表示される憲法裁判所としては，連邦憲法裁判所，バイエルン州憲法裁判所，ハンブルク州憲法裁判所の3つがある。連邦憲法裁判所においては，1970年12月21日の連邦憲法裁判所法の改正に基づいて，同法30条2項が，裁判官が少数意見を表示しうる旨規定するようになった。少数意見を表示しなければならないのではなく，表示することができるにとどまるのである。バイエルン州憲法裁判所における少数意見の表示は匿名でなされる。このように，裁判官の国民審査のない国の裁判所についても，少数意見付記制が導入されているのである。ということは，少数意見制というものが，必ずしも国民審査制と不可分に結びついた制度ではないことを意味している。
　わが国においては，最高裁判所の少数意見制と裁判官の国民審査制との関係が強く意識されているために，国民審査制とは一応切り離して少数意見制それ自体の存在意義を研究する必要性が，必ずしも十分に認識されているとはいい難いし，現にこれまで少数意見制の長短の問題，あるいは，それとの関係で，少数意見制をいかなる範囲の裁判所ないし裁判において採用すべきかという問題等について，十分な検討がなされてきたともいい難いというのが，現状であろう。

＊　　　＊　　　＊

　昭和60年3月30日より4月5日まで，私の主宰する「手続法研究所」の招きにより，西独・ザールラント大学法経学部のW・K・ゲック教授（国際法，憲法専攻）が東京に滞在された。その間，慶應義塾大学において，4月1日，「憲法裁判所における少数意見の有する裁判所の権威および裁判所の裁判に及ぼす影響」と題するセミナーが開催された。余談に渉るが，同教授は，4月2

VI 司法制度

日慶應義塾大学より名誉法学博士の学位を授与され，授与式後，同大学において，「現代世界における外交的保護権」と題する記念セミナーを開催された。同教授が，憲法裁判所の少数意見制についてセミナーを開催されたのは，同教授が現在，ザールラント州憲法裁判所の判事の職にあることにもよる。上記2つのセミナーにおける報告原稿の翻訳は，既に公表されており，少数意見制に関する同教授の見解の詳細は，永井博史近畿大学教授の翻訳（判例タイムズ558号所収）を参照されたい。私としては，少数意見制の研究は，司法制度研究の一環として重要なテーマであると考え，訴訟法プロパーの問題ではないにもかかわらず，前記「手続法研究所」の事業計画の一環として，このテーマによるセミナーの開催を同教授にお願いしたのである。同教授は，1976年9月から10月にかけて，慶應義塾大学の小泉基金の招待により来日された。その際に行われた一連の講義および講演の成果は，慶應義塾大学法学研究会叢書(39)『西独における法曹教育と裁判所構成法』（昭和55年刊）にまとめられていることから，同教授が，司法制度論の専門家でもあることを付言しておきたい。

＊　　＊　　＊

少数意見制について，若干の論点を指摘すれば以下のとおりである。①少数意見を付記することと裁判の質的向上との間に関連性がないかという点，②少数意見の付記により裁判官の自己責任を明確化する必要があるかという点，換言すれば，裁判官は自己の意見に対して責任を負うのかそれとも自ら関与した裁判に対して責任を負うべきなのかという点，③少数意見の付記は手続の遅延を招かないかという点，④少数意見の付記は，合議体の判決作成に関する共同作業性を害することがないかという点，⑤少数意見の付記により，合議体の各裁判官の意見が明確化するために，裁判官に対する影響力を誘発し，裁判官の独立を害する危険性が考えられないかという点，とくに再任との関係，⑥少数意見付記制をとらないと，国民を裁判から法的に疎外することにならないかという点，⑦少数意見制によって，裁判の予見可能性，判例法発展の継続性が図られるのではないかという点，⑧少数意見制は民主主義の原理と関係があるのか否か，あるとすればいかなる関係が認められるのかという点，⑨少数意見制と裁判批判との関係はどうかという点，等々がこれである。ごく大雑把に考えただけでも，前記の諸論点を思いつくぐらいであるから，少数意見制の問題は，これを裁判官の国民審査制と切り離しても，考察しておく必要があるように，私には思えるのである。

［判タ549号7頁，昭60］

⟨64⟩ 弁護士の基本的性格に関連して

⟨1⟩ 西独コンスタンツ大学教授ロルフ・シュツルナー博士（後にフライブルク大学教授）の論文「公証人――司法の独立の機関」„Der Notar――unabhängiges Organ der Rechtspflege", JZ 1974, S. 154 ff.を読む機会があった。随分と考えさせるところのある興味深い論文である。西独連邦弁護士法1条は，弁護士を司法の独立の機関であると規定しているが，弁護士も公証人も司法の独立の一機関として，それぞれ司法機関の中に取り込んでいこうという発想に，私自身大いに関心があることを率直に認めなければならない。いかにもドイツ的発想のように思われて，関心を呼ぶのである。

シュツルナー教授は，この論文の中で，公証人を司法の独立の機関として位置づけたうえで，公証人の公証事務の依頼者からの中立・独立，すなわち公証すべき法律関係の両当事者との関係における中立性・独立性が維持されなければならないとする。そして，そのための方法を列挙しているのであるが，そのなかの1つとして，報酬の問題を取り上げている。すなわち，公証人の収入をもっぱら手数料収入に依存せしめることなく，むしろ裁判官と同様に，その中立性・独立性の保障のために国家との雇用関係類似の関係に立たしめ，一定報酬の保障による無用な客取り競争の回避が必要である旨を強調している。報酬の問題を含めて，公証人の地位をどこまで裁判官の地位に近づけるべきかという問題は，司法の独立の機関としての公証人の性格を考慮した場合，たしかに慎重に考慮すべき問題である。ドイツでは，公証人という職業選択の動機のアンケート調査をすると，圧倒的に高い収入が挙げられるという。公証人という職業選択の動機が高い収入に求められている以上は，その職務の執行にあたり両当事者からの中立性，独立性を堅持することは困難になるといわれるのも止むを得ない面がないでもない。

⟨2⟩ 司法の独立の機関という性格を強調するならば，弁護士についても，公証人につきなされた議論がそのまま妥当するといえなくもないのである。もちろん弁護士と公証人とはその基本的性格を異にするので，同じく司法の独立の機関といっても，その性質の濃淡がかなり違う。公証人は，法律行為の両当

227

Ⅵ　司法制度

事者に対して中立的機関として公証事務にあたる点では，弁護士と比較すれば，はるかに裁判官に近い。これに対して弁護士は，民事訴訟において，あくまでも当事者の代理人として当事者の法的利益を擁護することが職務であって，その意味では，裁判官的立場というよりは，むしろ当事者的立場に近い。ただ，裁判所とともに，司法の公正な運用に協力する義務を負うという点で，司法の独立の機関的性格をもつのであるから，その意味では当事者の代理人的立場に一定の制限がはめられている。

　元来，当事者の代理人的性格と司法機関的性格とは相容れない２つの相矛盾した理念であるが，弁護士につきこれら相矛盾した理念をいかに調和させるかという点が問題である。かように考えると，公証人と弁護士とでは，同じ司法の独立の機関とはいっても，その性質を相当に異にしていることがわかる。

　しかし，程度の差こそあれ，弁護士にも公証人にも，司法の独立の機関的性格が認められるという前提に立つ以上，それらをどこまで裁判官の地位に近づけるべきかという問題が共通の問題として登場してくることは否定できない。

　公証人について，依頼者獲得競争が公証人の独立性，中立性を害するという理由から，その対策の１つとして，前掲シュツルナー教授は，公証人の管轄の細分化を提唱している。これを弁護士についていえば，いわゆる特定裁判所への分属制（Lokalisierung）の導入の問題にあたるといえよう。

　弁護士過疎化現象やその逆の大都市集中化現象を排除するために，分属制が有効であることは否定できない。分属性というのは，弁護士が許可された裁判所においてのみ訴訟活動を許されるとするものであるが，西独では民事事件についてのみ適用され，刑事事件についてはこの制限がない。ちなみに，この分属制は，連邦弁護士とその他の弁護士を区別することによって，実質上は弁護士のライセンスの審級に関する二分化をもたらしている。弁護士のライセンスを一般資格と一般資格を前提とした特別資格（それを専門事件別に設けるのかあるいは審級別にするのかという問題はあるにしても）とに区別し，重層化すべきであるという意見がないわけではない。私もこの提案に必ずしも反対ではないが，ここで詳細を展開することは紙幅の関係から差し控えておこう。しかし，弁護士資格の重層化という視点からすれば，既述のように分属制に一定の効用が認められるということは指摘しておきたい。

　〈3〉　私は基本的にいえば，分属制にもまた弁護士の地位を裁判官のそれに

近づけることにも若干の疑問をもつ。そのような形で弁護士の独立司法機関性を強化していくことには問題があるように考える。それらの強制を伴わなくても弁護士や弁護士会の自主的努力によって，自ら弁護士過疎を解消することが好ましいのである。しかし，このような自主的努力がなされない限り，弁護士過疎の解消のための立法的措置が採られなければならないこともあるかもしれないという点を，弁護士会も認識しなければならないであろう。その場合の最も有効適切な措置が分属制であるか否かについては，なお慎重に検討する必要がある。

　弁護士の司法機関的性質を維持するために弁護士の地位を裁判官のそれに近づけようとすることにもいささかの疑問をもたざるを得ない。弁護士の中立性・独立性等の維持も，基本的には弁護士会の自主的努力に委ねられるべきものであって，最終的には，弁護士の懲戒制度や，偏頗な事務処理の結果を民事裁判で是正するといった方法に委ねるべきであろう。そのようなわけで，弁護士それ自体が，当事者の代理人的性格と独立の司法機関的性格という相矛盾する２つの性格を併有している以上，両者の性格を奈辺において調整すべきなのか，あるいはそのいずれか一方の性格に徹底させるべきなのかという基本的問題に立ち返って，その性格決定をしておくことも，決して意義のないことではないように考える。この問題は，各国の政治体制や国情によっても大きく左右されるものであり，それだけにまた，慎重な比較法的検討を必要とする問題であると思う。

〈4〉　わが国の弁護士法１条第１項は，「弁護士は，基本的人権を擁護し，社会正義を実現することを使命とする」と規定している。他方，同法３条第１項は，「弁護士は，当事者その他関係人の依頼……によって，訴訟事件……に関する行為その他一般の法律事務を行うことを職務とする」と規定している。すなわち，３条第１項によれば，弁護士は，当事者の代理人として，当事者の利益代表的性格を有するのに対して，１条第１項によると，社会正義の実現という公的性格をもつ機関としての側面が強調されている。西独の連邦弁護士法１条においても，弁護士は独立の司法機関である旨が規定され，ここでもその解釈上，訴訟代理人として当事者の利益代表的性格と，独立の司法機関としての公益代表的性格との調整が問題とされているのである。

　弁護士の在り方が問われる場合，前記の２つの相矛盾する性格をいかに調整

229

Ⅵ　司法制度

するかという点は，まさに重要な問題であると思われる。
　弁護士と当事者との間の法律関係は，委任関係を基礎とする代理関係ということになることは周知のとおりである。この場合，委任者である当事者は受任者である弁護士が，委任の対象である法律事務を処理するにあたって，委任契約上一定の指図をすることができ，受任者もこれに従う義務がある。しかしながら，この指図が公序良俗に反するものであってはならないことは勿論である。弁護士の司法機関的性格ないしはその公益代表的性格は，公序として委任者の指図権の限界を画することになる。けだし弁護士は，およそ司法の適正な運用につき裁判所に協力する義務を負うものであり，弁護士の受任者的地位，代理人的地位も自らかかる公序による制限を受けるものと考えられるからである。
　そのように考えてくると，一見明白に理由のない請求について訴えを提起する旨委任された弁護士が，委任者に対するその旨の説明の努力のないままに，訴えを提起するようなことは弁護士の職務義務違反になるものと考えられる。もちろん，この種の訴え提起が弁護士の職務義務違反だからといって，訴え提起が当然に無効になるわけではない。それが懲戒事由に該当するか否かは，これとは別に慎重に検討すべき問題であろう。ちなみに，一見明白に理由がないとはいえないようなケースでは，弁護士としては，委任者の裁判を受ける権利を尊重しなければならないことは，いうまでもない。
　さらには，訴訟観や弁論主義・当事者主義の基本的理解の在り方にも左右されることではあるが，相手方の法律知識の欠缺や訴訟技術の拙劣さにつけこんで，本来理由のない主張を貫徹し，結果的に誤った判決を確定させることの当否も，弁護士の本来的使命である裁判制度の適正な運用への協力責任というものから見た場合，再検討を迫られる問題であるといってよかろう。この場合，何をもって裁判制度の正しい運用というべきかが問題になることはいうまでもない。

　〈5〉　弁護士が公益代表的ないし司法機関的性格をもつとするならば，弁護士は，両当事者に対する関係で，なかんずく自らの依頼者に対する関係で中立的立場に立ち，当事者のいずれからも自らの職務の執行について不当な影響を受けないという意味で中立であり，かつ独立していなければならないということになる。しかし，弁護士は一方では依頼者と委任関係にあり，依頼者の訴訟代理人であり，依頼者から報酬を受けるという関係にある。既述のように，こ

の場合，弁護士は委任契約に基づいて法律事務を処理する義務を負うが，その義務は，中立的，かつ独立的司法機関としての弁護士がなすべき法律事務の処理義務であって，無制限に当事者の指図に従った処理義務であるとはいえない。そして，この種の一定の方向づけをもった法律事務の処理義務に対して，委任者の報酬支払義務が対応することになるものと考えられる。

理論的にいえば，受任者である弁護士の法律事務処理義務と委任者である当事者の報酬支払義務との関係は，以上のような内容のものである。しかし，現実の問題として，委任者から報酬を受ける弁護士が，本当に委任者から中立的，かつ独立であることが期待できるかといえば，それは相当程度困難であるといわなければならない。

〈6〉 そこで，弁護士が，委任者に不当に有利に法律事務を処理しないための若干の歯止めを考慮しておく必要があるように思えるのである。

まず考えられることは，弁護士が委任者に有利に偏頗な事務処理によって，不当に相手方に損害を与えた場合，当該弁護士に対する不法行為の損害賠償責任を負わすという方法である。しかし，これは偏頗行為の歯止めとしては極めて不完全なものであるといわなければならない。けだし，実際上，弁護士の職務義務違反による偏頗行為の存在の立証，当該偏頗行為に関する故意・過失の立証等が困難である。また，理論的にいっても，偏頗的訴訟追行を原因とする損害賠償請求を認めることは極端な場合を別にすれば殆んど不可能といってよい。けだし，偏頗的訴訟追行の結果得られた判決が，既判力により正当な判決であると見られることになり，その結果，当該訴訟追行の偏頗性が解消されることもありうるからである。

次に弁護士の中立性・独立性の要請は，その違反が弁護士の懲戒理由になることがある（弁護士法56条1項）。しかし，弁護士の訴訟行為を無効ならしめるという性質のものではない。けだし，弁護士の訴訟行為がその中立性・独立性に違反したとしても，裁判所としては，訴訟手続の中で（釈明，法的観点指摘義務等），あるいは裁判にあたって，これをなんらかの形で勘案し対処する余地が残されているからである。

このように見てくると，弁護士の訴訟追行上の中立性・独立性の要請には，弁護士自身の自戒的努力によって遵守されるべきであると同時に，裁判所による歯止めによっても実現されるという二重の関門が設けられているといえよう。

Ⅵ 司法制度

　二段構えの歯止めとはいっても，なによりも弁護士自身による，中立性・独立性維持のための自戒と努力が大切であり，加えて弁護士自治の理念に基づく弁護士会による懲戒を通してするセルフコントロールが重要であることは，いうまでもない。私は，基本的にいえば，弁護士の当事者に対する関係での中立性・独立性を裁判官のそれに準じて考えることはできないと思うが，さりとて，中立性，独立性をまったく無視してよいとまで考えない。弁護士のもつ代理人性と準司法機関性という相矛盾する2つの側面をどのように調和させるかという問題は，弁護士の在り方を考える場合，私の念頭を離れないのである。

〔判タ574号2頁，昭61〕

　追記　ドイツでは分属性が廃止されているが，分属性はわが国における近時の弁護士の異常な増員に対する対策になりうるかもしれない。
　　なおシュツルナー教授は現在はフライブルク大学も退職されている。

65 Advokat と Rechtsanwalt

〈1〉 ともに，弁護士を意味する標記の2つの概念は，それぞれ異なる語源を有するのみならず，弁護士に関する2つの相対立するイメージを表象しているように，私には思えるのである。

スイス，オーストリーで用いられる Advokat の系統に属するものとして，ローマ法の advocatio, advocatus, フランス語の avocat 英語の advocate 等があることは，周知のとおりである。Advokat の語源は，ラテン語の advocare すなわち，ドイツ語では herbeirufen に求められる。「呼び寄せる」とでも訳すべきであろうか。ad は herbei に相当し，「——のそばに」とか「——の近くに」を意味し，voco, vocare は rufen に相当し，「呼ぶ」とか「招集する」という意味である。したがって，advocatus というのは，元来，ローマ法上，依頼者たる当事者（クライエント）のために，自らの個人的尊敬を裁判の秤りにかけて，結果を自らのクライエントの利益において呼び寄せる者，を意味していたのである（*Neuhauser,* Patronus und Orator, 1958, S. 169）。ここでは，裁判の秤りにかけるのは，客観的に存在する法というよりは，むしろ advocatus 個人の尊敬，尊厳ないし名声である。弁護士の使命は，客観的に存在する法の発見を目標とするというよりは，むしろ，弁護士の個人的信用とか訴訟技術の巧拙によって訴訟の結果を左右するという点が重視される。アッティカの訴訟手続にあっては，裁判所における弁論は言葉の闘争（Wortgefecht. Wieacker, Cicero, S. 23）であったといわれる。古代アテネの裁判手続にあっては，味けない法律用語よりも，「美辞麗句の技術」（die Kunst des schönen Wortes）が尊重された。弁護士は，法律知識の豊富さよりも，まず雄弁家（Rhetoriker）でなければならなかったといわれる。白は白，黒は黒とする法の探究・発見が，弁護士の使命であるというよりも，むしろ，法はさておき，白を黒と，黒を白と説得する雄弁術が，弁護士に求められたのである。ローマ法にいわゆる patronus, oratores といった概念も，元来は，このような考え方に由来するものとみてよいであろう。もちろん，これらの諸概念も，その後の数百年にわたるローマの歴史のなかで，当初の意味を絶えず修正していくことになることはいうまでもない。しかし，いずれにしても，Advokat の概念は，今日でいえば，最も典型的には，

VI 司法制度

訴訟をめぐるいわゆるスポーティング・セオリーを基礎とする弁護士観につながるものといえようか。

〈2〉　これに対して、ドイツ法の弁護士を示すRechtsanwaltという概念が法の管理（ないし擁護）者を意味することは、この概念を分解すれば容易に知りうるところである。ドイツ連邦弁護士法第1条が、弁護士の司法における地位について、「弁護士は、独立の司法機関である」と規定していることは、周知のとおりである。司法の目的は、法の適用乃至発見に求められるのであるから、弁護士も司法機関である以上は、法律上白は白と、黒は黒とする裁判を目標として、その活動をしなければならないことになるのである。弁護士はクライエントの利益になるからといって、白を黒に、黒を白に変えることがあってはならない。白を白とし、黒を黒として明確にすることに協力することが弁護士の使命であり、職務義務であるということに傾く。

〈3〉　かようにみてくると、AdvokatとRechtsanwaltという2つの概念は、語源的にいえば、弁護士について、まったく相異なる2つのイメージを表象するものなのである。ギリシャ・ローマの昔から今日にいたるまで、弁護士の歴史は、弁護士像が右の2つのイメージを両極概念として、その間を揺れ動いた歴史であったということができる。

　もちろん、弁護士像の変遷は、単に弁護士制度の沿革との関連においてのみ論じられれば足りるというのではなく、それが、訴訟制度の沿革、訴訟観の変遷と不可分に結びついているということも忘れてはならない。

　当事者主義、弁論主義を訴訟の本質とみて、これを極限まで追求する訴訟観ないし訴訟制度の下における弁護士像と、弁論主義を真実発見の手段的制度とみて真実発見に重点を置く訴訟観ないし訴訟制度の下における弁護士像とは、自ら内容を異にする。前者は、Advokat的要素と容易に結びつくことになるであろうし、後者は、Rechtsanwalt的要素と結びつきやすいといってよいであろう。したがって、弁護士の在り方を論じる場合、訴訟観との関係を無視することが許されないのは当然である。いな、むしろ、まず訴訟観を決めたうえで、その訴訟観ないし訴訟制度の下における弁護士の在り方を論じることが必要なのである。

〈4〉 私は，国の内外を問わず，弁護士史を既述の2つの視点から，すなわち，(1)Advokat 的弁護士像と Rechtsanwalt 的弁護士像という両極概念を基準にし，(2)訴訟制度の本質との関連において，構成仕直してみることが必要ではないかと考えている。

わが国の弁護士が，伝統的には裁判所に従属し，その補助機関的性格を有していたことは既に指摘されているとおりであるが（福原忠男・弁護士法41頁参照），現行弁護士法は，弁護士をしてそのような従属性から脱却せしめ，「基本的人権を擁護し，社会正義を実現する」（弁護士法1条1項）ものとしての地位を与えたことは，高く評価されてよい。しかしながら，右の説示的規定をもってしても，わが国の弁護士像を前記2つの両極概念のいずれに方向づけるべきであるのかという点は未だ十分明瞭であるとは，いい難いものと思われる。現在，わが国において，弁護士像をいかなる方向に定着させるべきか，あるいはそれらの中間に想定される折衷的弁護士概念こそ設定さるべき理想像であるというべきなのか，なお慎重な検討を要すべき問題であるように思える。

[判タ576号2頁，昭61]

Ⅵ　司法制度

⟨66⟩　違憲法令審査権に関する若干の考察

〈1〉　日本国憲法 81 条は，裁判所の違憲法令審査権を規定している。世界各国の憲法において，この違憲法令審査権を認めることが一般的であるかといえば，決してそうではないことは周知のとおりである。イギリスはもちろんのこと，成文憲法をもつ諸国においても，違憲法令審査権は，議会の最高権力性や三権分立の理論と相容れないものとされているのである。たとえば，ベルギー，フランス，オランダ，スイスなどでは，裁判所の違憲法令審査権は認められていない。

フランス憲法 61 条・62 条は，立法手続の内部での憲法院 (Conseil constitutionnel) による立法計画の審査を定めているにとどまる。

多くの社会主義国家においても，違憲法令審査権は，国民主権に由来する議会の最高機関性と相容れないものとして構成されている。たとえば，東ドイツ憲法 89 条 2 項，ハンガリー憲法 77 条 3 項は，法律の合憲性に関する疑義は，議会のみがこれを判断する権限を有するものとされているのである。そこでは，裁判所は，法適用基準を示すことができるが，違憲法令審査権を行使することができない。したがって，基本的人権の保護は，議会が自らの責任において果たすべき義務であるとされる。

これに反して，アメリカ合衆国をはじめとして，裁判所の違憲法令審査権を認める諸国においては，当該時期に多数を占める与党により支配される議会の純政治的な自主的コントロールによるよりも，裁判所による合憲性のコントロールのほうが，法治国家を保障するため，より効果的な手段であると考えられているのである。ドイツの第三帝国において，政府と議会とが憲法擁護機能を十分に果たすことができなかったという歴史的経験が，ボン基本法において憲法裁判所を設置することになった理由であることを忘れてはならない。

たしかに，違憲法令審査権は，議会の制定した法律の拘束から部分的にではあっても裁判所を解放し，その限りで司法権の立法権に対する優位をもたらすものであるから，憲法上具体的事件をこえて違憲法令審査権が認められていないのであり，その範囲を超えて，裁判所が審査権を行使することは許されない。すなわち，違憲法令審査権を認めるということは，その範囲内で司法権の立法

権に対する優越性を認めることを意味するにすぎないものであるから，違憲法令審査権の限界，すなわち，それを認めるべき場合を具体的事件に限定する。この立場は，違憲法令審査権を一般的に認める憲法と，一般的にこれを否定する憲法との間にあって，日本国憲法の場合は両者の中間的立場に立つ立法主義であるということができる。

〈2〉 いずれの裁判所が違憲法令審査権を有するかという点についても，立法例は分かれている。西独におけるように，憲法裁判所を特別に設置している国もあれば，アメリカ合衆国，カナダ，オーストラリア，インド，ブラジル，ギリシヤ，スカンジナヴィア諸国，およびわが国のように，すべての裁判所に審査権を認める国家もあることも周知のとおりである。メキシコのように，連邦憲法133条により連邦のすべての裁判所に審査権が認められながら，この権限が下級裁判所によって殆ど行使されていない国もある。

権限行使の効果にしても，いわゆる個別的効力説を採る立法例と，一般的効力説に立つ立法例とがあることも周知のとおりである。コモンロー諸国では，最上級裁判所の判決が判例としての拘束性を下級裁判所に対して及ぼすために，一般的効力を有することになる。

判決に形式的な先例拘束性のない国では，一般的にいって，違憲法令審査権の憲法裁判所への集中がみられる。西独（ボン基本法100条1項）のほか，イタリア（憲法136条），トルコ（憲法148条，152条），スペイン（憲法161条1項a，163条），オーストリー（連邦憲法89条2項，140条）などが，この系列に属している。

若干興味を覚えるのは，次の2つの国である。すなわち，トルコでは，事件の受理後，5カ月以内に憲法裁判所が，当該憲法問題について裁判を行わない場合，提出をした裁判所は，当該手続を続行し，問題の法律の合憲性を前提にして裁判することができるとされている点である。さらに，ギリシャでは，憲法93条4項により，各裁判所は違憲法令審査権をもつが，枢密院，アレオパグス裁判所等が相互に矛盾する裁判を下した場合に限って，最終的裁判をなすために，事件を最上級特別裁判所に提出しなければならないとしている点（ギリシャ憲法100条1項）である。ギリシャの場合，憲法裁判に関して，日本型と西ドイツ型との中間的制度を設けているという点に興味があるというべきであろう。

Ⅵ　司法制度

　憲法裁判所の設置の大きなメリットの1つは，通常の裁判所がキャリア裁判官のみによって構成される国においても，法律専門家に限定することなく，それ以外からも広く人材を憲法裁判所の構成に加えるという点に求められる。わが国の最高裁判所のように，上告裁判所としての基本的性格をもちながら，同時に違憲法令審査権を有する終審裁判所的性格を併有する場合，前者との関係から，法律専門家以外から広く人材を求めることが事実上困難になるという事情があることは，認めざるを得ないであろう。

〔判タ602号32頁，昭61〕

　追記　本稿では，諸外国の憲法に言及しているが，いずれも執筆当時の規定である。なお京橋和之編『新版世界憲法集』が2007年1月に刊行されている。

〈67〉 外国法事務弁護士のこと

〈1〉 ドイツ・ザールラント大学滞在中の1992年8月12日，独日法律学協会の招きでハンブルクのマックス・プランク・外国私法並びに国際私法研究所を訪問し，両者共催の講演会で日本の外国法事務弁護士（以下外弁と略す）に関する話をした。

〈2〉 この独日法律家協会も発足当初は100人も会員が集まれば上出来と予測されたが，現在の会員数は400名（本項目執筆時）を超えている。副会長（現在は会長）のグロトヘア判事，事務局長のシェール弁護士はじめ会の運営にあたる主要メンバーは同会の発展ぶりに驚き且つ喜んでおられることはいうまでもない。また，このような講演会を開いても，協会発足当初は10名余りが集まれば良いほうであったが，今回は同協会会員やマックス・プランクの研究員等約60名が聴講された。ドイツでも序々に各大学に日本法入門講座が設けられるようになったり，また法律学科の学生で日本語講座に出席するものが着実に増加している。これは，日独間の人的交流，経済・貿易関係が著しく発展し，日本法の知識の必要性を感じる法律家が増えていることを示すものである。現に，私がザールラント大学に滞在した約50日の間に，法律学科の数名の学生が日本留学を希望して相談に来たが，このようなことも近時にいたってみられる現象である。

〈3〉 講演会は，同協会のレール会長，グロートヘア副会長，シェール事務局長の出席のもと，マックス・プランクの上記研究所の3人の所長のうちドロブニック教授の司会により開催された。ハンブルク駐在の福田喜彦総領事，同研究所日本部門の責任者バウム博士，ハンブルク大学日本学のシュナイダー教授等が出席された。また，たまたま帰国中のドイツから唯一人（当時）の外国法事務弁護士グンゼン氏も参加された。

　私は，日本の経済が国際化の時代に入り，世界経済がボーダーレスの傾向をみせる現代において，渉外的法律問題や紛争が多発し，その解決のためあるいは予防のために，外国法の知識が不可欠とされ，外弁法が制定されているにも

VI 司法制度

かかわらず，日本における外国法事務弁護士の数が著しい増加傾向にはなく，外弁制度の拡充が急務であることを説いた。約50分の講演の後に，約1時間の質疑が行われた。

そこで記憶に残る質問は，第1に，ドイツと比較して奇異にすらみえる日本の弁護士の数の少なさが何に由来するのかという点であった。ドイツにおける法曹有資格者数の過剰性からみて当然の疑問であろう。これは日本の当時の司法試験をはじめとする法曹養成制度の欠陥で，この点はドイツ側から指摘されるまでもなく，率直に認めざるを得なかった。しかしこの点は本稿の主題ではないのでここでは言及しない。

第2に，せっかく法律で外弁制度を設けておきながら，外弁の数が極めて少ないのは（特にドイツの場合は本稿執筆時1名），どういうわけかという疑問が提出された。その理由の1つは外弁のライセンスの要件が難しすぎるという点に求められるのではないか。例えば，母法国における5年の実務経験（当時）が要件とされているが，外国側にいわせれば，母法国で5年実務を経験すれば，その間にクライエントがついて，日本で外弁をするチャンスが失われることが考えられるという。日本とドイツとでは事情が異なることは理解しなければならないが，日本の場合修習が終れば実務経験がなくても直ちに弁護士登録ができることとの比較で考えると，ドイツ人の目には，母法国における5年の実務経験を要件とするというのは，一種の差別と映るであろう。

特にEC（現在はEU）域内で弁護士職の自由な流動性が認められている今日，EC諸国の法律家からみれば，この外弁のライセンスの要件は異常にきびしいものと受け取られるのであろう。母法国で公に弁護士職資格を認められているのに，それ以上に母法国の実務経験を要求することは，母法国の弁護士資格を少なくとも実務経験5年以下の者について否定することになるに等しいという感覚であろうか。

〈4〉 どちらかといえば，私は外国法事務弁護士制度の発展に賛成の立場をとりたい。我々研究者の世界で，この情報検索の発展した時代に自らの専門に関して外国法の文献をいくら注意して追っていても，当該外国の学者並には追い切れるものではないし，たとえ文献の形式的な検索は可能であっても，各分献の重要性の網羅的な判定ということになると，一般的にいえば当該外国の研究者に到底かなうものではない。それと同じで，実務の世界でも，外国法情報

の検索という点からいえば，一般的には当該外国の弁護士にかなわないというのが実状ではなかろうか。クライエントにより正しい且つより十分な外国法の情報を提供するという観点からすれば外弁の力を借りる必要性は十分に認められる。勿論日本の渉外法律事務所が提携する外国の弁護士事務所を通じて外国法の情報を収集するという方法もないわけではない。それも必要なルートであろう。しかしながら，そのようなルートの存在から外弁の必要性を否定することはできない。日本にいながらにして直接外国法事務弁護士と当該外国法について相談できるというメリットは否定のしようがない。情報検索のルートは可能なかぎり広いほうが良い。そのほうが国民の権利保護にとってより効果的であることはいうまでもない。

〈5〉　ただでさえ総人口に対する弁護士数の比率の低いわが国において，実働の外弁が100名以下というのは，どうみても少ないといわなければならない。わが国に外弁制度が発足したこと自体は高く評価されなければならないが，現在その制度が必ずしも十分に機能しているとは言い難い実状にある。外圧が加えられるか否かによって，ある制度の存否，運営が左右されるというのではなく，国民の立場から何が必要とされるかという観点からみてあるべき制度は制度として構築し且つ発展させるべきなのである。欠缺があればこれを見直す気概が必要である。

　外国の法曹からみて，産業化が進み，経済が国際化しているわが国において，外弁の数が少ないことが全く奇異にみえるということ，ドイツ側から見て，現在ドイツ法を母法とする外弁が1名ということは，いかにも異様なのである。

[判タ795号6頁，平4]

　追記　現在外国法事務弁護士の数は357名，うちドイツ法関係は国籍を基準にすると9名，原資格国を基準とすると8名である。
　　また，外国弁護士による法律事務の取扱いに関する特別措置法10条によると，母法国における実務経験は3年とされている。
　　現在独日法律家協会会長はグロートヘア氏である。

Ⅵ　司法制度

⟨68⟩　法廷と外国語

1　欧州共同体の裁判所

　ドイツのザールラント大学滞在中の1992年8月5日，ルクセンブルク市郊外にある欧州裁判所並びに欧州第1審裁判所を見学する機会があった。ルクセンブルク市は，ドイツのトリアをまわっても，フランスのメッツで乗り換えても，ザールブリュッケンから列車で約2時間，車でも2時間そこそこの距離である。この両裁判所は，欧州共同体を一つの国家に見立てれば，その司法機関として位置づけられる裁判所である。現在欧州共同体の構成国が12カ国（本項執筆時は15カ国――以下同じ）であるから，両裁判所に裁判官も各国から選出されている。
　私の滞在していたザールラント州の州都ザールブリュッケン市郊外にあるザールラント大学法経学部において，国際民事訴訟法の講座を兼任講師として担当されているコーラー博士（Dr.Kohler）は上記裁判所に勤務されており，そのお招きをうけた次第である。
　欧州裁判所と欧州第1審裁判所は同一の建物に同居している。欧州第1審裁判所が設けられた時にすでに存在していた欧州裁判所の建物をそのために造築したのである。建物を別棟にしなかったのは財政的理由から事務局や図書館を両裁判所に共通にするためであった。両裁判所の機構・設備をみていると，例えば第1審裁判所のRegionalizierung（地方分散化）とか，両裁判所を含めてドイツに見られるような特別裁判所の設置による裁判権（Gerichtsbarkeit）の分割といったような欧州裁判所の負担軽減策が安易に提唱されているものの，その困難さは実感として理解できないことはない，というのが率直な感想である。
　ところが，この両裁判所では9つの異なる種類の言語（本稿執筆時のEUの公用語は11カ国語である）が用いられている。欧州共同体構成国は現在12カ国（本原稿の初刊時15カ国）であるが，言語を共通にする国家があるため，この12カ国の中で現に使用されている言語は9カ国語をもって十分なのである。
　問題はそのために法廷言語が9（現在は11）カ国語になるということである。約800人の職員中，翻訳関係者が200人，同時通訳者が50人いるとのことで

ある。全職員のなかで通訳・翻訳者の占める割合が非常に高い。翻訳者はすべて法学と語学の教育を受けた者であり，同時通訳者は同時通訳のライセンスを持つことを要件としているようである。

　法廷には通訳者のブースが並んでおり，開廷されると一斉に数カ国語の言語が飛び交うとのこと，まさに壮観という以外にない。裁判長は発言者に常にゆっくり発言するように促すが，議論が白熱してくれば発言の速度が早くなるのは自然の成り行きである。第1級の通訳を揃えてはいても，通訳が手を挙げてしまうことも往々にしてあるときいた。現在欧州共同体に加盟を申請中の国を含めて将来加盟国が増えれば，通訳・翻訳の手間がますます増大することが予想される。

　1991年11月，日本学術会議2国間学術交流派遣代表団の一員としてエラスムス計画の調査をしたとき（私の報告書は，日本学術会議発行「平成3年度・2国間学術交流派遣代表団報告書」に収録），多くの同一文書が背表紙で色分けされて9カ国語（現在は11カ国語）に翻訳されているのをみたが，裁判所のみならずその他の共同体の文書の翻訳が共同体事務局のなかで相当な労力を要し負担になっていることは容易に知ることができたのである。

2　法廷における通訳・訴訟関係記録の翻訳の問題

　訴訟が国際化した場合に必然的に生じる問題である国際民事訴訟は，わが国の学界においても一つの重要な学問領域を形成しているが，国際民事訴訟の体系書をひもとくと必ずといってよいほど法廷使用言語の項目が設けられている。正しい裁判をする場合，言語によるコミュニケーションが正確に行われることが必須の要件である。

　私は，民事・刑事の両事件にわたって外国人が当事者となったり，被告人となったりした事件を若干なりとも経験したことがあるし，外国の法廷で鑑定証人をつとめた経験もある。この場合，通訳の能力によって相違はあるものの，通訳を通してするコミュニケーションは一様に隔靴掻痒の観を否定できないというはがゆさを感じたというのが率直なところである。これで正しい裁判ができるのだろうかとの懸念をもつことが往々にしてあったのである。そのことは，国際会議や国際学会での同時通訳でも同じで，私の感想では60％〜70％の真意が伝われば良しとしなければならないと思われる程度なので，止むを得ない

VI 司法制度

のかもしれない。裁判官はそれでも止むを得ないという感じで，ある程度の推測を交えながら発言を聴取し，若干の補充訊問をするにとどめている場合もあるように思われるのである。私は，むしろ通訳に十分な時間を与えるとか，不明と思われる箇所はすぐ補充尋問を納得がいくまで何度でも繰り返すというように浪費と思われる位の時間をかけるとか，何らかの形で書面主義を併用するとか，これに対する対策を考えるべきであると思っている。さらに最近は各国に留学した裁判官も増えているのであるから，それらの裁判官を含めて裁判所を構成するといった思い切った対策を講じることも必要であろう。もっとも最後の方法はいわゆる法定裁判官の原則に反するという批判を受けるかもしれない。しかし，正しい裁判のための正確なコミュニケーションの要請との衡量の問題もあるであろうし，全く恣意的に裁判所を構成するというわけでもないのであるから，法定裁判官の原則に反するとの批判は適当ではないように思う。

いずれにしても，世界はボーダーレスの時代に突入し，それに伴って渉外的法律関係や国際的民事訴訟事件の数が増加することは容易に予想される。現状ですら法廷通訳の不完全さを痛感しているのであるから，今後のこのような発展的傾向に対する対策を今からたてておくことは必要である。法律関係の通訳は一般の通訳と相当に異なる面があるのであるから，欧州共同体の両裁判所にみられるように裁判所に専門の通訳官を置くとか，あるいは裁判所外で法学と語学の双方に通じた通訳養成機関を設けるといった対策も一考する余地がある。

法律学の領域でも従来のような学問の一方通行の時代は終わりつつあることを考えると，そのような養成機関を設けることは，日本文献の外国への紹介という作業と関連して，法学界にとっても有意義なことではないかと思う。

[判タ 799 号 4 頁，平 5]

追記
1. マーストリヒト条約（欧州連合条約）が発効した 1993 年 11 月 1 日従来の EC に加えて，共通外交および司法・内務協力を包括する協力枠組として EU が設立された。
2. EU 司法裁判所の判事数は現在 27 名であるが，2013 年 7 月のクロアチア加盟により 28 名になる予定。綜合裁判所（旧第 1 審裁判所）の判事は現在 27 名であるが 2013 年 7 月クロアチアの加盟により 28 名になる。両方合わせて翻訳官は 924 名通訳官は 73 名。
3. EU 加盟国数は 27 ケ国 2013 年 7 月クロアチアの加盟により 28 カ国になる。

69 外弁規制緩和問題

〈1〉　日弁連は，平成5年3月19日，外国法事務弁護士に対する現行規制の一部緩和を決定したことが報道されている（法律新聞1093号）。これは，平成元年に外弁に本国法関連の仲裁代理人業務への参与を認めて以来の大きな譲歩であるといわれる。

　しかしながら，日弁連は，米・EC（当時）が求めた5項目のうち3項目は受け入れたことになるものの，依然として「雇用」と「共同経営」の2点についてはあくまでもこれを拒否するという態度を崩していないし，またこの態度は当分の間，堅持されることになりそうである。

　その理由は，共同経営に関していえば，外国の巨大ローファームのパートナーシップという経営形態が日本人弁護士の行動を拘束すること，雇用についていえば，外弁の雇用により日本人弁護士が外国のローファームの完全な支配下におかれ，国費で法曹教育を受けた成果を国民に還元できないことに求められているようである（前掲法律新聞）。

〈2〉　共同経営が行われても，弁護士の行動にはその使命・職責という観点からおのずから一定の制約があり，この面からパートナーである日本人弁護士の外弁事務所からの規制にも一定の制約が設けられることは当然であろうし，また一定の拘束はあるにしても，共同経営者になる日本人弁護士の全弁護士に占める割合がそれほど大きくなるわけではないことも考えるべきであろう。同じことは雇用についてもいえる。雇用された日本人弁護士が外弁事務所の完全な支配下におかれるとはいっても，そこに弁護士の使命・職責からくる一定の制約がなくなるわけではないし，相当高いパーセンテージの日本人弁護士が外国法律事務所に雇用される可能性が生じて，現在の弁護士過剰化現象が解消に向い，あるいはわが国が訴訟社会化促進に向う可能性がないわけではない。

　外国の巨大ローファームが進出するからといって，日本の大多数の弁護士がこれに吸収されるというわけでもない。逆に，日本のローファームを巨大化して，外国への進出を図ることも必要である。弁護士が司法作用の一翼を担うというその使命を堅持するかぎり，国費によって法曹教育を受けた成果を国民

Ⅵ 司法制度

還元することができないということもないはずである。いずれにしても，なんらかの対応策を講じることなく，共同経営・雇用に反対とだけいっていたのでは時代の流れに適応できなくなるのではないかと思う。

〈3〉 確かに，当面外弁規制の緩和はわが国の弁護士の一部にとって打撃になるであろう。しかしながら，今法曹界にとって重要なことは，押し戻すことのできない時代の潮流にあえて棹さすことではなく，これを先取りして適切な対策をたてることではないかと思われる。世界はボーダーレスの時代を迎え，サービスの自由化は，時代の流れであるといえる。外弁の規制緩和に消極的な姿勢に対しては，アメリカやEC（現在はEU本書第68項追記参照）など海外からのみならず，かつても，且つ近い将来においても国内から批判が寄られるようになってきていることにも注目しなければならない。

このような内外の批判をみていると，外弁規制緩和に消極的であることがはたして国益に適うことかどうか一考を要する問題である。急激な変革は諸々の摩擦をもたらすものであるが，改革の方向づけだけはしておく必要があるのではないかというのが正直な気持ちである。

［手形研究480号，平5］

70　民事裁判へのアクセスと費用

　平成5年12月法務省民事局参事官室が発表した「民事訴訟手続に関する改正要綱試案」第9の3は，訴訟救助の要件として「訴訟の準備及び追行に必要な費用を支出することにより生活に支障を生ずる者に対しても，その者に勝訴の見込みがなくはない場合に限り，裁判所は，申立てにより訴訟上の救助を与えることができるものとする」としている。

　現行(旧)民訴法118条は，訴訟救助対象者を「訴訟費用ヲ支払フ資力ナキ者」と定めている。そして，ここにいう訴訟費用の範囲をめぐって見解が対立しており，実務上は民訴費用法所定の訴訟費用に限定せず，弁護士費用等の訴訟の準備や追行に必要な経費をも含めて，その支出により通常の生活に支障が生ずる場合に訴訟救助を認めるとの解釈が有力になっていること，前記試案がこの解釈にそったものであること等が，右試案の補足説明59頁に書かれている。

　「訴訟の準備に必要な経費」をどの範囲のものと考えるか，「生活に支障を生じる」とはどの程度のことを指すのか必ずしも明らかでないという難点はあるにしても，訴訟救助の要件を現行法以上に緩和することは国民の裁判に対するアクセスをより容易にする。この観点から，「民事訴訟手続きに関する検討事項」（平成3年12月法務省民事局参事官室）に対して寄せられた大多数の意見がこの種の提案に賛成であった（柳田＝始関＝小川「民事訴訟手続に関する検討事項」に対する各界意見の概要・NBL別冊27号54頁）ことは納得できる。この見解には，現行法の解釈論として異論があっても，立法論として特に社会的法治国家における裁判を受ける権利の保障の一環として賛成することができる。

　裁判へのアクセスを妨げる訴訟費用の障害に関連して考慮しなければならない問題点は数多い。要綱試案の考え方はかかる観点からみればアクセスの改善へ向けての小さな一歩と評することができる。

　例えば，極端なことをいえば，裁判の無料化は裁判所へのアクセスを極めて容易にする最も効果的な対策である。かつてドイツでも社会的法治国家理念の下における司法という理念を揚げて，裁判の無料化の提案がなされ，これが少なからぬ著名な学者の賛同を得たことがあった。たしかに訴訟制度の運営を財政面からみれば，経営学的には破綻を来していることは事実である。例えば，

VI 司法制度

　ドイツでは1981年第1審民事裁判に支出された経費が凡そ13億マルクであったのに対して，納入された訴訟費用はわずか2億1千万マルクにとどまり，後者の前者に対する割合はわずか16%にすぎない。わが国の場合は残念ながらその数字を持ち合わせていないが，このパーセンテージが決して高くないことは容易に推測できる。そのくらいなら，いっそのこと無料化することも考えられなくはない。しかし，この種の提案については，それが訴訟費用につき支払能力のある者についてまで一律に無料化することになるがそれでよいのかという疑問があり，他の公的制度の利用の有料制とのバランス等から考えていかにも極端な考え方であるし，さらには乱訴の弊害を招きかねないという問題もある。ドイツでこの無料化の提案が結局は採用されなかったことに理由がないわけではないのである。

　裁判へのアクセスの障害として大きな問題となるのは，弁護士報酬である。この点でいえば，考慮すべきものとしてアメリカにみられる成功報酬制がある。ドイツでは成功報酬制は公序良俗違反の制度であると解され，採用されていない。弁護士活動は純粋な収益事業ではなく，弁護士は司法の一翼を担う公的機関であって（Organ der Rechtspflege），法への奉仕者として位置付けられているからである。弁護士の職業観の相違が独米両国間にみられ，わが国も弁護士観という観点からいえば，どちらかといえばドイツ系とみられるので，わが国で成功報酬制を採用することは難しい面がないではない。しかし両法系の相異する弁護士観が水と油というわけではなく，日独にあっても弁護士が代理人として当事者本人の利益代表的要素を全く否定し去ることはできないであろうし，アメリカの場合でも弁護士がもっぱら当事者の利益代表として活動してよいというわけでもないであろう。建前は異なっていても，実像として建前にみられるような架橋しがたい落差がみられるとは思わない。弁護士倫理や職務執行規準が確立されるとか，あるいは報酬の内容に一定の規制が設けられていれば，成功報酬制を導入することが不可能というわけでもないと思われる。成功報酬制をとることは裁判へのアクセスの保障として一考すべき余地があり得るのではないかと考える。

　ドイツにみられる権利保護保険についてもその導入の可否が検討されてよいのではないか。わが国でも，アメリカにみられるようなところまではいかないにしても，いずれは訴訟社会化が進むことが予想される。現在ドイツでも権利保護保険が自動車事故等限られた範囲でしか認められていないが，その対象を

拡大する可能性はどうか。わが国に導入する場合の問題点は何か，例えば弁護士報酬の在り方や訴訟費用の定額化の必要性等が検討されてしかるべきであろう。ドイツで自家用車の持主の半分以上が30以上ある保険会社の自動車権利保護保険に加入して，年間80ないし120マルクの保険料を支払っているという現実を直視する必要があろう。もちろんその過度の導入は乱訴を誘発する危険をはらんでいるので，この面からの対策も導入に際して講じておかなければならないであろう。いずれにしても，裁判へのアクセスを保障する一手段としての権利保護保険の総合的研究と導入の可否及び条件を検討すべき時期にきているのではないか。

　訴えや調停の申立てをする以前に弁護士の法律相談が必要になり，その報酬が問題になる。弁護士による法律相談なしに裁判へのアクセスは難しい事件が多い。これを訴訟救助でまかなうことはできない。もちろん，弁護士会・法律扶助協会や地方自治体等の公的機関で行っている法律相談が無料でなされることはあるにしても，個々の弁護士に対する法律相談が公の費用補助によりまかなわれるということも裁判へのアクセスにとり大切である。前記試案は救助の要件として，支出により生活に支障を生ずる費用に訴訟追行の費用を加えて訴訟準備の費用をも挙げているが，それはあくまでも救助の要件であって，訴訟準備の費用としての弁護士に対する相談料それ自体についての手当ではない。それが民訴法の改正試案である以上当然のことであろう。しかしこの点についても何らかの公的補助が必要であろう。法律相談，訴訟を通じて国選弁護人同様国家が定額の報酬を支払う形での弁護士の選任も考えなければならないであろう（ドイツ弁護士法123条参照）。前記「検討事項に対する各界意見の概要」のなかに，訴訟救助制度を刑事の国選弁護制度と同様の形態に改めるべきである旨の意見があったとされるが，それも一案である。

　社会的法治国家のなかで，日本国憲法32条の裁判を受ける権利を裁判所へのアクセスという観点から，特に無資力者について訴訟救助や法律扶助を含めていかに効果的にこれを保障していくかという問題を総合的に検討する必要性を強調したい。法律扶助制度の拡大充実が急務であることはいうまでもない。

［判タ856号4頁，平6］

　　追記　現行民事訴訟法82条1項参照。また，訴提起のための弁護士による法律相談の法立扶助は平成12年法律第55号民事法律扶助法により認められるようになった。拙稿が

Ⅵ　司法制度

　若干なりとも同法の制定にお役に立っていれば望外の幸せである。
　裁判へのアクセスという側面で法テラスの果す役割は大きいことを指摘しておきたい。
　日弁連は 2000 年に権利保護保険制度を発足させたし，法テラスが設立されたのは平成 18 年 4 月 10 日でありいずれも本稿発表後のことである。

⟨71⟩ 民訴改正要綱と裁判所制度の充実

〈1〉 現在（1995年）法制審において新（現行）民訴法の大規模な立法作業が進行中であることは周知のとおりである。この立法作業の一大要因は訴訟遅延の現状が司法に対する国民の信頼を失わしめるところまできてしまったという事実に求められる。訴訟手続を合理化し，訴訟の迅速化を図る必要がある。訴訟遅延の解消にはこのような訴訟手続の合理化を必要とすることはいうまでもない。そのために法制審議会が懸命の努力をかさねて全面改正の最終段階に入ったことについて，関係者の尽力に頭が下がる思いがすることは私一人ではないと確信する。

しかしながら，訴訟の迅速化はひとり訴訟手続の改革にのみかかるものではなく，裁判所の人的物的構成の問題にも大きく依存していることは従来からもしばしば指摘されてきたところである。両者は，手続の充実・迅速化を支える2本の柱なのであって，その一本をも欠くことはできない。欧米諸国と比較した場合，わが国において裁判官数の増加の必要性は常に論じられるところである。裁判官数の増加の必要性を説くとき必ず聞かれる反応は，数だけの問題ではないという議論である。たしかに数だけふやせばよいという問題ではない。それだけが訴訟遅延の改善策であるというわけではない。しかし数は遅延解消の最も重要な対策の一つなのである。数だけの問題ではないという反応はこの最も重要な問題を隠してしまう危険性があることを，我々は忘れてはならない。

裁判官の人数とも関連する裁判所の数も，訴訟遅延の解消策として重要な問題の一つである。裁判所の数を増やすというのは小さな国家機構，スリムな国家機構という理念に対し，ややもすれば逆行するのではないかとの疑問もないわけではない。しかし，機構改革とかリストラというものは，ただ悪戯に機構を縮小することを要求するのではなく，無駄を省くということである。府県に一つの地方裁判所という配置の仕方は正しいというべきなのであろうか。人口の最小の県にも東京都のようにわが国の総人口の約一割を占める住民を擁する自治体にも等しく（配置される裁判官数や支部の設置に相違はみられても）一つの地方裁判所を置くという構成がよいのであろうか。東京等人口の密集する都府県には地方裁判所の数をふやしても良いのではないか。現に必要があるために

Ⅵ　司法制度

北海道には複数の地方裁判所がおかれている。東京地方裁判所を分割して例えば八王子（現在は立川）支部を独立させ，区部については東西南北の4つの地方裁判所を設けるというような発想はできないものであろうか。

一般人の目から見ても，人口過疎県と人口密集の都府県で同一レベルの地方裁判所が均一的に配置されているというのは理解しがたいことである。裁判官数など地方裁判所の大きさで調整するという対策もあるが，現状はその限度を超えているといえるのではないかと思われる。

裁判所に係るこのようなハード面からの改革（それは必然的に裁判官の増員，司法試験合格者の増員につながる）が必要であることは認識されていながら，予算的措置を伴うこともあってなかなか実現しないどころか手も付けられようとしていない。このことはわが国の裁判制度の将来を考える場合憂慮に耐えない。

因みに裁判官やその他の法曹実務家人口の増加という観点からいえば，私のかねてからの持論は，司法試験合格者を飛躍的に増やし，関西にも研修所を一つ設けるぐらいの法曹養成の制度の抜本的改革を考えてはどうかと思っている。

〈2〉　これとの関係で一例を挙げてみよう。要綱試案に小額裁判制度があることは周知のとおりである。これにクレジット業者の利用を制限するための回数制限を設けるかどうかという点が問題になっている。新しく小額裁判制度を設ける以上，ここにドッと業者事件がなだれ込んでくることが予想され，それに伴って2つの懸念が生じる。第1は，小額裁判制度のイメージダウンであり，第2は，業者事件のために本来の小額事件のための利用が阻害されることにならないかという点である。第2の懸念に対して，管轄裁判所である簡裁の裁判官を補充，充実するということがどうしても必要になる。これまで裁判に吸い上げられなかったきらいのある本来の小額事件を新たに吸い上げることになるということを考えれば，手当は当然に必要になるであろう。本来の小額事件を圧迫するほどに小額事件として業者事件が増加することを心配するならば，これに対するなんらかの対策を必要とすることはいうまでもない。かつて簡易裁判所の整理統合を図ったことがあるが，それにはそれなりの理由があった。しかし，今回の改正で小額裁判制度を創設して，小額事件を裁判所に吸い上げるとか，あるいは掘り起こすのであれば，簡易裁判所の拡大というそれなりの対策を必要とするのではないか。従来同様督促手続なり調停なり，あるいは通常の簡裁民訴事件として業者事件を取り扱いつつ，これに加えて従来あきらめの

境地にあった小額事件を吸い上げようとするなら，簡裁はそれなりの陣営を整えてこれに立ち向かわなければならないはずである。
　そのために退官判事や弁護士その他法曹有資格者等を人材源とするパートタイム裁判官の活用も考える必要があるであろう。
　一方でせっかく小額裁判制度を開設しながら，他方で訴えの受付や審理を裁判所の通常の執務時間帯に限定するのでは，庶民にとって利用したくても利用できないという残念な結果をもたらすことになるのではないか。小額裁判制度を設けるならば，小額裁判制度がターゲットとしている一般庶民にアクセスしやすい制度にすることが必要で，そのため利用の時間帯や場所にも配慮することが必要である。さもなければせっかく工夫して設けた小額裁判制度が活きない結果になる。
　一般の国民にとってみると，小額事件で何回も裁判所に足を運ばなければならないというのは耐え難いことである。試案は訓示的であるが，一期日審理終了主義を採用している。これに対する批判もないわけではないが，その主義を採用しない以上国民の小額裁判制度の利用は遠のくことになると思われる。
　試案は一期日審理終了制を原則としてはいるものの，訴えの申立があれば訴状（訴状による場合）を被告に送達するから，その一期日は訴えの申立日というわけではない。そうすると，訴えの申立に1日，審理に1日裁判所へ通わなければならず，それでは原告は紛争の解決に最低2日を要することになる。被告を同道した場合，訴え提起日に審理期日も開いて審理を終了するというわけにはいかないものであろうか。この点に関する配慮が試案にないように思われる。
　仮に，訴えの提起日と審理期日とは別にするとしても，迅速な解決の理念からは両者の間隔をあけないことが必要であり，そのための訓示規定をおくことが望まれる。このように考えてくると，手続というソフト面での改革のみならず，物的，人的設備というハード面での改革が併せて行われることが肝要であることが明らかである。後者の改革を裁判所に是非望みたいものと考えている。法制審が判決手続の全面改正というソフト面での改革に力を注ぐ以上，ハード面の改革は裁判所の道義的義務というべきであろう。もちろんこの問題は小額事件に限定されるものではないことは自明であるが，敢えてお断りしておきたい。　　　　　　　　　　　　　　　　　　　［判タ881号4頁，平7］
　　追記　小額訴訟の回数制限は現行民訴法368条1項但書に入れられた。
　　　　東京地方裁判所および家庭裁判所の立川支部の独立化の要望は存在している。私見はより以上の拡大ないし増設を切に願うものである。

Ⅵ　司法制度

⟨72⟩　弁護士と司法書士の役割分担について思う

〈1〉　私はかつて拙稿「弁護士と司法書士の役割分担」（法学研究68巻10号9頁以下）において，欧米諸国と比較して人口比で弁護士数が圧倒的に少なくかつその増加が早急に見込めないわが国の場合，沿革的にみて一定の範囲で司法書士に訴訟代理を認めるのが妥当ではないかという提案をしたことがある。判タ863号5頁以下の拙稿「簡易裁判所の性格——民事訴訟法改正要綱試案をめぐって——」にも同旨の論述がある。

前掲法学研究の論文はいわゆる司法書士会埼玉第一審判決（浦和地方裁判所平成6年5月13日判タ862号187頁，判時1501号52頁）に関連して執筆されたものである。法学研究法の論文における私の主張を若干抜粋して紹介すると以下の通りである。

「司法書士の本来の職分の一つは訴訟においては裁判所に提出すべき書類の作成にあることはいうまでもないことである。裁判所の種類を問わず，裁判所へ提出する書類の作成，それに伴う必要最小限の法律相談をその職分とする司法書士に一定範囲の訴訟代理を認めて，市民にとり弁護士を通してする司法へのアクセスに一定の限界がある以上，司法書士を通して司法へのアクセスを容易にする必要性が認められてもよいのではないか。

司法書士の訴訟代理を一定の限られた範囲で認める場合，問題なのはその限定の方法である。訴額で限定することも一つの方法である。例えば簡易裁判所事件に限定するとか，あるいは簡裁事件のなかでも更に訴額を限定すること等が限定方法として考えられる。しかしながら，訴額が低いからといっても，事実関係が複雑であったり，法律の解釈が困難であり，法律的に重要性のある事件がないわけではない。かような配慮から簡裁事件に限るというような切り方に異論が予想される。そこで次に考えられるのは，かかる観点も配慮したうえで，司法書士の訴訟代理につき一方で一応簡裁事件に限るという一般的枠をはめておいて，他方で当該簡易裁判所の裁量によって，事件の性質上相当と認めるときは司法書士の代理を認めないことができるとするという取扱いである。」（20〜21頁）。

「一方で裁判所に提出すべき書類の作成を職分として認めながら，他方で訴

訟代理を認めないというのもある意味で中途半端な扱いである。訴訟代理も認めないし，裁判所に提出すべき書類の作成権限も認めないという考え方をとるとか，あるいは裁判所に提出すべき書類の作成も訴訟代理も双方とも一定の範囲で認めるというのであれば一貫しているように思われる。」(21頁)。

　「しかしながら，右第一審判決の理由に示された司法書士の職分の変遷を読むと，その職分の本流はそもそも裁判所に提出すべき書類の作成の作成にあたることが示されている。それならば，弁護士人口が不足しかつその充足を当面見込むことができず，他方で訴訟社会化が進む以上，制限された一部の事件の訴訟代理権を司法書士に認めて，国民の司法へのアクセスの容易化を図ることが暫定的な措置としてであれ必要ではないかと思われる。弁護士はそのことによってその職域を侵されるから，弁護士側から異論がでてくることも予想できる。しかしその職域の侵され方が重大であるとはいえないであろうし，それが侵されたことにより弁護士会が被る損害と，司法書士に一定の範囲で訴訟代理権を認めることにより受ける国民の司法へのアクセスの容易化の利益とを比較衡量してみることも必要であろう。」(25頁)。

　平成8年2月3日付新聞各紙は法制審議会民事訴訟法部会がまとめた「民事訴訟手続に関する改正要綱案」を紹介している。その第12は「少額訴訟に関する特則」を定めている。私は本章冒頭の論稿において，せめて簡裁の民事事件について司法書士の訴訟代理を認めたらどうかという提案をしたが，いわんや訴額30万円（現行民訴法368条第1項60万円以下）以下の金銭支払請求に限定している少額訴訟手続についての訴訟代理は認めてもよいのではないかというのが私の率直な気持ちである。

〈2〉　私の上記の提案を支持する資料が月刊「司法書士」誌1995年12号18頁の「司法書士による裁判所内活動に関するアンケートの概括的報告」にみじくも掲載されている。この報告は，日司連が1995年10月に実施したアンケート調査である。その集計表（19頁）は私の提案の現実的要請が強く存在していることを示していると思われるので，日司連の承諾を得てここに転載するものである。けだし月刊『司法書士』誌は必ずしもポピュラーなものではなく，一般に人目につきにくいと考えたからにほかならない。なお以下の表に含まれる司法書士による裁判所内活動は簡易裁判所のそれに限定されていないようである。この表について特に注目すべきことは，裁判官の要請または本人の要請

Ⅵ 司法制度

を裁判官が了承して司法書士がいろいろな形で訴訟に関与している事件数が多いという点である。

過去5年間における司法書士による裁判所内活動（平成2年～平成7年）集計表

態様 \ 要請先	裁判官の要請又は本人の要請を裁判官が了承	相手方，弁護士からの要請	書記官・調停委員・調査官等からの要請	合計
原告，被告席にて説明等をした	185	0	6	191
傍聴席から説明等をした	691	2	2	695
調停の場合に同席した	333	13	49	395
和解の場に同席した	524	83	4	611
審尋の場に同席した	379	2	4	385
訴状等の提出時に書記官室等において説明等をした	0	0	127	127
その他（非訟事件・家事審判等）	68	3	52	123
合計	2180	103	244	2527

（平成7年10月31日現在）

　本人訴訟が訴訟促進の障碍になるという点で裁判所を悩まし，かつ裁判を機能不全に陥らせるばかりでなく，より重要なことは本人の正当な利益を害しているという点は，決してこれを軽視できない（倉田卓次・判夕201号138頁）。前記日司連の報告のうち，「現場からの生の声」を読むと，裁判所が司法書士を事実上訴訟代理人的に扱っている例がみられるのが実状のように推測される。実際にそのようなニーズがあるから，この種の事例がでてくるのであろう。

　たとえ範囲を限定したとしても，司法書士に訴訟代理を認めることに対しては，弁護士会からの強い反対が予想される。弁護士人口を飛躍的に増やす等，本人訴訟を解消し市民の裁判所へのアクセスを容易にする対策をとらない限り，弁護士会の反対は必ずしも説得力のあるものにはならないであろう。反対するならば，それに説得力を与えるだけの環境整備をすることが弁護士会をはじめとする法曹界全体の責任なのではないかと考える。それが近い将来望み得ない現状の下では，司法書士の一定範囲の事件の訴訟代理を認めることが適切な司法政策といえないのであろうか。　　　　　　　　　　［判夕900号68頁，平8］

　　追記　本章については加えて法学研究1975年10月号参照。なお新司法試験下において，弁護士人口が著しく増加しているという事情を考えると本稿執行時と状況の変化は著しいということができる。

73　新民事訴訟法の成立を契機に司法制度改革を

　法制審議会民事訴訟法部会は，平成2年7月から，国民に利用しやすく分かりやすくすることを目標に，民事訴訟手続の全面的改正（改正というより新立法である）作業に入った。そしてその成果が平成8年6月18日通常国会において新民事訴訟法として成立した。6年にわたる改正作業であった。その間立法作業に直接参加した人々のご苦労には深い敬意を表さなければならない。大正15年の判決手続の抜本的改正以来の大改正である。裁判所や訴訟関係者の工夫と努力にもかかわらず，殆ど機能不全に陥る傾向にあった旧民事訴訟法であったが，今回の新法によってその機能を回復し，立法関係者の労苦が審理の充実と促進という理念の実現に向けて報いられることを切望したい。
　いかなる立法であっても完全を期することはできない。したがって，その評価は細部にわたればいろいろと分かれることは避け難いであろう。
　現行民訴法（現在は旧民訴法）の下で意欲的な裁判官によって審理の充実と促進のためのさまざまな試みや研究がなされ，それが一定の成果を挙げてきたことは周知の通りである。そのような努力に対しては，日本の民事司法に寄せる国民の信頼をつなぎとめることになるという点からみて，このような努力に対しては敬意を表さなければならない。一部の裁判官のそのような努力は，訴訟の審理の充実と促進が裁判官の意識改革によってもまた裁判官の現行法の枠内における創意工夫によっても，ある程度は達成しうる面があることを示したという点で，これら裁判官の試みや研究は貴重である。もちろん，裁判官のこれらの試みや研究も弁護士や当事者の協力なしには効果を挙げることができないものであるから，その実現に向けた弁護士の協力も評価されなければならない。
　それにもかかわらず，全般的にみればそのような試みも，民事裁判全般を審理の充実と促進に向けて抜本的に改善するという域に到達せしめるものではなかった。このことは，法律の制約がある以上止むを得なかったことといわざるを得ない。
　審理の充実と促進をねらって今回の新民事訴訟法が立法されたことについては，相当な評価が与えられてしかるべきである。新民事訴訟法により手続それ

Ⅵ 司法制度

自体が審理の充実と促進に向けて改善されたことが最も重要な事柄である。しかし，改正の効用はそれにとどまるものではない。と同時に，そのことが裁判官や弁護士の意識改革のための大きな刺戟となるという副次的効果も認められ，この効果は計り知れないものと思う。いくら手続が改善されても，それを利用する者の意識改革がないかぎり，改善された手続も効果的に機能しえないからである。新民事訴訟法は，このように手続を改革すると同時に訴訟関係者の意識改革の原動力になるという2つの意味で評価される。

ところで今回の改正は民事訴訟法の範囲にとどまった。しかしながら改正作業を開始した当初から，審理の充実と促進のためには，単に手続を改善するのみならず，裁判所の人的・物的設備を充実することが必要であり，さらにはこれに加えて，在野法曹人口の増加も肝要であるといわれてきた。当然のことであるが，一挙にすべての対策を満遍なく講じることはできない。この点は理解できる。しかし，手続の改革と司法制度の改革は車の両輪のようなもので，両者が相俟って行われて初めて，訴訟における審理の充実と促進を有効にはかることができることはいうまでもない。

一例を挙げてみよう。私は判夕910号（1996年8月）4頁以下に「新民事訴訟法における最高裁判所に対する裁量上告制の内容と問題点」と題する論文を発表したし，また法学研究69巻11号（1996年11月）1頁以下に「ドイツ民訴法における上告制限——わが国の新民事訴訟法における上告制限に関連して——」と題する論文を発表した。現在，最高裁判所の負担軽減を本格的に考えなければならない時期に来ていることは疑う余地がない。したがって新民事訴訟法が318条で上告理由を現行法394条の「判決ニ影響ヲ及ボスコト明ナル法令ノ違背アルコト」から「原判決に最高裁判所の判例（これがない場合にあっては，大審院又は上告裁判所若しくは控訴審裁判所である高等裁判所の判例）と相反する判断である事件その他法令の解釈に関する重要な事項を含むものと認められる事件」に絞った点は評価されてよい。

しかしながら他方では3審制維持の立場からこのような上告制限に対しては日弁連を始めとする強い批判があることも否定できない。ことは憲法32条の裁判を受ける権利に関係するだけに，上告制限の問題には慎重に対処しなければならない。私は前記の両論文において，新民訴法における上告制限が憲法32条に違反するという立場はとらなかった。しかしながら，上告制限は少なければ少ないだけ，在野法曹について説得力があることも確かである。

昭和25年法律第138号「最高裁判所における民事上告事件の審理の特例に関する法律」、いわゆる民事上告特例法は、憲法違反、判例違反の場合を別にすれば、最高裁判所が法令違反の主張のうち、みずから「法令の解釈に関する重要な事項」を含むと認めるものについてのみ実質的審理、判断をすれば足りるとして、要綱試案乙案、要綱、および新法と共通の考え方に立つものであった。そしてそれが最高裁判所の負担軽減や事件処理の効率化という観点から相当な成果を挙げたことは周知の通りである。しかしながら、民事上告特例法は、立法にあたり一部の反対にあって、施行期間2年の応急的特例法とされ、昭和25年6月1日より施行され、その後更に2年施行期間が延長されたものの、昭和29年5月31日をもって失効することになった。それは恒久立法でもなかったし、施行期間延長も1回で合計4年間施行されてその生命を終ることになったのである。その理由は何といっても、上告制限が三審制を制限するものであって、憲法32条の裁判を受ける権利と深く関るものと考えられたからにほかならない。

今回、上告理由の制限という点で民事上告特例法と同様の立場に立つ新法について、要綱試案の段階で甲・乙両案に対して弁護士会等から強い反対があったことも理解できないことではない。しかしながら、上告理由を要綱試案の甲乙両案、要綱や新法のように制限しないかぎり、最高裁判所が機能不全に陥る危険があることは否定できない。機能不全に陥ったのでは裁判制度を設けておく意味がなくなる。これを回避する現実的方法としては、その内容は色々ありうるにしても、上告制限をするか、あるいは最高裁判所の容量を増やしその機能拡大の方向で機構改革をするか、二者択一の方法しかない。後者が当面不可能であれば前者の道を選択することが、問題の現実的解決方法であるということにならざるを得ない。残る問題はどこまで上告制限をするか、上告理由を、憲法違反や判例違反のほかどのように絞り込むかという問題になってくる。この点について私は前掲論文、特に法学研究誌上でドイツの上告制限と対比して若干言及しているので参照していただきたい。

日本の旧大審院型をとる通常手続の最上級裁判所であるドイツの連邦通常裁判所の下でさえ、ドイツ民事訴訟法は上告理由の制限を不服申立額をもからめて規定した。日本の新法のように「その他法令の解釈に関する重要な事項を含むものと認められる事件」という形ではなく、これより広く「基本的重要性」を有する事件という形で、上告制限をせざるを得なかったのである。日本の最

VI 司法制度

高裁判所は旧大審院型ないしドイツの連邦通常裁判所型の裁判所にとどまるのではなく，わずか15名の裁判官をもって構成され，1つの大法廷と3つの小法廷で上告事件を処理しなければならないのであるから，上告制限の必要性はドイツにおけるそれよりもはるかに大きいといわざるを得ない。

上告裁判所としての最高裁判所の物的人的機構改革をしない限り，現行民訴法（旧民訴法）以上に一定の上告制限をせざるをえないというのが正直なところである。

現行民訴法（旧民訴法）以上の上告制限をすべきに非ずとの考え方が民事上告特例法の恒久的立法を妨げたのであるし，新法の上告制限に対する批判もこの考え方に由来するものであろう。

ここで最高裁判所の機構改革や下級裁判所の人的物的機構の改革論が提唱されざるを得ない。下級裁判所における審理の充実は上告事件減少の原因となる。新法でも手続上の一定の対策は導入された。しかしながら，他方で，裁判官，書記官の増員やそれに伴う物的設備の拡充，裁判所の増設および適正配置等々も考えるべき問題なのである。

最高裁判所についても最高裁判所判事の増員，小法廷の増加，調査官の増員等々，考えられる対策を，この際勇断をもって行うべきであろう。来るべき訴訟社会を迎えるにあたって，今日でさえ機能不全の事態に対応するために上告制限を以ってせざるをえない現状をみるとき，真剣に裁判所の機構改革を考えるべきときが来ているといわざるを得ない。

新法により上告制限を取入れても，他方で依然として特に最高裁判所を中心とする裁判所の全般的な機構改革の必要性は認められるであろう。いわんや上告制限反対論者は，反対する以上反対論と連動して最高裁判所をはじめとする裁判所制度の改革論を提唱すべきであり，そしてそれもまた反対論者の責任であるといえよう。機構改革論は伴わない上告制限反対論は無責任であるといわざるを得ないように私には思えるのである。在野法曹で構成される弁護士会サイドからこの種の機構改革論が声高に叫ばれ続けないのはいかなる理由によるのであろうか。

裁判官の増員も必要であるが，それのみならず裁判制度の一端を担う弁護士の寄与が重要である。期日がなかなか入りにくいとか，期日間の間隔があいてしまうという現象は，弁護士の担当事件数を減らすことによって回避できる。審理のために弁護士がなすべき十分な準備は審理の充実と促進に役立つ。その

ためには弁護士の総数を増員する必要がある。裁判官や弁護士の増員は審理の充実と促進に不可欠なものである。そのためには法曹養成制度，特に司法試験の改革，特に合格者の増員が不可欠である。この点でも思い切った改革が必要なのである。制度の小手先の改革ではなく抜本的改革が望まれる。

　一般的に地方の時代という御題目は掲げられるものの，こと法曹養成制度に限っていうならば，極めて中央一元的である。極端なことをいえば，高裁単位で実務法曹の養成を行うというように発想を転換しても良いのではないか。そこまでは踏み切れないにしても，研修所を東京のほか大阪にも設けて，2倍の実務法曹を養成することが考えられないものであろうか。因みに，およそ制度の改革を考える場合，常に東京中心に且つ東京を基準にすることが必ずしも常に妥当であるとはいえない。

　話が本筋からそれてしまったが，いずれにしても，今回の民事訴訟法改正を民訴法のみに終わらせることなく，更に裁判所その他の司法制度の全般的見直しを通してその改革を進めて，両者相って審理の充実と促進につなげて欲しいものと考えている。

〔判タ914号59頁，平8〕

〔付記〕この点で2001年6月12日司法制度改革審議会が答申を出されたことは歓迎すべきである。
　なお法科大学院新司法試験制度の導入による在野法曹である弁護士の増員は本来望ましいが「過ぎたるは猶及ばざるが如し」ともいえるのが現状である。新人弁護士の著しい増加は本来歓迎すべきであると思うが，それに対する弁護士会の対応はまだまだにぶいように思われる。十分な計画をもって法曹養成制度の改革を行っていればこのような困乱は生じなかったと思われるが，その改革を急ぎ過ぎた結果生じた改革の負の遺産が残ることになったというべきなのであろうか。十分な準備もなしにこのような大改革を急いだために現在の困乱が生じたのである。

Ⅵ 司法制度

⟨74⟩ 裁判外紛争解決制度と弁護士法

〈1〉 私はかつて判例タイムズ誌879号4頁（後に拙著「調停法学のすすめ」信山社1999年1月刊114頁以下に収録）に「ADR基本法の制定を」と題する一文を寄せて，裁判外紛争解決制度に関する基本法の制定の必要性を説いた。また「我が国における裁判代替的紛争解決制度（ADR）の諸問題」と題する論稿を『法の支配』101号に掲載し（後に石川明＝三上威彦編著『比較裁判外紛争解決制度』慶應義塾大学出版会1997年に収録），裁判外紛争解決制度の基礎理論の構築の必要性を説いた。そこでは問題点を一応は列挙しておいたものの，必ずしもそれらの各々について特に詳細に論じたわけではなかった。

〈2〉 それらのうちかねてより特に気にかかっていた問題が一つある。弁護士法72条との関係における裁判外紛争解決機関の調停人（民事・家事両調停──以下両調停という──における調停委員と誤解される可能性を考えると調停人と称するのがふさわしいかどうか問題であるが，ここでは裁判外紛争解決機関の構成員を一応そう呼んでおく）の資格の問題である。同条は「非弁護士の法律事務の取扱等の禁止」について，非弁護士は「報酬を得る目的で……仲裁若しくは和解その他の法律事務を取り扱い，又はこれらの実施をすることを業とすることができない」と規定している。

製造物責任法の施行（平成7年7月1日）に伴って，これと相前後して各種のそして数多くの製造物責任に関するPLセンターが設立された。それ自体は歓迎すべきことなのであるが，問題は調停人の資格である。

PLセンターに限らず，凡そ裁判外紛争解決制度にあっては，法曹有資格者のほか無資格者（以下一応「非法曹」という）が調停人として紛争解決に参加することが多い。調停人はPLセンターより一定の報酬をうける。ここでいう法曹資格者という表現それ自体も若干の問題を含んでいる。というのは，弁護士法72条は弁護士と非弁護士とを分けているのであって，法曹有資格者と法曹無資格者をわけているわけではないからである。したがって厳密にいえば，法曹有資格者でも弁護士登録をしていないかぎり，非弁護士であって法律事務の取扱いにつき有資格者とはいえないからである。

弁護士法にいわゆる弁護士と非弁護士というように厳密に分類しないまでも，法曹有資格者と無資格者という分類は少なくとも必要であろう。このような分類はしばらく置くにしても，裁判外紛争解決制度の多くは，調停制度にならって，法曹有資格者を中心にして，これに非法曹を調停人に加えている。その道の専門家，技術者，消費者代表等々で法曹有資格者でないものがこれである。

〈3〉　民事・家事の両調停制度に非法曹が調停委員に任命されて調停委員を構成している。したがって，一般に裁判外紛争解決機関に非法曹が加わっても不思議ではないという議論も聴かれる。しかしこの議論が当を得ていないことは言うまでもない。というのは次の事情に基づく。すなわち，民事調停法8条2項および家事審判法2条ノ2第2項によれば，両調停の調停委員の任免に関して必要な事項は，最高裁判所が定めることとされ，民事調停，家事審判規則によって一定の要件の下に法曹無資格者を調停委員に任命することができるものとされているのである（民事調停委員及び家事調停委員規則1条参照）。法規が明文で両調停の調停委員に非法曹を任命しうることを認めているのである。しかるがゆえに，非法曹も調停委員に任命されれば調停における法律事務を取扱うことができるのである。ここでは両調停法が弁護士法72条の例外を認めているのである。

あるいは調停それ自体法律事務ではないと解し，ゆえに，非法曹の調停委員もこれに関与することができ，弁護士法72条はそもそもはじめから問題にならないとする説明も考えないではないが，このような見解をとることは困難であろう。家事審判法一条は同法が「……家庭の平和と健全な親族共同生活の維持を図ることを目的とする」としている。また民事調停法第一条は，同法が「……当事者の互譲により，条理にかない実情に即した解決を図ることを目的とする」と規定している。以上の両規定は，調停の全くの法的無関係性を説いたのではなく，法的解決をベースにしながら，それに事件の実情に応じた修正を加えて紛争解決を図ることを制度目的としていることを意味していると読むのが一般的解釈である。この解釈を前提にすれば，両調停ともに法律事務の取扱いということになる。そうなるとそもそも調停は法律事務の取扱いであるが，非法曹がこれに調停委員として関与しうる根拠は既述の規則に求められなければならないというべきである。

裁判外紛争解決制度はある面では仲裁に準じるものであるともいえる，仲裁

Ⅵ　司法制度

人は法曹有資格者であることを要件としないから，裁判外紛争解決制度の調停人も，これに準じて法曹有資格者であることを要件としないと解することも考えることもできるかもしれない。しかしこの見解にも無理がないわけではない。仲裁にあっては仲裁法規それ自体が仲裁人の資格を特に制限しているわけではないから，非法曹が仲裁人に選任されたからといって，それが違法になるわけではない。仲裁法規が非法曹を仲裁人になしうることを排除しない点で弁護士法72条の適用を除外しているのである。仲裁法規が仲裁人の資格を制限していないのは調停委員について関係法規が特別な資格制限をしていないのと同様である。

〈4〉　このようにみてくると，両調停制度以外の裁判外紛争解決制度について調停人の資格を非法曹にも認めることについては，たとえ合議体の一員に加わるにすぎないとしても相当に疑問が残ると言わざるを得ない。しかも調停人はPLセンターより一定の報酬を受けるものが通例であろう。PLセンターの調停人が弁護士法にいう「報酬を得る目的をもつもの」に該当するか否か解釈は分かれる可能性はあると思うが，少なくともこの点で疑義が全くないわけではない。

弁護士法72条は現在ポピュラーになってきた観のある裁判外紛争解決制度が一般化しない以前の法律であって，そもそもこれらの調停人を射程距離においた法規ではないといえるだろうか。そのように解することは無理であろう。弁護士法72条はいかなる法律事務であれ，特別の規定のないかぎり非弁護士にその処理を委ねることを拒否していると解されるからである。

両調停のようにcourt annexed mediationすなわち裁判所付属型の裁判外紛争解決制度とその他の裁判外紛争解決制度とを比較した場合，前者は裁判所付属型であるだけに紛争解決の法的拘束性ないし法的規制用性を基本にするものの，後者は必ずしも法的拘束性ないし法的規制用性を基本にする必要がないのだと割り切ってしまえば，紛争処理は法律事務の処理にならない。しかし，そのように割り切ってしまうことはどういうものであろうか。単純に割り切れないからこそ，一般の制度に弁護士ないし法曹有資格者が加えられているのではないかと思われる。

弁護士ないし法曹有資格者が調停人をつとめ，それに非法曹がアドバイザーとして参加するような構成をもつ機関が紛争解決にあたるというのであれば，

アドバイザーの参加を敢えて否定する必要はないかもしれない。かように考えるならば，紛争解決機関の構成をそのようなものにしなければならないはずである。現在の一般の裁判外紛争解決制度における紛争解決体の構成はそのようになっていない。法曹も非法曹も対等の資格で紛争解決体を構成しているのが普通である。裁判外紛争解決制度は両調停制度になんとなく準じて良いものかとした考え方が一般化しているのであって，その問題性が必ずしも明確に意識されたうえでとられている機関構成とはいえないのではないか。

　ことわっておくが，私の議論は法曹の職域確保を目的としているわけではないし，また両調停制度にみられるように，非法曹が紛争解決体の構成に加わることが悪いといっているわけでもない。むしろアドバイザーとして一歩下ったポストで非法曹が解決体に参加するより，解決体の一構成員として参加したほうが好ましいし，それが民事・家事両調停制度の大きなメリットであることは一般に認められているところである。

　むしろ，現在のように疑問の残るままに制度を運用するよりも，一定の要件のもとに裁判外紛争解決機関に非法曹の参加を明文をもって認める法規を制定するほうが適切であるように思われる。

　裁判外紛争解決制度は解決体の構成にあたって必ず法曹を加えるような運用上の配慮はしているものの，非法曹だけで解決体を構成する可能性も事実的には否定しえないのである。

〈5〉　今後裁判外紛争解決制度が発展，現状維持，衰退のいずれの途をたどるかという問題についてここで明言を避けたいと思うが，しかし少なくとも衰退はないといってよかろう。そうであるとするならば，少なくとも現状の下で，その必要最小限度の法的規制は望まれるところである。本稿に指摘した問題は，国民の基本権の保障にかかわる問題である。そして具体的にいって，それが弁護士法72条の問題であることを考えれば，日弁連をはじめとする各弁護士会もこの問題に無関心であってはならないのではないか。

　同時に非法曹を裁判外紛争解決機関の構成員とする場合，調停委員について行われているような研修制度を確立し且つ充実する必要性があり，この点についても法律家は十分な関心を持つべきである。

[判タ942号87頁，平9]

Ⅵ　司法制度

追記　本稿執筆後制定された「裁判外紛争解決手続の利用の促進に関する法律」6 条 5 号は弁護士でない者も手続実施者になりうる旨規定しているが，その場合弁護上の助言を求めることができる旨規定している。なおこの点については，拙著「調停法学のすすめ」信山社 1999 年 1 月刊 114 頁以下参照。またこの点に関する私の本章において提起した問題も解決したことになる。

75　弁護士法1条と弁護士の説明義務

　弁護士の使命について，わが国の弁護士法1条1項は次のように規定している。すなわち，「弁護士は，基本的人権を擁護し，社会正義を実現することを使命とする」とされているのである。この点で，1959年8月1日のドイツ連邦弁護士法1条は「司法における弁護士の地位」と題して「弁護士は独立の司法機関」であると規定している。この規定の沿革についてシュナイダー著石川明訳『弁護士──独立の司法機関』（ぎょうせい，1986）は以下のように述べている。

　この規定の文言は，既に1893年名誉裁判所の判例に登場し，1908年のフリートレンダー（Friedlender）の弁護士法注釈書及び1926年のライヒ裁判所第4刑事部の裁判に登場している。1833年に既にアベック（Abegg）は，弁護士を「正義を司どる（Gerechtigkeitspflege）機関」と呼んだ。ライヒ裁判所はこの概念を次のように正確なものにした。すなわち，「弁護人（Verteidiger）は裁判所及び検察官と並んで同等な地位をもつ司法機関である」と。この表現は当時激しい議論を呼び起こした。
　7年間続いた連邦弁護士法の制定作業の中で，最初，機関概念は登場してこなかった。1952年の連邦政府の第一草案において，第1条は次のように規定していた。

　　「弁護士職は司法に協力する職務を有する。」

　これに反して，公式理由書は弁護士を「司法機関」と表示した。第1回ドイツ連邦議会の「議決案件が多すぎた」ために，この草案は法律にならなかった。同じ文言の第1条を含む第2草案もまた法律にならなかった。
　1957年の連邦政府の第3草案は，以下のように第1条を規定していた。

　　「弁護士職（Rechtsanwaltschaft）は独立の司法機関である。」

　ドイツ連邦議会法律委員会は，「弁護士職」なる概念を「弁護士」なる用語に置き換えたそれは次の点を明らかにするためであった。すなわち，「司法の

VI 司法制度

中では一人一人の弁護士が活動をするのであり，すなわち弁護士は自己責任を負うものとして活動し，例えば検察官職の中における検察官がそうであるように全体の一部として活動するわけではない」

　司法機関は権利保護ないし法秩序維持を目的とする。ドイツ連邦弁護士法はその趣旨の規定である。これに対してわが国の弁護士法1条1項が「基本的人権を擁護し，社会正義を実現する」と書いているのは同じ意味をもつものであると解すべきなのであろうか。「基本的人権の擁護」という部分は，司法機関性を説くドイツ連邦弁護士法1条と同趣旨と解することができようが，社会的正義の実現とはこれと同じ意味をもつのであろうか。基本的人権の擁護＝法秩序維持＝社会正義の実現と解釈するべきなのであろうか。換言すれば社会正義の実現は基本的人権擁護＝法秩序維持の言い換えないし繰り返しなのか，あるいは両者の意味する範囲は大部分では重なるものの一部分では異なるのであろうか。

　社会正義の実現とは，人権擁護＝権利保護＝法秩序維持よりも若干広い概念であるという解釈も不可能ではない。民事調停法1条に見られるように，法的紛争について「条理に適い実情に即した解決」をするということも法秩序維持の枠からはずれた社会正義の実現に含まれるという解釈も可能である。弁護士法1条にいう「社会正義の実現」なる概念を法秩序維持として狭く捉えるか（これを仮に狭義説と呼んでおこう），あるいは後者のように広く捉えるか（これを仮に広義説と呼んでおこう），その解釈について2つの可能性があるように思われるのである。「社会正義の実現」は「基本的人権の擁護」の繰り返しであり，両者は同義語であるとするのは，福原忠男著『増補弁護士法』44頁（第一法規，1990）である。すなわち，この点について次のように説いている。

　「社会正義」とは，1つの政治的理念であって，国民各人が国の政治の上において，絶対的に自由平等であることを内容とする。したがって，社会正義を「実現する」とは，基本的人権を擁護すると対語に用いられているが，その意味は同義語の繰り返しをしたものと解せられる。米国憲法における「正義の樹立」またはフランスの人権宣言一条に盛られている伝統的な理念と同様に理解されるものがあり，英国における「法の支配」（Rule of Law）の思想も，国家機関その他の権力の乱用に対して人権を守るものが法であるとの考え方であり，

ここにいう社会正義の実現を意図するものというべきである。

　もっとも福原説も前記のように説くからといって必ずしも狭義説によっているというとは断定できないように思われる面もある。けだし，調停ほかの裁判外紛争解決制度まで視野に入れない叙述であると判断することは早計なように思われるからである。あるいは，裁判外紛争解決制度による紛争解決も基本的人権の擁護に準じるものとして弁護士の職域に入ると考える余地もありうるからである。このように考えてくると福原説が狭義，広義いずれの説をとるのか必ずしも明確とはいえない。
　ところで弁護士の依頼者に対する損害賠償義務について，説明，助言義務に関連して以下の判例がある。すなわち貸金返還請求訴訟に勝訴したものの結局回収不能に陥った依頼者が，委任事務には訴訟の提起・追行のみならず貸金回収のための一切の行為が含まれるとして債務不履行を主張した事案について，福岡地判平2・11・9判タ751号143頁は，弁護士に訴訟を委任したことによって依頼者との関係では当然には保全処分や強制執行までも委任したものと解することはできないとする一方で，「一般には，訴訟と強制執行の区別も知らない者も少なくなく，その訴訟に勝訴するか否かよりも現実に貸金が回収できるかどうかが一番の関心事であるから，貸金の回収について弁護士に相談に行き貸金返還訴訟を依頼した者が弁護士に対し貸金の回収に向けて種々の手段を講じてくれることを期待していることが多いと考えられる。一方，依頼を受けた弁護士は，……法律業務の専門家として，訴訟業務以外に強制執行等の現実の回収を図る方策を依頼者に説明し，依頼者の負担となる費用や報酬の額，貸金の回収の可能性の程度，その手段を採ることの難易等の情報を提供して，依頼者が回収に向けていかなる手段を具体的に講じるかを決めるためのアドバイスをすべき義務がある」とした。
　この判例は，既述のとおり貸金回収の「依頼を受けた弁護士は，……法律業務の専門家として，訴訟業務以外に……現実の回収を図る方策を依頼者に説明し，……依頼者が回収に向けていかなる手段を具体的に講じるかを決めるためのアドバイスをすべき義務がある」としているが，回収を図る方法の中に裁判所付設型のADRである調停はアドバイスの対象になるし，加えて裁判所外ADRに迄説明義務が及ぶと考えるべきなのであろうか。
　この問題の解決については2つのポイントがあるように思われる。すなわち，

VI 司法制度

　第1は，クライエントの意図である。他の回収方法があることを承知の上で訴訟のみを委任するのか，換言すれば敢えて訴訟のみを委任する趣旨なのか，あるいは手段のいかんを問わず債権回収を委任するという趣旨なのかという点である。前者であれば訴訟外裁判所外のADRについてまで説明義務があると考えるべきではない。後者の場合について特に広義説をとると，裁判外のADRにまで説明義務が及ぶという解釈に必然的に繋がっていく。第2に仮にクライエントの意図が後者にあるが，説明義務はいかなる範囲のADRにまで及ぶかという問題がある。通常，相当の注意をもってすれば探索しうるADR及びその特色（例えば事件の種類の特定，裁定委員の構成，官民の相違等）について説明義務を負うものと考えるべきであろう。ADRによって紛争解決を低廉，短期間で労力をかけずに解決しうるか否かも当事者にとって大きな関心事だからである。狭義説をとれば調停とか仲裁等以外のADRについての説明義務はないと解する余地があるとする可能性がでてくるであろう。

　私は前記判例の場合，弁護士に通常調査することの可能な裁判所外のADRについてまでそして権利の観念形成手続のみならず事実形成の手続にいたるまで説明義務が及ぶものと解するべきであるように考える。弁護士は特段の事情のない限り権利の観念形成および事実形成の双方にまで弁護士に要求される範囲でクライエントに説明する義務を負担すると考えるのが正当であると考えている。私見はこの意味において広義説を採用したいと考えている。

〔判タ982号44頁，平10〕

76　弁護士の誠実義務について

〈1〉　弁護士の誠実義務について，弁護士法1条2項は，弁護士が「誠実にその職務を行」わなければならないと規定している。弁護士のこの誠実義務について見解が対立しているようである。すなわち，誠実義務は，弁護士の民事責任の基礎となる法規範であるのか，あるいはそれは単に倫理的規範にすぎないのかという点である。第1は，「誠実義務＝善管注意義務加重説」とよばれる見解がある。すなわち，福原忠男『増補弁護士法』（第一法規，1990）は，次のように説かれる。

弁護士は，もともと委任の本旨に従い，法律専門家として善良な管理者としての注意義務をもって委任事務を処理すべきであるところ，それに加えて，弁護士法1条2項により，「依頼者のために適正妥当な法的措置を探求し，その実現を期する間における弁護士の執務遂行についての義務」である誠実義務が要請され，「職務上一般人以上の高度の道義に律せられる」とされるのである。「高度の道義に律せられる」とされる点は若干気になる処であるし，「……弁護士の執務遂行についての義務」である誠実義務が要請されるといっても，それが善管注意義務とどのような関係に立つかという点も問うてみたい点である。しかし，「……弁護士の執務遂行についての義務」としている点を重視してこれを誠実義務＝善管注意義務加重説に加えておいてもよいと思われる。伊藤眞教授は，「誠実義務は，受任者たる弁護士が，法律家という専門職に属することから，通常の善管注意義務が加重されたもの」（「弁護士と当事者」講座民事訴訟③（弘文堂，1984年）123頁）と説かれる。加藤新太郎氏も，誠実義務は弁護士の職務の公益性，特殊性からの通常の善管注意義務が加重されたもの（『弁護士役割論〔新版〕』弘文堂，2000年，11頁）とされている。こうした考え方によれば，誠実義務違反が債務不履行事由になること，すなわち，誠実義務が弁護士の民事責任の基礎となる法規範であるということになる。

〈2〉　これに対して，鈴木重勝教授は，「誠実義務＝善管注意義務加重説」を批判し，法的規範としての誠実義務批判説を展開される。すなわち，鈴木教授は，「法律専門家である弁護士に対して，善管注意義務は専門知識に基づいて

VI 司法制度

当該事案を客観的にも最善に最適時に処理すべき義務として具体化されているはず」であり、「それは、受任者が素人である場合に比べると、極めて加重された専門的配慮義務であるが」、「事案の種類・状況に応じて要求される注意の程度に軽重の差が生じてくるだけであって、その際にも『誠実義務』によって加重も拡大もされる必要はない」とされる。さらにこのような理解によっても、実務上、問題を生じることはなく、例えば、一審限りの授権しかされていない場合において、弁護士が受任した事件について敗訴判決の送達を受けたときの措置として、依頼者の控訴利益を確保するようにすべきことが誠実義務の例として説明されるが、これは、まさに善管注意義務の内容である法的義務である旨指摘されるのである。換言すれば、誠実義務によらなければ解決困難な事例はないということになる。そして、誠実義務とは、「法的処理に当たる事案がどのような種類や内容であれ」「事案の関係者がどのような身分、階級、社会的地位にあろうとも、わけへだてなく、誠意をもって平等に事案に取り組む」ことを要請する「平等であれ」との倫理的当為であるとされるのである。そこで加藤新太郎・前掲書10頁によれば、鈴木説は、要するに「法的規範としての誠実義務否定説」であるとされているのである。

　そこで更につづけて加藤氏は鈴木説を次のように批判される。すなわち、まず鈴木説による「誠実義務＝善管注意義務加重説」批判のうち、実際問題として、債務不履行事由としての義務違反の基準として、弁護士の善管注意義務に加えて誠実義務が必要とされる場面はないという指摘は、「ほとんどない」という限度において、正当であったし、一審限りの授権しかされていない場合における受任事件の敗訴判決の送達を受けた弁護士の義務については、誠実義務で説明するまでもないかもしれないと説かれる。そしてこれに続けて、「ほとんどない」としても、弁護士の誠実義務違反事例は観念できるように思われるとして、次の例を挙げる。すなわち、例えば、弁護士が人身損害賠償案件を受任した場合において、請求すべき損害の構成について、個別損害項目積み上げ方式とするか、慰謝料中心の方式とするかを検討し、前者の方式による方が後者の方式によるよりもトータルとして若干損害額が多いかもしれないが、必ずしもそうなるとも限らないので、自己が多忙であることを考慮し証拠収集の手間ないし調査時間が少なくて済むことを動機として後者の方式を選択するようなケースを想定すると、これは、弁護士に、もっぱら依頼者の利益を図るべき忠実義務の違反、すなわち、誠実義務違反があるといえるとされ、そうである

とすると,「法的規範としての誠実義務否定説」に対しては,以上のような信認関係に裏打ちされた弁護士・依頼者関係の構造に由来して弁護士に対して要請されるものについて,今一つ配慮が必要であるという再批判が可能であろうと主張されるのである。

しかしながら個別損害積上げ方式でいくか,慰謝料中心方式でいくかが善管注意義務違反に含まれる問題ではなく,忠実義務ないし誠実義務の問題と解して区別して論ずることができるのであろうか。むしろこの問題も善管注意義務の問題に吸収することができないのであろうか,という疑問がないわけではない。

〈3〉 私見は次の通りである。すなわち,法律職としての弁護士については第2項の誠実義務の規定がなくても加重された善管注意義務が課せられていると解される。さもなくば,弁護士法1条2項の規定がなければ,弁護士の善管注意義務は加重されないという解釈が可能になるが,そのような理解は不自然であろう。鈴木教授が「法律専門家である弁護士に対して,善管注意義務は専門知識に基づいて当該事案を客観的にも最善に最適時に処理すべき義務として具体化されているはず」であると説いているのは,加藤氏が右に挙げた事例,すなわち,個別損害積上げ方式か慰謝料方式かという問題も専門家たる弁護士の高度の善管注意義務に含まれていることを説いていると解される。この点では,誠実義務＝善管注意義務加重説と鈴木説との間には表現は異っても実質的に相違がみられないのではないか,換言すれば両者は実質的に同一の事柄を説いているものとみられるのではないかというのが私の率直な感想である。

鈴木説の問題点は,誠実義務を善管注意義務に取り込んだことから出発して弁護士法1条2項の解釈として誠実義務を「平等であれ」という倫理的当為としてしまう点である。「法的処理に当たる事案がどのような種類や内容であれ」「事案の関係者がどのような身分,階級,社会的地位にあろうとも,わけへだてなく,誠意をもって平等に事案に取り組む」という「平等であれ」という要請は誠実義務の一部であって全部ではない。そしてまた,誠実義務も弁護士法1条に規定されているところであると解し,それが,弁護士の最も基本的な義務とみられるところから,第二項をもって単なる倫理規定とみることは妥当ではなく,むしろ法律的義務と解すべきであることは言う迄もない。

それでは私見のように,弁護士法1条2項の規定がなくても誠実義務は当然

Ⅵ　司法制度

に高度化された弁護士の善管注意義務に含まれると解するならば，同項が弁護士の誠実義務を規定した意味は奈辺に求めるべきかという点が問われるであろう。鈴木説のように倫理規定という説明もありうるが，弁護士の善管注意義務には誠実義務が含まれることを確認し，それを単に注意的に明示した規定であると解すべきではないかと考える。同項によって弁護士の善管注意義務が高度化されると解すると，もし同項がなければ弁護士の高度の善管注意義務がでてこないということになるが，そのような論理は同項の規定の有無とは関係なしに弁護士に高度の善管注意義務があるという命題を軽視することにならないのであろうか。――第2項は第1項の単なる繰返しであるに過ぎず，本来無用の規定なのであろう。

〈4〉　なお，弁護士の注意義務の高度性について，弁護士の技能水準に地域性の考慮が必要か否かについて見解の対立がある。すなわち，依頼者からする対弁護士弁護過誤損害賠償請求について，弁護士の不手際について，「地域性を理由として弁護士の技能水準には上限があるという主張」をもって注意義務違反を争うことを許されるかという問題がある。一方では，「弁護士の業務を考察するにさいしても，地域性の考慮がある程度払われてしかるべきである」として，技能水準上限認容説が見られる。これに反して，弁護士の善管注意義務には，「専門職としての研鑽義務」を含むと考えて，上限認容否定説がある。後説をとる加藤氏は，弁護士には，現実に知識・経験がない事項についても「専門職として研鑽義務」を媒介に「法の不知」，「判例変更の不知」等に対して，規範判断として注意義務違反とされることがあることを許容すべきであり，問題は地域性にのみ存するわけではないのであり，専門性の問題がむしろ重要なのであり，これこそが，弁護士の注意義務が「高度」であるということの意味であると解されている（前掲書152頁）。

　私見も上限認容否定説に賛成するものであるが，そこに若干問題がないわけではないように思う。弁護士がごくありふれた一般事件をカバーしなければならないことは当然であるものの特殊な事件ついては弁護士の専門化を進めるべきであり，専門化にあたって依頼者保護の観点から事務所等に専門の明示をするようにすべきである。複雑多様化した現代社会において弁護士がすべての特殊専門的事件に等しく高度の知識と経験をもつことは不可能になりつつあるし，この方向は今後も更に進むであろう。それぞれの特殊専門部門が明示されてい

ないということによって，依頼者は当該専門について十分な知識と経験をもたない弁護士に事件を依頼せざるを得ない結果になる。このことは依頼者保護の観点からも好ましいことではない。私見は右のような専門明示性に欠ける今日では依頼者からみて，依頼を引き受けたすべての弁護士が専門知識と経験を有するが故に依頼を引き受けたとの信頼をもつからである。弁護士の専門性の深化は，今後，急速に弁護士人口が増加傾向をたどるとするならば，より一層強く要求されてしかるべきである。現在のところ若干の例外を除いて，弁護士社会の専門化が必ずしも十分進んでおらず，専門化しても事務所にその明示が欠けている点は，弁護士社会が社会の複雑化，多様化を経ていない時代の遺物を依然として今日まで継承していることを明示しているのではないかと思われる。このような事態は早急に改善されることが消費者保護の理念に沿った依頼者保護の観点から望まれる。

［判タ985号62頁，平10］

VI 司法制度

77 これからの実務法曹

　21世紀の法曹の在り方についてその末にいたるまでを見通して論じることは極めて難しいことである。20世紀の初頭から今日にいたるまで，政治，経済，文化および科学技術がいかに目まぐるしく進歩したことか。20世紀の初頭に誰がこの急激な変化を予測しえたであろうか。21世紀にしてもしかりである。とするならば21世紀を展望して法曹の在り方を予測するという課題に答えることは殆ど不可能な作業である。したがって我々がなしうることは，21世紀のうち近未来を予測して，法曹の在り方を問うということであろう。

　そこで，第1に予測できることは世界が徐々にボーダーレスの時代に向かって進むということである。ECからEUへという欧州連合の発展をみてもそれがわかる。EUの統合は市場統合から発して，通貨統合が発足し，共通の外交・安全保障政策も進んでいる。そこ迄はいかないにしても，日本を取り巻くAPECが存在する。否が応でも21世紀の世界は国際化に向かっていく。日本の実務法曹特に弁護士の国際化にはロー・エシア等に一部の者が参加しているものの，それが，弁護士の社会にそれほど浸透しているとは思えないのである。

　法曹実務家のこのような面での交流だけではなく，弁護士実務の面でも，日本の弁護士界は，国際化という点で大きな遅れをとっているように思う。発展途上国に日本の経済界が進出していくためには，まず，弁護士が，その尖兵として，その国の法律事情を調査する意味で進出することが必要であるが，今の処わが国の弁護士界の現状はこの点でその役割を必ずしも十分果たしているとはいえないし，それどころか，現状では誠に淋しいと言わなければならない。かつて私はアジアの法曹界では，現地法曹は別にしても，アメリカ，ヨーロッパ並びに豪州の法律事務所の独占的活躍が目立って，日本の法律事務所の進出となると，極めて淋しいのが現状である旨指摘したことがある。アジア各国に日本企業が進出するにあたって不可欠なことは，日本の国際的法曹実務に通じた法曹実務家が進出していくことである。

　現在の実務法曹教育にしてもそのような国際的法曹を育てるのに適していないことは，率直にいって認めないわけにはいかない。

　一般的にいえば司法試験の受験準備時代は司法試験の勉強にのみ精力をとら

れ，外国語特に英語を勉強する暇などないのが現状あろう。司法修習中にしても事情は変わらない。ましてや修習期間が短縮されたことによって，外国修習も修習の一部に含めるといった発想が入り込む余地はなくなってしまった。

　もっとも，この問題の責めをもっぱら実務法曹の養成課程にのみ負わせるというわけにはいかない。英語のできる法曹に仕立てるには，下級学校からの外国語教育が大切である。わが国の下級学校の外国語教育は実は外国語教育としては殆ど態をなしていない。受験英語をみてもそのことは一目瞭然であろう。英語教育はネイティブの先生に委ねるべきである。英語科や英文科の出身者の日本人の先生に委ねていたのでは効果的な英語教育はできない。この点文部科学省はしっかり考え方を改めるべきであるし，特に下級学校はその方向に向けて改革の先陣を切るべきである。

　そのようにして国際的法曹実務家を育成しなければならない。さもなくば世界の国際的実務法曹界に日本人が立ち入ることが困難になることは目に見えている。今や欧州連合の域内では，サービスの自由化から，例えばフランスで法曹資格を得た者がドイツでドイツ法に関する弁護士活動をすることが自由であるし，その逆も同じである。世界は着実にボーダレスの時代に向かっていることに着目して，法曹養成制度の改革も進めなければならない。

　第2に，実務法曹特に弁護士の特殊専門化の問題がある。社会は益々複雑化し専門化が進むことが予想される。医者の世界がそうであるように，弁護士も専門化せざるを得なくなる。現在のように資格は一般的なものにとどめるのか，これに加えて特殊専門的なものを創設するかは別にしても，専門化は必要である。そして，それぞれの専門が利用者に対して明示されなければならない。そうすることが，クライエントの権利を護る上で必要なことである。現に裁判所でも一定の範囲で専門部を設けている処があるということは，その必要を感じているからであろう。

　因みに，ドイツのような裁判権の分化・専門化は，特別裁判所を禁止する日本国憲法との関係から問題にはなるであろうが，国民にとっては専門的裁判官による，より適切な裁判を受けることができるという点でメリットがあることも無視できない。

　処分権主義や弁論主義を前提とするわが国の民事訴訟法の下では，裁判所の積極的釈明法的観点指摘義務などを考慮しても，その事件について専門知識のない弁護士による代理は敗訴の危険を伴う。弁護士の専門知識によって裁判所

Ⅵ 司法制度

をリードするぐらいのことは代理人の使命というべきなのである。

　弁護士の専門化のためには，弁護士会がしっかりとした研修制度を設けることも不可欠であるし，専門弁護士の認定制度をつくる必要もあるものと思われる。

　第3に弁護士社会に昨今以上の競争原理を導入する必要がある。今日でも，一般社会では医者と弁護士は高額所得者とみられている。そのこと自体が悪いといっているわけではない。そのことに弁護士が安閑としていられない社会，言い換えれば，弁護士が激烈な競争に勝ち抜かないかぎり，高額所得を維持していくことができないような社会に弁護士社会を変革していくことが必要なのである。弁護士社会に競争原理を導入することは弁護士の質の向上につながり，その結果国民に提供すべきリーガル・サービスが向上する。独占的社会に向上はなく，停滞を招くだけである。

　競争社会をつくるためには弁護士の数を増やすことが必要である。司法試験の合格者を増やす必要もあるだろうし，外国法事務弁護士を増やすことも重要である。

　合格率が3％（執筆時）という国家試験が異常であることは，誰がみても明らかなのである。私の親しいドイツの法律学者に合格率3％の話をすると，undenkbar（考えられない），unglaublich（信じられない），職業選択の自由に違反するという議論はないのかといわれる。3％というだけでその試験に合理性がないといえるという。ドイツでいえば司法試験は法学部の卒業試験のごときものと考えればよい。

　世界の人々は日本の現状に呆れている。日本の法曹界はよくこんな状況に黙っていられるものである。

〔受験新報585号8頁，平11〕

　追記　現行制度は合格者を3000人に増加させることを目標にしているものの現状で約2000人の段階で多すぎるとの見解から1500人説が有力であることは周知の通りである。概していえば3000人説の実現は難しいにしても昨今1500人説に落着くのであろうか。今や1500人説に軍配を挙げるにしても日弁連は今日以上に弁護士の職域ないし活動範囲を拡大する作業を活発化する努力に欠けるのではないかと思われることを指摘しておきたい。

　　本稿は平成11年に執筆されたもので，弁護士事務所の国際化の観点からみてやや古くなっている。しかし国際化がいまだ十分とはいえないのが現状であろう。

Ⅶ ドイツ法

78　„in dubio pro libertate" について

　„in dubio pro reo"（疑わしきは被告人のために）というのは刑事訴訟法に適用される命題である。この原則を民事訴訟に拝借して，„in dubio pro libertate"（疑わしきは自由のために）なる命題から，承諾的訴訟行為の拘束力の再検討をしようとしたのが，Schlosser の労作„Einverständliches Parteihandeln im Zivilprozeß"(1968, Mohr) であることは，周知のとおりである。

　民事訴訟制度は大量の訴訟事件を能率的に処理しなければならないために，事件の画一的処理をする必要がある。したがって，任意（ないし便宜）訴訟禁止の原則が通用し，明文の規定のないかぎり訴訟上の合意を禁止するというのが法の態度であると説かれてきた。訴訟法学上，当初訴訟契約を「訴訟契約」(Prozeßvertrag) とは呼ばず「訴訟上の合意」(Prozeßvereinbarung) と称したのも，訴訟法上は私法におけるとは異なりいわゆる「契約」は原則的に許されないという基本的な考え方に基づくものと思われる。

　しかしながら，その後訴訟契約の許される範囲についてあまりにも厳格な当初の考え方に対して批判が加えられ，個別問題の検討から，訴訟契約を認める範囲が徐々に緩和拡大されるようになった。このような傾向の延長線上に位置するという意味で，私も Schlosser 教授のこの業績ないし着想には大きな関心をもっている。

　　　　　　　　*　　　　*　　　　*

　民事訴訟における本質と政策の限界を何処に引くべきかは民事訴訟法学の根幹にかかわる基本問題である。自由主義的・個人主義的民事訴訟法学にあっては，制度的利益と当事者の意思の自由を何処で調和させるのが本質的なのであろう。明らかに制度的利益（公の利益）が凌駕しないかぎり，個人の意思の自由を最大限に尊重して，そのかぎりで個人に責任を負担させるのが正しいとする考え方はないのであろうか。

　このような観点から，検討し直す必要があると思われるのは，訴訟契約の問題だけではない。訴訟物の特定の問題も，当事者の確定の問題も再検討を要する問題であるように私には思えるのである。

Ⅶ　ドイツ法

　　　　　＊　　　　＊　　　　＊

　訴訟物理論についていえば，大別して新旧両説の対立に加えて，新実体法説が提唱されているが，その内容をここで改めて説明する必要はなかろう。訴訟物理論における学説の対立は，制度的に訴訟物理論をグローバルに捉えるか否かという点をめぐる対立である。しかし，がんらい訴訟物をどの範囲においてグローバルに捉えて訴えを提起するかという問題は，原告が決めるべき問題ではないのであろうか。原告がグローバルに捉えるのであれば訴訟物はグローバルなものになるし，個別化して捉えるなら個別的なものになる。その範囲は制度的に決まるものではなく，当事者の意思にかかるのであろう。紛争解決の一挙抜本性は当事者の利益であると同時に（私はそうなるとは思わないが）制度的な利益でもあるということであれば，たしかに，訴訟物をグローバルに捉えることに，当事者の意思の自由を凌駕する制度的利益ありとして，当事者の意思の自由を否定することにも一理ある。したがって新説の立場からすれば，あるいは訴訟物の範囲の特定について，原告の意思の自由を否定して常に訴訟物をグローバルに捉えるべしとする可能性を全く否定し去ることはできないかもしれない。逆に旧説についてはそのような事情がないから，原告が自らの意思により訴訟物をグローバルに特定することを否定する理由はないようにも思える。私自身は，紛争解決の一挙抜本性という要請も，訴訟物の特定に関する原告の自由意思を否定する程にこれを凌駕しているとは考えない。したがって，訴訟物理論を新説か旧説かいずれかに決めてしまうのではなく，新説的特定をなすか，旧説的特定をなすかは原告の意思に委ねるべきではないかと考えるのである。

　当事者の確定も当事者の意思を尊重すべき問題ではないかと考える。学説上通説である表示説が曾ては圧倒的に優勢であったのに対して，最近は多くの批判的な学説が登場していることは周知のとおりである。適格説，規範分類説，併用説などがそれである。私自身は併用説をとることを曾て明記したことがある。併用説は原告の確定については行動を，被告の確定については第1に原告の意思，第2に適格，第3に訴状の表示を基準にする。これらの基準はつきつめるところ当事者の意思に帰着するのである。原告として行動する者が主観的にではないにしても，客観的には原告になる意思を有するのである。被告の確定については原告の意思を尊重すべきであろう。原告の意思が不明であって基準としてとりえないときは，適格者を被告とするのが原告の通常の意思である

78 „in dubio pro libertate" について

と考えられる。訴訟においては手続の安定と画一的処理という要請があり，この点からすると，表示説も一応理由がないわけではない。しかしここでも，手続の安定と画一的処理という手続上の公益が，場合によっては困難な確定を必要とすることのある原告の意思を排斥するほどにこれを凌駕するかという点が問題になるのであろう。

いずれにせよ，訴訟理論にどこまで当事者の自由意思を導入すべきか再検討を要する問題であるように思う。

［判タ 436 号，昭 56］

追記　原告の確定についての行動説では代理人による訴訟の場合誰が原告として行動しているか不明になるとの批判があるが，その点は釈明等により多くの場合明確になる可能性がある。

Ⅶ ドイツ法

⟨79⟩ ドイツ民訴法38条(新規定)のこと

　ドイツ語では、周知のように、同じく管轄の合意ではあっても、管轄を発生させる合意をProrogationと呼び、管轄を消滅させる合意であるDerogationと区別している。両者を合わせてGerichtsstandvereinbarungと呼んでいる。ドイツ民訴法38条は、このうちProrogationの原則的禁止を前提とした管轄の合意の例外的な承認規定であるといえる。すなわち、同条は管轄発生の合意を原則として禁止することを前提にして、例外的にこれが許される場合について、次のように規定している(「ドイツ民事訴訟法典」法務資料462号による)。

　第38条〔適法な管轄の合意〕
① 契約当事者が商人、公法上の法人又は公法上の特別財産であるときは、本来管轄権を有しない第一審裁判所は、当事者の明示又は黙示の合意によって管轄権を有する。
② 少なくとも契約当事者の一方が国内に普通裁判籍を有しないときにも、第一審裁判所の管轄につき合意することができる。合意は、書面により締結しなければならず、又は合意が口頭でなされたときは、書面で確認しなければならない。当事者の一方が国内に普通裁判籍を有するときは、国内については、この当事者は、その普通裁判籍を有する裁判所、又は特別裁判籍を基礎づける一つの裁判所のみを選択することができる。
③ その他、裁判籍の合意は、以下の場合に、それが明示的かつ書面によるものに限り許される。
　1 紛争の発生後、又は
　2 訴えにより請求をなすべき当事者が、契約締結後にその住所若しくは通常の常住所をこの法律の適用領域から移転し、又は訴え提起の時点においてその住所若しくは常居所が知れないとき。

　本条の規定をみると、管轄発生の合意は一定の限られた場合にのみ適法とされ、さような例外的場合を除いて一般的には不適法とされていることがわかる。
　これに反して、ドイツ民訴法旧38条乃至40条は、訴訟当事者が財産法上の争訟において管轄裁判所を自由に合意することができる旨の原則を定めていたのである。例えば、旧38条は、「本来管轄権のない第1審裁判所は、当事者の

明示又は黙示の合意により管轄権を有するにいたる」と規定していたのである。旧38条のもとでは，専属管轄のほかドイツ民法134条（法律の禁止に違反する行為の無効）および138条（良俗違反の法律行為の無効）が管轄発生の合意を不適法にするにすぎなかった。

　ところが，例えば，カタログ販売にみられるように商品販売の現代化又は通信手段の発達が，大量の隔地者間取引を発生せしめたことは周知のとおりである。そして，それら隔地者間取引にあっては，書式契約（Formularvertag あらかじめ用意された契約書雛型により締結される契約で，普通契約約款 Allgemeine Geschäftsbedingungen により締結される契約はその典型的事例である）の日常的利用が，契約締結にあたり当事者が認識してもいないし考えてもいないような管轄発生の合意を成立せしめる結果になることが往々にしてみられる。かかる事実は取引に不慣れな経済的弱者である消費者に，ひとたび紛争が生じた場合遠隔地の裁判所に訴えを提起したり，そこで応訴したりすることを余儀なくする。これは消費者にとり大きな不利益であり負担である。けだし，消費者はその結果，遠隔地の裁判所において攻撃防禦を十分に尽すことができなくなるからである。そこで，1974年4月1日施行の裁判管轄法（Gerichtsstandnovelle）は，消費者保護のために，このような消費者に不利な状況を回避すべくドイツ民訴法38条を前記新規定に改正し，原則として裁判管轄権発生の合意を禁止したのである。既述のように，新38条は裁判管轄発生の合意を正面から禁止する形の規定ではなく，むしろ明示的にその例外を規定することによって，逆に黙示的に禁止の原則を規定する形をとったのである。ただ，消費者が遠隔地の裁判所において応訴した場合にまで裁判所に管轄権を否定することは不必要であるから，39条は，無管轄を責問することなく被告が本案について弁論をなしたときは応訴管轄の発生を認めている。39条の新規定は，38条による管轄発生の合意の原則的禁止の原則の例外を規定しているにすぎない。

　ところでこのように民訴法上一般的に第1審の裁判所につき管轄発生の合意の禁止の原則をたててしまうことが立法技術として適切なのであろうか。消費者保護の観点からドイツ民訴法第38条のような規定を設ける必要性が肯定できないわけではないが，その必要は消費者保護法のなかで規定するにとどめるべきではないか。管轄発生の合意の禁止を民訴法上の一般原則としてしまうこと，相当な理由があってなされるべき管轄の合意をも禁止することになるが，それは妥当ではないように思われるのである。　　　　［判タ460号2頁，昭57］

Ⅶ ドイツ法

⟨80⟩ ドイツ連邦弁護士法雑感

　最近，ドイツの弁護士制度とくに弁護士倫理を調べる必要があって，大学院生と一緒にドイツ連邦弁護士法を読んだ。わが国の弁護士制度と比較して色々と興味ある事項を指摘することができるが，ここでは，それらの諸問題のうち，とくに弁護士の各裁判所への分属性，継続的雇傭関係にある弁護士と弁護士活動との関係，という2つの問題を取り上げてみたい。

＊　　＊　　＊

　ドイツの弁護士が弁護士として活動するためには，弁護士としての一般的ライセンスのほか，各裁判所に分属する旨の許可をもらわなければならないことは周知のとおりである。これを Lokalisierung と呼んでいる。連邦弁護士法18条1項によると，「弁護士はすべて，通常裁判権を有する特定の裁判所における所属の認可を受けなければならない」とされている。そして，区裁判所所属の認可を受けた弁護士は，当該区裁判所の管轄区域を管轄する地方裁判所所属の認可を重畳的に受けることができ（23条），また，地方裁判所所属の認可を受けた弁護士は，同地区の地方裁判所又は隣接地区の地方裁判所所属の認可を，それが地理的関係上司法に利益である場合に，重畳的に受けることができる，とされている（24条）。これに反して，上級地方裁判所所属の認可は専属的である（25条）。そのうえ，弁護士は，認可を受けた地の上級地方裁判所の管轄区域内に住所を定めなげればならないし，所属裁判所の管轄区域内に法律事務所を設置しなければならないものとされている（27条1，2項）。ただし，弁護士が所在地を異にする複数の裁判所の所属認可を重畳的に受けたときは，最初の認可を受けた裁判所の所在する地区に法律事務所を設置しなければならないとされる（同条2項）。また，区裁判所所属認可を受けた弁護士は，この裁判所の所在する地区ではなく，その管轄区域内の他の地区に法律事務所を設置してもよい（同条3項）とされている。

　かような，弁護士の各裁判所への分属制度は，営業の自由との関係で問題がないとはいい切れないかもしれないが，反面，公共の利益によるその制限とみるに値するだけの大きな長所があることも認めざるを得ないものと思われる。すなわち，許可による分属制を採用することにより，弁護士の大都市偏在傾向を緩和し，弁護士過疎地を解消し，弁護士の配置の適正化をはかるという長所

が認められるのである。弁護士過疎地が発生するということは，国民の裁判を受ける権利の平等を侵害することになる。

　西独では，弁護士の一般的ライセンスも裁判所所属の認可もいずれもラント司法省の権限であるが，わが国においては弁護士自治の原則が貫かれ，各弁護士会への登録の可否は弁護士会の権限とされている。弁護士自治の原則が認められていること自体は高く評価されてよいが，問題は，弁護士会が弁護士自治の原則にふさわしい責任を果たすか否かという点である。弁護士の配置の適正を考え，弁護士過疎を解消するためのなんらかの対策を立てることも，弁護士会の重要な責任の一つであることを認めなければならない。本来なら，弁護士会が自主的にその対策を建て実行に移すことが筋であるが，その対策を立てにくい現状の下では，止むを得ず法律による分属性を定めることも，弁護士の配置の適正を担保する一つの方法ではないかと思われる。

＊　　　＊　　　＊

　分属性と並んでもう1つ目につくのは，継続的雇傭関係にある弁護士活動の制限である。この点について，連邦弁護士法46条は，「弁護士が主としてある依頼者のために，継続的雇傭関係またはこれに類する業務関係により，その労働時間および労働力を提供しなければならないときは，その依頼者のために裁判所または仲裁裁判所において弁護士たる資格をもって行動することは許されない」と規定しているのである。弁護士も司法制度が適正中立に運用される責任の一端を担っているのであるから，その職務の中立性を維持しなければならず，それがためにはその前提として地位の独立性がなければならない。ところが，弁護士が継続的に依頼者と雇傭関係又はこれに準ずる関係にある場合，その地位の独立性とくに依頼者からの独立性を担保するものがないことになる。

　弁護士という職業も，依頼者からの委任により成り立つものであるから，その職務の依頼者からの独立性と，裁判官の独立とを全く同様に考えることまではできないにしても，ある程度それに準じるべき面をもっている点も否定できない。かような観点からすれば，連邦弁護士法46条のごとき明文の規定がないとしても，わが国の弁護士会は，弁護士倫理として同趣旨の基準を採用する必要があるのではないかと思われる。この意味で，私には同条の規定は注目に値する規定であるように思われるのである。　　　［判タ477号2頁，昭57］

　追記　Lokalizierungの制度は現在廃止されている。なおわが国の法曹養成制度の改革によって，弁護士過剰化現象が生まれ地方の弁護士過疎が解消されつつあるという事情の変化は本稿執筆当時とかなり変ってきている。この制度は弁護士過疎地の解消には役立つものと思われる。

Ⅶ ドイツ法

⟨81⟩ 強制抵当権制度の導入を提唱する

　昭和57年の日本私法学会第46回大会（第1日目第1部会）で，斎藤和夫助教授（現在は慶応義塾大学名誉教授）は，その報告「ドイツ強制抵当権の法構造」において，ドイツの強制抵当権制度がドイツ強制執行法の採用する優先主義とは直接の関係なしに発達したものであることを歴史的に論証された。従来，わが国においては，強制抵当権と優先主義との密接な関係が強調されていたために，学説は平等主義を採用するわが執行法にこれを導入することに必ずしも積極的ではなかった。しかし，同じ平等主義を採用するフランスにおいて裁判抵当権の制度が認められていることもあり，むしろこの種の抵当権を認めない法制が異例であることは，一部の学説により指摘されていた。斎藤教授は，強制抵当権と優先主義との間に論理必然的な関係のないことを沿革的に論証することによって，平等主義を採用するわが国の執行法においても執行方法の一つとして強制抵当権制度を導入しうる旨を論証されたという意味において，その報告は評価されてよいと考える。
　強制抵当権制度は，差押＝換価＝満足という3段階を経て，一挙に債務者に財産的打撃を与えるということを避けうるという，いわば債務者保護の観点から評価さるべき制度であることはいうまでもない。かかる観点を一つとってみても，それは導入を検討する価値を十分にもっているということができるのであるが，残念ながら，民事執行法の制定にあたっては，その導入につき消極的態度が貫かれた。しかしながら，立法には時間的制約があるために，それも勿論止むを得ない面があったといえよう。けだし，その導入のためには強制抵当権制度の研究が必要とされるが，従来，わが国においては，その研究の必要性が提唱されながらも，それが必ずしも十分にはなされていなかったからである。

　　　　　　　　＊　　　　＊　　　　＊

　強制抵当権制度導入の必要性を考えるにあたり，ドイツ民訴簡素化法の下でもう1つの考慮すべき問題点があるのでそれを指摘しておきたい。それは，ZPO 720条aにみられる仮執行にともなう債権者保護の観点である。同条は次のように規定している。ドイツ民事訴訟法典（法務資料462号）を参照されたいが，本稿の訳は拙訳である。

第720条a〔保全的執行（Sicherungsvollstreckung）〕
(1) 担保と引換えにのみ執行しうる判決であって債務者に対し金銭の給付を命じるものに基づき，債権者は以下の場合担保を提供せずに強制執行をすることができる。
　a　動産が差押えられるとき
　b　不動産に対する強制執行の方法により保全抵当（Sicherungshypothek―強制抵当―）又は船舶抵当（Schiffshypothek）が登記せられるとき
　債権者は負担を課せられた目的物から担保の提供と引換えにのみ満足をうけることができる。《(2), (3)項略》

　ところで，上記の条文は簡素化法の改正のポイントの1つとされていることは周知のとおりである。
　すなわち旧法では，担保の提供を条件にして仮執行を認めていたために，仮執行が原告の資金力を必要とする結果になっていた。このために原告が担保を提供できないときや，担保を提供したくないときは，判決の確定にいたるまで，または担保なくして仮執行しうる状態になるまで執行または仮執行をまたなければならなかった。これに対して前記720条a第1項によれば，動産執行と保全抵当の登記等にあっては，担保を供することなく仮執行をなすことができるが，満足段階まで手続を進めるには担保の提供を必要とする，とされている。逆にいえば，動産執行と保全抵当の登記等にあっては，担保の提供がなくても，差押や登記までは仮執行手続を進めることができるのである。
　不動産に対して保全抵当の登記という方法をもって仮執行をすると，債務者＝被告は多くの場合，係属中の訴訟につき自らに分がないとき無益な上訴による訴訟の引き延しを止めて，第1審判決が下された時点で弁済することが多いといわれている。したがって，簡素化法による同条の新設は，直接的には債権者の利益に，そして間接的ながら訴訟期間の短縮に役立っているとされる（ブーム・木川＝森訳「簡素化法の民事訴訟実務に与えた影響」判タ474号31頁）。
　わが現行法には前記ZPO720条aのごとき規定は存在しないが，同条は将来訴訟促進の観点からわが国においても立法上参考とすべき規定であることを考えると，それとの関係からも強制抵当制度を導入することに意味が認められるのである。

[判タ479号2頁，昭57]

Ⅶ　ドイツ法

追記　斎藤教授の研究成果は以下の 2 冊にまとめられている。『ドイツ強制抵当権の法構造―債務者保護のプロイセン法理の確立』慶應義塾大学出版会 2003 年刊，『ドイツ強制抵当権と BGB 編纂―ドイツ不動産強制執行法の理論的・歴史的・体系的構造―』慶應義塾大学出版会 2011 年刊

82　西独民訴法279条と訴訟上の和解

〈1〉　西独 ZPO(旧)297条は，次のように規定している[1]。

①　裁判所は手続がいかなる段階にあるかを問わず，訴訟又は個々の争点の和解的解決に配慮しなければならない。裁判所は，当事者に対して，受命裁判官又は受託裁判官の面前における和解の試みを指示することができる。

②　和解の試みのために当事者本人の出頭を命じることができる。本人の出頭が命じられたときは，第141条第2項を準用する。

〈注〉　同法141条第2項「出頭が命じられたときは，当事者を職権により呼出さなければならない。呼出しは当事者が訴訟代理人を選任していても，当事者本人にこれを通知しなければならない。」

要するに，裁判所は訴訟がいかなる段階にあろうとも，常に当事者本人の出頭を求めて和解の勧試につとめなければならない，としているのである。同条をめぐり，西独における和解の現況と，それから見たわが裁判所における和解慣行の批判を展開した論稿として，木川統一郎氏の「西独における集中証拠調べとその準備(4)——全体事件を合議体で裁く実験」(判タ489号20頁以下) がある。示唆に富む論稿であり，これに触発されて若干の私見を述べてみたい。

〈2〉　裁判官は裁判するのがその本来的使命であり，非法律的な調停役のような和解についてドイツでもわが国でも「和解裁判官になる忽れ」といわれていた時代もあった。この考え方が誤りであることは，ドイツ民訴法の上記の規定が示している。民事紛争は本来，第一次的には自主的に解決されるべきものであって，そのことは訴訟の係属中であってもなんら変わるものではない。したがって，裁判官は訴訟のいかなる段階にあるかを問わず，常に和解の勧試に努めなければならないのである[2]。

さらにまた，和解の勧試は裁判官の力量の弱さないし法的無能を示すという見方が紹介されているが，この見方にも勿論問題があるといってよい。すなわち，この見方は，当事者が裁判官の関与なしに自主的に和解条項を作成してきた場合についてはあてはまらない。さらに，裁判官が和解条項を提示したり，

Ⅶ　ドイツ法

あるいは提示しないまでもその作成に積極的に関与する場合であっても，和解条項の作成作業を法的解決の軌道に乗せて進めている場合にはあてはまらない。このようなの考え方が該当するのは，裁判官が和解条項の作成にあたり，可能な法的筋の確定を回避して足して2で割る方法を採用した場合であるに過ぎない。以上の意味において，ZPO旧297条の規定は評価されてよいと考える。

〈3〉　和解を勧める方式として，わが国においては主として交互説得方式によっていると思われるが，西独では，対席的説得方式によっているといわれる（木川・前掲31頁）。主としていずれの方式によるべきなのであろうか。前記木川論文は対席的説得方式によるべしと主張される。交互説得方式には次の欠点があるといわれる。すなわち，裁判官が，敗訴の危険の必ずしも大きくない当事者に対して，あたかも敗訴の危険が相当高いかのように装ってこれを威圧し，その結果，その当事者の判断を誤らせ不当な和解案に屈服させるおそれがあるという点で，裁判官の公正を疑わせる不明朗な駆け引きを容認することになる，といわれる。そこで西独においては，交互説得方式という一種のいかがわしい方式はとらず，より公正な対席説得方式を採用するといわれる。すなわち，対席説得方式により，裁判官が双方の面前で当事者の攻防の不備欠陥を指摘し，当事者はこれにより自己の訴訟状態上の地位をほぼ正確に把握することができ，当事者としては，主として相手の上訴により訴訟が長引く場合のデメリットや上訴審における逆転の危険性などを考慮して，予想勝訴判決マイナス・アルファーの和解条項を呑むか否かを決断することになるのに対して，攻防の欠点を指摘された当事者は，その欠点指摘が裁判官の駆け引きであることを心配する必要はないことになる旨が指摘されている。

〈4〉　和解も裁判所の関与の下になされるものである以上，法律的筋（あるいは訴訟における実体形成）を前提とした互譲でなければならないはずである。この法律的筋は，対席の場で開示されることがフェアーである。
　私は和解のタイミングとして，(1)事実及び争点の整理が終り証拠調べに入る以前の段階と，(2)証拠調べが終了した段階，の2つを考えている。(1)の段階で，裁判所は本来すでに請求の法的論理的正当性の検討を終えていなければならないはずであり，その結果，法的論理的正当性が明らかではない旨の判断に達していれば，裁判所はその旨を対席の場で開示し和解を勧試すべきことになる。

この場合，裁判所が提示するとすればその和解条項は請求棄却に近いものとすべきである。(2)の段階で，請求認容あるいは（被告の反対の主張および立証が奏功して）棄却の判断に達しているとき，裁判所はその心証を対席の場で開示し[3]，裁判所が提示するとすればその和解条項はそれぞれの心証に近いものにならなければならない。これに対して，(1)の段階で原告の請求の法的論理的正当性は認められるが被告により争われている場合，裁判所の提示する和解条項にこの種の事情が影響することは止むを得ない。さらにまた，(2)の段階で依然として一貫性に疑問がある場合（裁判官として判決する場合の結論はもっていても，その結論が上級審で維持されるか否か疑わしいと思われる場合もないとはいえない）とか，原告の立証不十分のため請求棄却の心証が形成されたが原告の立証にもかなりの理由があるような場合にも，この種の事情が裁判所の提示する和解条項に影響することは止むを得ないと思われる。

　いずれにしても，裁判所の請求の法的論理的正当性に関する判断や証拠による心証形成等それ自体は，本来，駆け引きにより左右される事柄ではないから，対席の場で両当事者に開示されても不都合はないし，交互的説得方式により双方にそれぞれ違う心証が伝えられているのではないかという疑いを生じさせる余地がないという意味では，右の事柄に関するかぎり，交互説得方式よりも対席説得方式のほうがより適当なのではないかと思われる。

　和解は互譲を要素とする紛争解決形式であるが，互譲という点では両当事者間に駆け引きが行われる余地がある。この駆け引きは裁判官を仲介とするものであるから，それが行われる限りにおいて交互説得方式が適切であることもあるかもしれない。当事者が対席してお互いに腹を割ってしまったのでは駆け引きにならないが，裁判官は仲介者として交互方式により双方の腹を聞いたうえで，和解の成否の見通しをたてることができるし，また互譲の妥当な線を想定することもできるかもしれない。しかし裁判官の中立性の観点からは交互方式は正しくない。

　かように考えてくると，和解について対席説得方式がよいか交互説得方式がよいかという二者択一の選択をせまるのではなく，場面によって両者を使い分けるのが適切なのではないかと思われることもあるかもしれない[4]。しかし，近時私見は本章執筆時のこの考え方を変えて裁判官の中立性の観点からみて対席方式のみが適法であると考えるようになった。実務家からは私見はあまりに窮屈すぎるとの反論をうけている。しかし時代の変化につれて両当事者が堂々

293

Ⅶ　ドイツ法

と自らの正当性を主張し相対で対議するような時代がやってくるであろうと私は信じている。

〈5〉　前記 ZPO 279 条 2 項は[5]，和解の勧試のために当事者本人の出頭を求めうる旨，規定している。279 条それ自体が簡素化法により新設された規定であって，旧民訴法上は，当事者出頭のないまま代理人かぎりで和解が締結されることが多かったようである。そのために多くの和解につき，本人の承諾を得られない場合を考慮して，一定期間内に撤回権を行使することができる旨の条項が加えられたのである。わが国の裁判慣行では，この種の撤回権の留保付の和解は殆ど見られないが，西独ではこの種の和解の効力について様々な学説が対立していたのである（その詳細については，拙稿「撤回留保付訴訟上の和解に関する BGH の判例をめぐって」民事調停と訴訟上の和解，一粒社 109 頁以下参照）。簡素化法によって民訴法 279 条が設けられたことにより，今後は撤回留保付で訴訟上の和解が締結されることは極めて例外的な現象になるであろうと予測される。

さらにまた，和解の勧試のために当事者本人の出頭を求めることによって，訴訟上の和解の成立を容易にすることが期待され，それが和解による紛争解決の迅速化に役立つであろう。西独弁護士要領基準（弁護士倫理）序文(1)には，
「弁護士は司法の独立の機関である。弁護士はあらゆる法律事件において有資格者たる独立の助言者であり代理人である。弁護士は自由な職務を行う。弁護士の職務は営業ではない。（連邦弁護士法 1 条〜3 条）」
と規定されている。弁護士は司法の独立の機関なのである。私が関係している調停実務から見るかぎり，弁護士のなかには弁護士が司法の一翼を担う機関である旨の自覚に欠け，もっぱら当事者本人の代弁者的な役割を果たすにとどまり，その職務の執行が当事者から自由ではなく，そのために多分に営業的になっている者が皆無とはいえないというのが，残念ながら現状である。代理人がこのような態度に終始している場合，代理人だけを相手にして和解を進めても成立の見込みはあまり高いとはいえない。むしろ当事者本人の出頭を求めて，裁判所の心証を開示し[6]，本来代理人がなすべき本人に対する説得を裁判所が代理人に代って行うことによって，はじめて和解の成立が容易になるものと思われる。

［判タ 494 号 44 頁，昭 58］

追記

1. 旧279条に相当する規定は現行ZPO新法では278条にあたる。本稿は旧規定を前提記述されたものである。但し279条1項は278条1項として残っている。
2. 石川明「訴訟上の和解」信山社2012年6月刊。第1章第1節参照。
3. 注2の拙著第6章第3節では当事者の心証開示請求権や裁判所の積極的な心証開示義務を認めていない。
4. 私は対席方式のみが適法であり交互方式は違法と考えるようになった点について石川明，前掲書第6章，第4節参照。
5. 現行民訴法238条第2項は本人出頭主義を採用している。
6. 上記3参照

Ⅶ ドイツ法

⟨83⟩ 西独民訴法における当事者本人の役割

西独 ZPO 141 条[1] は，本人に対する出頭命令について次のように規定している。

第141条〔本人の出頭命令〕
① 裁判所は，それが事実関係の解明に必要であると思われるときは，両当事者本人の出頭を命じなければならない。
——— 後段以下略 ———

わが旧民訴法中にこれに相当する規定を探すとすれば，それは 131 条第 1 項第 1 号であろう。しかし，両者の相違点は，出頭強制の有無である。ZPO 141 条の本人出頭命令にあっては，その第 3 項が不出頭に対する制裁金を規定している。これに反して，わが旧民訴法 131 条第 1 項第 1 号（現行 151 条 1 項）による当事者本人に対する出頭命令にあっては，証拠方法としての当事者本人訊問のための出頭命令（336 条，現行 207 条 1 項）におけるのとは異なり，勧告的なものであって，本人の出頭を強制する手段がないのである。不出頭の場合にも，338 条（現行 208 条）の適用はなく，虚偽の陳述をしてもこれに過料の制裁をもって対処することができない。当事者の不出頭は，単に弁論の全趣旨として裁判官の心証形成に資するにすぎないし，さらに出頭命令とともに釈明命令（128 条，現行では削除）が発せられているとき，139 条 2 項（現行 157 条 2 項）の適用があるにすぎないのである（菊井＝村松・全訂民訴法〔1〕742 頁）。

ZPO 278 条（旧）は，次のように規定している。

第278条[2]（旧）〔主要期日〕
① 主要期日において裁判所は，事実及び争点に立入る。出頭した当事者本人はこの点につき聴取される。
② 対立弁論の後ただちに証拠調べをしなければならない。証拠調べにつづいて事実及び争点が改めて当事者により説明されなければならない。
③④項 ——— 略 ———

すなわち，出頭の理由は問わず，出頭した当事者本人を事実及び争点の解明

に役立てようとするのである。278条1項にいう聴取（gehört werden）は、当事者訊問にいう訊問（vernehmen）とは異なる。前者は釈明処分の一種と考えられる。かくしてZPOは、期日における当事者本人の出頭について特段の規定を新設して（本稿紹介の諸規定はいずれも簡素化法による新設規定である）、事案の解明のために活用しているのである。

　ZPO 278条第1項及び第2項により事案の解明のため当事者本人を活用するにあたり、以下の諸条が適用されることになる。すなわち、裁判長は事件が十分究明されることに配慮しなければならないし（136条3項）、当事者の陳述は自由な言論をもってなされなければならず、また、事実関係及び法律関係の双方に関する争いを包含するものでなければならない（137条2項）。当事者は事実に関する陳述を完全且つ真実に適ってしなければならず（138条1項）、各当事者は相手方により主張された事実について陳述しなければならない（同条2項）。裁判長は、当事者が重要な事実の総てについて完全な陳述をなし、適切な申立てをなし、特に主張した事実の不十分な摘示を補充し、証拠方法を示すよう努めなければならないし、裁判長はこの目的のために、当事者とともに事実及び争点を事実及び法律の両面から究明し質問を発しなければならないものとされている（139条第1項）。

　ZPO 613条(旧)は、婚姻当事者本人の出頭、当事者訊問につき、次のように規定している。

　　第613条（現行法では削除）
　①　裁判所は、婚姻当事者本人の出頭を命じ、聴取しなければならない。裁判所は婚姻当事者につき当事者訊問をなす。婚姻当事者が受訴裁判所に出頭できないとき又はその出頭が期待できないほど受訴裁判所の所在地から遠隔の地にいるとき、右当事者は受託裁判官が聴取又は訊問することができる。
　②　聴取又は訊問に出頭しない当事者に対しては、訊問期日に出頭しない証人に対すると同一の手続をとらなければならない。

としているのである。婚姻事件については本人の意思の確認が特に重要であるから、613条の規定は極めて当然の規定である。

　いずれにせよ、出頭命令によるか自発的であるかは別として、当事者が出頭したとき、弁護士訴訟においても、当事者本人に申立てにより発言が許されなければならない（137条4項）。

Ⅶ　ドイツ法

　わが民訴法上も，既述のとおり，出頭について強制を伴うか否かという差はあるにしても，旧131条第1項1号に規定されている当事者本人の出頭を釈明処分として積極的に活用することにより，同一の目的を達成することが望ましいと思われる。

［判タ496号37頁，昭58］

　追記
　　1. 現行 ZPO 141条第1項・第3項に同じ文言がある。ただし，日本現行民事訴訟法では第1項第2文が追加されている。
　　2. 現行 ZPO 272条1項。ただし，文言は大幅に変更されている。

⟨84⟩ 西ドイツ民訴法における訴訟促進と審理の充実

〈1〉 最近，井上正治博士還暦祝賀論文集『刑事法学の諸相(下)』に，吉村徳重教授が「訴訟促進と弁倫の充実。活性化——西ドイツ簡素化法の理想と現実——」と題する論稿を寄せられて（以下，引用はこの論文による），このテーマに示された2つの要請を最もよく調和させる方法を指摘されている。わが国の民事訴訟の将来を占うという視点から極めて貴重な論稿であると思われる。そこで，私は本稿において，同教授の見解につき若干の私見を述べてみたいと考える。なお同教授は，ジュリスト780号（24頁以下）にも，「弁論の活性化と訴訟促進」と題する論文を発表されていることを付記しておきたい。

〈2〉 周知のとおり，簡素化法による西独改正民訴法は，当事者に2つの訴訟促進義務を課した。第1に，一般的訴訟促進義務であり（282条1項），当事者が口頭弁論において，攻撃防御方法を訴訟の状態に従い慎重かつ手続促進に適った訴訟追行に合致するよう適時に主張しなければならない，としている。第2は，個別的訴訟促進義務であり（277条1項，4項），裁判所の裁定した答弁書提出期間（275条1項），再答弁書提出期間（同4項）内に，訴訟状態からみて慎重且つ手続促進を考えた訴訟追行に適うかぎり防御方法を提出しなければならないとしている。そして当該期間経過後に提出された攻撃防御方法は，裁判所の自由な心証により訴訟の終結を遅延させないとき，又は当事者の遅滞につき免責事由があるときにかぎりその提出を許されるにすぎない（296条1項）。すなわち，原則は必要的却下＝失権である。これに対して，第1の一般的訴訟促進義務に違反して適時に提出されなかった攻撃防御方法は，それを認めることが裁判所の自由な心証により訴訟の終結を遅延させるであろうとき，又は遅延が重大な過失によるときは却下することができるとされている（296条2項）。ここでは却下は裁量的である。以上要するに当事者の訴訟促進義務との関係において随時提出主義が修正されて適時提出主義が採用されたのである。

ところで，簡素化法の理由書は，当事者のこの訴訟促進義務と失権強化に関する規定の根拠を，司法の円滑な運営と訴訟制度の利用者の一般的利益に求めているのである。

Ⅶ ドイツ法

〈3〉 これに対して，吉村教授は，ここではまず何よりも当事者間の利益不利益の調整を問題にすべしとの立場から，私人間の権利利益をめぐる取引や交渉過程においても実体法上のルールがあり，実体法上権利行使が期待されているのにそれを行使しないで放置すれば相手方の信頼利益を保護するために権利が失効するが，訴訟も私人間の取引・交渉過程ないし紛争処理過程の一環であるから，当事者の攻撃防御方法の提出の制約も実体法上の権利行使が相手方との関係で内在的制約をうけるのと同一価値に基づくものであるとする見解を提唱されている（吉村・前掲323頁以下）。そして，当事者間の攻防をめぐる弁論過程を規律する規範を弁論規範とよぶとすれば，それが基本的には当事者間の取引交渉過程を規律する実体法規範と同一の価値に基づく規範であると解され，口頭弁論がこれにより規律されるとすれば，裁判は当事者双方にとり分かり易く納得のいく弁論過程を前提とすることになり，当事者の訴訟促進義務＝失権と弁論の充実＝納得のゆく裁判が調和することになる。これに反して，促進義務＝失権の根拠を司法運営の必要性ないし一般的な訴訟利用者の利益に求めると，訴訟促進と納得のゆく裁判という2つの要請が乖離することになるというのである。

しかしながら，私は上記の考え方には，適用面において実際上の相違はないとは思うが，若干疑問を感じる。たしかに，民事訴訟も私人間の取引・交渉過程ないし紛争処理過程であるが，訴訟外の取引過程ではなく訴訟内の取引過程であるという点で，両者が全く同じルールによって規律されるというのではなく，前者の実体的ルールに加えて，後者にあっては訴訟制度の円滑な運用という要請からくる訴訟的ルールが適用されるのではないかと考えるからである。

〈4〉 ZPO 278条3項（現行 ZPO 139条2項）は，訴訟促進と弁論の充実という2つの要請を満たすための裁判所の訴訟への積極的関与の一環として，139条1項の釈明義務に加えて法的観点の摘示義務の規定を新設した。そして，釈明義務や法的観点の摘示義務は，それら当事者との法的討論を義務づけ，当事者が裁判過程に関与協力する権利を保障する新しい民事訴訟の概念である，との見解が提唱され，さらには，裁判所の解明義務は，社会的法治国家における民事訴訟モデルの特徴としての裁判所と当事者との協働関係の支柱であって，そこではもはや弁論主義ではなく協同主義（Kooperationsmaxime）が妥当するとの見解が提唱されるにいたった（吉村・前掲327頁参照）。

協同主義に対しても吉村教授の批判がある。すなわち，たしかに，当事者間に攻撃防御方法の適時提出義務を誰が負うかにつき弁論規範が不明のとき，裁判所・当事者間の法的討論が必要になるし，裁判所の釈明義務や摘示義務が法的討論義務を含むと解するならば，当事者は事実関係だけでなく法的観点についても弁論過程に関与する地位を保障され，それにより弁論の充実・活性化による分かり易い納得のゆく裁判に至る途が開かれる。しかし，それ以上に，これをもって協働関係としての民事訴訟モデルと把握し，弁論主義の代りに協同主義が支配するというのは問題である。むしろ，釈明義務・摘示義務により当事者の討論権を保障することになったとしても，それは弁論主義の実質的内容拡充として再構成すべきであるし，協同主義が弁論主義に代わるものであって，審問権の保障による不意打ち防止があれば足りるとはいえない（吉村・前掲327頁）とされるのである。

私もこの批判に基本的に賛成である。すなわち，弁論主義が憲法上の根拠をもつものであって，したがって，それにも拘らず民事訴訟法のレベルにおいて，協同主義が弁論主義にとって代ったということはできないと考えるからにほかならない。釈明権が職権主義の強化としてではなく，あくまでも弁論主義の実質的な内容拡充の手段として構成されるのと同様に，裁判所の釈明義務・摘示義務による当事者の討論権の保障も，これと同様に解されるべきものである。

しかしながら，当事者・訴訟代理人が必ずしも訴訟促進や弁論の充実・活性化のために協力的ではないわが国の民事訴訟の現状において，弁論主義の原則の枠内で，これら2つの要請を満足させるために，当事者・代理人により以上の協力を求め，裁判所との協同関係を造ることが必要である。特に訴訟代理人たる弁護士には，当事者の代理人的要素が司法の一翼を担う司法機関的性格によって制約されること，換言すれば訴訟代理人たる弁護士にあっては，上に指摘した2つの要素の調和が求められなければならないことが要請される。そのかぎりにおける裁判所と当事者・訴訟代理人との間の協働関係が要請されることは否定すべきではないと思われる。弁護士の代理人的性格が過度に強調され，司法の一翼を担うという性格が不当に軽視されているという問題意識をもって眺めると，裁判所に対する弁護士の協働関係も当事者主義・弁論主義の枠内で承認されてよいものと考える。

訴訟過程における裁判所の釈明と当事者の地位との関係をめぐり，2つの相対立する見解が考えられる（この点につき，吉村・前掲329～230頁参照）。第1

Ⅶ　ドイツ法

は，訴訟過程を裁判所の心証形成過程としてとらえ，裁判所は訴訟過程において逐一その心証を開示し不意打ちを避け，当事者にこれに対する陳述の機会を与えなければならないという見解である。裁判所の心証形成を中心にし，当事者には不意打ち防止という最低限の審問請求権の保障があれば足りるとする立場である。これに反して，第2の見解は，当事者に訴訟手続形成の自律的な主体たる地位を認め，その積極的手続参画活動により当事者間に妥当する弁論規範を明らかにし，さらにこれを形成してゆく権限を認めるもので，当事者の攻撃防御は一応，裁判所に向けられていても，相手方当事者との間に妥当する規範の解明ないし形成のために弁論を行うことになるとするのである。そして訴訟促進義務は，かかる手続主体としての当事者が攻撃防御方法を提出するに際して相手方との関係において遵守すべき適時性の配慮義務にほかならないとされる。吉村・前掲330頁も，第2の見解に賛成されるが，私も既述のとおりこの見解に賛意を表したい。

〈5〉　心証の開示については消極的な見解もあるが，私は事実についても法的観念についても，わが国の裁判所はもっと心証を開示してよいと考える。心証開示により不意打ちを防止するという最低限の審問請求権を保障することを通して弁論主義の内容を拡充すべきであるように思う。法の適用は裁判所の専権的職責であるから法的観点について当事者と法的討論をする必要がないとか，法的観点についての心証を開示する必要がないと解することは，法的観点についての不意打ちをする結果になることがあり，それが最低限の審問請求権すら保障しない結果を導くことにもなりうるのであろう。法と事実が切り離しえないものとするならば，法的観点の不意打ちは事実についての不意打ちになる場合もある。事実及び法的観点について裁判所が心証を開示することは，弁論主義の内容を拡充するのみならず，当事者に弁論や立証の準備をする機会を与えることにより期日の無駄を省き，訴訟の促進にも役立つという点でも有用である，と私は考えている。　　　　　　　　　　　　　［判タ497号48頁，昭58］

　追記　ここに説いた心証開示に積極的な見解について最近の私見はやや消極的で，心証開示というより効果は類似しているものの釈明権を積極的に用いるべきであるように考えている。なお訴訟上の和解と心証開示との関係については拙著「訴訟上の和解」（信山社刊2012年）第2章第2節，第3章第2節Ⅱ1⑶および第6章第3節参照。

85　Bankrecht のこと

　先日あるドイツ系企業の日本の現地法人から某取引銀行との法律関係について相談を受けた。親会社のＢ法務部長が来日し，日本の子会社の代表者をまじえて対応策について協議をしたのである。
　Ｂ氏は日本の法律制度が基本的にはドイツ法系のものであって，ドイツ法的ベースで法的討論が可能であることを十分承知していた。そればかりではない。潜在的にはドイツ法が日本法の母法であることから，ドイツの法律家はドイツが法律的には先進国であるという意識があるようで，日本の学説・判例に対して，ドイツ法ではこうなっているからそれはおかしいのではないかという議論をしきりに展開するのである。たしかに，私も，一方で日本の法律学の水準の高さに自信をもちながら，他方でドイツ法学の伝統の重み，学説・判例の積重ねの層の厚さは認めざるをえなかった。
　それは兎も角として，議論の過程で，Bankrecht という専門用語がしきりに使用されたし，日本における Bankrecht の専門家は誰かという質問を受けたのである。Bankrecht をそのまま訳せば銀行法ということになるが，それはいわゆる「銀行法」ではなく，銀行制度や銀行取引をめぐる法を総称して Bankrecht と呼んでいるのである。したがって，それは公法，私法，民法，商法，民訴法，刑法等すべての分野にわたる銀行に関する法規の総称である。ドイツでは，大学に Bankrecht と題する講座が開設され，研究所が置かれ，専門書が刊行され，専門の研究者がいる。このあたりにもドイツ法学の層の厚さを実感として感じざるをえないのである。
　法律学の各分野の伝統的編成や大学における講座科目の編成も決して不変のものではなく，時代の要求や地域的特殊性に対応して改編されてもおかしくはない。私の専門分野でも，近時，各大学に「司法制度論」ないし「裁判法」の講座が置かれるようになったこと，「破産法」の講座が「倒産法」に衣換えしていること等はそのよい例である。かつてドイツの弁護士の卒後研修について調べた際に，研修科目の１つに Weinrecht（ワイン法）があったことを知り，さすがにワインの本場であると感心したことがあった。これも地域的特殊性により設けられた特別な法分野の１つであるといえよう。

Ⅶ　ドイツ法

　私自身銀行制度の専門家ではないが，銀行のもつ公共性という本質的要素からみて，例えば，銀行の金融取引をめぐる私法的規制に一般の民法的規制と比較して特殊性がないのか，あるとすればいかなる点，いかなる範囲でそれが認められるべきかという問題が研究されなければならないであろう。銀行のもつ基本的特質というものは経済法ないし行政法としての銀行法の領域にも当然影響を与えるべきものである。

　かようにみてくると，銀行制度の基本的特質からみて，銀行をめぐるすべての法規制を総合的に再検討し，体系的に再編成してみることが必要ではないかと考える。もちろんそれが現在のわが国において全くなされていないといっているわけではない。銀行制度や銀行取引法をめぐり数多くの出版物があることは厳然たる事実であるし，銀行取引法の専門家もいないわけではない。しかし，ドイツにおけるように，大学にBankrechtの講座が開講されたり，研究所が置かれたり，Bankrechtの専門的研究者が組織的に養成されるというところまでいっていないことも認めざるをえない。B法務部長が，法律先進国の日本にBankrechtが，ドイツにおけるような形で独立した法分野として確立していないという点にやや奇異の感をいだかれたのも，肯けなくはないと思った次第である。

〔金融法務事情1033号2頁，昭58〕

追記　最近はわが国においてもかかる観点から編集されているものが多くみられる。その必要性からみてわが国においても本稿執筆当時とかなり事情が変ってきている。

86 西独連邦司法省を中心とする『法的事実の研究』(Rechtstatsachenforschung) について

1 連邦司法省による『法的事実の研究』

(1) 1970年代の西独においては各種の法政策に基づいて数多くの立法がなされてきたのであるが，それらは，いまやその実務的成果が問われる段階にきているといえよう。その成果を問うにあたり，法的事実の調査が重要になってくることはいうまでもない。改正立法の施行状況の調査は，今後の解釈・運用および立法に重大な意味をもつのである。このような観点から，連邦司法省は，法政策立案の基礎的データとしての法的事実の研究を開始し[1]，その成果が逐次公刊されつつあることは注目に値するといってよい。

(2) その第1冊は，『民事司法における裁判代替制度』(Alternativen in der Zivil-justiz) と題する書物である。1980年，連邦司法省は，訴訟手続のもつ紛争解決能力の限界を探るために，社会学，社会心理学，人類学および経済学の各領域からの討論を行い[2]，その成果が出版物の形に結集されたのである。司法制度の容量の限界や紛争当事者と訴訟との間に存する距離というものも，また右の問題提起の1つの動機であった。法律の衣をかぶった紛争について，社会的事実から法的事実を抽出してみると，案外，本来の紛争主題が訴訟物を形成していないという場合がしばしば見受けられる。裁判外の紛争解決手続は，現実の紛争に強く密着し，将来を見通し，真の法的平和を確立するための調整に役

---

(1) この点について，Strempel, Rechtstatsachenforschung und Rechtspolitik, Zeitschrift fur Rechtspolitik 1984, Heft 8, S. 195 ff があり，本稿もこれに負うところが多い。法的事実研究を示すものとして，Engelhard, ZPR 1980, 233 ff.; Schmude in Blankenburg-Gottwald-Strempel(Hrsg.), Altemativen an der Ziviljustiz-Berichte, Analyse, Prospektiven, Köln 1962, S. 341 f. Engelhard は現在（1984年当時）の連邦司法大臣，Schmude は 1981 年当時の連邦司法大臣である。

(2) とくに Blankenburg-Klausa-Rottleuther(Hrsg.), Alternative Rechtsformen und Alternativen zum Recht, Jahrbuch für Rechtssoziologie und Rechtstheorie, Bd. 6. 1980 参照。

Ⅶ　ドイツ法

立つことが多い。また，この種の紛争解決手続の利用によって，裁判官による紛争解決を必ずしも必要としない法的紛争につき，裁判所の負担を軽減するという効用を期待することもできる。紛争当事者と訴訟との間に存する距離は，訴訟関与の非職業化，紛争解決と市民との距離の短縮傾向をもたらすことになる[3]。

　3　西独のコール首相（当時）も，1983年5月4日の政府声明の法政策部門において，仲裁機関および調停機関（Schieds-und Schlichtungsstelle）の設置の可能性を示唆している[4]。また，1983年6月にWiesbadenにおいて開催された連邦司法大臣と裁判官の会議において，このテーマが取り上げられ，仲裁機関および調停機関設置の要望をより充実したものにするための検討がなされた。その後，連邦司法省はこの問題に関する若干の研究計画を立案した。そして，それは，とくに訴訟上の和解の可能性，限界および研究の展望等を問題とするものであった[5]。（それが，Gottwald-Hutmacher-Roehl-Strempel (Hrsg) Der Prozeßvergleich-Möglichkeit, Grenzen, Forschungsperspektiven, 1983に結実したのである）。

2　連邦司法省において現在進行中の研究計画について

　現在進行中の研究は，大学ならびに研究機関と密接な連絡のもとに実施されているが，以下の諸テーマを挙げることができる。

❶　刑事訴訟費用の実効性（Effizienz）の研究

担当は，Forschnugsstelle des juristischen Seminars der Georg-August-Universität Göttingenである。

❷　非訟事件手続法の実情調査

非訟事件手続法委員会（FGG-Kommission）による非訟事件手続法改正草案の起草に資することを目的とする調査である。担当は，Forschungsgruppe der Fachhochschule für Verwaltung und Rechtspflege Berlinである。

（3）　この点の詳細は，Strempel, in ; Voigt (Hrsg.), Gegentendenzen zur Verrechtlichung, Jahrbuch für Rechtssoziologie und Rechtstheorie, Bd. 9. 1983, S. 186 ff.参照。

（4）　Bulletin des Presse-und Informationsamtes der Bundesregierung v. 5. 5. 1983, S. 186 ff.

（5）　Gottwald-Hutmacher-Roehl-Strempel (Hrsg.), Der Prozeßvergreich-Möglichkeiten, Grenzen. Forschungsperspektiven, 1983； *vgl*. auch Engelhard, Informationen des Bundesjustizministerium der Justiz "recht" 1983, Nr. 7/8, S. 46 f.

❸ 1977 年公布の新普通約款法（AGB）の実効性に関する調査

新 AGB 法の実効性に関する調査である。担当は，Prof. Dr. Hermann-Josef Bunte, Gesamthochschule Hagen である。

❹ 刑事弁護の法的現実と実効性に関する調査

現行法のもとにおける刑事弁護の実務と実効性を，記録の分析，アンケートおよび法廷観察等を通して包括的に研究し，法改正のための法的，事実的，経済的基礎を得ようとするものである。担当は，Forschungsstelle des juristischen Seminars der Georg-August-Universität Göttingen である。

❺ 消費者に対するその債務の取立て

消費者信用実務の現状調査である[6]。連邦司法省の委託により，当時の Sozialwissenschaftliche Forschungsgruppe am Max-Planck-Institut für ausländisches und internationales Privatrecht in Hamburg により，この研究計画は立案された。その研究計画は 5 段階にわかれている。すなわち，第 1 は，西ドイツにおける債務取立の現状の究明，第 2 は，債務取立手続の究明，第 3 は，アメリカ，フランス，イギリスにおける債務取立ての現状，第 4 は，これら諸国における現行の，または，提案された債務取立てモデルの解明，第 5 は，それらの成果の比較法的評価，がこれである。担当は，Zentrum für Europäische Rechtspolitik an der Universität Bremen である。

❻ 非訟事件手続法 50 条 b における子の聴聞（Kindesanhörung）の取扱いの研究

裁判所の判断にとって子の聴問がいかなる意味をもつか，実務上，子の聴問につき求められた諸要請が充足されているか否か，という点についての研究である。担当は，Zentrum für Psychiatrie und Neurologie der Eberhard-Karls-Universität Tübingen である。

❼ 子の扶養に関する事実上の出費の分析に関する研究

BGB に規定されていない扶養の必要性に関する研究である。これまでのところ，扶養の必要性に関して，信頼すべき，かつ学問的に承認された調査方法は存在していない。担当は，Institut für Sozialforschung und Gesellschaftspolitik

---

（6） その成果は，Holzschek-Hörmann-Daviter, Praxis des Konsumentenkredits-Eine empirische Untersuchung zur Rechtssoziologie und Ökonomie des Konsumentenkredits, 1982. に結実している。

Ⅶ　ドイツ法

e. V. Köln-ISG-und Justus-Liebig-Universität Gießen である。

❽　消費者の法的相談の新形式モデルの研究

消費者が裁判外でその権利を有効に行使するための消費者の法的相談の新形式モデルおよびその実効性の研究。この研究は，前記「民事司法における選択肢」とも関連するものである。担当は，Hochschule für Wirtschaft und Politik Hamburg und Verbraucherzentrale Hamburg である。

❾　フランクフルトのライン・マイン手工業会議所 (Handwerkskammer Rhein-Main in Frankfurt\Main) における建築調停機関 (Bauschlichtungsstelle) の活動の研究

建築をめぐる法的紛争にあっては，法律問題というより事実をめぐる争いが多くの部分を占めている。したがって，フランクフルトにあっては，調停機関は長たる1人の法律家と2人の建築家によって構成される。この調停部の実効性の研究が，前記「民事司法における選択肢」のなかで検討された。担当は，Zentrum für Europäische Rechtspolitik an der Universität Bremen [7]である。

❿　倒産に伴う失業にあたり発生する労働者の損害回避請求権およびその保障の研究

Sozialwissenschaftliche Forschungsgruppe am Hamburger Max-Planck-Institut für ausländisches und internationales Privatrecht による研究で，西ドイツにおける破産の現状と[8]破産に伴う社会「計画[9]」(Sozialplan) を対象とする。担当は，Zentrum für Europäische Rechtspolitik an der Universität Bremen である。

⓫　破産による動産担保 (Mobiliarsicherheiten) の研究

担当は，Institut für Betriebswirtschaftslehre der Universität Regensburg である。

⓬　家庭裁判所の訴訟における心理学的鑑定の研究

担当は，Arbeitsgruppe für Biologische Anthropologie der Albert-Ludwig-Universität Freiburg である。

---

(7)　Gottwald-Plett-Schmidt, NJW 1983, 665 ff.
(8)　Gessner-Rhode-Strate-Ziegert, Die Praxis der Konkursabwicklung in der Bundesrepublik Deutschland-Eine rechtssoziologische Untersuchung, 1978.
(9)　Gessner-Plett, Der Sozialplan im Konkursunternehmen-Die Praxis eines autonomen Regelungsmodells im Schnittpunkt von Arbeits-und Konkursrecht, 1982.

⑬ 司法統計——情報システム (Justizstatistik-Informationssystem-JUSTIS)

担当は，Institut für angewandte Informationstechnik (F 3) der Gesellschaft für Mathematik und Datenverarbeitung in Birlinghoven である。

⑭ 未決拘留 (Untersuchungshaft) の法的現状

担当は，Forschungsstelle des juristischen Seminars der George-August-Universität Göttingen である。

⑮Nordrhein-Westfalen 州における新仲裁人規則 (Neue Schiedsmannordnung) の研究

この研究は，Nordrhein-Westfalen 州の新仲裁人規則に例をとって[10]，民事司法において仲裁人制度が，従来の概念のもとで十分に機能するものか否かを検討し，さらには，小額紛争につき裁判所の負担を軽減するために訴訟外の制度として機能しうるか否か，等の問題を検討するのがその目的である。これも，前掲「民事司法における選択肢」の枠内に含まれる研究である。

担当は，Projektgruppe der Ruhr-Universität Bochum, Lehrstuhl für Rechtssoziologie und Rechtsphilosophie である。

3 とくに重要と思われる2つのテーマ

(1) 以上の諸テーマについて，研究の成果は，1984年ないし1986年までに発表が期待されている[11]。なかんずく，とくに司法省が重視しているのは，2つのテーマ，すなわち，その第1は，司法制度の問題，第2は，紛争解決制度の選択肢 (ADR) の問題，に要約されるように思われる[12]。

(2) 第1のテーマについては，次の問題がある。すなわち，1983年ミュンヘンにおいて開催された裁判官会議 (Richtertag) において，とくに控訴を中心とする民事訴訟の上訴制度がテーマとして取り上げられた[13]。研究計画は，1984年末，Ruhr-Universität Bochnm の準備会議において，外国法との比較をも含めて起案されることになっている[14]。上記の会議においては，1984年6月，Theodor-Heuss-Akademie Gummersbach のセミナーの成果が取り入れら

---

(10) Gesetz-und Verordnungsblatt für das Land Nordrhein-Westfalen 1983, S. 236.
(11) (12) Strempel, Rechtstatsachenforschung und Rechtspolitik, ZRP 1984, Heft. 8, S. 198.
(13) *Vgl*. DRiZ 1983, 378 ff., 421 ff.
(14) (15) 前注 (11) (12) 参照。

Ⅶ ドイツ法

れ，とくにそこでは諸外国の司法制度の事務負担がドイツのそれと比較・検討されている[15]。

(3) 第2テーマについていえば，西ドイツにおける仲裁機関および調停機関の問題がある。この点に関しては，仲裁機関および調停機関に関するGMDの先駆的研究[16]，前記2，9に示したフランクフルトにおける建築調停機関に関する研究が重要である。とくにこの仲裁および調停機関による紛争解決にあたっては，訴権の侵害がなされないよう慎重な配慮が求められている[17]。そのために，アメリカ[18]および日本[19]等外国における永年にわたる経験が参考とされる必要がある旨，説かれている[20]。

この点に関する問題として，次の3点が指摘されている。すなわち，①現存する仲裁および調停機関の現状把握とその評価，②これら機関の構成，③これら機関が全司法体系中に占める位置の問題，等がこれである。これら諸機関の活用は，裁判制度の負担の増加を避け[21]，場合によっては負担を軽減することにすらなる。そしてまさに，訴訟による紛争解決と訴訟外の紛争解決との適正な役割分担こそが紛争の真の変化や数の増加に適正に対処しうることになるとの認識が，その根底にあるものと思われるのである[22]。

4 おわりに

すでに言及したように，これらの作業は，学者と実務家，法律学とその周辺の社会科学・自然科学との密接な協力のもとに推進されているとみてよい。かような観点からも，注目すべき研究として評価されるものであって，逐次刊行が予定されているその成果が期待される。　　　　［判タ539号132頁，昭60］

---

(16) Demant-Dotterweich-Morasch-Reichelt, Schieds-und Schlichtungsstllen in der Bundesrepublik-Ergebnisse einer Umfrage. Arbeitspapiere der GMD Nr. 75, 1983. GMDとはドイツ司法省がこの調査を委任したGesellschaft für Mathematik und Datenverarbeitung GmbHを指し，データ処理会社である。この会社は2000/2001年にFhG（Fraunhofer-Gesellschaft）に吸収合併され今日は存在していない。

(17) 前注（11）（12）参照。

(18) Gottwald, Streitbeilegung ohne Urteil, 1981.

(19) Strempel, JZ 1983, 395 ff.

(20) 前掲注（11）（12）参照。

(21) 負担増を予定するものとして，Klages, DRiZ 1983, 395 ff.

(22) Strempel, JZ 1983, 598 ff.

87 執行証書の執行力の拡大
――ドイツ強制執行法第2次改正法の日本法への示唆――

〈1〉 ZPO 794条1項5号（旧規定）は執行証書の執行力について，わが民事執行法22条5号と同様の規定をおいていた。すなわち，執行証書の執行力を，「一定の金額の支払又はその他の代替物若しくは有価証券の一定の数量の給付を目的とする請求につき作成」されたものに限定していた。これに対して1999年1月1日施行の「強制執行法改正に関する第2次法律」（この改正については拙著「ドイツ強制執行法の改正」信山社1998年3月参照）は同号の規定の対象を以下のように拡大した。すなわち「和解による規律が許される請求権，ただし意思表示の付与を求める請求権および住居の賃貸借の存在に関するものを除く（sofern die Urkunde über einen Ans-pruch errichtet ist, der einer vergleichsweisen Regelung zuganglich, nicht auf Abgabe einer Willenserklarung gerichtet ist und nicht den Bestand eines Mietverhaltnisses über Wohnraum betrifft）」としている。

〈2〉 これは実務上非常に大きな影響力をもった改正であるということができる。わが民執法の現行規定22条5号およびZPO旧規定は，執行証書による執行を金銭債権又は一定数量の代替物若しくは有価証券の一定数量の給付を目的とする請求に限定したが，この種の請求権であれば，たとえ，誤った内容の債務名義（執行証書）によって執行がなされたとしても債務者の損害の回復が容易であると考えたからにほかならない。

これに対して，上記改正法によるこの改正は4つの事項を配慮した結果と思われる。第1は，本号によって執行力の拡大の対象となった請求権について，裁判所の負担を軽減できるということである。いついかなる国家においても裁判所の負担が過重であると考えられ，質のよい裁判という要請を実現するためには，裁判所の負担を軽減することが必要であると考えられる。そのことはわが国のように小さな司法政策がとられている場合に限らない。わが国よりはるかに裁判所の容量が大きいドイツでも裁判所の負担が決して小さいとはいえない。ドイツでも訴訟手続の簡素化，上訴制度の改正等々常に裁判所の負担軽減がはかられていることは周知の通りである。またドイツでは司法補助官制度が

311

Ⅶ　ドイツ法

裁判官の負担を大きく軽減している。例えば執行手続のなかで不動産競売における売却許可決定はわが国では裁判所の職分とされているのに対して，ドイツでは執行裁判所の権限とはいえ，これを司法補助官が行っている。ドイツでは執行における債務者に財産を開示させる財産開示制度があるが，これはわが国の民事執行法の制定時に採用されなかったものである。ドイツの強制執行法で債務者の財産開示制度は，かつては裁判官の面前で債務者が宣誓をして開示するものとされていたが，1970年の新司法補助官法によってその権限が裁判官から司法補助官に移された。そのために，改正前は開示宣誓と呼ばれたものが，司法補助官の面前における財産開示制度に変わった。わが国には司法補助官制度がない。つまり司法補助官制度は裁判官の職務を本来の司法作用的裁判に集中させる（換言すれば裁判官の職務の純粋化）ために設けられた一つの有効な知恵なのである。わが国の裁判制度はこの知恵を採用していない。それだけに裁判官の負担はそれだけ大きいのが現状である。私はこの点で，司法補助官制度は，わが国に導入されてよい制度であると考えるし，しかるがゆえに私は司法改革の一つの重要な課題のように考えている。

　裁判所の負担軽減という点で執行証書の執行力の拡大は評価されてよい。

　第2に，執行証書の執行力の拡大は債権者の権利へのアクセスを簡素化するという効果をもつ。対象になる請求権の範囲を拡大した結果として，調停や訴訟といった紛争解決方法によってではなく，執行証書の作成によって債権者は紛争予防的な方法をとおして，自らの権利の実現方法を簡素化することができるとうメリットは大きい。

　第3に，この執行力の拡大には公証人に対する信頼度とも関係してくる。公証人の信頼性が高くなければ執行証書の執行力の拡大が認められないことは当然である。わが国の民事執行法25条第5号およびZPO 745条第1項第5号（旧規定）が執行証書の執行力の対象を制限した理由は記述のとおりであるが，公証人に対する信頼性が高ければ，上記各条に見られる対象制限における危惧もなくなることになろう。ドイツで上記の執行力の制限を緩和したことは公証人に対する信頼性と無関係ではないように思われる。この点ではわが国における公証人に対する信頼性からみて，執行力の制限の緩和が考えられてもしかるべき時機が到来しているとみてもよいのではないか。

　第4に，この問題は公証人の公証手続の在り方とも関係している。公証人の作成する執行証書は権利の観念形成の一種なのであるから，（特に執行証書が債

務名義性を有するとされるだけにその観念形成的性質は強いといえる），執行証書の作成にあたって債務者に対する公証人の釈明義務，教示義務を認めることが必要である。執行証書の内容の適法性，正当性の担保として，それらが保障されなければならない。

　公正証書の作成手続についてはわが公証人法39条および公証人法施行規則13条に若干の法的規制はあるものの，これらのみでは手続保障が十分であるとはいえないのではないかと思われる。わが民事執行法25条第5号の下でも手続保障の明文上の強化が望まれるところであるが，いわんや対象請求権を拡大しようとするならば，その強化を明文化することは必須のものと考えられる。

　〈3〉　なお，上記ZPO 794条1項5号は住居明渡の請求権については，これを例外として，執行証書の執行力の対象から外している。この点はおそらく，ボン基本法13条の住居基本権（Wohnugsrecht）と関係するものと思われる。同条第1項は正面からストレートに「住居は不可侵である」（Die Wohnug ist unverletzlich）と規定している。前記第2次改正法は，住居基本権を最大限に尊重している。例えば動産執行について，差押動産の捜索のために債務者の住居に立ち入るについては，裁判所の命令を必要とするいう連邦憲法裁判所の判例があり（これについては拙著・前掲書20頁以下参照），ZPOの改正をしないままにこれに従って行われてきた実務を，前記第2次改正法は立法化し現行ZPO 758条aの規定が設けられたという経緯があることも忘れてはならないであろう。

　しかしながら私は住居の明渡執行について，特例を設ける理由は必ずしも十分といえるかどうか疑問が残るように思う。この点の私見の表明は，ここでは留保しておきたい。

　なお，このボン基本法13条1項と同じ文章の規定は，日本国憲法には存在しないが，日本国憲法35条は住居の不可侵性を前提とするものであって，民事執行に関しても住居の不可侵性は認められてしかるべきである。

　〈4〉　なお，わが民事執行法の立法作業の過程においても，周知のとおり昭和46年12月の強制執行法等要綱案並びに昭和48年9月の同第2次試案に対して，日本公証人連合会から，執行証書の執行力の拡大について意見書が提出された。そこでは，執行証書の執行力の対象となる請求を拡大して「(イ)特定動

Ⅶ ドイツ法

産の引渡しを目的とする請求を加えるとともに，㋺「一定金額の支払」中に最高限度額が定められている将来の債権で執行文付与の際その確定額が証明できるものを含む」ことが要望された。ZPO 794 条第 1 項第 5 号（新規定）は，上記㋑の要望に沿った執行力の拡大といえる。そしてこの点では公証人連合会の要望も，これと比較して理由がないものとはいえない点を含んでいる。上記㋑㋺の意見はともに民事執行法の制定にあたって，容れられなかった。

私は拙著『強制執行法研究』（酒井書店 1977 年 15 頁以下）において，上記㋑㋺の両提案に反対の意見を表明した。しかし現時点では，前記 2 第 4 の手続保障が法律により明記されることを条件に前記㋑提案には賛成できるのではないかと考えている。

[判タ 1034 号 52 頁，平 12]

追記 ドイツ現行 ZPO は更に改正されている。法務資料 462 号「ドイツ民事訴訟法典」参照。
  わが国では本稿執筆時には財産開示制度は導入されていなかったが平成 15 年法律 154 号による民事執行法の改正によりそれが導入された。

Ⅷ　カネミ油症事件

⟨88⟩ 集団的損害賠償訴訟における損害の類型化

　公害訴訟や薬害等製造物責任訴訟，その他消費者保護訴訟などが，多数の被害者を原告としてひんぱんに提起されるようになるにつれて，多数当事者訴訟を十分に予定したとはいえない旧民事訴訟をもってしては，それらに対して満足すべき対処をすることができず，集団訴訟，団体訴訟，クラス・アクション制度を立法論として導入することが提唱された。またその準備作業として，この種の制度に関する数多くの研究や提言が発表されていることは周知のとおりである。
　この集団的権利救済制度については，訴訟の開始から終了にいたるまで，その手続の各段階において，伝統的な個別相対的権利救済制度におけるそれとは本質的に異なる配慮が必要とされることはいうまでもない。とくに，提訴権すなわち原告適格の問題はその典型的な問題の1つであるといえよう。
　私が本稿において問題にしたいのは，集団的損害賠償訴訟における損害認定の方法に関してである。
　ところで，いわゆるスモン訴訟，カネミ油症訴訟はいずれも一種の集団訴訟である。それらの事件において，伝統的な個別相対的訴訟理論によれば，損害額の認定は，各被害者について各別になされることになる。そして，そのことは，各被害者が各別に損害賠償請求の訴を提起した場合のことを考えてみれば，むしろ当然であるといえるかもしれない。しかしながら，これらの事件におけるように，原告の人数が民訴法の予想をはるかにこえるほど著しく多数である場合，このような個別的相対的確定方法をとることが，果して合理的であるといえるか否か大変に疑問である。
　数多い原告の全員について個別的に損害額を審判するためには，大変な時間と労力と経費を必要とする。そればかりではない。とくに損害賠償が慰謝料である場合，各人について個別的にその額を正確に確定することは至難の技というほかはないし，また，確定が各原告につき不平等になる危険は著しく大きいといわなければならない。かくして，被害者の迅速且つ適時の救済をはかる結果になり，紛争の迅速な解決のために，そして，賠償額の適正且つ平等な確定のために，症状の類型化等を基準とした損害額のランクづけをすることが必要

VIII　カネミ油症事件

になる。とくに請求が物的損害ないし財産的損害である場合は格別にして，それが慰謝料である場合，その必要は一層明白であるように思われるのである。

　スモン訴訟の判決や和解にあっては，損害額の症状による類型化がなされているが，この取り扱いはその意味において積極的に評価されてよい。これに反して，カネミ油症事件にあっては，福岡事件や小倉第1陣事件の第1審判決において，油症の症状の軽重の類型化およびそれに伴う損害額の類型化は殆んどといってよいほどなされなかった。症状が原告全員について一律であって軽重の差がないというなら別である。しかしながら，カネクロール（PCB）の混入した米ぬか油の摂取量は人によって異なるのであるし，また摂取量が仮りに同一であっても被害者の身体的生理的条件は異なるのであるから，油症の症状の出方も細かくいえば被害者ごとに異なり，軽重の差があるはずである。そうではあっても，症状の軽重やその他考えうる基準による損害額の類型化が可能なはずである。

　一定の基準による症状等の合理的類型化およびそれに伴う損害額の合理的類型化をなし，各被害者がそのいずれに該当することになるのか，あるいはケースバイケースで特定の被害者についていかなる事情から該当類型の基準損害額をいかに修正すべきか等の諸点の主張・立証責任を原告に課すべきである。これは不法行為の要件並びに損害額の主張・立証責任を原告に課すべき以上当然である。

　カネミ油症事件において，この種の類型化等の作業が原告側によって明確且つ詳細な基準により必ずしも十分にはなされていないといえよう。裁判所もこの種の作業を原告側に促さなかったのであろうし，被告側も裁判所同様にこの点についてあまり積極的ではないようにみうけられる。それでは集団訴訟のメリットの1つが活かされないことになるのではないかと考えるし，このようなことで一体裁判所は効率的な裁判ないし迅速な救済ができるのであろうかと考えるが，いかがなものであろうか。

〔判タ391号2頁，昭54〕

　　追記　カネミ油症事件については本章のほか以下の各章を参照されたい
　　　　以下鐘淵化学工業株式会社を本稿執筆時においては本書において「鐘化」と略する。現在は社名を「カネカ」に変えている。

◇89◇ 判例批評というもの

　判例批評は色々な効用をもっている。例えば，当該判例の判例法上の意義を明らかにし，その位置づけをすること，したがってその射程距離を明らかにすること，判例理論の当否を解明することによって，判例と学説の距離をちぢめ，判例の進むべき方向を明らかにすること等がそれである。
　しかしながら，判例批評をなす者は，当該事件の裁判官でも弁護士でも当事者でもない。事件の具体的妥当な解決は，まさに当該事件そのものに内在する。批評者には具体的な生の事件が与えられるわけではない。批評は判例集に現われた事件を前提になされるにとどまる。したがって，実際に当該事件を担当した裁判官や当事者・代理人からみれば，判例批評が当該事件との関係で正鵠を射ていないと感じられることはしばしばあるであろう。我々は，ここに判例批評の限界があることを認識しなければならない。判例批評というのは，あくまでも判例集からひろいうる事実を前提として，判例の理論構成の当否を論じるものである点に，その限界があるということに，我々は注意すべきである。
　このことは，特に上級審に係属中の事件の下級審判決に対する判例批評の効用を考える場合重要である。この種の下級審判決に対する判例批評は，上級審に対して下級審判決の問題点を指摘し，上級審判決に誤りなからしむるという点では有意義である。法律の解釈も可能なかぎり多くの資料を前提とすることにより，上級審判決をより正しいものになしうるからである。裁判官は，独立して裁判を行うのであるから，世間の雑音に耳を傾ける必要はないが，良質の真摯な判例批評（裁判批判）を雑音ということはできないから，これに謙虚に耳を傾け，それを批判的に摂取する必要がある。
　しかしながら，その場合注意しなければならないのは，判例批評に既に指摘したような限界があるという点である。この限界を認識していないと，下級審判決に対する判例批評に引きずられて，当該事件に内在する具体的妥当な解決を見失う危険がある。
　以上，上級審に係属する事件の下級審判決に対する判例批評を問題としたのであるが，同じことは，例えば，スモンとかカネミ油症事件のように，同一原因に基づく訴訟が原告を異にして複数係属し，その一部について時間的に先行

VIII　カネミ油症事件

してなされた判決の批評についてもいえるのである。

以上に述べたところを，カネミ油症事件の福岡第1審判決（以下福岡判決と略す――小倉第1次訴訟の1審判決もこれに準じる）について具体的に述べてみたい。

本判決が取り上げた論点は多岐にわたるため，それらのすべてを検討の対象とすることは到底できない。そこで論点を被告鐘淵化学工業株式会社（以下鐘化と略す―現在は「カネカ」と表記している）の過失の一内容とされている，カネクロールの毒性に関する警告義務違反と油症との間の因果関係に限定したい。

カネミ油症事件は被告カネミ（油症の原因となったカネクロール入り米油の製造業者）が被告鐘化の製造販売したカネクロール400（PCB）を熱媒体として用いて製造した米ぬか油にPCBがもれて，これを食した原告らがPCBの油症にかかった事件であり，すでに本件の内容並びに判決については多くの雑誌に紹介があるので，これ以上ここで繰り返すことは避けたい。ところで，判決は鐘化がカネクロールを食品工業における熱媒体として販売する場合，その毒性に関する警告義務を尽さなかった点で鐘化に1つの過失があるというのである。私は，この鐘化の過失の認定の仕方それ自体についても疑問をもつのであるが，それは別にして，以下では，鐘化の過失と油症の間に因果関係があるかという点を取り上げてみたい。

福岡判決は，因果関係のまとめにおいて，「本件油症事件は被告カネミの数点にわたる重大な過失が競合した結果発生したといえるのであり，この点のみを前記過失と本件油症事件との間には条件的因果関係こそあれ，相当因果関係はない，すなわち因果関係は遮断される，との被告鐘化の主張は一見説得的に思えないでもない」としながら，さらに次のように続けている。すなわち，「しかしひるがえって考えるに，被告カネミに右のような重大な過失を惹起させたのは，被告鐘化において，カネクロールの毒性及び金属腐蝕性等の欠点を十分認識し或いは少くとも認識可能性を有しながら，それらを正しく指摘，警告することを怠ったまま食品業界に熱媒体として推奨販売したという基本的かつ重大な過失に起因しているといえるのであり」と論じている。要するに判決は，カネクロールの取り扱いに関するカネミの甘い態度乃至過失は，カネクロールの毒性及び金属腐蝕性に関する鐘化の警告義務違反に由来するものであるというのである。

そこで，鐘化の過失と油症発生との間の因果関係を考える場合，注目しなけ

ればならないものとして，いわゆるダーク油事件というものがある。すなわち，カネミ油症事件発生前の昭和43年2月20日頃から3月上旬にかけて，鹿児島県下でブロイラーのへい死事故が続発し，その後その被害は九州，四国及び中国の各県に及んだことが明らかになった。これが，いわゆるダーク油事件と呼ばれるものである。被害を受けたブロイラーは約92万羽（うち約40万羽がへい死），採卵鶏の産卵率低下約83万羽にのぼったと報告されている。

ところが，このダーク油事件は，特定2社の製造した配合肥料に原因があり，2社はいずれも配合飼料の原料であるダーク油をカネミから仕入れて使用していた。その名のとおり暗黒色のダーク油は，食用油であるライスオイルの製造工程中に副生されるものであって，福岡判決の認定によると，「ダーク油にカネクロール400が混入した理由は，脱酸工程で副生されたダーク油に混合された飛沫油やあわ油にカネクロール400が混入していたためであり，飛沫油やあわ油にカネクロール400が混入した原因と脱臭油にカネクロール400が混入した原因は同一である可能性が極めて高い」としている。簡単にいうと米ぬかからライスオイルを製造する過程で副産物としてダーク油が製造されるが，途中まで共通であったダーク油製造工程とライスオイル製造工程とが分離した後に，後者の工程ででてくる飛沫油やあわ油をダーク油に混ぜているというのである。したがって，ダーク油中に有害物質があるとみられる以上，カネミとしては，その原料である米ぬかあるいは飛沫油ないしあわ油中に有毒物質が混入していないかという点に注目すべきだったのである。

特にカネミにとって，昭和43年2月7日と14日に出荷したカネミのダーク油を使用した配合飼料に問題があったことは，すくなくとも3月中旬にははっきりしていたのである。そうであるとすれば，カネミとして飛沫油やあわ油が出てくるライスオイルの製造工程で，当時カネクロール400が異常に大量にもれたことを知っていたはずであることから，カネクロール400が原因でダーク油事件が発生したとの推測は容易に成り立つはずである。

もちろん，ダーク油事件の原因を農林省家畜衛生試験場が同年6月に出した一応の結論のように，油脂の変敗に求める余地がないわけではないかもしれない。しかし，仮にこの可能性を認めたとしても，カネミが前記の事情からカネクロール400にダーク油事件の原因を求める可能性は十分にあったし，さらにはカネクロール400の毒性に注目すべき高度の注意義務があったというべきである。この段階で，鐘化の作成になるカネクロールのパンフレットに産業衛生

VIII　カネミ油症事件

的立場から若干の毒性の取扱注意の警告がなされていたことを考慮すべきだったのである。

　かように考えてくると，鐘化がカネクロールの毒性についての警告義務に違反していたと判断しても，カネミはダーク油事件を契機にしてカネクロールの毒性を認識したはずであるし，またすくなくとも認識すべきであったということができる。したがって，カネクロールの毒性に関する鐘化の警告義務違反があったとしても，それがカネクロールの取扱いをめぐるカネミの甘い態度を誘発したとはいえないであろう。それゆえ，鐘化は毒性に関する一定の警告はしているのであるからPCBの毒性に関する警告義務違反の過失と油症の発生との間に因果関係が完全にとはいえなくても，相当部分遮断されると思われる。

　ダーク油事件が発生し，その原因がカネミのダーク油であったことが判明した段階で，カネミは，原料を同じくし，しかも途中まで製造工程を共通にし，さらにはライスオイルの製造工程で生じる飛沫油，あわ油がダーク油中に混入している以上，ライスオイルの毒物混入に注意し，さしあたり製品の出荷停止，回収をするのは，食品製造業者として当然の義務であると思われる。

　かように考えてくると，鐘化の毒性の警告義務違反が認められるとしても，それはダーク油事件のある限り，カネミのライスオイルの出荷停止，回収義務違反という甘い態度の誘因になったとはいえないのではないか。

　しかしながら，福岡判決にあっては，被告鐘化が主張していないこともあって，ダーク油事件が既述のごとき観点から取り上げられてはいない。

　私は，客観的にいえば，ダーク油事件を抜きにして鐘化の過失責任を論じることはできないように思う。福岡判決は，鐘化について因果関係を論じる際に，ダーク油事件を取り上げていない。そこに判決の限界があるし，判決に対する判例批評もまた，ダーク油事件を抜きにした因果関係の判断を内容とする判決を批評の対象としているという点に留意すべきであるように私には思えるのである。

[判タ394号4頁，昭54]

⟨90⟩ 個人主義・遵法精神と信頼の原則

　近代法は個人主義を前提として成り立っている。個人主義は他人に迷惑をかけないという側面，したがって自らの行為の結果について自ら責任を負うという側面を持っている。そこに，人は社会規範の1つである法を遵守するという遵法精神がうまれるし，最近はやりの信頼の原則も成り立つ。これに加えて，ヨーロッパでは近代法の形成に長い年月をかけたことも，法規範が国民の間に定着して国民の法意識を高い水準に保つ原因になり，ここにも信頼の原則の基礎がある。

　私は，かつて日本のある研究会の席上ドイツ人の法意識の高さを説いたことがある。この私見に対して，一般のドイツ人が法律をよく知っているわけではないから，ドイツ人の法意識が高いとは必ずしもいえない，という批判があった。たしかに，一般のドイツ人が法規範の内容を熟知しているとはいいがたい。しかし，法意識の高低は法規の知・不知のみによって決まるものではない。日常生活における生活規範意識が法規範に内容的に一致するかあるいは近いものであるか否かという点が重要であろう。私がドイツ人の法意識が高いと述べたのも，この意味においてであった。

　それにひきかえて，わが国の場合はどうであろうか。法の近代化・現代化にわずか100年余の歳月をかけたにすぎない。その出発点はそれまでの社会に異質的な独・仏法の輸入である。したがって，法規範と生活規範との間にギャップが生じるのは当然であって，その差をなくするにはなお長い年月を必要とするであろう。しかも，わが国の場合，近代化にみられる個人主義が社会に定着しないままに現代化の道を歩んだという事情がある。これらがわが国の国民の法意識や遵法精神の水準を，ヨーロッパ諸国のそれと比較して異なるものとしている原因になっているといえないであろうか。

　どんな社会でも，法律は行為規範的性質もさることながら，裁判規範的側面を強くもつことから，「良き法律家は悪しき隣人」という法諺が大なり小なり通用する。しかし，既述のごとき事情から，右の法諺は，ヨーロッパ社会におけるよりも，わが国の場合より強く認識されるのである。

　わが国の司法制度のなかに，調停や和解という紛争解決制度が定着し，しか

もそれらがかなり重視されているのも，このような理由によるところが大きいであろう。もちろん，訴訟の長期化とか弁護士報酬や訴訟費用の高額性等訴訟制度の欠陥が修正されないために，調停や和解が活用されざるを得ないという点も全く否定し去ることはできない。訴訟制度の欠陥のために事件が訴訟的解決から調停，和解による解決へと流れるということがあってはならないのであるから，国はこの欠陥の排除につとめるべきであるというのは，しごく当然のことである。しかし，和解や調停が紛争解決制度として定着するのは，前述のように，より本質的な理由に求められ，したがって，特にわが国においては，調停や和解はそれ自体制度的存在意義を持っているのである。

このように，個人主義が必ずしも十分に定着したとはいえない社会，法意識が必ずしも十分に高いとはいえないわが国の社会において，信頼の原則のあり方もヨーロッパ社会におけるそれとは自ら異なるように思われる面がある。

歩行者は交通ルールを守るものという前提をおいた信頼の原則を考えてみよう。その前提が交通ルールは守るべきであるということを意味するとすれば，往々にして信頼の原則は人命軽視につながる。問題は交通ルールが守られる程度いかんという点である。その程度が国や地域によって異なるとすれば，信頼の原則の内容も国や地域によって異なることになる。

民事訴訟の訴訟物理論における新旧両説の対立にも裁判所や法曹に対する信頼度の相違があらわれている。すなわち，新訴訟物理論は裁判所や法曹に対する高度の信頼を前提とする面があるのに反し，旧訴訟物理論はこの前提に対し概して批判的である。ちなみに，ここでいう裁判官や弁護士に対する信頼度というのは，現実に信頼できる裁判官や弁護士が全体の何パーセントにのぼるかという具体的な問題を意味しているわけではない。信頼できる裁判官や弁護士の数がどんなに多数にのぼっても，国家学・国法学的にみて，あるいは司法制度論として，裁判所や法曹実務家に対する全面的信頼を前提とした理論をたてるべきか否かという基本姿勢の問題なのである。わが国において戦後新訴訟物理論がはなばなしく登場した後の一時期に，信頼すべき法曹育成のために法曹教育の問題が真剣に議論されたのも新訴訟物理論の提唱や，広く一般に紛争の一挙抜本的解決を説く見解の登場と，決して無関係ではない。しかし，既述の通り，裁判所や法曹に対する信頼の問題は，司法制度論における基本姿勢の問題であるから，いかに法曹教育制度を改善しても，それによって解消するとはいいきれない面を持った問題なのである。私は，わが国がすぐれた多数の法曹

実務家を擁するにもかかわらず，その点において新訴訟物理論や紛争の一挙抜本的解決理論の限界を感じないわけにはいかないのである。

　西独では，最近法曹実務家の数が著しく増加し弁護士の洪水（Überschwemmung）現象がおきているといわれる。そして，それに引き換えて裁判官の空席は著しく少ない。したがって，よほど優れた成績をもって司法試験に合格し，修習を終えないかぎり，裁判官・検事・公証人になることはできない。かくして，裁判官の質がかなり高く，その結果裁判官に対する信頼性が高いことが考えられる。さらに，この点とも関連するのであろうが，一般的にいって，国民の間に裁判所が高度の信頼をかちえていることを指摘しておかなければならないであろう。さらに，国民の法意識の高さないしは裁判所の権利保護機能に起因して，裁判所と国民との間に親近性があることが認められる。警察官を示すドイツ語の俗称として Schutzmann という表現があるが，この用語は，警察官が「お上」として国民を取り締まる立場にあるというのではなく，国民の権利を護るものであるという，国民の警察官に対する親近感情を示している。裁判所もまたしかりであろう。ドイツのように一般的にいって裁判所に対する親近感・信頼感があるところで提唱された新訴訟物理論を，多数の信頼すべき裁判官をかかえながら，親近感が必ずしも十分とはいえず且つ裁判権を含む国家権力に対して制度論として絶対的信頼をおかない傾向のあるわが国に，そのまま導入することができるか否かかなり疑問であるように，私には思えるのである。わが国では，一般の意識が随分と変ってきたとはいえ，まだ警察は国民を取り締まるもの，裁判所は国民を裁くものという意識が一部に残っていることはまことに残念である。区役所や町役場の一隅を借りて，勤務時間の終る頃からはじまる少額裁判所などが設けられれば，裁判所と国民との距離が著しく短くなるであろう。

　それは別にしても，信頼の原則の内容がヨーロッパの場合とわが国の場合とでは異なるはずであることを説いたのであるが，しかし，私はそのことからわが国において信頼の原則の適用を否定しようというわけではない。私はこの点で最近疑問に思うのはカネミ油症事件の2つの第1審判決，すなわち，福岡判決並びに小倉第1陣判決である。

　被告鐘淵化学工業（以下鐘化という——現在は社名を「カネカ」に変更している）は，被告カネミ倉庫（米糠油製造業者）に対して，食品添加物としてではなく，米糠油製造工程において使用する熱媒体として，カネクロール（PCB）

VIII カネミ油症事件

を供給したのである。

　食品衛生法6条および7条により，厚生省の認可した食品添加物以外のものを食品に添加することが禁じられているということは，食品製造業者の初歩的常識である。ましてや食品添加物ですらないカネクロールという熱媒体のような工業用合成物を食品製造業者としては，特にそれが無害無毒であることが明らかでなくても有毒物として取り扱うのが常識である。したがって，熱媒体のごとき副資材の提供者は，自らがそれを食品に添加，混入しても安全である旨を明らかに且つ積極的に宣伝した場合（判決はカタログにつきこの点を問題にしているが）を除けば，食品製造業者としてのこのような極めて明白な常識にそって，カネクロールが米糠油中に混入しないよう，さらには混入の疑いがある場合には，その疑いがはれるまで製品の出荷停止，回収をなすであろうとして，食品製造業者を信頼することができるはずである。カネクロールは，急性毒性を有するわけではないし，いわんやカネミ油症事件の場合，カネクロールのカタログに，産業衛生上の観点から若干の毒性（当時は専門家間でも毒性を認識しない扱いをする程度の感覚）があり，その使用上の注意が記載されているのである。このような熱媒体を食品に混入しないよう配慮し，混入の疑いがある場合にはその出荷停止，回収をするであろうという点で，食品製造業者を信頼できることは当然であると私は考える。この信頼との関係でみると，米油の製造業者であるカネミの過失は食品製造業者として，あまりにも基本的且つ重大なものであり，通常予測の範囲をはるかにこえる異常なものであったといってよい。例えば，カネクロールは本来消耗しにくいものであるから，一時期に約200ないし300キログラムも補給せざるを得なくなるということから，それが工程中で米油中に漏れていることを意味することは，装置工業者である以上当然気がつくべきものである。これに気づかなかったとすれば，それは装置工業者としての基本的且つ重大な過失である。それに気づきながら，製品油を検査もなしに出荷したり回収しなかったとすれば，それは食品製造業者としての未必の故意といってもよいほどの基本的且つ重大な過失である。ましてや，既述のとおり，カネクロールは食品添加物ですらない熱媒体であって，そのうえ有機塩素系化合物は原則として有毒であるとみるべしとの常識的観点に立てば，鐘化の警告義務が十分でなかったから，カネミとしては，カネクロールが安全であると考えて出荷停止をせず，また回収もしなかったと主張する余地は全くなかったのである。さらに，本書89章で述べたようなダーク油事件が加われ

326

ば，カネミとしては当然カネクロールの有毒性を知っていたし，それが食品添加物でないと考えられるのであるから，出荷停止，製品回収をなすべきであったのに，これをしなかったことは，カネミにつき基本的且つ重大な過失で，鐘化の予測の範囲をこえる注意義務違反があるといわなければならない。

　比喩的に次のようにいえようか。すなわち，自動車は飲酒運転をすればたちまち走る兇器に変るという危険性をもっている。しかしながら，販売にあたり販売会社は買主が当該自動車を飲酒運転をしないであろうことを信頼して販売する。しかるがゆえに飲酒運転についてメーカーも販売会社も警告義務を課せられないし，また積極的に飲酒運転をしても安全ですとの宣伝をしないかぎり，飲酒運転の結果生じた損害について責任を負わないのである。

　信頼は現実に飲酒運転をする人間がいるにもかかわらず成り立つのである。約ドラム罐１本分もの大量のカネクロールを漏らしながら製品油を出荷したり，即座に回収しなかったり，あるいはダーク油事件により製品油の有毒性を知るないし知るべきであったのに，即座に出荷停止も回収もしないというのは，食品製造業者としては，まさに飲酒運転に相当するものである。

　もちろん，自動車の場合，飲酒運転の結果，事故をおこせば，それが他人の人命にもかかわる危険があることは周知の事実である。カネクロールの蓄積毒性は周知ではない。そこに両者の相違がある，と論者はいうかもしれない。しかし，第１に，カネクロールの場合も，許可された食品添加物以外のものは，たとえ食品添加物であっても，その無害無毒性が明白でないものは有毒物として扱うという，食品製造業者に対する信頼が成り立つし，第２に，産業衛生上の観点より若干の毒性があることは警告されていたのであるし，第３に，食品製造業者については，すくなくとも無害無毒であることが積極的に明らかであれば格別，それすら明らかでない工業用熱媒体が混入したことを知り，あるいは知ることをうべかりし状態において，当該食品を出荷することはないとの信頼は成立するし，出荷したものは回収するであろうとの信頼は成り立つといえる。要するに，当該物品の本来の用途に使用した場合，通常予想される危険について警告義務は負っても，右物品の通常予測しえない異常な使用はしないであろうという信頼は最低限成り立つといえよう。製造物責任はあっても当該製造物の本来の目的からみて異常な使用から生じた損害について免責するという考え方が一般的であることからも，上記の信頼が成り立つといってよいであろう。

Ⅷ　カネミ油症事件

　ましてや，本件油症事件の場合，カネミは米油の製造業者としては一流であって，いわゆる装置工業者であるから，家内労働を中心とする小規模の食品製造業者に対するより，より以上の信頼をおくことができるのである。しかも，カネクロールは防腐剤や着色剤等と異なり，それを添加することになんのメリットもない物質である。添加することによりなんらかのメリットがある物質であっても，有毒なるがゆえに添加しないであろうという信頼は成立つ。いわんや添加してもなんのメリットもなく，そのうえ，食品工業においては当然な毒性が推定されてよい化学的合成物である熱媒体が混入したままに，食品を出荷したり又は回収しなかったりすることは，食品製造業者に対する極めて常識的な信頼からは全く予想できない事態であるということができる。カネミの過失は食品製造業者としてそれほど異常，重大且つ基本的なものなのである。かような基本的信頼すら成り立たないとすれば，分業生産社会は成り立たなくなるであろう。

［判タ396号2頁，昭54］

⟨91⟩ 法律家と文章

　法律家の文章は一般的にいって名文とはいえないものが多いといわれていることは周知のとおりである。しかし，法律家の文章にあっては，なによりもまず明快な論理と明確な概念を用いることが心がけられなければならないという要請がある。法律家の文章といえども名文であるにこしたことはないが，それは右の要請と相矛盾する限りでは明確性に一歩をゆずらなければならない。一概に法律家の文章といっても，研究者と実務者の文章とではやや異なる面がないでもない。学術論文においても，明快な論理と明確な概念とが用いられる必要があるが，ものによっては，そこに形式的に表現されている内容にとどまらず，高度の洞察力をもってすればさらにその背後にある意味までも読みとることができるような表現もないわけではない。私自身かつてJames Goldschmidtの„Prozeß als Rechtslage"の一部を読んだ折に，彼の文章についてそれを痛感した記憶がある。しかしながら，契約書や訴状や判決書等の実務的文章がそうであっては困る。法律家の文章は，小説家や詩人の文章とは目的を異にするのであるから，ある程度名文性を犠牲にすることは止むを得ない。
　明快な論理を展開し，且つそれを読者に理解してもらうためには，文章をなるべく短く切るのがよい。文章が長すぎるために論旨が不明確になる場合がしばしばある。私は学生諸君の論文を添削する際に，最初の数枚を私の判断にしたがって，短く切って，その切り方を示すことにしている。
　かくして，法律家の文章が悪文であることはある程度止むを得ない面もないではないが，私もせめて名文といわないまでも悪文を書かないよう心がけたいと反省しながら，その願望を果せずにいるのが現状である。しかしながら，問題は往々にして，その悪文の域にも達しない文章が書かれるという点である。誤字，当て字，意味を的確にとりにくい論理構成，論文構成及び表現が用いられることがある。例えば，学年末試験で「紛争」を「粉争」と書いたり，「既判力」を「規範力」と書いたりするケースに稀に出くわすことがある。「規範力」と書くのは，既判力本質論について具体的法規説の立場をとることによるのであろうか。どんなに立派な内容の答案でもこんな基礎的な誤りに出会うと，全くがっかりしてしまう。ちなみに，初学者は「訴え」というように仮名を送

VIII　カネミ油症事件

らないと「そ」とは読んでくれるが，まず「うったえ」とは読んでくれないようである。

　ところで，誤字や当て字というのは，絶えず辞書を使用することによって避けられる。しかしながら，論理構成，文章構成や表現力等を養うトレーニングについては，小学校から大学までの教育課程のなかで，必ずしも十分な時間がさかれていないのではないかと思われる。私は，修士論文以降助手のある時期まで，指導教授であった宮崎澄夫先生（慶應義塾大学名誉教授・故人）に論文の添削をして頂いた。それが先生にとって大変な労力であったことを思うと，感謝の気持で一杯である。私自身もゼミの学生の卒論の下書には必ずある程度の添削をすることにしている。

　司法試験の合格者はすべて水準以上の国語力をもつものと推測するが，確実を期するためには，現代国語を試験科目に加えることも考えられないことではないし，現にこれを試験科目としている国もある。

　読解力という点でも同じことがいえそうである。一般的にいえば漢文の素養に乏しい現代の法学生に，戦前の法律の条文や判例を正確に読むことを期待しても無理なように思える。ある先生が基本諸法を正確に音読できることを法学部の卒業資格に加えたらどうかと提案されたことがあるが，かような提案がでてくることもうなずけないわけではない。もちろん，私がここでいっている読解力とはこのように正確に音読する力だけを意味するのではなく，内容的理解力をも含む。

　そこで最近私が関心をもっているカネミ油症事件から興味ある一例を紹介してみたい。ここでは便宜上福岡第1審判決を中心に考察してみることにしよう。

　この判決は，被告鐘淵化学工業（以下鐘化という）のカネクロール（PCB）の毒性並びに金属腐蝕性に関する警告義務違反を説いて鐘化の過失責任を認めている。

　すなわち，まず毒性に関して，判決は，不測の事故によるカネクロール（PCB　ポリ塩化ビフェニール）の食品中への混入を防止するために，鐘化としてはその毒性についてできるだけ具体的に警告をする義務があった，しかるに，カネクロールのカタログでは，油脂工業における脱臭工程の熱媒体としてのカネクロールの利用を推奨しながら，その毒性については，若干の毒性がある，蒸気を吸うと有害であると抽象的に記載したにとどまり，また，その前後の文言においても，その毒性が職業的観点からみてほとんど心配するに及ばないかの如

き印象を与えかねない表現を用いた点，食品業者に対する毒性についての情報提供としては極めて不十分である，としているのである。そしてその警告義務違反に鐘化の過失を認めているのである。

　鐘化のカネクロールに関するカタログ2種はいずれも熱媒体としてのカネクロールに関するものである。カネクロールの毒性に関する問題の部分を書き出すと次の通りである。すなわち，一方のカタログでは，カネクロールの使用方法の処で「他の有機化合物と同様多少の毒性もありますので，蒸気を大量に吸うことは避けなければならない」としている。さらに，「運転及び保守管理上の注意」のうち「取扱の安全」と題する項目中で，「カネクロールは芳香族ヂフェニールの塩素化合物でありますので，若干の毒性をもっていますが，実用上ほとんど問題になりません。」「カネクロールの大量の蒸気に長時間曝され，吸気することは有害です。」「カネクロールの熱媒装置は普通密閉型で，従業員がカネクロールの蒸気に触れる機会はほとんどなく，全く安全であります。もし匂いがする時は，装置の欠陥を早急に補修することが必要であります」と記載されている。また，他方のカタログには，「取扱の安全」と題する項目に，「カネクロールは……芳香族の塩化物である為，若干の毒性はありますが，実用上殆ど問題にならず，この点他の有機熱媒体と大凡似て居ります。」「装置の欠陥に依りカネクロールの大量の蒸気に長時間曝されることは有害でありますから，速やかに処置する必要があります。最大安全許容量は $2.0\,\mathrm{mg/m^2}$ でありますが，実際にはこの程度になると匂が強くて作業はできません。併しカネクロールの熱媒装置は密閉型の装置でありますし，仮にエキスパンジョンタンクより蒸発するとしても低温の為蒸気圧は極めて少ないので問題はなく作業員がカネクロールの蒸気に接触する機会は殆どなく，匂がする様であれば，装置上の欠陥がある訳でありますから，速かに修理改造する必要があります」と記載している。

　この記載からみれば，(1)カネクロールには若干の毒性があること，(2)カネクロールの大量の蒸気に長時曝されることは有害であり，装置のすみやかな修理・改造を必要とすること，(3)しかしカネクロールの熱媒装置は密閉型であるし，仮にエキスパンジョンタンクより蒸発しても低温のため蒸気圧は極めて少なく問題はない，作業員がカネクロールの蒸気に接する機会は殆どなく，実用上殆どその毒性は問題にならないこと，が明らかである。

　そこで，この記載をごく常識的に読めば，(1)および(2)によって，一応その強

弱の程度は別にして，カネクロールの毒性は明らかに警告されていることがわかる。問題は(3)の実用上殆どその毒性は問題にならないとする表現によって，(1)および(2)の毒性の警告が無に帰せしめられるかという点である。私はこれを肯定する読み方は明らかに国語の常識に反すると思う。カネクロールの毒性は実用上殆ど問題にならないというのは，これを熱媒体として密閉型の熱媒装置で使用する場合，作業員がカネクロールの蒸気に接する機会が殆どないことによることは，カタログの記載から明白に読みとることができ，決して無条件にカネクロールの安全性を宣伝しているわけではない。ましてや，カネクロールのカタログ2種はいずれも熱媒体としてのカネクロールに関するものであって，決して食品に添加する物質として安全であることを宣言しているものではないことは異論のないところであろう。(1)および(2)において毒性の警告された物質を，熱媒体として閉鎖系装置を使用する場合の産業衛生上の安全宣言があるからといって，そのことから，カネクロールが食品に混入しても安全である旨の判断をなすがごとき読み方は，全く理解に苦しむ無理な読み方ではないかと思われるのである。(3)はあくまでも，カネクロールを一定の装置をもって熱媒体として使用した場合の安全宣言であって，開放系の装置で使用した場合ないし熱媒体としてではなく食品添加物として使用した場合をも含めた安全宣言ではない，と読むのが，通常人の読み方ではないであろうか。

　判決自身も，カタログ中にカネクロールの毒性が職業病的観点からみても心配するに及ばないかのごとき印象を与えかねない表現があるといっているのであって，この種の安全宣言が食品に混入した場合の食品衛生的観点からの安全宣言をも含むなどということは一言もいっていないのである。(1)，(2)において，カタログが職業病的観点からカネクロールの毒性を警告している以上，食品製造業者がこれを食品に混入したまま出荷してよいと考える余地は全くないのである。

　カネクロールの腐蝕性に関する警告についても同じことがいえる。判決は，「装置の安全管理に対する深い注意力と警戒心をもって読めば，発生する塩化水素ガスを装置外に十分排斥すること及び装置内に水分を侵入させないことの2つの条件を満たせば腐蝕の心配はないと読めなくはないが，右条件は装置の構造及び作動上当然に満たされるかの如き表現を用いており，腐蝕の心配はないとの結論に及ぼす右条件の重要性を低く感じさせるものであり，この点は明らかに腐蝕の心配はないとの結論を強調するための手法である」としている。

そこで，カタログ中のカネクロールの金属腐蝕性の解説をみてみよう。すなわち，1つのカタログには，「カネクロールの諸性質」のうち「塩素と装置に対する腐蝕の問題」と題する項目中に，「局部加熱により，液が強制分解されたときは，塩素を分離せず塩化水素ガスを生じますが，カネクロールの循環系内は高温で無水状態でありますので，塩化水素ガスは乾燥状態のまま排気口から外部に流れ出て，装置が腐蝕される心配はありません」とされている。また他のカタログは，「安定性」と題する項目のなかで，「カネクロールは沸点近くになりますと微量ではありますが，脱塩酸する傾向があります。しかし若し局部過熱等の事故で，このような脱塩酸が行われ，塩化水素ガスが発生しましても，装置内に水分の存在が考えられないため塩化水素ガスは乾燥状態にあり装置を全然腐蝕する事なく，排気口より外部へ流れ出る訳であります。この場合普通はエキスパンジョンタンクに誘導されて初めて外気と触れることになります。ここで外気中の水分に接触した塩化水素ガスは腐蝕の原因となりますからエキスパンジョンタンクはモイスチュアートラップを附する等湿気が入らない様にすると完全であります。そのためにエキスパンジョンタンク以外の熱媒装置全体を完全にカネクロールで満たす必要がある事は言う迄もありません。」としている。

「装置内に水分の存在が考えられないため……装置を全然腐蝕する事なく……」「外気中の水分に接触した塩化水素ガスは腐蝕の原因となり」等の表現から，技術者にかぎらず一般人であっても水分が塩化水素ガスに触れたり装置内に水分を侵入させれば，それが腐蝕の原因になることを明白に読みとることができる。「装置内に水分が存在しないため塩化水素ガスは乾燥状態にあり装置を全然腐蝕する事なく」というのは，鐘化の予定したカタログ記載の装置におけるカネクロールの使用に関する表現であることは当然である。したがって，このカタログ2種からみれば，鐘化の予定した装置においてカネクロールを使用する以上はその腐蝕の危険性は全くないが，これに反して，この使用法を逸脱した場合には，水分を装置内に侵入させた場合における腐蝕の危険性の警告に立ち帰るという点を，明瞭に認識することができるのである。

判決によれば，「右条件は装置の構造及び作動上当然に満たされたかの如き表現を用いており」とされている。しかし，カタログのこの表現は鐘化がカタログ上予定した装置によれば，この条件が当然満たされるというのであって，その装置によらなければこの条件の重要性を低く感じさせられるものではない

ことは，通常人の読み方からすれば明白であるといえよう。水分に触れる，あるいは水分が侵入しなければ安全であるということから，水分に触れる，あるいは水分が侵入することは危険であると解することは，極めて常識的な理解であって，警告として，前者が不適当であって後者のみが適当であると断定する理由はないように思われる。

以上に述べたことは，国語力の問題であると同時に法律家の健全な常識の問題であるともいえる。

ゼミナールで学生諸君との議論のなかでしばしば経験することであるが，法的常識からは到底反対解釈が成り立つ余地がないのに，それが成り立つかのごとくに主張する者がいる。その場合，小さなヒントでも与えれば，反対解釈が成り立たないことに気づいて，すぐに自説を撤回する者はまだ救われるのであるが，そんなヒントには全く無関係に反対解釈の正しさを強弁する者がいる。健全な法的常識に欠ける，あるいはリーガル・マインドに欠けるというべきであろうか。初学者の場合は多くの事例にぶつかることによって，健全な法的常識を身につけて一人前の法曹に成長することが期待できる。既成の法律家の場合，森に入って森をみないために往々にして健全な法的常識にしたがった判断ができなくなることがある。かような場合には，事件から一定の距離をおいて大局を見直すことにより健全な法的常識を取り返すことができるであろう。

凡そ文章というものは健全な良識を以て読んでもらいたいものである。

[判タ398号4頁，昭54]

追記　わが国においては勿論，ドイツにおいても今や James Goldschmidt を読む研究者は日独ともに殆んどいない。しかし私は名著であると思う。

　また今日文語体の旧民法，旧刑法等殆んどが口語体化されていることは周知のとおりである。国民にわかりやすくする立法者の努力が実ったといえよう。

　全く異る話ではあるが聖書の口語化にはなじみにくい。聖書は私にとって文語体のほうがなじみやすい。

92　裁判と法的安定性

　実体法については法律不遡及の原則が認められるのに反して，手続法については裁判時の法が適用されるというのが原則である，といわれる。実体法に関するこの原則は，市民の生活における法的安定性を保つことを目的とすることはいうまでもない。

　行為時と裁判時とでは実体法規が改正され変っている場合がある。この場合改正が明らかであるがゆえに，裁判官は特段の規定がなければ行為時の実体法を適用することになる。しかしながら，法律の規定がなくあるいは規定はあるが改正がなく，解釈，条理，学説等だけが変った場合，行為時における解釈ではなく，裁判時における解釈にしたがって裁判がなされる事例が見受けられないわけではない。このようなことが，市民生活の法的安定性との関係で許されるのであろうか。

　上記のような事例は，立法的救済や行政的救済が遅れているために，市民としては救済を裁判所にたよることになるようなケースにおいてしばしばみられる。日照権や仮登記担保等は，明らかに司法的救済が立法的救済に先行した事例であろう。環境権等もそのような方向に動くであろうように思われる。

　たしかに過去において，立法的救済や行政的救済に先立って，司法的救済がなされ，それを通して新しい判例法なり判例理論が形成されるというケースは数多くあった。しかしその場合注意しなければならないことは，その判例理論の実質的内容が行為時において既に社会的法的確信として，あるいは条理としてしたがって不文法として定着していることが必要であるという点である。さもなければ，右の判例理論を適用して裁判することは著しく法的安定性を害する結果になる。裁判官は行為時に存在しなかった，したがって行為時と裁判時の間に生成された法理論によって過去の事件を裁判することは原則として許されないと思われる。一見して行為時には存しなかったことが明白な法理論によってなされる裁判が数多くあるという点から，それが一般的に許されるかのごとき錯覚に陥りがちである。それどころではない。立法的救済や行政的救済が遅れている分野では行為時の条理ともいえないような判例上新しい法理論を展開することによって裁判所が先頭に立って立法府や行政機関の怠慢を責めて，

335

VIII　カネミ油症事件

立法や行政に刺戟を与えることが必要である，ということすらいわれるのである。裁判所が立法や行政をリードして法の発展についてパイオニア的役割を果せるのは，あくまでも裁判所が展開する判例理論が行為時においてすでに国民の間に定着した法的確信になっている場合あるいは条理として確立していると考えられる場合に限るべきなのであって，そうではないのに，裁判所がパイオニア的機能を発揮すると，市民生活の法的安定性を害することになりかねないのである。仮登記担保の判例理論の発展にしても，担保物の丸どりは公序良俗に反するという法的確信が定着していたからこそ判例法になりえたのである。

判例が行為時に通用する法的確信の結論を変えることなくそれについて新しい解釈を示して，あるいは，新しい解釈の芽を示して，将来の立法ないし法理論の発展傾向を示すことは可能であろう。

現在に生活する者はいきおい過去の事実を現在の目で解釈しようとする。しかし裁判の場合それが許されないことに注意すべきである。したがって，一般的にいえば，ある新しい法律問題について学説が先行してそれが世間における一般的見解すなわち条理，判例がこれに従うということは是認できてもよいと私は考える。おことわりしておくが，かくいうからといって私か国民の法的確信が変ってそれにしたがって判例法を形成することを否定するものではない。

本章にいたるまでカネミ油症事件を例に引いて恐縮であるが，私にとって理論的に関心のある事件なのでお許し願いたい。カネミ油症事件についてくだされた2つの第1審判決すなわち福岡判決と小倉第1審判決は，一応形式的には過失責任の原則の立場を前提としながらも，製造物責任法理を意識したためか，「過失責任の衣を着た無過失責任」と評されるほど，被告鐘淵化学工業にとってはきびしい内容のものになっている。カネミ油症事件が発生したのは昭和43年である。この頃わが国では製造物責任法もなかったし，製造物責任に関する若干の先駆的研究は発表されていたが，製造物責任ないし製造者責任をきびしい内容のものとして提唱した論文が数多く発表されるようになったのはそれ以後のことである。当時は現在唱えられているように厳格な製造物責任の考え方が法的確信として定着していたわけではないうえに，熱媒体という副資材の提供者にすぎない鐘化の責任を製造物責任に準じるものとして追及することには問題があるのではないかという極めて素朴な疑問を，私は拭い去ることができないのである。

［判タ401号4頁，昭55］

追記　私は判例法を形成しようとする裁判官の努力には敬意を表するものの，いささかの慎重さも併せて考えてもらいたいと思う。裁判官は判例法の形成につき積極的であることを評価するものの，同時に消極面にも一定の配慮を払ってもらいたいと思う。私見はなんと曖昧な見解であると評価されるかもしれない。兼合の難しい問題である。要は，裁判官の意識，学説や社会の常識があるいは事件に対す法的確信が変ったとみても差しつかえないとみられるかどうかという点であろう。

Ⅷ　カネミ油症事件

⟨93⟩　Entwicklungsgefahr（発展的危険）について

〈1〉　製造物責任との関連で問題とされるこの概念は，普通，わが国では「開発途上の危険」と訳されている。最近ある方から「後顕的危険」と訳すべきではないかという意見を拝聴した。どのように和訳することがこの言葉の事柄の実態に適しているのであろうか。「発展的危険」なる概念が，当該製品の製造時の科学技術の水準をもってしては認識しえなかった危険を指すことは周知の通りである。「開発途上の危険」にいわゆる「開発途上」とは，製品の開発に伴って生じるという意味であるともとれる。例えば，Aという薬品の欠点を改良してA′という薬品を開発したが，AをA′にしたことに伴って生じた危険という意味にとれる。しかしEntwicklungsgefahrという言葉にはかような意味はないといってよい。Entwicklungsländerといえば発展途上国の意味である。ここでEntwicklungとは国が発展過程にあるということを意味する。これにならって考えると，Entwicklungsgefahrという概念は，発展途上ないし顕現途上の危険を意味するものと解すべきであろう。危険が発展ないし顕現するという表現にはそれ程の抵抗を感じないが，危険が開発されるとか危険を開発するという表現には抵抗を感じる。したがって，Entwicklungをこのように理解するならば，「開発途上の」という訳語は適切でないように思う。そこで，本稿の表題では一応「発展的危険」と訳した。「開発途上の危険」というよりどちらかといえばまだ「後顕的危険」という訳語のほうが事柄の実態には適切であるように思われる。「使用を開始した後に明らかになる危険」と訳すのがよかろう。

　西独では，製造物責任を原則として一般的不法行為の枠内で把える。そこで，発展的危険は製造時の科学技術の水準をもってしては認識しえないものであるから，これは過失責任としては把えられないものであり，製造者はこれについて責任を負わず，無過失責任を認める法律によってのみ消費者はこの種の損害を蒙る危険を緩和できるとされている。もちろん過失責任のもとでも製造者には製品を流通させた後に当該製品に欠陥がないか否かを監視する義務がある（Schmidt = Salzer, Produkthaftung 1. Aufl., S. 84 ff.）。しかしながら，構造ないし設計上の欠陥を示すような瑕疵が数多く発売された製品についてみられない場

338

合，製造者は当該製品には構造上の欠陥がないと考えることができる。製品を流通において後一定期間が経過すれば製品監視義務は消滅する，とされている。一定の要件の下に製造者の製品監視義務が消滅することや，その一定期間がどの程度の期間を指すかについては，Schmidt = Salzer の前掲書にも判例の引用がないし，これとは別に私も調べてみたが残念ながら公刊された判例を発見することができなかった。これらの諸点について西独の判例を御存知の方がおられれば御教示いただきたいと願っている。

〈2〉 Schmidt = Salzer は，製造者が新製品についてもその実際的効用ないし有害性を監視する一般的な不法行為法上の義務を負うとしている（S. 86）。

西独では，製造物責任について一般に厳格責任ないし危険責任という考え方をとらず，一般的な不法行為法の枠内で問題を処理しようとすることについては既に述べた。連邦通常裁判所の判例は，挙証責任の転換とか表見証明というテクニックを導入しながらも，一貫してこの立場をとりつづけている。西独で，かつては一般に「製造者責任」(Produzentenhaftung) なる語が用いられていたが，最近「製造物責任」(Produkthaftung) なる語が用いられるようになったという事情もこれと無関係ではなかろう。西独の判例を分析したものに，Münster 大学 Herbert Leßmann 教授の „Produzentenhaftung im deutschen Recht" JuS 1978, S. 433ff. がある。私はこの論文を雑誌「法学研究」53 巻 5 号 697 頁以下に訳出した。

一部の国で厳格責任ということがいわれながら，薬事法等を除けば依然として西独の製造物責任法制の現況が過失責任にとどまるのは何故か。それがいかなる理由によるのかという点について，最近西独の友人のある法学者との間で交した問答（手紙）を逐語訳で再現しておきたい。

問 ドイツでは製造物責任が危険責任とされていないのは何故か。
答 その解答はドイツの民事法理論に求められる。契約の領域外では，損害賠償責任の成立は原則として加害者の有責行為を前提とする。例外的な事例に限って立法者は過失責任主義をすてて，危険責任を定めてきた。しかし，立法者は製造物責任の領域において一般的に危険責任を規定していない。したがって過失責任が通用している。裁判官は各特別法で規定された危険責任を製造物責任に拡大する権限をもたない。製造者により強い客観的責任を課すべきか否か，またどの範囲で課すべきかという問題は立法者の判断すべきものである。学説

Ⅷ　カネミ油症事件

のなかには，立法者が製造物責任を危険責任として制定すべしとする見解もある。(Dietrichsen, Haftung, S. 345 ff.; Rehbinder, JuS 1969, S. 208 ff.)。
私は他の法学者にも折にふれてこの種の質問をぶつけてみたいと考えている。

［判タ 415 号 3 頁，昭 55］

94 製造物責任と危険防止義務
　　　——使用目的に適った，あるいは予見しうる使用ということについて

〈1〉　一般に製造者は，その製品が使用目的に適った，それゆえ通常の，又は予見可能な使用方法の範囲において欠陥がないということについてのみ責任を負うといわれている。
　この点に関して，通常，ドイツ法上はBGH（連邦通常裁判所）の2つの判例が引用されている。すなわち，1971年11月9日の判決（BB 1972, S. 13, 14.）と1972年2月16日の判決（VersR 1972, S. 559, 560）がこれである。しかしながら，わが国では右の2つの判決の内容は未だ紹介されていないようである。以下，その紹介と若干の私見を述べてみたいと思う。

〈2〉　まず第1に，71年判決を紹介しよう。事案は砂利工場の労働者が採掘装置の欠陥により死亡し，保険会社が遺族に年金を支払い，RVO（ライヒ保険法）1542条により，連帯債務者としての装置メーカーと装置販売業者に対して求償権を行使したというケースである。
　BGHは機械メーカーの責任について次のように述べている。すなわち，メーカーは当該機械が相当な注意を払いつつ使用する者又は接触する者に対して危険を生ぜしめないことにつき責任をもたなければならない。メーカーは生活経験上予測しうる取扱い及びそれから生ずる危険を考慮しておかなければならない。メーカーは当該機械の危険を承知し，かつそれを前提に行動する専門家によってのみ使用されることを前提にしてはならない。むしろ，経験上しばしば起こりうる不注意を計算にいれておかなければならない。メーカーはこれを前提にして機械を製造しなければならない。場合によっては当該機械に安全装置を施したり，あるいは誤解の余地のない安全使用法を明記しなければならない。メーカーの安全確保義務を決める基準は，機械が何処でいかなる目的をもって使用されるべきであるか，機械に由来する危険の大きさがどの程度かという点に求められる。さらに，メーカーに課せられる安全確保義務の範囲は，業界内又は企業内の安全使用準則（事故防止準則）が企業に課している義務の範囲とは必ずしも一致しない。後者は企業内に生ずることのあるすべての危険

341

を防止することを目的としているために，企業者に課した安全確保義務がBGB 823条1項から出てくるメーカーの取引上の安全義務より一層厳格であることがあるからである。BGHは，1959年4月14日の判決（VIZR 94/58-LMBGB §823〔Db〕Nr. 8＝VersR 1959 S. 523.）において，一方では，メーカーは買主の範囲で一般的経験則の領域に入るものを使用説明書に記載する必要を否定するとともに，他方では，買主が不適当な使用をしないよう警告する必要を否定している。

以上に紹介したように，71年判決は機械メーカーの安全確保のための警告義務について，2つのポイントを示している。第1は，買主にとり経験則上自明の事項については警告義務なしとし，第2に，使用目的に適わない，予見しえない使用から生ずる危険についてまで警告する義務がない，というのである。

〈3〉 つぎに72年判決の要点を紹介しておこう。事案は，鉱山のたて坑のエレベーターが坑底まで落ちたために乗っていた3人の鉱夫が死亡し，保険金を遺族に支払った保険会社が，エレベーターのメーカーと販売業者とを相手に，遺族から委付された損害賠償請求権を行使したケースである。エレベーターの製造上の欠陥とエレベーターの不適正な運転という2つの原因が競合して事故が発生したケースであった。本件判決によると，取引に必要な注意（BGB 276条1項2文）は，考えうるすべての安全措置を包括するものではなく，結果的に，相当な範囲を支配する取引通念が必要と解した安全度を達成しているときは注意義務を果たしているといえるし，被害の違法性は否定される（BGH 24, 21参照）。原則として機械の効用が通常の使用又は契約の前提となった使用をすれば認められるときは，その範囲の危険を予測すれば安全注意義務は果たされているとされるのである。

〈4〉 製造物責任を厳格責任ないし結果責任とする特段の立法措置がとられていないかぎり，製造物責任を右の2つの判例の見解にとどめることが法的安定性という観点からみて正当であるものと思われる。上記の71年判決は機械保護法（Maschienenschutzgesetz）施行前のケースに関するものであった。製造物責任を厳格責任ないし結果責任とする立法措置が必要であるか否かは別の問題である。

〈5〉 ちなみに，予見可能性との関係で，家庭で使用される液体商品で生

命・健康に影響のあるものは，これを幼児が飲む可能性がある以上，メーカー（ないし販売者）は，その毒性を警告する注意書を付ける等事故の予防手段を講じなければならないとされている。しかし，大人が飲む可能性があることを予見して毒性の警告をする必要があるとはいえない。明らかに飲料でないものについて毒性の警告をしないからといって，メーカーは大人が飲んだ場合の製造物責任を問われることはない（青酸カリのように微量で猛毒性のものは別である）。いわんや，本来の用途に用いる場合につき，若干の毒性の警告と取扱上の注意が使用説明書に記されている場合に，メーカーが製造物責任を問われるということはないといってよい。飲料に非ざる液体の商品を大人が飲料とすることは通常予測できないことだからである。同様に，食品又は食品添加物ではない物質が食品に混入したことを知りながら製品を出荷するということは，いかなる意味においても通常予測できる事態ではない。許された物以外の添加を禁じられた食品業者が，許されていない物質を食品添加物として（又はこれに準じて）使用することは予測できないことなのである。

[判タ 482 号 2 頁，昭 58]

VIII　カネミ油症事件

◇95◇　法律と法的常識

　先日ある研究会で，いわゆるボーイング航空機事件（東京地裁昭和 49・7・24 中間判決，下民集 25 巻 5〜8 号 639 頁）の判決が討論の対象となった。

　昭和 41 年 2 月 4 日，羽田沖に全日空所属のボーイング 727 型機が墜落し，この事故の死亡者の遺族が原告になり欠陥機体を製造したとしてボーイング社を被告として民法 709 条の賠償責任を追及する訴えを提起した事件である。被告ボーイング社は，日本の裁判所の裁判管轄権がないとして本案前の抗弁を提出した。東京地裁は中間判決で，東京地裁に裁判管轄権を認めたこと，国際的裁判管轄権分配の原則につき学説が対立していることは周知のとおりである。私もこの判決の立場に賛成である。

　この判決の評釈にあたり，報告者は，アメリカ法における人に対する裁判管轄権の一般原則に言及した。そして，第 1 に抵触法第二リステイトメント第 27 条(1)が自然人に対する裁判管轄権の基礎を定める基準を列挙し，その(K)が「その他，裁判管轄権の行使を正当とする邦との間は」という内容的明確性に欠ける一般条項を含めていること，第 2 に，United States Supreme Court Reports 第 326 巻 310 頁以下にある 1945 年の連邦最高裁による International Shoe Co v. Washington（別冊ジュリスト，英米判例百選 3 版 162 頁）の判決に出てくる "traditional notion of fair play and substantial justice" を害さない程度の "minimum contact" なるものが内容的明確性に欠けることが問題になった。すなわち，この種の一般条項を具体的に適用するにあたり，それがあまりにも抽象的であるために必要とされる手がかりとしての具体的基準を理論的に設定すべきではないかという点が問題となった。よく提唱されるところであるが，一般条項の具体化のためには判例の蓄積を待たなければならないという見解が提出された。しかし，これに対しては，蓄積さるべき判決を下す裁判官もなんらかの基準なくしては一般条項を具体化することはできないのであるから，この見解は不合理であり，まずもって具体的基準を理論的に定立すべきであるとの批判が加えられた。

　たしかに，一般条項を具体化するために抽出できる具体的基準があるならば，それを理論上明確にすることが判断の恣意性を排除するために必要である。法

学者にはその作業をなすべき責任がある。しかしながら，この種の具体化基準を理論的にどんなにつめてみても，捉え切れない部分が残ることは否定できないし——ここを捉えて，具体的妥当な解決は具体的事件のうちにあるということができる——，また，具体的基準をあまりに詳細に設定し固定して具体化をがんじからめにしてしまったのでは，かえって一般条項の妙味がなくなってしまうという面を否定し切ることはできない。かくして一般条項を具体化するためには，どうしても社会通念ないし法的常識にたよらざるを得ない面が残ることは当然である。

ところで，法学者は理論的整合性を重視するあまり，常識に反する理論を構築して，実務家を戸惑わせることがあるが，このような理論は学者のひとりよがりであって実務の指標にはならない。逆に実務家が主観的に常識と考えたところが，客観的な常識であるか否かをはかる基準として学者の理論が必要になることもある。かような事実を認めなければならないが，それにしても，一般的にいえば，真の解決規範は実は具体的事件のなかにのみ存するものであるから（この点は私の指導教授である故宮崎澄夫教授が常に強調されていた点である），当該事件を取り扱う裁判官の長い間の実務経験をもつ者こそが最適の紛争解決者であることが多い。また裁判官は，幾多の具体的事件の取扱いから，真の解決規範がなにかを経験的直観的本能的に知りうるのが普通であるともいえる。それだけに，特に裁判官には，法律的知識のみならず世間の様々な現象に接して，いかなる種類の事件を持ち込まれても戸惑うことのないように常識を養っておいてほしいと思う。

＊　　　＊　　　＊

私は，カネミ油症事件について本書に収録されている若干の論稿を起草したが，この事件で問題になるのは，PCBの製造業者である鐘化が，PCBを食品工業者（この場合はカネミという米油の製造者）に熱媒として売却するにあたり，経口毒性を警告したか否かという点であるとされている。仮にこの状況を前提にしたとしよう。そこで産業衛生上の毒性を警告した鐘化のPCBのカタログの記載がその毒性の警告として十分なものであったか否かという点について，鐘化の責任を認める見解は毒性の警告が十分ではないとの見解をとるのである。私はかねてからこの見解の立場がカタログの著しく常識に反した読み方ではないかと考えて，（本書第98項）にもそのことを書いたのである。

しかし，その後私の見解が常識に反するものであるか否か，ひとりよがりに

Ⅷ　カネミ油症事件

なってもいけないと考えて，各種の学生層にアンケート調査を試みてみた。
アンケートは以下のようなものである。

アンケート調査結果

対　　　象	対象人数	問1 1	問1 2	問2 1	問2 2	問3 1	問3 2	備　考
J医大1年生	34	0	34	11	23	1	32	問3につきいずれもとれるもの1
同付属看護学校1年生	30	0	30	10	20	3	27	
S大法学部3年生	16	1	15	1	14	1	14	問2，問3につき無解答各1
K大法学部4年生及び院生	14	0	14	5	9	1	13	
K大法学部3年生	33	0	33	13	20	0	33	
	127	1	126	40	86	6	119	

アンケート問題

以下は有機塩素化合物KC（カネクロール，PCBの商品名）を熱媒体として使用する場合の装置の運転及び保守管理上の注意書である。これを読んで下記の問に答えてください。

（I）第1カタログの記載

1　KC（カネクロール，油症の原因物質）の蒸気は刺激臭を有し，他の有機化合物と同様多少の毒性もあるので，蒸気を大量に吸うことは避けなければならない。

2　KCは芳香族ジフェニールの塩素化物であるので，若干の毒性をもっているが，実用上は殆ど問題にならない。しかし下記の点に注意してもらう必要がある。

　(1)　皮膚に付着したときは石鹸にて洗えば完全に落ちます。
　(2)　KCの大量の蒸気に長時間さらされ，吸気することは有害です。KCの熱媒装置は，普通密閉型で，従業員がKCの蒸気に触れる機会は殆どなく，全く安全です。もし匂いがするときは，装置の欠陥を早急に補修することが必要です。

(Ⅱ) 第2カタログの記載

KCは芳香族の塩化物である為に，若干の毒性はあるが，実用上殆ど問題にならず，この点他の有機熱媒体と大凡似ている。併しながら皮膚に付着した場合には石鹸洗剤で洗えばよい。……装置の欠陥によりKCの大量の蒸気に長時間さらされることは有害であるから，速やかに処置する必要がある。

(Ⅲ) 第1, 第2のいずれのカタログにもKCによる熱媒装置の運転及び保守管理を安全に行う方法が記載されている。

問1 (Ⅰ)(Ⅱ)(Ⅲ)の記載を次のいずれの意味に理解すべきか。
 (1) KCには毒性がないから安全な物質である。
 (2) KCには若干の毒性があるが，カタログに指示した正しい使用方法によって使用する限り安全である。但しもし危険が発生したときは早急にしかるべき処置をしなければならない。
問2 (Ⅰ)の2の(1)や(Ⅱ)のなかで，KCが皮膚に付着したときは石鹸で洗えばおちる旨記載している。
 (1) この記載は単に洗いおとす方法を記載しただけで，KCを皮膚に付着したままおいておくことは有害であることまで意味しない。
 (2) この記載を，前後の記載，すなわちKCに多少の毒性があり蒸気を多量に吸うことは有害である旨の記載をあわせて読めば，洗いおとし方の指示は洗いおとさないと有害であることを前提としたものと読むことができる。
問3 KCを食品工業の熱媒として使用したが，なんらかの事故によりKCが大量に食品に混入したことがわかったとき，
 (1) 経口毒性（食品に混入しているので食品を通して口から体内に入った場合の毒性）の警告はないからKCが食品を通して体内に入っても安全と考えて，KCの大量に混入した食品を販売してもよい。
 (2) (Ⅰ)(Ⅱ)にみられるように若干の毒性とはいえ，KCの毒性は記載されているのであるから，かかる有毒性が警告されているKCが大量に混入された食品を販売してはいけないことは極めて自明の理である。

アンケートは理科系の学生としてJ医大1年生34名，同付属看護学校1年生30名，法律系の学生としてS大法学部3年生28名，K大法学部4年生及び

VIII　カネミ油症事件

院生14名，3年生33名を対象とした。その解答者数は必ずしも多いとはいえないにしても，おおよその傾向は現れているものと解することができよう。結果は前頁の通りである。

その結果をみれば，(1) PCB が大量に混入した食品を販売してよいと考える者は殆どいないこと，(2) PCB の産業衛生上の安全性も鐘化がカタログで指示した方法によることを前提に認められるのであって，万が一危険が生じたときには危険回避措置をとるべきこと等を，カタログの記載から十分に読み取ることができるというのが，カタログの常識的な読み方であるといえるように考えられる。

カタログの記載がすくなくても PCB を食品に混入した場合についても安全性を強調しているものではないことは明らかである。換言すれば，PCB についてこれだけの毒性の警告があれば，それが大量に漏出したことを知りながら，製品油を出荷するようなことはありえないとの信頼が成り立つと考えるのが常識であると思われる。すなわち，食品工業者が，毒性に関する前記の警告のある PCB が大量に漏出したことを知りながら，製品油を出荷するという事態は，PCB のメーカーとしては到底予見しえないほどの異常な事態であるということができるのではないかと思われる。

法律は現実の社会を規制するものであるから，社会通念や社会の法的常識からあまりにもかけ離れた裁判は，当事者や世間を納得させる紛争解決にはならないことを，裁判官は認識すべきであろう。

　　　　　　　　　　　　　　　　　　　　　　［判タ483号6頁，昭58］

⟨96⟩ 被害者救済と不法行為責任

　過去の一連の公害訴訟，薬害訴訟，医療過誤訴訟等，新しい型の不法行為訴訟を見ていると，被害者救済がとくに強く叫ばれているのは周知のとおりである。これらの事件において，被害者を救済すべきことについて異論を唱えるものは誰もいない。しかし問題は，誰が被害者を救済すべきか，という点である。
　まず，不法行為の損害賠償請求権の要件に従って誰が賠償責任を負うかが決まり，その者がいなかったり，その者に賠償能力が無ければ，その救済を，行政に頼らざるを得なくなるというのが，現行法の筋書きである。これに反して，一連の裁判を見ていて感じることは，法的責任を確定するにあたって，直接の加害者がいてもなんとか，deep pocket を持つ者をその周辺に探して，現行法の理論構成上多少の無理はしても，この者に法的責任を帰せしめることによって被害者救済をはかろうとする傾向がなきにしも非ずという点である。このような傾向が出てくる背景には，被害者救済に関する行政の立ち遅れがあることはいうまでもない。裁判で救済しなければ行政では救済は大変困難である。しかし，法治行政のもとでは行政の立ち遅れのみ非難することは公平さに欠けるであろう。行政の基本になる，立法の立遅れも指摘しておかなければならない。いずれにしても，裁判官も血の通った人間である以上，被害者を目のあたりに見て，裁判で突き放せば行政による救済が十分に得られないであろうことを予測しつつ，被害者・弁護団ともしに多少の無理をしても裁判による救済の手をさしのべようと考えることは，人間感情として理解できないことはないし，裁判官にはそのような暖かさをもって裁判にあたって欲しいとも思う。
　さらにまた，まず，deep pocket を持つ者が誰かを考えてこれを被告とするというような見方は，裁判の第一線で真面目に被害者救済に腐心している裁判官や弁護士に対して極めて失礼な見方であるといわれるかもしれない。私は，第一線裁判官のそのような真摯な態度を皮肉ったり茶化したりする積りはまったくなく，むしろ真摯なるがゆえに，これを評価して，私自身の疑問を率直に提起してみたいと考えるのである。
　第1に，まずもって deep pocket を探すということは，現行法の筋書きをはずれるがゆえに，実体法，手続法の解釈・運用を歪め，法的安定性を害する結

349

VIII　カネミ油症事件

果になることを意味することがある。裁判官は，判例の発展に臆病であってもいけないが，また無理と思われるほどに現行法制について先走りすることも許されない。判例を発展させるにあたっても，現行法の枠はこれを尊重する必要があるし，一見それを乗り越えるような解釈をするには，これを十分に裏付けるだけの国民の法意識の変化が前提とならなければならない。国民の法意識がかかる変化を示す以前に，判例が先走ることは許されないし，そのような先走りは，しばしば法的安定性を害するものである。慎重性と積極性を何処で調和させるか解決の困難な問題である。

現行法上ないし解釈上認められた方法である法律上の推定，事実上の推定，表見証明，間接反証等の方法によることなく，一般的に公害訴訟等新しい型の不法行為訴訟において，証明度の軽減（民訴法248条は条文上明記されたが当時この権の規定は存在しなかった）を是認したり，あるいは証拠の優劣で事を決することを首肯する見解等は（蓋然性や疫学的証明等は別にして），解釈論として許される範囲を軽々にこえれば行き過ぎのように思われる。

実体法的にいえば，過失の有無，したがって注意義務の範囲の問題を行為時において確定するのではなく，裁判時を基準にして判断することも実体法の解釈の大原則を曲げ，法的安定性を著しく害するものである。行為時に被告＝加害者が何を義務づけられたかが問題なのであって，あの状況の下で現在なら何を義務づけられるかが問題なのでは決してないはずである。裁判官には右の両者を明確に区別していただきたいものである。そうでなければ，われわれ国民は安心して日常生活を営むことができないことになる。裁判官はこの点でいたずらに功を焦ってはいけない。

第2に，裁判官が本来，行政の領域に属する救済機能までを民事裁判に取り込み被害者救済をはかることは，司法権の権限踰越であることを認識すべきである。

第3に，裁判官は，一瀉千里に被害者救済に走るのではなく，それが持つ社会的・経済的影響をも十分に考慮した法の解釈適用をなすべきである。被害者救済も法解釈の重要な要素であるが，それは重要な要素の1つであって，それが総てではないという点にも，注意しなければならないであろう。

判例が立法をリードするための要件を，改めて検討してみる必要もありはしないかと考える。

［判タ 522 号 2 項，昭 59］

追記　立法による救済制度としては，平成6年7月1日制定の製造物責任法が制定された。

本論を読む多くの読者は，私見によると判例法の形成はありえないとの疑問をもたれるかもしれない。しかしそう考えることは誤りである。行為時においても当時の法意識からすれば不法行為時に存在していた判例が極めて不合理になっていたとすれば新判例を以て新たな判例法形成の可能性は認められてしかるべきであろう。条理による判例法の形成ともいうべきであろうか。問題は現行法と条理によるその修正との兼ね合いの問題であり，その判断が中庸性を欠いてはいけないということである。特に許されない範囲にまで deep pocket を狙う訴訟も判決も不可なのではないかと考えている。

Ⅷ　カネミ油症事件

⟨97⟩　産業社会と信頼の原則

　比較法的研究の成果として外国法の展開した法原理をわが国に導入する場合，その原理の成立した社会的諸条件を比較し，わが国にそれを導入する条件がととのっているか否かという点を，十分に検討しておかなければならないことは当然である。

　信頼の原則も，各人が責任を自覚し自らに課せられた法的義務を果たすという信頼が成り立つ個人主義の定着した社会において成立する原則であることはいうまでもない。わが国は，明治維新以来，100年余の間にあまりにも急速な近代化・現代化をいろいろな分野で進めてきたために，社会に個人主義が十分に定着していないという嫌いがないわけではない点，まことに残念なことである。そして，個人主義が十分に定着していない生活領域においては，信頼の原則が十分に機能しないこともまた，率直に認められなければならない。

　しかしながら，わが国の現在の社会も多様であって，主体が個人か法人か，法律関係がゲマインシャフト的かゲゼルシャフト的か等の諸事情によって，個人主義や信頼の原則の機能の仕方も異なってくるものといえよう。とくにゲマインシャフト的関係における個人を考えた場合，一般的には既述のように，信頼の原則が必ずしも十分に機能するとはいえないかもしれない。しかしながら，個人主義の定着が十分といえないわが国においても，ゲゼルシャフト的関係における企業相互の関係にあって，信頼の原則が十分に機能してよいし，現に機能しているものと考える。いな，むしろそれが機能しなければ近代的な産業社会は成り立たないのではないかと思われる。

　R. R. Sayers（アメリカ国立公衆衛生局・国立衛生試験所・産業衛生部長）は次のように述べている。「……産業界では有毒性物質を毎日毎日扱っているのであります。有害性物質あるいは危険物質も扱っています。それらのものが制禦しうることはもとよりよく知られたところであり，どんなものであってもわれわれはそれを使うことができ，かつもとより安全に使いこなしうべきことは当然であります」と述べている。このことは，産業界において各企業が自らの責任において有毒性物質や危険物質の有毒性や危険性を制禦し安全に使いこなすことをしない限り，産業界において有毒物質を取扱うことができなくなり，そ

352

の結果，産業社会が成り立たなくなることを意味している。食品添加物でも許されたもの以外のものは食品に混入しないこと，いわんや食品添加物として許されたものに非ざる化学物質を食品に混入しないこと，ましてや一定の毒性が警告された化学的合成製品を食品に混入させないことなどについて，食品工業者一般に対し，とくに装置工業者たる食品工業者に対して，信頼が成り立つのである。かかる信頼が成り立たないとすれば，この産業社会は成り立たないといってよい。

かように考えてくると，日本の社会に個人主義の定着が必ずしも十分とはいえないということから，直ちに，産業社会においても信頼の原則が機能しえないと断ずることは誤りであろう。製造物責任との関係で利用者に対する製品の危険性の警告義務を考える場合に，利用者の性格を考慮する必要があるというのも，このような事情を意味しているのである。

＊　　　　＊　　　　＊

ところで，カネミ油症事件の福岡訴訟控訴審判決ならびに小倉第一陣訴訟控訴審判決（いずれも福岡高裁昭和59年3月16日判決）は，いずれもPCBの毒性に関するPCBメーカーの警告義務違反を認めている。毒性の警告義務に関する限り，控訴審判決はそれぞれの第一審判決の立場を堅持しているのである。私はかつて，上記の第一審判決がメーカーのPCBの毒性の警告義務違反を認めたことに問題がある旨を説いたことがある。その理由は次の諸点である。

すなわち第1に，PCB販売のためのパンフレットにおいて，PCBメーカーの鐘化はPCBの経皮毒性や吸気毒性を警告している（PCBは化学的合成品であっても食品添加物ないし食品ではないから経口毒性を警告していない）。経皮毒性や吸気毒性を警告しているが，これに反して経口毒性を警告していないことから，経皮毒性や吸気毒性はあっても経口毒性はないとの反対解釈が成り立つと考えることが常識的なのか，あるいは，経皮毒性や吸気毒性の警告があれば経口毒性については警告するまでもないとの勿論解釈をするのが常識的なのかという点が，まさに問題である。皮膚につけても蒸気を吸っても有毒であるという物質について経口毒性の警告がないから食してもよいと考える者は，よほど特段の事情のない限り，まず絶対といってよいくらいいないのであろう。逆にいえば，経皮毒性や吸気毒性を警告していれば，毒性の警告としては十分であるといえるのである。素人でも勿論解決を常識的と考えるのであるから，ましてやPCBの利用者である食品メーカー（カネミ倉庫）が装置工業者であれば，

いっそう勿論解釈を当然と考えるべきであって,特段の事情のない限り,その逆を考える合理性はまったくない。

　第2に,PCBは有機塩素系の化合物であって,有機塩素系の化合物が人間にとりある程度有害であることは既に当時,常識であった。このことは,右の2つの控訴審判決により認められている。ましてや,問題の食品メーカーは装置工業者であって,いわゆる小企業である一介の町工場ではない。したがって,PCBが有機塩素系の化合物であることさえ知っていれば当然にそれに一定の毒性があることは常識として知っていたはずである。パンフレットでPCBメーカーはPCBが有機塩素系化合物であることを書いているし,とくにそれがそもそも毒性を有しないなどと書いているわけでもない。そうであるとすれば,PCBメーカーにそれ以上に毒性の警告をする義務があるといえるのであろうかという疑問が生じる。

　第3に,装置工業者であれば,許されたもの以外の食品添加物の添加が許されない以上に食品添加物に非ざる化学物質(しかもその一定の毒性は警告されているのである)の混入が許されないと考えるのは当然で,この点に信頼が成り立つであろう。けだし,食品添加物に非ざる化学物質は食品添加物ですらないのであるし,特別に安全を認識させる事情もないからである。

　本件におけるPCBメーカーの警告義務を考えるに当たり,その供給を受けた食品メーカーが単なる町工場でなく,装置工業者である点が信頼の原則を適用できる要件となっているものと思われる。

＊　　　＊　　　＊

　現に,当該食品メーカーの工場長は,PCBが食品添加物ではなく熱媒であるがゆえにこれを食用油中に混入させてはいけないものであることを知っており,それが食品業者としての常識であり,脱臭係もこれ位の常識はもっていた旨証言している。また,食品メーカーのPCBの取扱係長も,吸気毒性や鉄を腐らすほどの毒性を取扱経験上知っており,係員にそれに沿った取扱い上の注意をしていることを証言している。さらには取扱係員も,PCBの有毒性を認識しているがゆえに取扱い上の注意を払っていた旨証言しているのである。それがどこまでの毒性を有するかは知らないにしても,少なくとも取扱係員が毒性を有するがゆえに取扱い上の注意を払うような化学物質は,食品製造工程でこれを熱媒として使用する場合その取扱いを慎重にし,当該食品に混入しないような配慮をなし,混入した米油は出荷しないという信頼が成り立つといって

よい。とくに PCB に限らず，有機塩素系の化学物質に一般に毒性があることは食品製造業者にとって常識である点を考えると，右の信頼はますます強く成立するといえよう。

[判タ 524 号 1 頁，昭 59]

Ⅷ　カネミ油症事件

◇98◇ 判決は既成事実か

　先般同一水害に基づく2つの国家賠償請求事件の第一審判決が相前後して下されたが，途中に別の水害事件の最高裁判決が入ったために，この2つの第一審判決の内容が相異るものになったことから，後行訴訟の第一審で敗訴した被害住民には割切れない感情を残したことが報道された。後行訴訟の裁判官は先行訴訟の裁判官から独立しているのであるし，上告審が法解釈の統一機能をもっている以上，その事態は止むを得ないものである。上訴によって先行訴訟の一審判決も同種の事件の最高裁判決にならって修正され（但し確定してしまえば別である），後行訴訟の一審判決と同様のものになることが予想されるから，同一事件の2つの訴訟について相矛盾する裁判が併存する事態も解消されることになろう。そうなれば，敗訴住民も「負けた」という割切れなさは残るにしても，相矛盾する裁判の存在という割切れなさは残らないことになる。この場合，先行訴訟の第一審判決が後行訴訟の第一審裁判所にとって既成事実にはならなかったのである。
　公害とか薬害といった被害者が多数にのぼる事件について複数の訴訟が係属する場合，往々にして先行訴訟の判決が後行訴訟の裁判所にとってあたかも既成事実のように作用しているのではないかと思われるようなケースがみられないわけでもないといわれている。社会的には同一の事件を，人格は別でも同じ法律的素養のある裁判官が評価するのであるから，同じ結論が出るのは当り前のこととも考えられ，先行訴訟の判決を後行訴訟の裁判官が既成事実として受け止めたのであろうというような推測は，裁判官が事勿れ主義にしたがって裁判官ないし裁判の独立という司法の最も誇るべき原理を放棄したのであるという批判をしているのと同じことで，これほど裁判官に対して失礼な非難はないかもしれない。私自身はわが国の裁判官の公正さに全幅の信頼をよせているし，裁判の独立についてもなんらの疑問をいだくものではない。したがって，仮にそのような事態があったとしても，それは既述のように同様の法律的素養をもった法律家である裁判官が同一事件を評価したために，その結果として同一の結論が出たものと信じる。
　逆にいえば，それだけに，同一事件について同種の先行判決が複数積み重

られたとしても，それらに欠陥がある場合，後行訴訟の裁判官としては，それら諸判決が判例法を形成している場合は別にして，これを既成事実として受け止めることなく，勇断をもって独自の見解による裁判をしてもらいたいものである。そのことが裁判官や裁判の独立を維持することにもなるのである。

　一定の判例が蓄積された結果すでに判例法が形成されたような場合，それが法であるがゆえに裁判官も裁判にあたりそれにしたがわなければならないことはいうまでもない。これは法によって裁判すべき裁判官の義務によるのであって，そうすることが裁判の独立をまもることにもつながる。たとえ最高裁判所の判例であってもそれが判例法にまで高められていない間は，下級裁判所の裁判官も独立の観点からすれば，自らの裁判官としての良心にしたがって，最高裁判例が採用する法解釈と異なる法解釈を適用して裁判をすることを妨げられるものではない（特定の事件について最高裁判所による破棄差戻後の下級審の判決が最高裁の破棄理由に拘束されるのはいうまでもない）。

〔金融・商事判例 699 号 2 頁，昭 59〕

追記　最高裁判所への上告が判例統一の目的をもつことがあるためそれ自体事実上当該判例が判例法的意味をもつことになりうる。しかしながら最高裁判所の一回限りの判決を以て厳格な意味において判例法の形成がなされたといえるか否かは多分に疑問であるように思える。

Ⅷ　カネミ油症事件

◇99◇　予見可能性と信頼の原則

　公害，薬害，製造物責任，医療過誤といったいわゆる新しい型の不法行為訴訟において加害者の警告義務や調査義務が強化される傾向にあることは周知の通りである。警告義務や調査義務は危険乃至損害の予見可能性を前提としてその範囲で課せられるものであるが，その予見可能性は信頼の原則によって制限されるべきものである。
　信頼の原則の根拠は，人が原則として通常の行動をするであろうという事実的期待に求められるのではなく，人は法律上の注意義務を伴って行動するものであるという規範的判断に求められるべきものである（Münchener Kommentar zum BGB Bd 2 S. 573)。ここに法律上の注意義務という場合の「法律上の」というのは行政法規をも含むとするのがドイツの判例である。例えば道路の通行者は交通規則の不知を援用できないものとされるため，車の運転者は歩行者が交通規則を守るという注意義務を果しつつ通行することを信頼し，その信頼から生じた損害については過失がないとされることになる。
　これとパラレルに考えると，カネミ油症事件について既に下された5つの判決，すなわち，第一審のものとして福岡判決，小倉第一陣判決，同第二陣判決，控訴審のものとして前2者に対する福岡高裁の2つの判決等がいずれも，PCBの供給者の責任を認めていることには疑問を感ぜざるを得ない。事件はあまりにも有名なので概要の紹介は省略するが，食品製造業者であり装置工業者であるカネミ倉庫は食品衛生法により許可されたもの以外の食品添加物を食品に混入してはいけない，いわんや食品添加物ですらない熱媒体としての工業製品PCBを食品に混入させてはいけないという注意義務を履行するであろうことについて，熱媒体の供給者である鐘化としては信頼することが許される。カネミとしては食品製造業者として右の義務の不知を主張することは許されないがゆえに，その信頼が成り立つ。信頼の原則にいう信頼とは本来そのように被信頼者の法的義務をも含む規範的判断に基づくものなのである。
　仮に一歩譲って，被害者救済という観点を強調するために，信頼の原則の根拠を前記の規範的判断にではなく事実的期待に求めるとした場合は，上記油症事件につき鐘化のカネミに対する信頼が成り立ちえないことになるのであろう

か。その場合でもその信頼は成り立ちうるものと解さざるをえない。けだし信頼の基礎になる事実的期待は，人が原則として通常の行動をするであろうという期待であって，稀有の例外が認められる場合に通常の行動を期待することができないとはいっていないからである。稀有の食品製造業者が例外的に許されたもの以外の食品添加物やさらに進んで食品製造工程で用いる工業用製品を食品に混入させることがあったとしても，それがあくまでも稀有な例外であるにとどまり，原則とはいえない場合であれば，それらを混入しないであろうという信頼は依然として成り立つのである。

かくして信頼の原則の根拠を規範的判断に求めた場合はもちろんのこと，仮にその根拠を事実的期待しかも極めて常識的な期待に求めた場合であっても，カネミがPCBという熱媒体を食品に混入しないであろうとの信頼は成り立つのである。そうすると，冒頭に述べたように，信頼の原則は予見可能性を制限する。混入の予見可能性がなければ，PCBの供給者について混入を予見したうえでの，PCBの経口毒性の警告義務もなければ，警告義務に由来する調査義務もないものといわなければならない。いわんやカネミ油症事件にみられるPCBの米油への大量漏出を予見したうえでの警告義務・調査義務等をPCBの供給者に課することは誤りであるということになるのである。

この意味でこれらの判決は，被害者救済に急なあまり，分業生産経済社会体制の基本的崩壊をもたらすものと考えられる。

［金融・商事判例704号2頁，昭59］

追記 カネミ油症事件の訴訟事件は最高裁においてすべて和解により解決された。

Ⅷ　カネミ油症事件

◇100◇　予見可能性と注意義務

　近頃の食品公害・薬害事件の一連の判決をみていると，製造ないし販売業者の損害発生に関する予見可能性と注意義務＝警告義務＝過失との関係の判断について，疑問を抱かせるものがないわけではない。若干の事例に即して私の疑問を提示して，大方の批判を仰ぎたいものと考えている。

　　　　　　　　　＊　　　　＊　　　　＊

　たとえば，カネミ油症事件の一連の判決をみていると，PCBメーカーの鐘化はPCBの製造・販売業者として，PCBを食品工業の熱媒体として販売する場合，装置の劣化損傷による熱媒体の食品中への漏出を予見すべきであり，しかるがゆえにPCBの毒性についての警告義務を負担し，右義務違反につきPCBの製造販売業者の過失が認められるというのである。ここで警告義務を果たしていれば，食品製造業者としてのカネミは，米油の出荷前に製品検査をしてPCBの漏出が認められれば出荷停止をしたと考えられるし，仮にその漏出を知っていたとすれば，製品を出荷することはなかった。したがって，油症という結果は発生しなかったはずである，といいたいのであろう。

　一般に，PCBそれ自体は装置の劣化損傷による微々漏れ程度では油症を惹き起こすほどに毒性の強いものではなく，もっと低毒性のものであるとされており，それを前提にするならば，それだけで警告義務は否定される。しかし，仮に一歩譲ってPCBがそれ以上の毒性を有し，微々漏れによって人体になんらかの被害を及ぼすようなものであったとしたならば，装置の劣化損傷による微々漏れの危険が予見される以上，PCBの製造・販売業者について，その毒性を警告する義務が認められるかという点が問題になる。

　食品製造業者は，食品衛生法6条によって許可された添加物以外の添加物を食品に混入することを許されていない。それ自体は行政法的規制である。しかし，私法上も，許された食品添加物以外の添加物を添加した場合，当該食品は欠陥食品ということになると考えられる。したがって，かかる食品の販売により消費者に健康被害が発生した場合，食品業者は損害賠償義務を負担することになるといえる。したがって，たとえ食品添加物であっても許されたもの以外は添加してはならないというのは，行政法上の義務であると同時に，私法上の

義務でもあるといわなければならない。いわんや，PCBのような，食品添加物に非ざる，単なる熱媒体を混入してはいけないというのは，私法上も食品製造業者に課せられた当然の義務であるといわなければならない。本来，食品製造業者が極めて自明の義務として，その責任範囲において処理しなければならない事柄を，PCBの製造販売業者がなにゆえに警告しなければならないのであろうか。これが，青酸カリのように微量漏れでも猛毒性を発揮する物質なら格別である。しかし，PCBはそのような猛毒性のある物質ではないのである。食品添加物であっても許されたもの以外は添加してはいけないというのは，それ以外のものは安全性が確認されていないからであり，その安全性が確認されていない以上，むしろ食品添加物としては，人の健康にとって危険・有害であるとの推定が働くからである。

　私法上も，許された食品添加物以外は，たとえ食品添加物であっても，その人体への危険・有害性の（推定）のゆえに，添加すべきではないとする義務を，食品製造業者らが自らの守備範囲で尽くさなければならない以上，加えて添加物でもない工業熱媒体の毒性をその製造販売業者がなにゆえに警告しなければならないことになるのであろうか。仮に，PCBの製造販売業者に熱媒体であるPCBのたとえ低毒性であるとはいえその毒性の警告義務ありというのであれば，装置の機械油等の製造販売業者にもその毒性の警告義務があるといわなければならないのであろうか。いわんや鐘化は当時の知見に基づく毒性の警告をしているのである。

　かくして，私見によれば，熱媒体の製造販売業者にたとえ装置の劣化損傷によるPCBの混入の可能性につき予見能力があったとしても，それが当然にPCBの毒性についての警告義務につながるものではないのではないか，という疑問を拭い去ることができないのである。

＊　　　＊　　　＊

　同じことは，最近の筋拘縮症損害賠償請求事件における製薬会社に対する一連の判決についてもいえる，と私には考えられるのである。

　筋拘縮症の原因は筋肉注射の乱用にあり，問題の注射剤固有の性質に求められるわけではない。この意味で，筋拘縮症事件をスモン，サリドマイドおよびクロロキン等の薬害事件と同視することは適当ではない。すなわち，筋拘縮症事件はいわゆる薬害事件とは性質を異にする。

　問題の注射剤が筋拘縮症の発症原因である固有の性質を有しているならば，

VIII　カネミ油症事件

　製薬会社はその特質を警告する義務があるといわれても止むを得ない。しかし，原因は医師による当該薬剤を用いた筋肉注射の乱用に求められる。当時といえども注射剤より経口剤の優先投与，止むを得ず注射剤を使用する場合も可能な限り皮下注射によること，筋肉注射によらざるを得ない場合には，注射の回数や場所等に配慮すること等々の，医師の一般的医学常識があったといわれる。これらの診療基準があるにもかかわらず，筋肉注射が乱用されていた実情からみると，製薬会社に筋肉注射の乱用による障害の予見可能性があったと断定はできるにしても，本来医師の責任範囲において処理すべき問題である筋肉注射の乱用の回避につき，製薬会社になにゆえに警告義務があるといえるのであろうか。医師の注射剤の乱用は，製造物の異常な使用にあたるのであって，製造物責任法理からみても，製薬会社に異常な使用につき警告義務はないし，それから生じる筋拘縮症について賠償義務を負うというのは，納得しがたいのである。

　一般的には，予見可能性を前提にして注意義務＝過失の範囲を定めているのであるが，以上に述べた処からみれば，両者の間に乖離が認められるのである。

〔判タ559号9頁，昭60〕

IX その他

101　在野法曹の質的向上

　このような標題をかかげると即座に弁護士諸氏から在野法曹の質は高いとお叱りを受けるかもしれない。私はそれを全面的に否定するものではないし、またかねてから弁護士会が会員の研修に払っている努力に対しては敬意を表する者の一人である。しかし、質的向上は無限のものであるとの前提にたって、本項目の標題を敢えて掲げたことを在野法曹の諸氏に御諒解いただけると思う。弁護士も一国の司法制度の適正な運営につき裁判官、検察官とともにその責任をわかちあわなければならないからである。裁判官の研修制度と比較すれば、弁護士会のそれは（出席強制がないという点だけとってみても[1]）まだまだ十分ではないと私は考えている。

　理想が直ちに現実にはなりえないことを承知の上で私の理想を述べさせていただこう。その理想にこたえる為、第1に弁護士のランクづけができればよいと思う。そのやり方はいろいろ考えられる。第一審のみ担当できる者、控訴審まで担当できる者、上告審も担当できる者（あるいはドイツのように上告審担当資格を特定弁護士に制限する）という分け方もある。一般事件（その範囲は問題であるが）と特殊専門事件という分け方もある。法曹資格ここでは特に弁護士資格が医師資格と同様に一元化されている必要は必ずしもないのではないか[2]、専門化、多元化の方法に問題はあるが、その多元化を図る事が在野法曹の質的向上につながるのではないか、と私は考える。

　第2に弁護士の数を増やす必要がありはしないか。質の低下を招くほど数を増やすことは許されないが、右の範囲を越えなければ、数の増加は競争を助長し、自然淘汰の原因になる。それが質の向上につながる[3]。

　弁護士の職業的競争が激しくなれば、自らそれを嫌う者は裁判官や検察官への任官を希望する傾向がでてくるであろう。任官希望者が増加するものと思われる。それが司法の適正規模への拡大につながる。弁護士になっても営業的センスのない者、専門化しない者は必ずしも十分な収入を得られない。安定を求める者は任官を希望する。しかしそれを受け入れるポストは極めて少ない。したがって、司法試験の成績や修習終了試験には余程よい成績をとらなければ任官できない。任官希望の多くの修習生が少数のポストを目指して激烈な競争を

IX　そ　の　他

展開することになるというのが西独の現状である。このことは在朝法曹の質的向上につながる。

　なにごとにつけても自由な競争が好ましいのであって，少数の者によるモノポリーは弊害を招くことになるから避けなければならない。

〔ジュリスト645号11頁，昭52〕

追記
1. 最近は出席強制のものもある。
2. 最近は専門医制度も導入されている。
3. 法曹養成制度の改革により司法試験の合格者が3000人を目標にしつつ現在は約2000人の合格者を出して，1500人説もでている。

⟨102⟩ 教育の機会均等・義務教育の無償性など

　私の専攻は民事手続法である。しかるにここに取り上げるテーマは憲法ないし教育行政法に関する。しかし，この点について，私がいわゆる「法学・憲法」の講義にあたり，常にある種の問題性を感じているので，ここに若干の私見を述べさせて頂きたい。

　私が言いたいのは次の通りである。すなわち，憲法26条1項は教育の機会均等について「すべて国民は，……，その能力に応じて，ひとしく教育を受ける権利を有する」と規定している。ところが，わが国では，往々にして右の条文を「その能力に応じて」という文言を省略して読んでしまう。このことは右条文の文言に忠実な読み方では決してないという点を強調しておきたいのである。

　人の能力には差があるということは歴然たる事実である。学問的能力ひとつをとってみても，高校教育をうける能力をもつ者，さらに進んで大学教育をうける能力を有する者もいれば，それらの能力をもたない者もいる。一時高校全入が叫ばれたことがある。そのうち，生活水準が上昇し奨学金制度が完備するにつれて，場合によっては大学全入の保証が求められるかもしれない。進学希望者はすべて高校や大学に入学できる，高校や大学側にこれを受け容れるだけの枠があるというのは，一見したところ理想のようにも思える。しかし，私はここでいささか慎重にならざるを得ないのである。かつて，そうであったように，高校教育・大学教育をうける能力をもち且つそれを希望しながら，それらの教育をうけられないという人がでてくるというのでは，その能力に応じて等しく教育をうける国民の権利が保証されたことにはならないであろう。

　しかし，同項は，能力はなくても希望さえすれば，すべての者を高校や大学に収容すべしという義務を国に課したものとはいえない。私は，専門家でないから確かなことはいえないのであるが，一体同年齢者中の何割が高校や大学の教育をうける能力をもっているのであろうか。希望しさえすれば能力に関係なくすべて入学を認めるというのは，「その能力に応じて」を省略した条文の読み方であり，それは学問的能力なき者にとりかえって不親切であり，且つ国家的社会的にみて大きな損失である。高校から大学にかけての年代は人生のなか

IX　そ の 他

でも基礎づくりの時代である。この大切な年代を誤った方向に進ませ誤った指導をすることほど本人にとって迷惑なことはないのである。人の能力は多様であるから，学問的能力が十分であるとはいえないまでも，他に良い能力をもつ者はいくらもいる。学問的能力だけが人の価値を決めるのではなく，それ以外の能力も人の価値を判断する基準になる。生徒や父兄にこの辺の理屈をわからせ，それぞれの人間の個性を生かした，したがって，それぞれの人間に固有の良い能力を見出してこれを伸ばすことが，本当の教育なのではないであろうか。学問的能力というのは，人の多様な能力の1つであるにすぎないことに注意すべきである。

　そして，このような観点からみると，現在の日本の大学の数は多過ぎるのではないかという感じを我々に与える。適正数以外の大学は，結局大学の名に値しない大学になってしまうのである。

　色々な程度の数多くの大学があるという現実を前提とするならば，課程の途中で，その能力に応じて大学を変える途を開くことも必要であるかもしれない。厳重な入学試験を実施すれば，あるいは不必要なことになるのかもしれないが，入学はしたがついていけないという学生，又は逆に，より秀れた大学で勉強したほうがよいと思われる学生に，大学を変わる自由を認めることも必要になる場合があろう。大学一般にそのような制度を認めることが能力に応じ等しく教育をうける機会をより完全に保証することになるのではないかと思う。そうなると，各大学ともに，より充実したよい大学にしようとして自由に競争することになり，それが大学全体の向上につながる。

　世間には能力別クラス編成を嫌う向きもないわけではない。人の能力には差がないという見解がその基礎にあるとすれば，これは大きな誤りである。能力に差があるのであるから，能力に応じきめこまかい教育をすれば教育の効果があがることは必定である。能力別クラス編成は生徒に差別感を植えつけるという考え方は，教員の教育努力の不足を前提とするものである。人の価値は学問的能力だけによって決まるものでは決してないということを，教員が生徒に教えておけば，生徒は人の価値に関して差別感をもつことはないはずである。

　近時問題になるいわゆる「落ちこぼれ」も，能力なき者の入学を認めたり，全員に画一的な教育を施すことに起因しているのではないであろうか。特に高校以下の学校に落第という制度がないことも不思議である。「落ちこぼれ」生徒も進級させるというのは，実は生徒にとって大変不親切な，学校としては無

責任なことである。けだし，当該教育課程が生徒になんの教育効果ももたらさないままに終了してしまうからである。人にはそれぞれ個性があって，大器晩成型もいれば短期決戦型もいる。例えば，能力別クラス編成をしないとかあるいは落第をさせないことにより，大器晩成型の人物の伸びる芽をつみとってしまうことになることもある。画一的な教育をするのではなく，人それぞれの個性に合った木目の細かい教育をすることが大切なのではないだろうか。

　話はついでに少し横道にそれることになるが，木目の細かい教育ということになると，例えば小学校の45人学級を40人学級にして，教員1人当りの児童数を減らせという要求がでてくる。それも勿論大切であるが，それには1つの大切な前提があることを忘れてはならない。単に先生の人数をふやすことが大切なのではなく，全く当然のことであるが，立派な先生の数をふやすことが重要なのである。教育者不適格の先生がいくらふえても教育はよくならない。45人学級でも立派な教育者が教育にあたれば，40人学級で教育不適格者が教育にあたるより，より以上の効果があがるのである。

　人それぞれのもつ多様な能力を発見し伸ばすのが真の意味の教育であるとする観点よりみれば，わが国の教育制度は画一的にすぎるのではないかと思う。わが国の教育制度は学問的能力を中心にすえてこれを伸ばすことに片寄りすぎているのではないか。各人の多様な能力をそれぞれに伸ばすためには，教育制度を木目細かにより一層多様化する必要がある。

＊　　　＊　　　＊

　曾て国家予算編成の際に，義務教育課程における教科書の一律無償配布を止めるべきか否かが問題となった。憲法26条2項の「義務教育は，これを無償とする」という条文の解釈が問題になったのである。

　すくなくとも義務教育課程において教科書は不可欠の教育資料と考えられるから，義務教育無償のなかに教科書が入るということは否定しえないであろう。

　ところで，義務教育の無償性が義務教育の義務化と不可分の関係にあることは既に説かれているところである。一方で義務教育を義務化する以上，他方でこれを有償とすると，その子弟に義務教育をうけさせる経済的能力のない者に不可能を強制することになり，これは許されないというのである。その目的は，義務教育をすべて一律に無償とするのではなく，義務教育が有償であってはそれを子弟に受けさせることができないという者についてだけ無償とすれば充足されるであろう。この範囲の無償が保証されれば，憲法の定める義務教育の無

IX　そ　の　他

償の最低限度の要求は充足される。

　もちろん，私は，憲法が義務教育をすべて無償とすることを理想として掲げることを否定するものではない。しかし，それはあくまでもプログラム的な規定としてである。したがって，憲法26条2項2文の解釈としては，義務教育の全面的無償はプログラム的に規定されているにとどまり，最低限度の要請として，義務教育の費用を負担できない者について教科書をも含めて無償とすることを内容とすると解すべきであろう。義務教育の費用について負担能力ある者についてもない者についても，一律に無償とするというのも，勿論わからないわけではないが，福祉でいえばいわゆる「ばらまき福祉」の感がないわけではなく，私はあまり賛成できない。

　このようにいうと，教科書を有料で購入する者と無償で配布される者との間に差別感が生まれるから好ましくないという批判がでてくる。そこに親の経済能力とは無関係に義務教育の一律無償性をプログラム的にであれ憲法が規定しているとする見解がうまれてくることは十分理解できる。しかし，このような差別感は教員の教育によって，ある程度解消できないものではない。すなわち，教員は，経済力が人の価値を決める唯一の基準では決してない，むしろ別の基準があるということ，さらには，個人主義社会では，親の経済力と子供の価値とは無関係であることを教えるべきなのである。そのような教育努力が十分尽されるならばその差別感は解消するであろう。

［判タ413号，昭55］

103 監護権者の決定基準について

　離婚に際して子の監護権者を定めるにあたり，最も重要な基準は子の利益ないし幸福という要請である。その場合1つの基準として，母親優先の原則を認めるべきか否かという点が，ある研究会で問題になった。もちろんこの原則には，諸般の事情が父母双方につき同一であればという前提があるのはいうまでもない。その研究会では母親優先の原則をたてるべしとの見解も強く主張された。これに反して，このような原則をたてなくても，事実上は前記原則の適用の結果と大差なく母親が監護権者に選任されるケースが多くなるものと思われるが，この原則をたててしまうと，逆にこれに拘束されてかえって子の利益にならない不都合な事態が生じる可能性がありうるのではないか，との意見も提唱された。私は母親優先の原則はあくまでも原則であって，合理的な例外を否定するわけではないのであるから，これを認めてもよいのではないかと考えている。以下この点に関する私見を述べてみたい。

　ある女性会員は次のような見解を述べた。すなわち，母親はその子と10カ月余り一身同体であったのであるから，その分だけ優先して当然なのである，と。これに対して，ある男性会員が次のように反論した。すなわち，父親は10カ月余りも母親に子を一身同体という密接な関係で独占させたのであるから，男女平等であるなら，今後はその分だけ父親が子を独占する権利がある，と。この議論は，必ずしも子の利益ないし幸福を基準としたやりとりではないから，両会員ともにこれを本気に母親優先の原則に対する賛否の根拠とするつもりではなかったのかもしれない。特に男性会員の発言の際に笑いがおこったことは，それが半分冗談であることを思わせたのである。このような重大な問題を冗談で議論すべきではないのであるが。

　子の利益とか福祉とかいう問題は真剣に検討されなければならない重要な事柄である。しかし，この女性会員の発言は，一般的原則的にいえば，母親と子の結びつきは父親との結びつきよりもより強い面もあるのであるから，母親優先の原則が子の利益につながるということを述べているわけで，母親優先の原則の1つの立派な根拠になるのではないか，と私は考える。10カ月余り一身同体であったという母子間に存在する事実は，通常，母子間に父子間における

IX　そ の 他

それをはるかに超える一体感・連帯感を発生させるという意味で，無視できない重要性をもっている。

　かつて，父親が外で働き生活の糧を得て，母親は内にあって家をまもり子を監護するというのが，生活のパターンであった。そのパターンが近時崩壊しつつある。そうはいっても，現代社会において父母の役割が全く逆転したというわけではないし，同等になったというわけでもないであろう。したがって，通常は家事・育児の役割ははるかに多く母親にかかっている。このような段階の社会で原則的にみて母親の役割が一般的に変化してしまったとはいいきれないのではないかと思う。換言すれば，このような社会では，父親の目はどうしても家庭外に向けられがちであるのに反して，母親の目は，母親が職業をもっていても父親より以上に家庭外というよりむしろ家庭内に向けられがちである。この点に母親優先の原則の1つの根拠があるのではないかと思う。

　仮に，この点について譲歩して，父母の役割分担のパターンの変化にともなって，子の監護をめぐる母親の役割に変化が生じ，その比重が後退しつつあることを認めたとしよう。しかし私はそれでもなお，その後退には限度があるのではないかと思う。父親と比較して母親に子の監護に関するより以上の役割があることが，本来母親の天性に由来するのか，あるいは父母の役割分担をめぐるこのパターンに由来するのか。この問題に対して確かな解答を与えることは私にはできないが，憶測すると，母親のこの役割はおそらくその双方に由来するのではないかと思う。したがって，このパターンが崩れれば，それだけ母親の子の監護に関する役割も後退することになるのであろうが，しかし，子の監護の役割が女性の天性に基づくものであるとすれば，この天性の後退にも自ら限度があるというべきである。だからといって，私は子の監護における父親の果すべき役割を軽視しようというのではない。父親には子の監護について母親と異なる役割があって，これを果さなければならない。子の監護について父母の果す役割はそれぞれ少々異質のものであって，両者が相互に補完しあってより完全な監護がなされるのであるから，父親の役割も重要である。しかし，離婚後はそのような理想状態は客観的に望めないのであるから，次善の策として，いずれに監護を委ねるべきかが問題になる。そこで，父母のうち監護についてより大きな適性をもつ者にそれを委ねることになる。いずれがより大きな役割を占めるかといえば，一般的には父親より母親であるといえる。そこに母親優先の原則が成り立つのである。

〔判タ420号4頁，昭55〕

104　1つの視点

〈**1**〉　昭和55年12月25日から約1カ月，韓国のソウルに滞在する機会があった。

ソウル国立大学校法科大学（日本流にいえばソウル国立大学法学部）の民法専攻黄迪仁教授に，民訴法の専門家でもある李時潤判事とともに昼食に招かれ，その後，ソウル国立大学をご案内いただいた。黄教授は，終戦時中学2年，北鮮の平壌出身でドイツにも留学したこともある気鋭の民法学者である。日本語も上手で，私とはドイツ語で話をするのが常である李判事との対話に日本語の通訳もつとめていただいた。李判事は，「訴訟物論」をもってソウル国立大学から法学博士の学位を授与された篤学の実務家で，民訴法の専門家である。ソウル国立大学出身で，一時判事を勤められた後，同大学の専任教官，さらに判事に転じられて今日にいたり，民訴法関係の多くの著作を出版されている。

ソウルに民事実務研究会という団体がある。当時約40名の会員を擁していたが，判事を中心に若干の弁護士がこれに加わっている。会長は，戦前は判事，戦後はソウル国立大学教授（民訴法），大法院判事を経て現在弁護士をしておられる方順元先生である。分厚い上下2冊の体系書『民事訴訟法』のほか幾多の著作のある学者である。韓国では，民訴法関係の優れた研究者がいるが（例えば，大阪市大に留学されていた延世大の金洪奎教授など），なにぶんにもその数が少なく，民訴法学会も独立できない状態にあるため，韓国の民訴法学の水準の維持は，なんといっても実務家特に民事実務研究会のメンバーに依存しているのが本稿執筆時の現状であろう。前記李時潤判事のほか，ソウル高等法院部長判事の金祥源，尹一泳，朴禹東，李石善，弁護士の李在性の各氏等は同研究会のオリジナルメンバーであり，各大学で民訴法の講義に出講したことがあるか，又は現に出講しており，それぞれ立派な業績を挙げている篤学の士である。民事実務研究会はその成果をまとめて逐次出版している。

〈**2**〉　話をもとにもどして，黄教授や李時潤判事との対話のなかで，韓国では新型の不法行為訴訟，例えば医療過誤，製造物責任，薬害，公害，環境権等をめぐる訴訟が非常に少ないというお話を伺った。これら新類型の訴訟がどの

IX　その他

程度増加するかということは、実は、その国の経済成長、産業の発展、さらにはそれらに刺戟される国民の法意識の問題と密接不可分に関連している。韓国も近年、目覚ましい経済成長の過程を歩んできたのであるから、今後この種の訴訟が徐々に増加することが予想される。しかし、現状ではあまり問題にはなっていないようであった。もちろん、韓国の法学者・実務家は、これらの種類の訴訟が将来、韓国でも増加するであろうことを予測して、日本の学説・判例にも注目されているようである。

私も、いろいろなところで、これら新類型の訴訟について日本の現況を解説し、意見を述べる機会があった。以下、韓国の法律家との対話を通じて気のついた点を若干述べてみたい。

〈3〉　経済の発展に伴って新しい型の不法行為訴訟とか差止訴訟が発生してくることはむしろ当然であり、これを抑えようとすることは時代に逆行することになり好ましくない。また国民が、権利意識に目覚めて訴訟による法的救済を積極的に利用しようとすることも歓迎すべき傾向であるといえよう。

ただそこで注意しなければならないのは、裁判所が時代の流れを必要以上に先取りしたり、無節操にこれに流されてはならないという点である。この点で、韓国の法律家との対話のなかで指摘された若干の問題点を紹介しておきたい。

第1に、医療過誤訴訟に関して問題とされた点を挙げておこう。もちろん医療も不法行為法の及ばない聖域なのではなく、医師に過失があればその不法行為責任を追及できることは当然である。

しかし、健康の維持も病気の治療も本来患者自身の責任においてなすべき作業ではないかという点である。医師は基本的には患者が右の作業をなすについてのアドバイザーであり、回復補助者であるにとどまる。患者は自分のできない治療行為を自らの責任において医師に委ねるのである。患者と医師の関係を考える場合、これが両者間の基本的構造である。そうであるとすれば、医師に明白に過失がある場合は別にして、それ以外の場合には医師は事故について責任を負わないのが建前ではないか。かような観点からすれば、挙証責任の問題を操作することにより医師の責任を加重していく傾向が好ましいか否か問題になる、という指摘がある。患者の保護も医師と患者の右の基本的関係をふまえてその範囲内でなされるべきものであるというのである。自らのできない治療行為を患者が専門家である医師に自らの責任において委ねるという場合の「自

らの責任」のなかには，医師の選択をも含むものと思われる。患者の信頼をうけて医療を委ねられる医師の責任も注意義務も，事が人の生命・健康にかかわるものであるだけに，大きいことはいうまでもない。しかし，それを強調するあまり前記の視点が欠落してしまうことに問題はないかという指摘である。私は傾聴すべき指摘であるように思う。

　もちろん，かくいうからといって，医師の責任とか注意義務が軽いといっているわけではない。医師はその仕事が人の生命や健康にかかわるだけに，その責任が大きいことはいうまでもない。医療過誤訴訟が多発して医師の責任の重さが指摘されると，医師のなかには難しい患者は診察や治療をしないほうがよいという者がでてくる。医師には大きな注意義務を負担しつつなおかつ患者を診断や治療をするという重大な責任があるのである。医師の責任の自覚は医の倫理教育を通してなされる。余談にわたるが，日本の医学教育のなかで医の倫理がどれだけ教育されているのであろうか。職業倫理の教育が十分ではないという点では，法曹教育も同じである。倫理教育とか道徳教育を否定する意見もある。しかし，古い価値観による倫理教育や道徳教育は否定されるべきであるにしても，新しい価値観によるそれが必要であることは疑う余地がない。近時日本ではこの点について法曹界において研修制度の改革により随分と改善がなされてきている。

　第2に，司法の消極性ということが指摘された。製造物責任等における過失責任から無過失責任への転換は，立法によってなされるか，あるいは国民の法意識として定着しないかぎり，司法が踏み切るべき性質の問題ではない。学者が過失責任から無過失責任への転換を唱えることはよい。時代を先取りした学説を提唱することがある意味では学者の使命だからである。しかし，裁判官の場合，現行法の枠を超えて時代を先取りするような裁判をすることは決して許されない場合もある。法的安定性を害するからである，という指摘がなされた。

　環境権にしてもそうである。人間がよい自然環境のなかで生活する権利があるということ自体に異論を唱える者はいない。しかし科学の発達はこれまで反面，環境破壊の歴史でもあった。要は科学の発達と環境破壊をどこで調整するのかという点である。それを決めるのは政治であり立法であって，裁判所ではない。韓国でも新憲法で環境権が規定されたそうである。しかしそれは所詮プログラム規定である。憲法に環境権の規定があっても，それをどのように具体化するかは立法政策の問題であって，国会が決めるべき事項である。具体的な

IX その他

立法なり処分が一見明白且つ重大に環境権を侵害するような場合は格別であるが，そうでなければ，環境権の内容を立法でどのように決めるかは国会の裁量に委ねられ，司法審査の対象にならない問題である，と言われるのである。

私も，このような司法の消極性を説くことには，三権分立の建前よりみて賛成である。裁判官が，判決理由中で立法や行政の立ち遅れを指摘すること自体許されるのか否か問題があると思うが，仮にこれが許されるとしても，それはあくまでその旨の指摘にとどめるべきであって，裁判に反映させることは許されないのはむしろ当然のことと考えるべきであろう。

第3に，国家賠償の限度についての指摘があった。2つの問題が指摘された。

はじめに，国は（公共団体についても同じである），すべての面にわたって安全且つ遺漏なく国民の安全に配慮する義務があるわけではないという点が指摘された。なによりも人は自らの安全を自らの責任において配慮すべきである。国の安全対策には予算的技術的等一定の制約があり，全般にわたり，完全に国民の安全を図ることができるわけではない。国が自ら行為するにあたり過失により国民に損害を与えた場合とか，明らかに不作為につき過失が認められるような場合に国家賠償が認められるのは当然であるが，逆に国の作為義務を必要以上に拡大することには疑問があるという指摘である。

第4に指摘された点は国家賠償義務の範囲の問題である。国は deep pocket をもっている。しかし deep pocket も国民の税金から成り立っているのであるし，また無限ではないという事実を考えなければならない，というのである。たしかに国や地方自治体には破産能力がないといわれる。小規模な地方自治体の場合を考えてみると，破産による免責の可能性もないままに多額の損害賠償債務を負わされ，そのために著しく長期にわたり行政が停滞するようなことがあると，どうなるのであろうかというのである。同じことは大なり小なり国についてもいえるのである。そのような事態は個人の権利を保護するあまり公の利益を著しく損うことになりはしないであろうか。私は国家賠償の限度をどこに設けるべきか非常に困難な問題であると思うが，いずれにしても deep pocket にも限度があるのではないかと考えるのである。

〈4〉 以上，討論のなかで韓国側から示された若干の論点について極めて一般的な形で問題を提示したが，折りにふれてこの一般論を具体的事例に則して検討してみたいと私は考えている。いずれにせよ，私としては，本来個人主義

に基いて自らの責任領域に属する問題を他者の犠牲において解決しようとする傾向が一般化することについて，いささか疑問を感じている。

ここに紹介した内容はなにぶんにも昭和55年当時の状況をもとにしていることに注意して頂きたい。

［判タ430号2頁，昭56］

追記　本文中の李氏は後に韓国憲法裁判所の判事となり，わが国の民訴学会において講演されたこともある。

　本稿のなかで例えば環境権を例に司法の消極性に言及した。しかし，環境権は実は家法11条・13条にもともと含まれている権利であるからその範囲内で司法か環境権を立法に先行して判例法として形成していくことについて問題はないと考えている。

IX その他

◇105◇ 韓国民法における「同姓同本禁婚制度」について

〈1〉 韓国民法809条は，同姓同本である血族相互間の婚姻を禁じている。そしてこれらの者の間に成立した婚姻は，両当事者が八親等以内である場合は無効，九親等をこえる場合は取消しうるとされている。これを同姓同本禁婚制度と呼んでおこう。周知のように韓国には朴，李，金といった姓が非常に多い。したがって名刺を頂戴しても，何処で会った人で特徴はなにかという点を名刺に記載しておかないと，人の識別が困難になることがある。したがって同姓ということだけで婚姻を禁止することはできない。同姓かつ同本すなわち祖先を同じくする者の間で婚姻を禁じているのである。

しかしながら，この同姓同本禁婚制度はしばしば結婚をしようとする若者に悲劇をもたらすのである。恋愛はしたが同姓同本禁婚制のため婚姻できずに先生の処に相談に来る学生も時折いるそうである。恋愛する前に戸籍を調べないととんだ悲劇を演じる結果になるのである。

1973年6月に組織された「凡女性家族法改正促進会」は，民法における『同姓同本禁婚制度及び戸主制度』廃止を骨子として77項目にわたる家族法改正案を作成した。法案作成にあたったのは，当時慶煕大学教授で，現在は延世大学校の教授をつとめる金疇洙氏，家庭法律相談所長の李兌栄氏等であった。この法案は国会（1院制）に上程され，激論の後に1977年12月17日「同姓同本禁婚制は存続させ，すでに同姓同本者間で婚姻した者は1978年1年間に法院（裁判所）に救済を申立てることができる」旨の時限立法が議決された。その結果，4,223組の婚姻が救済されることになったのである。

この同姓同本禁婚制の当否をめぐる議論は，韓国世上しばしば目につくのである。最近の論争の一つとして，韓国法律新聞（1981年9月21日第1413号4頁）に掲載された，金疇洙教授（親族法専攻）の廃止論と，同姓同本禁婚守護汎国民協議会の李炳一氏の存置論との論争を挙げることができる。以下，両論の対立点を紹介して私見を述べてみたい。

〈2〉 (1) まず第1に，同姓同本禁婚制は醇風美俗かという点で議論が対立している。すなわち，禁止存置論は，この種の禁止が韓国固有の醇風美俗であ

る旨を主張する。儒教精神に立脚せる東洋文化は，2000年前に著わされた『禮記坊記』に，「同姓者間の婚姻は家を繁栄させない」「同姓者間の相婚により家は不審」と記し，同姓同本者間の婚姻禁止は，三国時代以前から韓国社会の人倫とされたものである，と主張する。

これに対して，禁止廃止論は次のように反論する。すなわち，この禁止は李朝時代に中国の明律のうち「すべて同姓間で婚姻した者は60杖をうって離婚させる」との規定を承継したものであるにすぎない。すでに新羅時代には階級的内婚制（一定の身分階級のなかだけで婚姻する）が行われ，高麗時代にもこの新羅時代の階級的内婚制が踏襲されて，同姓者間の結婚や近親婚が一般に行われ，王族・貴族階級においても，再従兄弟姉妹，従叔姪間の近親婚が行われていた。かような事実を考慮すれば，同姓同本禁婚の原則は韓国古来の固有の美俗ではなく，明律のそれの承継であるといえる，と主張するのである。

李朝英祖時代は，中国が韓国を同族間の婚姻を認める国であるとの誤解をすることのないように，同姓で且つ本貫の異なる（したがって血族ではない）男女間の婚姻までも禁止した。李朝末期に制定された刑法大全は，この禁止を緩和して同姓同本者間の禁婚にまで後退したのである。日本の統治時代（日帝時代）初期にあっては，同姓同本禁婚が堅持されたが，その後その禁止は徐々に緩和され，同姓同本間の婚姻も近親者間のものでないかぎり，婚姻届を受理し，これを有効なものとして保護しようとする傾向があらわれたといわれている。

民法のなかでも特に身分法は，財産法と異なり，各国固有の美俗（慣習）が濃厚に反映する分野であることはいうまでもない。そのために，法の近代化という目的をもって外国法の承継を軽々にはすることができない分野である。したがって，同姓同本禁婚制が韓国古来の固有の美俗であるというならば，いたずらに比較法的観点から外国法の導入を軽々に図るべきものではない。しかしながら，現在のところ，私には，それが韓国固有の美俗であるか否かを判断する資料も能力もない。したがって，この点についての評論は差し控えておきたい。

ただ，私はここで，次のような点を指摘しておきたいと思う。同姓同本禁婚制も，古代氏族社会といういわゆる閉鎖的社会にあっては，同姓同本者間の血は濃く，それだけに近親婚の弊害を避ける必要が認められ，そのためにこの種の禁婚制が必要とされたということがあるかもしれないが，同姓同本の氏族の人口が増えて，それぞれに他の氏族の血が混った今日，この種の禁婚制の社会

IX その他

的必要性も減少し，そのことによって醇風美俗も変ってくるのが当然のように思われる。醇風美俗も，その背景にはそれを必要とする社会的要請があり，後者が変れば前者も変るという関係があることは否定できないように思われる。そこで仮に，かつては同姓同本禁婚制が韓国社会の醇風美俗であったとしても，今日依然として，それが美俗であるといえるかという点が問題になるし，さらに，仮に今日それが依然として韓国社会の美俗であるとしても，それが美俗としての役割を果し終えて，今後変化ないし廃止されてよいものではないかという疑問は，依然として残るという点が問題になるように私には思えるのである。美俗のすべてが永久不変のものではないことだけは指摘しておきたいと思う。

(2) 第2に，同姓同本禁婚制は，男系の血統のみを基準とするという意味で合理性を欠くのではないか，という点が問題にされる。同姓同本禁婚制は，もっぱら男系血統者間の婚姻を親等の遠近に関係なく禁止するものであり，女系の血統を問題にしない点，公平さを欠くとの議論が廃止論によって唱えられている。仮に子に父母の血が半分ずつ流れるとして単純計算すると，父の血は子について2分の1，孫について4分の1，曾孫については8分の1となり，世代がさがるにつれて幾何級数的に父の血統割合がすくなくなるのに，男系血統のみを問題とする同姓同本禁婚制は不合理であるともいうのである。

これに対して，禁婚存置論は，かような議論を進めていけば，30世孫の男系血統割合は10億7,000万分の1にしかならず，血統はしまいには枯渇することになる。しかし，豆は何代を経ても豆であるように，李氏は何代を経ても李氏であって，朴氏や金氏になるわけではないと反論される。何代経ても李氏は李氏であるとの考え方は，まさに男系中心の氏族思想であるといえよう。

両者の議論をみてもわかるように，禁婚存置論と廃止論の議論の前提は，全く異なる。すなわち，廃止論は，禁婚を近親者の弊害の回避という優生学的観点から議論を構築しているのに対して，存置論は，かような前提を無視して，血の濃さよりも氏族を唯一絶対の基準として論旨を展開している。禁婚制の背景に近親婚の弊害の排除という優生学的要請があるとみるならば，禁婚存置論の議論は強い根拠のないものといわなければならないであろう。

(3) 第3の問題点は，同姓同本禁婚制が婚姻の自由を不当に制限するものか否かという点である。禁婚廃止論は，禁婚が婚姻の自由を不当に制限するというし，逆に禁婚存置論は，婚姻の自由についても合理的な制限は認めざるを得ず，同姓同本禁婚制は醇風美俗であるから合理的な制限にあたると主張する。それ

が合理的制限であるか否かは，(1)(2)に紹介した議論が決めるべき問題である。

(4) その他若干の論点を紹介しておこう。

禁婚存置論者は，同姓同本禁婚の必要性は必ずしも大きいものではないという。すなわち，同姓同本婚は全国で20万組から30万組あるといわれるが，これは誤った数字である。韓国人口3,700万人の総世帯数は，750万戸で，同姓同本婚が30万組あるとすれば，25戸に1戸は同姓同本婚ということになる。そういうことは考えられない。仮に，1,000戸に1戸の割合で同姓同本婚があるとしても，その数は7,500組にすぎない。この場合，1978年の限時法により救済された4,223組を除外すると，救済されずに残っているのは数千組にとどまる，というのである。しかしながら問題は，数千組にすぎないという数字は，現在救済されずに残っている同姓同本婚の数字であって，将来これが増大しないという保障はないのであるし，また，たとえ少数でも不当に婚姻の自由が奪われる者が出てくることは容認できない事態であるといわざるをえない。

同姓同本禁婚の廃止は，同姓同本婚を勧奨することになるという議論のためにする議論であるといえる。同姓同本婚は優生学的にみて問題であるとする議論も，より狭い範囲の近親婚を禁止すれば優生学的懸念を避けることができ，現に日本をはじめとして諸外国の立法も，同姓同本禁婚制のような広い範囲の禁婚制を設けていないことからみて，その合理性がないことが明らかである。

〈3〉 我々外国人からみると，韓国人の同族意識や同郷意識が著しく強固であることにしばしば驚かされる。同姓同本禁婚制もこのような意識に支えられているものと思われる。しかし，今後，韓国社会の近代化，個人主義化が促進されることは時代の流れであって，誰もこれをとめることはできない。そうなれば，婚姻の自由の制限も，優生学的観点から認められる必要最少限度のものにとどめられなければならないことになる。合理的な時代の流れであれば，法律学は正確にこれを予測して，立法によって先取りしていかなければならないと思うのである。　　　　　　　　　　　　［判タ453号2頁，昭57］

なお，本稿の執筆にあたり，資料の訳読につき，延世大学校法科大学故金洪奎教授の御協力を賜ったことに対し，記して感謝の意を表したい。

追記　同姓同本婚を禁止していた韓国民法809条は1997年7月16日の憲法裁判所の決定により違法とされ，2005年3月31日の法律第7427号で廃止され，8親等以内の近親婚を禁止する規定に変った。

IX　そ の 他

⟨106⟩　民事訴訟法の学習と実務

　西独 Würzburg で開催された第7回国際訴訟法会議及び Ludwigsburg で開催されたフンボルト財団主催国際私法シンポジウムに出席した帰路，フランクフルト大学法学部にペーター・ギレス教授（民訴法，民法専攻）を訪ねた。
　ギレス教授は最近のアルバイトの1つとして，私にあるアンケート調査表を示された。調査の標題は，「民事訴訟に関する教育項目と実務との関連に関する裁判官に対する調査——法曹教育における理論と実務の統合の一環として——」とされている。研究の動機と目標は次のようなものであった。
　すなわち，従来，法曹教育改革論議にあたり理論教育と裁判実務との乖離がしばしば指摘されてきたが，法律学とその他社会科学との統合の必要性と並んで，理論と実務の統合が法曹教育改革の2つの主要な目標として設定されなければならないといわれている。つまり，実務の側からは民事訴訟理論の実務からの乖離が指摘され，逆に民訴学者の側からは民事裁判実務の民訴理論からの乖離が指摘された。そこで民訴法の領域においても，理論の実務へのより以上の接近，逆に実務のより強い理論志向が促進されなければならないというのである。そこでヘッセン州の且つ通常裁判権に属する上級地方裁判所，地方裁判所，家庭裁判所及び区裁判所の裁判官に対して，その職務上の経験に基づく民事訴訟法上の各事項のかかる観点からの評価につきアンケート調査をすることになった。具体的にいえば特に，民事訴訟法上の事項の実務との具体的なかかわりあいに関する正しい認識にたって，実務的観点から見て民事訴訟法上の諸問題が大学の講義において取り扱わるべき範囲及び程度を解明することが重要であるとされたのである。この種の研究によって，実務上の必要性との関連において「理論の欠陥 Defiizite」を解明し，民事訴訟法の講義におけるアクセントの置き方を変えることができる，というのである。
　質問事項は大別して，手続の基礎，手続の開始，手続の過程，手続の終了，裁判の取消しにわかれ，さらにそれらの各々が小項目にわかれ，小項目数は合計357にのぼる大規模な調査である。各小項目について質問A～Dが設けられ，Aは項目テーマとかかわった頻度，Bは項目テーマについて解釈が問題になっ

た頻度，Cは解釈の困難度，Dは大学の講義項目に取り入れるべきか否か，という問題である。ABについては，0＝かかわったことがない，1＝かかわったことが稀である，2＝普通，3＝しばしばかかわった，4＝絶えずかかわっている，で解答する。Cの解答は，0＝簡単，1＝普通以下の困難さ，2＝普通の困難さ，3＝普通以上の困難さ，4＝著しく困難，の4種である。Dについては，0＝なくてもよい，1＝重要性が少ない，2＝標準的重要性，3＝非常に重要，4＝不可欠である，の4種の解答が用意されている。

約400人の裁判官に対するアンケートに対して100近い解答があったそうであるが，ギレス教授の言によると，質問事項が多岐にわたるため，約4分の1という解答率は良いほうであるとのことであった。

* * *

今回の調査は裁判官に対するものであったが，この結果がまとまり次第，次に弁護士について同じ調査を実施する予定であるという。大学における法学教育が同時に法曹教育でもあるドイツの場合，大学における法学教育と実務との乖離をできるかぎり解消しようとする努力は，わが国の大学における法学教育に求められるもの以上にきびしく要求される，ということができよう。しかしながら，わが国の大学における法学教育も本来は法曹教育の一環としての性質を有すべきものでなければならないとするならば，法学教育と実務の統合までは要求しないにしても，法学教育が実務的観点にも配慮したうえで（それは法学教育が実務的観点にいたずらに引きずられてよいということまで意味しているわけではないことはいうまでもないが），進められるべきであるものと考えられる。

ギレス教授は，既述のとおり訴訟法学とその他の社会科学との統合を提唱され，わが国においてもすでにその方面の論文を発表されているし，第7回国際訴訟法会議においてもこの点に関するドイツのナショナル・レポートを提出され，法事実学的観点に対する強い関心を示されてきた。今回の調査も同教授のこのような法事実学的関心に基づくものであると評価されるが，かような関心を抜きにしてみても，今回の調査において同教授が提示された法学教育上の問題には，実効性ある法学教育という観点からも注目すべきものであるように思われる。裁判所や弁護士の協力が得られるならば，わが国においても是非実施してみたい調査の1つであるといってよいであろう。

ギレス教授は，いずれ調査の成果を1冊の書物にまとめたうえで出版を予定されているようである。私はその成果の発表を期待をもって待ち望んでいる者

Ⅸ　そ　の　他

の1人である。

［判タ508号85頁，昭58］

　追記　私は残念ながらその後調査の成果について聞いていない。唯この種の調査にあたり法科大学院制度が設けられた以上法科大学院と学部教育では差が出てくるであろう。特に法科大学院教育においてこの種の調査は不可欠であると思う。

107　第1種財産分離をめぐる若干の問題

〈1〉　財産分離制度は，民法上の制度であるから（民法941条以下），本書で取り上げるには若干の躊躇もないではないが，財産分離は，相続財産に対する個別執行ないし包括執行的性質をも有するので，まったく不適切ともいえないであろうと考え，この制度のもつ若干の問題点を取り上げることにした。

　財産分離が命ぜられて清算手続が開始した後に，再度財産分離の請求をなしうるかという点が問題になる。この問題を別の側面から眺めれば，財産分離は，相続財産について包括的に請求すべきものか，あるいはその一部について請求することができるのか，という問題になる。すなわち一部請求説によれば，相続財産の一部について財産分離の請求がなされ一部の分離がなされた後，残りの一部につき再度分離請求をなしうるということになる。ただこの場合でも，財産分離により分離の請求をなし，あるいは配当に加入しなかった相続債権者または受遺者(以下，相続債権者等という)は，残余の相続財産の分離請求をなしえないと解されているようである。これに対して，包括請求説によると，財産分離は相続財産を包括的にのみその対象となしうるものであって，相続開始時から3カ月を経過した後，一部に混合しない相続財産があっても，他の一部に相続財産と相続人の財産との混合があれば，請求をなしえない，とされるのである。

〈2〉　私は，結論的にいえば，包括請求説と一部請求説の対立は意味をもたないものと考えるのである。すなわち，両説は，二者択一の関係にあるのではなく，相続債権者等は，その選択（必要性）に従って，財産分離を包括的に請求することもできるし，また一部について請求することもできるもの，と考えることはできないものであろうか。相続債権者が，相続財産のうち特定の一部を対象とすれば足りると考えるならば，当該一部に限って，財産分離の請求をすればよい。また，相続債権者が，相続債権との関係で，相続財産の全部を対象とする必要があると考えるならば，全部について包括的に財産分離の請求をしなければならないことになるであろう。比喩的にいうならば，前者は個別執行と，後者は包括執行に対比せられるべきものであるといえようか。

　包括請求のみ許されるというのでは，特定の財産だけで満足が得られることが確実であり，他の財産を分離する必要もないという場合，相続債権者等に，

385

IX　その他

必要以上の重装備を付けて財産分離の申請をすることを強制する結果になって，好ましいとはいえない。それでは，ただでさえ利用度の少ない財産分離制度を，ますます利用しにくいものにしてしまうことになる。必要に応じて，一部請求または包括請求を使い分けることができるものとして，包括請求の余地を残しておきさえすれば，相続債権者等の利益を害することにはならないし，一部請求の余地を残すことで相続人等の利益をも保護することができるのではないかと考えられる。この意味で，従来の学説が，二者択一的関係において包括請求説と一部請求説に分れていた点に疑問を感じるし，このような関係に立ついずれの学説にも賛成できないのである。

〈3〉　一部請求説の多くは，財産分離により分離の請求をなし，あるいは配当に加入した相続債権者または受遺者に弁済がなされた後には，配当に加入しなかった相続債権者等は，残余の相続財産の分離をなしえない旨説いている点は，既述のとおりである。しかしながら，私はこの点にも疑問を感じるのである。けだし，相続財産の一部に対する財産分離の請求は，比喩的にいえば，相続財産に対する個別執行にも比較されるべきものと考えられるがゆえに，他の相続債権者から，相続財産の残部について，再度分離請求をなしうるものと考えるべきではないであろうか。

　包括請求によると，相続開始時から3ヵ月を経過した後，一部に混合しない相続財産があっても，他の一部に相続財産と相続人の財産との混合があれば，財産分離の請求をなしえないとされている点についても既に紹介した。私は，この点についても疑問を感じている。包括請求は，相続財産全体について包括的になされなければならないとするのが，包括請求説の立場である。この立場からすれば，相続開始時から3ヵ月経過後に一部に混合があれば，もはや財産分離を相続財産全体について包括的にすることができなくなっているのであるから，財産分離請求が許されないと解することも，一応理解できなくはない。しかし，相続財産のうち相続人の財産と混合したものは，もはや客観的に，相続財産の一部として特定することができない。したがって，これは，いわば相続財産から逸失した財産であって，分離請求は，残余の混合していない財産全体について包括的になされれば足りる，と解すべきである。他の一部に混合があれば，もはや分離請求をなしえないとの解釈は，相続債権者等の利益を不当に害する結果になるものと考える。　　　　　　　　［判タ 544 号 51 頁，昭 60］

追補　今日第1種財産分離は統計的にみて極めて少ない。

108　男女の平等について考えること

　近頃，航空会社のスチュワーデスの採用条件に，容姿端麗というのが削除された，そして，それは女性を蔑視することになるからである，ということを聞いた。性別による差別の禁止，男女平等原則からすれば，女性蔑視が許されないことは当然のことである。しかし，私のような天邪久(あまのじゃく)には，容姿端麗をスチュワーデスの採用条件とすることが，どうして女性の蔑視につながるのか，どうしても理解できない。
　容姿端麗を条件とすることによって，スチュワーデスが自意識過剰になって，優越感をもってしまうことが困るというのであれば，話は別である。あるいは，そもそもスチュワーデスという職業にとり容姿端麗という要素がまったく要求されないものである，というならば話は別である。さもなくば，容姿端麗を採用条件とすることが何故いけないのであろうか。私たちは，世の中に，一定の個性を必要とする様々な職業が存在することを認めざるをえない。たとえば，芸術家には芸術的才能がなければならないし，大学の教師になるには研究能力が要求される。研究能力を別にして，容姿端麗を教員の採用条件とする大学が現われたならば，世間の失笑を買うことになろう。
　しかしながら，私たちは，世の中に，容姿端麗を要求する職業や職場があることも否定することはできない。たとえば，メロドラマのヒロインがそうであるし，テレビのアナウンサーや一部の司会者やタレント，さらにはモデルのように，他人に容姿端麗さを見てもらうような職業の女性とか，会社の受付，喫茶店のウェイトレス等々，客にサービスを提供する女性についていえば，それだけが唯一の要件ではないにしても，容姿端麗が重要な要素の1つであることは否定できないのではないか，と私は考える。それぞれの職業に応じた個性を採用条件として掲げることに，したがって，スチュワーデスという職業に容姿端麗という個性が必要である，あるいは容姿端麗であることがより良いとするのであれば，それを採用条件に掲げることに，なんの不思議もないはずである。
　容姿端麗を採用条件とすることが女性の蔑視であるとする考え方があるとすれば，それは人間の価値に対する誤った考え方に由来するものといわなければならない。人の価値はもっぱら容姿端麗であることによって決まるわけではな

IX　その他

い。

　人間の価値を決める個性や能力というものは多様である。容姿端麗も，1つの価値ではあるが，それがすべてではなく，女性の価値を決める要素は他に多く存在する。気質，教養，学問的能力，芸術的能力，家事能力等々多様である。この極めて自明の理を心得ていれば，容姿端麗を採用条件とすることが女性蔑視につながるという論理は出てこないはずなのである。

　もしも，女性蔑視につながることを理由に容姿端麗を採用条件からはずしたのであるとすれば，それは，形式的男女平等論あるいは機械的男女平等論に押し切られたと評されることになろう。航空会社は，容姿端麗という条件が女性蔑視につながるのか否かを論じる以前に，スチュワーデスとしては，他の条件に加えて，容姿端麗であることが，乗客サイドから見て必要であるのか否かという点を検討すべきではないかと考えるのである

＊　　　＊　　　＊

　中・高等学校で家庭科の履修につき男女を平等にせよという主張が，国際婦人年との関係でなされているようである。これなども機械的男女平等論に由来するような感じがないでもない。ただ私は，この問題に関しては，目くじらを立てて反対するほどのことではないように思っている。私自身，高等学校時代，家庭科の学習をしたことがないし，また現在，高等学校の教育に携わっているわけではないので，正確なことをいう資格はない。しかし，家庭科のごく基礎的部分は，男もこれを学習しておくことが必要であろうし，なるべく男女について学習内容の共通化をはかることが望ましいということは，いえるであろう。この意味で男子にも家庭科の学習を課することは，決しておかしいことではない。しかしながら，家庭における男女の役割分担は異なるのであるから，その相違に対応して，基礎を超える部分について，学習内容に差が出てくるのもやむをえないのではないか，とも考える。たとえば，男子に高度の家事を学習させることに，どれだけ意味があるか疑問がないわけではないし，また効果があるか否かも問題である。

　平等原理といえども，合理的差別を禁止するものではなく，異なるものは異なるものとして取り扱わないと，結果的に平等にならないこともある点を，否定すべきではないのである。男女平等を考える場合も，この理を根底においておかないと，その適用を誤ることになることを心得ておかなければならない。

［判タ 546 号 7 頁，昭 60］

109 司法修習生と外国修習

　数年前のことになるが，西独のある大学の法律学のA教授が来日された。彼はギムナジウムの3年生になる御子息を同伴していた。約2カ月の世界旅行の途中で，10月中旬に来日されたのである。A教授は，御子息の担任の先生に，「今は学期中であるが，2カ月ほど子供を外国旅行に同伴してもよいであろうか」というお伺いをたてた。担任の教師は，「短期なら，生（なま）の外国を見せたほうが，ギムナジウムの勉強よりも，はるかに優れた教育になるから，どうぞお連れ下さい」といわれたとのことであった。私は，A教授ならびにギムナジウムの教師の選択に敬意を表したのである。若く感受性の強いうちに，異質の文化を肌で体験することは，視野を拡大するという意味で大変好ましい教育的効果をもつからである。周知のように，西独では，司法修習生について，数ヵ月の海外修習を認めている。かような海外修習を司法修習に組み込むことも，法曹実務家養成の1つの見識といわなければならない。
　第1に，一般的にいえば，それは，若くて感受性の強い法曹の卵に，より広い視野，考え方を，法律以前の問題として提供することは，幅の広い人間形成に役立つ。そして，そのことが，将来，修習生が法曹として大成するうえで，大きく貢献するであろうことは，間違いないと思われる。
　第2に，今後，国際的取引がますます増加することは目に見えている。多少なりとも外国の法律事情に通じていることは，かような国際的取引事件の処理に大いに役立つであろう。
　僅か数ヵ月の海外修習で，当該外国の法律事情にどれだけ詳しくなれるかという疑問がないわけではない。この疑問の指摘は正鵠を射ているといってよい。なるほど，ごく短期の海外修習のみでは外国の法律事情に精通するわけにはいかない。しかし，ごく初歩的な法的基礎知識を得ることだけでも貴重であるし，さらにそれ以上に大切なことは，外国の法曹界に人脈をつくることである。このルートを通して，当該外国法の調査をすることもできるし，事件の処理を依頼することもできるようになるのである。法曹実務家といえども，すべての法分野に精通しているわけではない。しかし，精通していない法分野についても，素人と異なる点は，知識を得るべき引き出しの在り処と，そこで得られた知識

IX　その他

の処理の仕方とを知っているという点である。それと同様に，外国法調査のルートをもち，外国における事件処理の可能性をもっているということは，極めて大切なことなのである。外国法の詳細部にわたる知識は，あるにこしたことはないが，それがないからといってそれほど問題ではないのである。

　第3に，将来，コミュニケーションの国際化によって，ますます学問の国際化も進展することが予測される。法学もその例外ではありえない。法曹実務家は，実務家ではあるが，当該社会の法学の学問水準を支える作業の一翼を担う者であるから，自らの法律知識を国際化し，あるいは少なくとも外国法に関心を抱くことが必要になってくる。

　話は若干主題からはずれるが，ある会合で，修士論文や博士論文を日本人が外国語で書くのはよいとして，外国人がその母国語で書くことを認めるべきか否かという問題が話題になった。私は，原則として日本語論が正しいと考える。理由は，言語は文化であり，「日本の」研究をする場合，日本の文化の一部である日本語を用いて論文を書くことを要求するのが筋道であろう。しかしながら，学問が国際化して，法学の領域でも基礎理論は外国との共通性をもつ分野が多くなる。さらには，日本の学問を少しでも多く外国へ輸出するという政策的要請もないわけではない。発展途上国の学生や若干の研究者のうち，欧米留学派が圧倒的多数であるというのでは，日本の学問が世界に乗り出す機会がそれだけ狭くなってしまうという点にも注意しなければならないであろう。このような点を考慮すれば，原則論ではこれを堅持しながらも，政策的配慮から例外論も一定の範囲で認めざるをえないのではないか，というのが私の率直な感想である。

　日本の修習生の実務修習期間は，現在のカリキュラムのもとでさえ不十分である。ましてや外国修習などを加える余地はないとの反論も，当然予想される議論である。もちろん，このような議論にも十分な理由がないわけではない。何事にもこれで十分という状態を求めることは至難なことであって，問題はどちらがベターかということである。外国修習を導入するには修習期間を全体として延ばすことも考えられる。これまでの修習期間にこだわる必要はないのではないか，と私は考えている。

　日本で外国修習をしている西独の修習生を見ていると，それぞれに，いろいろな意味で着実な成果を挙げているように思える。日本の修習生についても，なんとか修習期間中の海外修習を実現したいものであるとの感を強くしている。

109 司法修習生と外国修習

［判タ 558 号 2 頁，昭 60］

追記 本稿執筆時と比較すると現在の修習期間は旧修習期間の約半分になっているので，ここに述べた処は夢のまた夢になってしまった。悲しむべきことである。さらに旧修習制度における修習の一部を法科大学院におろして修習期間を短縮したのは完全に失敗であると私は考えている。

IX　その　他

⟨110⟩　信義則，事情変更の原則と不安の抗弁

　双務契約の対価関係にある対立する2つの債務が同時履行の関係にある場合には，とくに問題はないが，両債務が先履行・後履行の関係に立つ場合，先履行債務者が後履行のあるまで後履行債権の履行確保が問題になる。とくに後履行債務者に信用不安がある場合に，先履行債務者としては，後履行債権の履行確保手続を必要とする。そこで後履行債権者に与えられる抗弁が，いわゆる不安の抗弁といわれるものである。

　不安の抗弁は，たとえば，アメリカ統一商事法典2-609条1項とか，ドイツ民法321条によって認められている。これに対して，わが民法には，これを明文をもって認める規定がないのであるが，解釈上これを認めようとする見解が，これまでにも見受けられることは，周知のとおりである。たとえば，神崎克郎「信用売買における不安の抗弁」神戸法学会雑誌16巻1・2号439頁以下があり，また清水元「不安の抗弁」現代契約法大系2巻79頁以下は，不安の抗弁の必要性，現行民法典の立法過程における不安の抗弁をめぐる沿革，解釈論的承認の可能性を論じた論稿で，右の可能性を肯定している（その他の文献については，右2論文の引用文献を参照されたい）。

　私も結論的にいえば，不安の抗弁なる概念を現行法上認めるべきではないか，と考えるものである。

　ドイツ民法321条は，不安の抗弁について，「先履行義務を負う者は，契約締結後相手方の財産関係が著しく悪化し，反対給付請求権が危殆に陥ったとき，反対給付がなされるか，または反対給付のための保証が与えられるまで，自らの義務である給付を拒絶することができる」と規定している。同条は，普通法上認められた clausula rebus sic stantibus（事情変更なしとの条項，いわゆる事情変更の原則）を，衡平の観点からドイツ民法に導入したものであるといわれている。

　他方，ドイツ民法242条は，債務の履行について，一般条項としての信義誠実の原則が適用される旨を規定している。後履行債務者の財産関係が悪化し，その結果，後履行が期待できない状態に陥った場合，それにもかかわらず先履行債務者の先履行義務の履行を求めうるとすることは，債務の履行に関する信

義誠実の原則に反することになる。したがって，先履行義務者は，反対給付がなされるか，または後履行についての保証が与えられるまで，先履行の拒絶権をもつことになるのである。ドイツ民法610条によれば消費貸借の貸主は，借主の財産関係が返還請求権を危殆に陥らせるにいたるまで悪化した場合，疑いの存する限り，契約を撤回することができる旨が規定されている。これは321条と同じ考え方に基づくものである。

このように，不安の抗弁は，事情変更，信義則という民法の一般条項に基づくものであるから（もちろん，事情変更の原則と行為基礎理論との関係については，別に詳細に論じる必要があり，この点に問題があることについて，ここでは指摘するにとどめ，後日の問題としたい），わが民法の解釈論としても，不安の抗弁という形の右一般条項の具体化を妨げる特段の事情の存しない限り，これを認めるべきであるものと考える。

＊　　　＊　　　＊

不安の抗弁は，上記のように，ドイツ民法上は，事情変更の原則に起因するものであるから，321条は，後履行債務者の財産関係の悪化が契約締結後に発生したものに限るという形をとって，それ以前の悪化は詐欺又は要素の錯誤ありとして，これに対処すればよいとしているのである。

たしかに，詐欺や要素の錯誤で対処できないこともないが，先履行義務者としては，契約締結時既に悪化している場合でも，それを過失なくして知らなかったときには，悪化が契約締結後に知れたという形の事情変更があったものとして，詐欺や要素の錯誤をもって対処する以外に，不安の抗弁で対処する方法が認められてよいであろう。とくに，詐欺，要素の錯誤による場合と不安の抗弁による場合とでは，効果の点で差が出てくるだけに，両者を並行的に認める実益はあるものと思われる（たとえば，神崎・前掲論文465頁）。

また，特段の規定を欠く日本民法の解釈として，先履行義務者は，後履行義務者に対して担保の提供を求める請求権があるか否か問題になる。不安の抗弁の効果として，担保供与請求権まで認めるのは行き過ぎである。そこまで認めなくても，単に後履行債務の履行または担保供与があるまで，先履行を拒絶できるとすることで，先履行義務者の利益は十分に擁護されるものと解することができるからである（たとえば，清水元・前掲「論文」97頁は同旨）。

［判タ565号7頁，昭60］

Ⅸ　そ の 他

⟨111⟩ 生きる権利の平等
―― 脳死・臓器移植論議に思う ――

　脳死は人の死かという問題についてはすでに議論がつくされ，今は国民のコンセンサスの形成を待つという状態にあるという感じがないではない。本来，脳死の問題は，臓器移植の問題とは別の問題であるべきである。しかし，臓器移植の問題は脳死の問題すなわち人の死の問題を考える場合，考慮すべき最大の要素一つになることも事実である。たしかに，移植医学の立場から脳死を人の死としたいという考え方がでてくることは理解できる。もちろん，脳死問題を考える場合，移植医学の面をあまり強調しすぎることは，脳死を人の死とする考え方を促進する方向に作用することを否定することはできない。すなわち，移植医学において移植の生着率（成功率）を高めようとするために，脳死を人の死とすることによって，心臓死や3徴候死より早い時期に臓器移植を可能にしようとするものと考えられるからである。私見は脳死説に原則的に賛成であるので，例えば日本医師会の生命倫理懇談会報告書や脳死臨調の答申，生命倫理議員連盟の議論等々各方面の努力によって脳死を人の死とする国民的コンセンサスが形成されつつある現状を評価したいと考えるし，また好ましい傾向であるとも思う。法律における死の概念も社会通念によって定まるべきものであるから，脳死を人の死とするには，なんといっても，国民のコンセンサスの形成が必要であることはいうまでもないのである。このコンセンサスこそが脳死立法を促し，脳死を人の死とする法解釈の採用へと向かわせる刺激になるといえる。

　私は本稿において脳死説の根拠を展開しようとするのではない。既に述べたように，脳死を論じる場合一つの考慮すべき要素である移植の問題という観点から，ここで若干の考察を試みてみたいと思う。すなわち，脳死の問題と関連して，臓器移植について生きる権利の平等という観点を看過できない問題として導入する必要がないかと云いたいのである。
　わが国の法律の世界では，人の死について心臓死説や3徴候死説がとられ，いまだ脳死は人の死とは認められていないのが現状である。脳死を人の死と考

えなくても脳死状態で移植可能と考えるあるいは可能とする余地もある。人の死の定義はさておいて移植時期を脳死の時とする可能性も一つの方法ではある。脳死を人の死と考えない場合には脳死状態になったからといって直ちに臓器移植が許されると簡単に考えるわけにはいかないという面もある。したがって，移植を必要とする患者は，脳死を人の死とし脳死者からの臓器移植を認めている外国に行って移植をうけることが，移植の早道ということになる。そのこと自体患者の立場からみれば止むを得ない面があり，これを非難することは難しい。しかしながら，このことは，反面，当該外国の国民であって移植を必要とする患者から移植の機会を奪い，その生きる権利を侵害しかねないという虞れがあることも否定できないのである。我々は日本人として，当該外国が移植について自国患者優先の原則を打ち出してくることを，あながち非難することはできないであろう。日本では，外国人に対してはもちろん日本人に対しても脳死者からの移植を認めないのに，日本人が外国で脳死者からの移植を要求し当該外国の国民である移植必要の患者の間に割り込んでいくということは，レシプロシティの原則に反することになる。そのことは，移植に関して当該外国人を不当に差別することになることを我々日本人は十分に認識しなければならない。これに対する外国の日本批判は，ことが人の命にかかわる人道問題であるだけに，将来貿易摩擦の比ではなくなるのではないか。

　さらにまた，脳死者からの移植を認めることによって，移植の生着率を高め，且つ移植臓器の供給を増やすことは次のような観点からみても必要なことのように思われる。すなわち，移植臓器の提供が少なければ，おのずから臓器に金銭的価値が生じ，将来富める者は移植を容易に受けることができ生命を長らえることができるようになるのに対して，貧者が移植を受けることは困難になるという事態が生じかねないのである。人の臓器に高い金銭的価値が生じるであろうことは，売血という現象をみても予測できる。違いは臓器か血液かという点に求められるにすぎず，いずれも人体の一部であるという点では両者間に相違はないのである。腎臓のように一つで足りる臓器は生ける人間でもこれを売却しようとする者すら出てくるであろう。その売却のシステムができれば，それは売却者の健康権を侵害することにもなる。腎臓を買える能力のない者との間には，生きる権利の不平等が生じることになるが，それでよいのであろうか。

Ⅸ　そ の 他

　将来人工臓器が開発されれば，これをもって代替できる臓器の病気は救われる。肝臓のようにその期待ができないような臓器は，将来ともに移植以外に患者救済の道がないのである。肝臓の脳死者からの移植によって，肝臓移植の生着率を高め，また肝臓の提供を増やすことが困難であれば，肝臓移植は生体肝移植にたよらざるを得なくなる。生体肝移植の話を聞くたびに心を痛めるのは誰しも経験していることであろう。このような観点からも，移植臓器の提供を増やし，移植の生着率を高めることは急務であるように思われる。

　以上の議論は，平成5年7月15日金沢大学法学部において開催された日本学術会議第2部会（法学・政治学関係）と金沢大学との合同シンポジウム「現代医療問題と法」における討論に触発されて，生きる権利の平等という観点から，私なりに脳死と臓器移植の問題に関する意見をまとめたものである。なお同シンポジウムには第7部会（医学・薬学関係）の若干の会員が参加され，その発言に教えられるところが多かったことを記して感謝の意を表したい。また，同シンポジウムで取上げられたテーマは，「脳死・臓器移植をめぐって」「尊厳死と法」「精神医療と人権」「健康権と医療保障法」であった。

[判夕820号4頁，平5]

（**追記**）本稿発表後平成9年に臓器移植法が成立したことは周知のとおりである。本章は本文中にもあるように平成5年に執筆されたものである。
　この問題は人の死の時期と臓器移植を認める時期との関係についても両者を単一的に考えるか異時的に考える余地を残すかという点に関連する法律学的，そして更には哲学的問題を残している。
　山中伸弥教授のiPS細胞の発明が応用段階に入ると臓器移植の問題も変ってくるであろう。

◇112◇ 法律専門職の注意義務

〈1〉 近時，法律専門職あるいはこれに準じる専門職に対する，職業上の注意義務違反による損害賠償請求訴訟がしばしば提起されるようになり，請求認容の判決も散見されるようになった。弁護士，税理士，公認会計士（監査法人），司法書士等に対する業務上の過失による損害賠償請求事件がこれである。その責任を肯定した判例もあるし，これを否定した裁判もある。

勝敗は別にしても，これらの訴訟が提起されるようになったのは国民の権利意識の向上に起因するものであること，法律専門職が職業上の過失を犯すこと自体は困ったことであるにしても，かかる現象それ自体は，法律専門職の執務姿勢を正すものであるということ等の点で，好ましい現象ということができる。

〈2〉 釧路地裁平成5年5月25日判決（判例タイムズ817号241頁）は，売掛代金を目的とする準消費貸借契約公正証書の作成について，利息制限法および割賦販売法違反の内容であったとして，割賦購入斡旋業を営む共同組合，公正証書の作成嘱託をした司法書士および公正証書を作成した公証人の過失を理由に，上記共同組合，司法書士および公証人につき損害賠償を認めている。

従来，司法書士や公証人の過失を認める事例にあっては，当該過失が手続に関するものであるケースが多かったようであるが，このケースでは，過失は委嘱事項の内容に関するものであるという点で特徴があるといわれる（前掲判例タイムズ解説参照）。すなわち，司法書士にしても公証人にしても，割賦販売契約の条項中に割賦販売法30条の3の年6パーセントの規制が働く取引が含まれているのではないかと疑い，また売掛代金のなかに利息制限法に違反する貸金債権が含まれているのではないかと疑い，その点を確認すべき義務があったのに，この義務に違反して確認を怠り公正証書の作成委託をなしたこと，公正証書を作成したことに過失ありと判示したのである。

公証人法26条は「公証人ハ法令ニ違反シタル事項ニ付証書ヲ作成スルコトヲ得ス」と規定する。公証人についていえば，この明文の注意義務に違反したことになるといえよう。弁護士や公証人は純然たる法律家であり，しかも高度の法律的資格を要求されるものであるから，その注意義務は，こと法律に関す

397

IX　その他

るかぎり高い水準で要求される。かかる観点からすれば，公証人についてその損害賠償義務を認めた前記釧路地裁の判決は，むしろ当然の判決というべきであろう。司法書士について，司法書士法には，公証人法26条のような規定はおかれていないものの（司法書士法第2条参照），司法書士も法律職である以上，その職務に関して公証人に準じる注意義務が認められてしかるべきである。

〈3〉　欧米と比較して，わが国の場合，法律専門職ないし準専門職の注意義務が，従来，それほど問題にされることはなかった。しかしながら，今後は，訴訟社会化の進展に伴って，法律実務家の職務執行上の注意義務が厳しく要求され，その不法行為責任が追及される機会がより以上に多くなるであろうことが予測される。

　弁護士を専門に訴えることをビジネスとする弁護士なども，アメリカにおけるように今後生まれてくる可能性がある。製造物責任を追及する弁護士にはメーカーの姿勢を正すという自負があるのと同様に，法律実務家を訴えることを専門とする弁護士にはその姿勢を正すという使命感があるとすれば，それを積極的に評価すべきなのであろう。

［手形研究487号1頁，平5］

⟨113⟩ 法の発展と実務

　成文法主義の国家では，実務家は成文法に拘束されて，これと離れた実務を展開することに躊躇する。成文法の規定に拘束されて裁判するのが裁判官の義務なのである。しかし，わが国と同じ成文法国であるドイツにおいて，最近の民事訴訟実務をみるかぎり，実務家は裁判を通して相当大胆に成文法に直接ない有意義な実務を発展させていることに気づく。

　立法者とて完全な法律家ではありえないのであるから，法の欠陥を補う形での法の発展を実務をとおして行うことにあまりにも消極的であることは許されない。これをしないかぎり実務が適正に動かないということもあろう。

　一例を挙げると，ドイツの保全処理手続における保護書面という制度は，法律に全く規定がないところで，実務の必要から考案されたものである。仮処分を債務者の審尋なしに発令するということは，時に仮処分が債務者の利益に大きく係るとき，ボン基本法103条に規定された当事者（この場合債務者）の法的審問請求権を害することになる。そこで，ドイツの実務では，仮処分申請が予想される場合，債務者の法的審問請求権を保障するために，債務者があらかじめ保護書面と称する反論書を裁判所に提出しておくという実務が定着している。これはわが国にない制度である。法的審問請求権の憲法上の保障からすれば当然の帰結なのではあるが，ドイツ民訴法の仮処分に関する現行規定はボン基本法制定以前のものであるから，保護書面に関する規定を全く欠いている。実務家が法的審問請求権の保障の論理必然的帰結として定着させたのである。

　保護書面制度の登場によって，債務者の審問請求権は保障されることになったが，これに対する債権者側の反論権が保証されないと武器対等の原則に合わないことになる。そのために債権者側の記録（保護書面）閲覧権が考案されるようになった。本来ならば，このような制度の創設は立法によってなされるべきものである。それにもかかわらず立法がこれに対処しないかぎり，実務のなかでかかる制度を考案し定着させていく以外に方法はなかったのである。ドイツの実務家は果敢にその作業を成し遂げたのである。こうなると実務家が殆ど立法者的役割を演じていることになる。それだけにその作業は困難なものであるし，その限界もまた問われなければならないことになるであろう。

399

Ⅸ　そ　の　他

　このように考えてくると，法の発展について実務家の果たす役割は著しく大きい。果敢にその役割を果たさなければならない場合があるのに対し，逆に極めて消極的な態度を堅持しなければならない場合もある。両者の振分けの基準を何処に求めるべきかが問われる。結局その基準はそれぞれの法制度の目的・存在意義，更には法律実務家の健全な法感覚に求められるということになるのであろう。

[ジュリスト 1053 号 8 頁，平 6]

⟨114⟩ ECの公証人像

　本稿の表題は平成5年度公証法学会における私の研究報告の予定されたテーマであった。その準備のために若干の資料も収集していた。平成5年4月ドイツの民訴学会への参加を兼ねて，フンボルト財団の御招待をうけて約1カ月ドイツに滞在した。学会でボンの司法省のA氏と歓談する機会があった。私が公証法学会の研究報告に言及したところ，A氏は，現在のドイツにおいて公証人法改正作業が進み，それを含めて報告されるのがよいと薦めて下さった。これはドイツ民訴学会に出席した成果の一つであった。

　学会後滞在先のザールラント大学に落着いて，A氏が送ることを約束して下さった改正資料を待ったところ，これがなかなか送られてこない。失礼とは思ったが督促の電話をしたところ，議会へ法案を提出する準備をしている段階で，多方面から圧力がかかることを警戒して，法案提出までは公開できないということであった。仄聞するところによると，政府案に対してドイツ連邦公証人会の対案があるという。ザールラント公証人会会長の知人に問合せたところ，ケルンの本部と連絡して下さったが，これも当時の段階では非公開扱いであった。幸い，私はこの対案を時機がくるまで公開しないことを約束して入手することができた。いずれ機会をみて紹介したいと思っている。そのために，公証法学会の予定された報告のテーマを変更せざるを得ない羽目に陥ったのである。

　学会の数日後に或る公証人の方から，全く御親切にECの公証人制度に関する欧州議会の議決の掲載されたEC官報を送っていただいた。ここに記して感謝の意を表したい。この官報はフランス語のものであったため，早速EC裁判所の図書館長のコーラー博士にお願いしてドイツ語版を送っていただいた。コーラー博士は現在ザールラント大学で国際民事訴訟法の講座を担当されている篤学の士である。若干前置きが長くなったが，本稿はこの官報にみられる欧州議会の議決をもとにECの公証人像に若干言及しようとするものである。

　EC条約52条第1項（以下条文の訳は，有斐閣・国際条約集1994年版による）は，「以下に定める規定の枠内で，いずれかの構成国の国民の他の構成国の領域における居住の自由に対する制限は，過渡期間中に漸次撤廃する。この漸進的撤廃は，また，いずれかの構成国の国民が他の構成国の領域で設立する代理

Ⅸ　そ　の　他

店，支所または子会社の設立に対する制限に及ぶ」と規定する。また他方で同59条1項は「以下の規定の枠内において，共同体内における役務の自由な提供に対する制限は，役務の提供の対象となる国以外の共同体内の国に居住する構成国の国民に対し，過渡期間中漸次撤廃する」旨規定している。これらの規定に関連して，1994年2月14日付EC官報によると1994年1月18日ヨーロッパ議会はECにおける公証人の将来像について議決している。以下若干の紹介をしておこう。

　支所開設の自由や役務移動の自由は，いうまでもなく，域内市場の統合と関連するものであるが，この役務のなかには，同条約60条1項により，「自由職業の活動」が含まれ，ここに公証人業務も入るものと解されている。

　そして，支店開設の自由，役務の自由移動等を含む域内市場の完成は，権利主体の域内移動や文書交換，契約締結の数の飛躍的増加という結果をもたらし，この現象は共同体域内における公証人の職務を著しく増大させることになる。それに伴って公証人職務の重要性が増大し，しかるがゆえに公証並びに公証人の在り方の研究が重要な課題となる。特に構成国間に公証並びに公証人制度の相違がみられる今日，それらを何処まで統一的制度として確立すべきか，あるいは統一をなしうるかという点，逆にいえば統一しえない限度で，何処まで各構成国固有の制度を残すべきかという点が明らかにされなければならないのである。

　さらに，EC条約55条は「偶発的にせよ構成国の公権力の行使に関与する活動は，関係構成国に関しては，この章の規定から除外される」と規定している。EC条約は国家の主権を部分的にECに移譲しているのであるから，EC条約55条からすれば，同条約の支所設置及び役務の自由移動に関する前掲諸規定は，右移譲の範囲外で，構成国の公権力行使に関係する公証人業務については統一公証並びに公証人制度が適用除外されることになる。

　かようにして，一方では公証並びに公証人制度・組織に関するヨーロッパ・レベルでの統一的構成，他方では各構成国固有の地域特殊的構成をなすについて，EC委員会としては，構成国並びにその公証人会が協力すべき旨を要請することになる。

　もちろんECレベルで共通の公証並びに公証人制度を確立するにあたっては，公証人職に要請される一連の共通の要素が要求されることはいうまでもない。例えば公証人職の公的性格に伴う独立且つ自由な活動の保障，訴訟や法的紛争

の予防的機能を果たす中立的法的助言者としての役割等の維持，あるいは消費者保護の観点に立った公証人の法律文書作成に関する統一的報酬基準の設定等々が考えられる。

　以上にみたEC議会の要請にみられるように，現在の段階でECの公証人像を語るのは時期尚早である。ヨーロッパ議会は問題点を提示してEC公証人の検討を開始すべき旨を提唱しているにとどまる。

　英米法と大陸法の相違，さらには大陸法のなかでも各国の法体系に相当の開きが厳然として存在するEC諸国のなかで，ECは各構成国法の独自性を残しながら，共通のEC法の体系を発展させつつあることに注目する必要がある。EC委員会の叡知と努力によって，ECにおける統一公証法・公証人法を形成していくことは決して望みえないことではない。公証法・公証人法以上に大きな体系をもつ民事訴訟法の領域においてすら，現在その統一に向けてEC構成国間で作業が続けられているのである。

　EC統一市場が確立された現在，EC条約の前記諸規定の内容を実現するためにEC委員会としてはECの統一公証並びに公証人制度を確立することは，まさに現時の急務であるというべきであろう。

　ECの統一公証並びに公証人制度の確立は，それが，公証並びに公証人制度の不可欠な要素すなわち最大公約数を示してくれるがゆえに，それはわが国の制度を考える場合大いに参考になるであろうという意味でも，われわれが時期をおいつつその成り行きを見守るべき作業であるように思われる。

　私は数年来慶應義塾大学でEC法研究会を組織して，メンバー各人の関心テーマについて研究発表を行い，その成果は石川明編「EC統合の法的側面」（成文堂1993年刊）にまとめられた。私は主としてECの司法制度について関心をもっているが，その研究の一環としてECの公証並びに公証人制度についても研究を続けたいと考えている。またドイツ公証人法の改正が議会に提案され，その資料を入手した時には，それに加えてドイツ連邦公証人会の対策を紹介してみたいと考えている。　　　　　　　　　　　　［月刊民事情報98号4頁，平6］

　　追記　EU法に関して1999年6月刊，石川明・桜井雅夫編「EUの法的課題」（慶應義塾大学出版局）のほか同「国際経済法と地域協力」（信山社），同「EU法の現状と発展」（信山社刊），桜井雅史編「EU法・ヨーロッパ法の諸問題」（信山社）がある。を出版している。また本項については本書第67追記参照。

IX その他

◇115◇ 判例集の当事者実名登載とプライバシー

　平成 8 年 6 月 18 日，新民事訴訟法の立法作業の第一段階の成果である「民事訴訟手続に関する検討事項」において，プライバシー保護のために，文書提出義務に関連した検討事項が問題提起された。第 5「証拠」の一「証拠収集手続」のうち(2)の文書提出義務の存否の審理手続において「プライバシー，営業秘密等にかかわる文書であるかどうか」の判断をする場合の審理手続の在り方が問われた。また，(3)の文書の一部の提出命令，(4)の「文書提出命令に付随する秘密保護措置」に関連しても，プライバシーや営業秘密の保護が配慮された。文書提出義務存否の審理手続に関連しても，プライバシーや営業秘密の保護が配慮された。文書提出義務存否の審理手続に関連して「プライバシー，営業秘密の保護」の判断手続は，その後の検討の成果としての「民事訴訟手続に関する改正要綱試案」第 5「証拠」1「証拠収集手続」1「文書提出命令」の(2)「文書提出義務の存否の審理手続」においても問題とされていた。
　要綱試案は次のようなものであった。

(二) 文書提出義務の存否の審理手続
　　文書提出義務の存否の審理において，プライバシー，営業秘密等の秘密にすることに正当な利益がある文書であるかどうかの判断を要する場合には，裁判所は，所持人に当該文書の提示を命ずることができるものとし，この場合において，当事者は，当該文書を閲覧することができないものとする。受訴裁判所が右の措置を採ることにつき当事者に異議があるときは，受訴裁判所を構成する裁判官以外の裁判官によって構成される裁判所が秘密にすることに正当な利益がある文書であるかどうかについて決定するものとする。
　　　(注) 裁判所が弁護士，弁理士その他の専門的知識を有するもので，事件につき利害関係がないものを検査人（仮称）に選任することができ，検査人が，所持人に当該文書を開示させて閲読した上，当該文書が秘密にすることに正当な利益があるものかどうかにつき裁判所に報告する制度を設けるかどうかについて，なお検討する。

　これに対して「要綱」や新法ではこれらに関連する項目ないし条文が欠落している（但し新法 196 条参照。）。
　しかしながら，少なくとも「検討事項」や「要綱試案」において民事訴訟に

おけるプライバシーの保護が言及されたということは，当然のことながら民事訴訟においてもプライバシーの保護の要請が働くことを意味している。したがって，この規定が落ちたことは，必ずしも民事訴訟においてプライバシーの保護がなされなくてもよいということを意味するものではあるまい。新法の下で訴訟におけるプライバシー保護がいかなる方法でなされるのか新法の運用の重大関心事である。正しい裁判の要請とプライバシーの保護の要請とは相衝突する対立理念であり，審理のなかで両者をいかに調整すべきかという点は注目すべき問題である。

このように審理の過程におけるプライバシーの保護も重要な問題であるが，公的・私的を問わず，判例集の公刊に当っての当事者のプライバシーの保護も考慮しておく必要があるのではないかと思われる。

例えば，身分関係事件の裁判にあっては，判例登載に当って若干の例外はあるようであるが，原則的に当事者名が，甲野太郎，乙野花子というように仮名によって表示されている。これに対して財産法関係事件では，身分関係事件における仮名登載という取扱がなされている場合と，そうでない場合とがある。問題は財産関係事件で当事者が実名のまま判例集に登載される場合である。

家庭内の身分関係をめぐる紛争は表に出したくない，他人から覗見されたくないというのが一般人の感情である。ここでプライバシーは保護されなければならない。これに対して，財産関係事件は所詮は事件が財産関係をめぐる争いであるだけに，ドライに考えて，これを表面化することについて当事者に身分関係事件におけるほどの抵抗感がないという考え方があるものと思われる。そしてこの差が身分関係事件では仮名で，財産関係事件では実名で判例を判例集に登載することが多いという登載方法の相違をもたらしているように思われる。

もっとも民間の法律誌の判例登載にあたって多少出版社により方針が異なるようにみえることもお断りしておかなければならない。それを含んだ上で，以下，身分関係事件と財産関係事件とでは判例登載にあたり，当事者の表示方法に異なる傾向が認められるということを前提にして論述する。

ところで，財産関係事件と身分関係事件との区別は多くの場合明確である。しかし，財産関係訴訟でも実は極めて身分関係的な事件があることは周知の通りである。実質身分関係事件であるにもかかわらず，形式上は財産関係事件として裁判所に出てくるために，判例集への登載にあたって，当事者の表示について身分関係事件に準じて仮名表示という取扱をしないということでよいので

Ⅸ　そ の 他

あろうか疑問である。私はすくなくとも，この種の事件については仮名にするのがプライバシーの保護に通じるのではないかと考える。単に形式的に身分関係事件か財産関係事件かということを当事者表示を実名によるか仮名によるかを決めるための決定基準とすることについては疑問がないわけではない。

　問題はこれにとどまるものではない。さらに一歩進めて，同じくプライバシー保護の観点から一般の財産関係事件にあっても，判例集への登載にあたって当事者名を実名をもって表示すべきか否か多分に疑問である。

　訴訟は権利のための闘争であり，法的正義の追求であり，訴訟の当事者になること自体なんら恥ずべきことではないという反論もありえよう。しかしプライバシーというのは，訴訟の当事者として公表されることを嫌うか否かという問題なのである。訴訟は法的紛争であり，事故である。もちろん，そうでない場合もないわけではないが，予防司法が完全でなかったというケースもある。例外的に，勝訴したことを社会に公にしたいという当事者もないわけではないであろうが，訴訟当事者の請求に理があるか否か，勝訴したか否かとは関係なしに，訴訟の当事者になったこと自体を公表されたくないという心理は一般に働くことが多いのであろう。特に敗訴当事者の場合，氏名を公表されたくないという心理は一般的にいって勝訴当事者よりもより強いと思われる。

　特に事件の性質からして，敗訴当事者はもちろん，勝訴当事者であっても実名を公表してもらいたくない場合が考えられる。例えば医療過誤事件とかその他の不法行為事件等にあっては両当事者ともに実名による判例登載に抵抗感をもつ場合が圧倒的に多いのではないかと考えられる。憲法82条により，裁判の対審および判決は原則として公開であるし，法定の掲示にも当事者名は記載されているし，記録も閲読が可能であること等の事情を考慮すると，判例集についてだけ当事者名の表示を禁じることは妥当性がないという反論も考えられる。しかしながら，裁判の公開とはいっても，おのずから法定の傍聴席には限度があるし，掲示を見る者も限られている。記録の閲読も好んで行われるものではない。当事者名の外部への伝わり方は，判例集（特に商業誌）の場合と法廷の公開や閲覧すべき記録による場合とではまったく違う。公開は憲法上の要請に基づくものであるし，掲示ないし記録の閲読等は，それを保障するための方法または帰結といったものであるが，これらが保証されているからといって，当然に実名の判例集への登載が許されるという性質のものではなかろう。

　プライバシーの保護といっても，保護の程度が人によって異なることが考え

られる。その程度如何という問題は、様々な側面から考察されうる。当該人物の公的性質、事件の公的性質、事件の周知性等々、考察のいろいろな基準が考えられるであろう。

　民事事件についてマスコミ等で実名報道がなされるが、これも事件の社会的重要性があるがゆえのことと思われる。判例集登載の判例は法律解釈上の重要性はあっても事件の社会的重要性に欠けるものも多いと思われる。したがって、マスコミにおける民事事件の当事者の実名報道が認められるケースと比較して、判例集への実名登載を一般的に認めないという結論を出すことは適当ではない。

　当事者の実名による判例登載について、当該当事者の承諾がある場合は仮名登載によるプライバシーの保護の必要がないことについて問題がない。判例の引用にあたり当事者名をもって判例を表示・特定する方法がとられることがあるが（例えばマレーシア航空事件というように）、当事者のプライバシー保護のために判例集登載にあたりすべて仮名によるべしということになると、右の方法による実名掲載はいっさいできなくなり不便であるとの異論も考えられないわけではない。判例の表示・特定の方法は当事者名による以外にもあるのであって、あえて当事者のプライバシーを侵してまで実名による登載をする必要があるとは考えられない。

　判例の登載にあたり身分関係事件では当事者名に仮名を用いるという方法によって当事者のプライバシーの保護がなされている。プライバシーの保護に向かってこの点で第一歩が踏み出されているのである。あと一歩踏み込んで、実名使用を避けて仮名使用によるとの取扱を、財産関係事件の判例集登載にまで拡張することが必要なのではないかというのが私の本稿で提案したかった結論である。もちろんこの提案は従来の慣行と著しく異なるものであって、色々な根拠から相当な反論が予想される。ここに私見を問題提起の意味で提示し、各方面の御意見を拝聴した上で再考してみたいと考えている。最近のドイツでもそのような提案をしている有力学説があること、したがってそれが必ずしも極めて突飛な珍説ではないことを望みたい。本稿が契機となってこの問題に関する議論が喚起されるとすれば、それは私見よりみて望外の幸せである。

[判タ 916 号 47 頁、平 8]

　追記　本稿発表以来多くの雑誌上判例が仮名表示になったことで本稿の論旨が的外れでなかったようであるし、プライバシー保護に向けての一因になったのではないかと喜んでいる。

Ⅸ その他

⟨116⟩ 法学教育改革の1つの試み

〈1〉 ここに，ドイツ，ハノーバー大学法学部オスカー・ハルトヴィク（Oskar Hartwieg）教授より贈呈された1冊の仮綴じの本がある。ハルトヴィク教授はもともと国際取引法を中心に研究業績を発表されてきたが，民事訴訟法に関する造詣も深い。1995年夏学期に同教授自身が担当された極めて有意義且つ大胆な試みである講座「裁判所における弁護士の弁論（Anwaltlicher Vortag vor Gericht）——民事裁判における争いある事実関係確定の方法をめぐる教育に関する報告——」の教材に用いられた冊子である。219頁にわたる。

本書は，7つの事件について，事実関係，訴訟，答弁書，弁論内容，立証，判決，問題点等を例示して構成された教材である。本書によって受講者は現実の訴訟手続の実務の概略を把握できるような内容になっている。

この講義は訴訟手続に関与する弁護士の当該手続においてなすべき事項のすべてを具体的事件に即して教育しようとするものである。この種の講座は，従来ドイツの法学教育，特に大学における法学教育には見られなかったものである。当然のことながら管見の及ぶかぎり，わが国においてもないと言ってよかろう。模擬裁判は若干の大学において行事として行われることもあるものの，到底これに該当するものとはいえない。

この種の講座は法学教育の中で多様な意味を持っている。第一に，講義や演習によって民事訴訟の理論は教えられても，それだけでは，しばしば理論とかけ離れた内容になっていることもある現実の手続はわからない。第2に，実体法学で学んだ権利や法律関係が訴訟においてどのような変貌を遂げる可能性を持つかという点は訴訟実務を理解しないかぎり，学生にはなかなか理解しがたい。しばしば実体法と訴訟法とを車の両輪にたとえることは我々の承知しているところであるが，訴訟手続の現実を身をもって学ぶことによって学習者は右の命題の真の意味を学びとることができよう。第3に，この種の講座は法律学や実務に関する関心をそそる。法学が多くの他の文科系諸学と同様に人間を研究対象とする学問であるという点に気付けば，法学生の法律学への関心はより高いものになると思う。しかし必ずしも多くの法学生がそのことに気付いていない。そのために法律学に対する関心がややもすれば薄くなりがちである。学

部生のうちの司法試験志望者にしても，そのうちのどれだけ多くの者が法律学に真の愛着と関心を懐いているかは，疑問である。湧き出るような関心をもって法律学を勉強する学生が，そして法律学を真に天命とする学生がどれだけいるのであろうか。法律学は人間研究学であるという観点からの関心は別にしても，法律学の勉学の道程でこの種の講義を通して訴訟実務への関心を持たせることは，法律学について学生諸君がしばしば感じがちな無味乾燥性から学生を解放し，併せて実体法の学習への情熱を改めて深くし，且つ法律学全般への興味を持たせることになるのではなかろうか。

〈2〉 近頃ドイツでは，法学教育論争が再燃しているようである。もっともドイツでは約百年以前から法学教育の問題は司法の変らぬ重要問題であり続けたといってよい。19世紀前期のプロイセンについてすでに Christina von Hodenberg, Partei der Unparteiischen, Der Liberalismus der preuβischen Richterschaft 1815-1848/49, Göttingen 1996(Vandenhoec & Ruprecht), 87-182(142-162) がある。近時，一時期わが国においてもドイツの法曹教育の改革について様々な論文や資料が紹介された。ドイツでは最近実務修習期間（Referendariat）を場合によっては廃止しようとする動きすらあるという。例えば1996年に開催された連邦諸州司法大臣会議は現行司法修習の合理化案の検討を同会議共同部会に諮問している。このような状況の下では大学の法学教育のなかにこの種の実務的教育が若干なりとも取り込まれる必要性が出てくる。わが国の場合，研修所の実務修習を廃止しようとする考え方は今のところ皆無といってよいので，大学教育において実務教育の代替を考える必要性はない（法科大学院は旧修習制度の一部を引受けている）。それにもかかわらず，既述の理由から訴訟実務を大学の法学教育に取り込む必要性やそのメリットは認められてしかるべきである。

〈3〉 近時，文科省も大学教員の資格審査にあたり一般に実務経験も資格にカウントする傾向にあるようである。このような傾向は，訴訟実務を大学の法学教育に取り込む考え方と方向を同じくするものと考えてよい。昔，福沢諭吉は実学の精神を説いた。福沢のいう実学とは大学の専門学校化を指すのではなく，理論の実務的検証の必要性を意味するものである。理論と実務の相互的フィードバックの必要性を意味する。空理空論は駄目だということである。こ

IX　その他

の種の実務的教育は法学生に右の意味での法学の実学性を教えるという点でも有意義である。

　"Learning by doing"「行動しつつ学ぶ」,「行動のなかから学ぶ」ことによって講義や演習によって得た法的知識はより確実に身につくとともに,実学的観点からもより高度のものになるのである。

　さらに,生の事実を与えて,攻撃防御を学生に組立させることは,次の2つの重要な意味をもつものと思われる。すなわち,第1に,判例の中には法律学の原理・原則論からいえば相当無理な理論構成であると感じされるものがないわけではない。しかし与えられた生の事実関係からみると,自らを裁判官の地位においた場合,正義感情からみてそのような判断をせざるを得ないという理解ないし理論構成を生むであろう。加えて,このような問題提起に対していかなる対応をなすべきか法学生は悩むであろう。この悩み,これこそが法学生を法律家として成長させることになるものと思われる。第2に,法律学の真理というものが必ずしも絶対的なものではなく,原告・被告という利害の相対立する立場に立った場合,同一の事件について相対立する理論をそれぞれの優利に構成することがありうることを教える。理論構成の相対性を学習することになるのである。同じ素養をもつ法律家が同一の事件を眺めて,その中に含まれている事実の評価,法的理論構成,法律効果の判断について相対立する結論を導く。主張と反論が繰返されることによって,より正しい意見が構成されてゆく。相互に相手方の主張に耳を傾けるという法律家としての態度はこのようにして育成されてゆく。もちろん法律学のなかでも,ある問題についてA説・B説の対立,学説の相対性を学び得ないものではないが,学問の領域ではA・B両説が対立するとき,そのいずれが正しいかを選択し,他方を退けることができる。しかし代理人の立場に立ったとき,そのような態度をとることができないことがある。A説が正しいと考えても,B説にも何ほどかの分があるものとして,死地に活路を見いださないかぎり,敗訴するのである。そこでB説が自己に有利な当事者は,一方ではA説が正しいと考えながらもB説による構成の余地を必死に考える。それが学説の的確な理解や発展に役立つことに間違いはない。

　〈4〉　民訴法の講義は一般的にいって極めて教科書的であって現実の法廷における訴訟手続とはかけ離れている面がしばしば認められる。弁論兼和解（旧

民訴法時代）といった手続は通常の教科書や体系書に出てこない。審理の原則は口頭弁論主義であると言いながら，口頭弁論は形骸化して審理は書面化している。現行民訴法（現在は旧民訴法）の準備手続もあまり行われていない。訴訟の現状は一部の例外を除けば集中審理にほど遠い。弁論の更新も形骸化していて，直接主義とはかけ離れている。時機に後れた攻撃防御方法でも訴訟の勝敗を左右する重要なものについては現行民訴法139条（現在は旧民訴法）を断固として適用し却下することもないようである。当事者尋問の補充性はどれだけ維持されているのであろうか。民事訴訟法学者は大学で表向きは諸制度を原理原則にのっとって講義しているものの，これら訴訟の現実を頭において若干の後ろめたさを感じつつ，実務の現状を補足することを忘れない。もちろんこれら，ここに挙げた諸問題の多くは新民事訴訟法によって解消されたことも確かである。

　講義を聴いただけで，聴講者は，理論と現実の大きな乖離をいかにシリアスにとらえて，これらにどれだけの思いをいたすであろうか，疑問なしとしない。冒頭掲記のごとき講座があれば，学生諸君が身をもってこれらの問題を認識し，且つその乖離の理由を求め，さらにその対策を考えることになるであろう。そのために，この種の講座は極めて有効に機能するものと思われる。

　この種の講座を設置するについては相当な準備を必要とする。しかしその効果の大きさを考えると準備の負担を上まわるメリットがあるといえよう。

　わが国では，これまでもケース・メソッドを試みる等，法学教育に工夫を凝らした若干の例は見られるものの，実定法学の領域で比較的大きな改革の試みを継続的に導入するということはなかった。

　ハルトヴィク教授のこのような試みはまさに法学教育にかける同教授の情熱を感じさせるもので，これに敬意を表するとともに，大胆にわが国の法学教育に取り入れられて然るべきではないかというのが私の率直な感想である。

　実務家と研究者が共同してこのような講座を設ければ，それは法学教育の活性化につながるのではないか。私は，冒頭に述べたハルトヴィク教授の試みとその成果を重大な関心をもって見守っている。成果を期待したいし，わが国の法学教育への導入を提案したいと思う。　　　　　［判タ927号63頁，平9］

　追記　私がその人柄・業績について敬愛してやまないハルトヴィーク教授は2001年8月
　　　26日逝去された。秀れた研究者を失って誠に愛惜の念に耐えないが，心からなる御冥福

IX　そ　の　他

をお祈りしたい。なお，石川明・永田誠・三上威彦編『ボーダーレス社会と法 ── オスカー・ハルトヴィーク先生追悼』（信山社 2004 年 12 月）が刊行されている。

　文中の模擬裁判法曹養成をするための法科大学院では行われるものの学部課程では行われていない。

　現在の修習はその期間が短かいために実務修習としての十分な効果を挙げているとは認め難いところであると断言することができる。

117　憲法改正の実体験

　日本ほど憲法改正を嫌う国はないのでないか。より正確にいえば，日本ほど憲法改正を嫌う声がその声以上に拡大されて伝えられる国はないのではないか。逆にまた改正を望む声が不当に抑圧されてしまうような国は珍しいのではないかと思われる。それでも近頃はその傾向が改善されつつあることは望ましいことである。ドイツのボン基本法は実によく改正される。私は1999年7月より9月まで海外短期留学の機会を与えられ，なじみの深い，ドイツ・Saarland大学に滞在した。私は今回そのことを実感したので，その一例を紹介したいと思う。

　短期留学の目的は，ドイツにおける憲法と強制執行法との関係について，連邦憲法裁判所が数多くの秀れた判例を出しているので，それらを研究することであった。日本の最高裁判所が民事手続法に関連して憲法判断を示すことは余り多くないこと周知のとおりであるが，その当否は別にしてもこれと比較してドイツの連邦憲法裁判所が憲法判断を手続法に関しても積極的に数多く出していることは注目に値する。

　両者の相違は憲法裁判所と通常の上告裁判所でありつつ違憲法令審査権をもつわが国の最高裁判所との性質的相違に由来するものと思われる。

　わが国の場合，従来民事訴訟の判決手続きについて憲法問題が論じられるようになってきたことは注目に値するものの，まだ執行法をめぐる憲法問題が論じられることは極めて稀であるといえよう。しかし問題を掘り起こすと結構色々あるものである。そこで今回，前記のようなテーマを留学の研究課題として選択したのである。

　問題は数多くあるが，とりあえず手はじめに，家屋の明渡執行をめぐる憲法問題を取り上げてみたのである。そこでBonn大学のSchilken教授の論文「住居の不可侵性と明渡執行」"Unverletzbarkeit der Wohnung und Raumungsvollstreckung"を読み始めた。この論文はDike International 3. 1996 "Grundrechtsverletzungen bei Zwangsvollstreckung"と題する書物に収録されている。この本は1995年にギリシャで行われた学術シンポジウムの報告原稿をアテネ大学のKostas E. Beys教授が編集したものであるから，Schilken教授の論文

413

IX その他

も同書に1995年行事の報告原稿として収録されているものである。

　なおこのシンポジウムでは，ドイツ13名，オーストリア7名，ギリシャ7名，ハンガリー2名，その他ブルガリア，フィンランド，イタリア，日本，ノルウェー，ポーランド，スイス，トルコの各国から1名ずつの報告が掲載されている。本書は，その献呈文によるとボン大学教授 Hans Friedhelm Gaul 博士の強制執行法学への貢献をたたえ，これに感謝するために捧げられたものであって，同教授の1997年の70歳記念論文集の献呈式の席上，Beys 教授より Gaul 教授に贈呈されたものである。因みに Gaul 教授が主として強制執行法の分野で顕著な業績を残されたこと，Rosenberg 教授の教科書が10版以降，判決手続と執行手続に分冊され，後者について Rosenberg-Gaul-Schilken-Becker-Eberhart として第12版(2010年)が刊行されていることは周知のとおりである。

　さて，前置きが長くなってしまい恐縮であるが，前記の Schilken 教授の論文を読み進むうちにボン基本法13条〔住居の不可侵性〕が登場する。基本法13条1項については改正がない。すなわち，同条一項には「住居は不可侵である」いう大原則が掲げられている。前記の論文に引用された同条2項は，住居の捜索（Durchsuchung）について裁判官の命令を必要とするというものである。動産執行にあたって，執行官が債務者の住居に立ち入って執行目的物を探す場合にも同様と解するのが連邦憲法裁判所の判例であって，このような例があることを知ればわが国の執行事務に携わる者は驚きと同時に大いに困惑を感じるのではないであろうか。連邦憲法裁判所の裁判官には当時民事訴訟の専門家がいなかったから，民事手続法学からみると，手続法学上少々なじめない裁判がされることがしばしばあるというドイツの民事手続法学者の声を聞くこともあった。しかし憲法裁判所の裁判は，憲法裁判所法31条で他の国家機関，すなわち連邦並びに州の憲法機関，並びにすべての裁判所及び官庁に対して拘束力を有する（同法31条1項）。それによって，それまでは債務名義だけで住居に立ち入り，執行対象財産を捜索できたものが，裁判所の命令（令状ではなく命令）を必要とするように実務が変わり，近時民事訴訟法（ドイツでは，わが国の民事執行法制定前と同様，強制執行の一部が民事訴訟法中に含まれている）が改正されたのである（758条a）。

　ところで，家屋の明渡執行では，明渡しを命じる確定判決のような債務名義だけで執行ができるのか，あるいはこれに加えて裁判所の命令を必要とするの

117　憲法改正の実体験

であろうか。このような問題提起をすれば，日本の執行実務家からはますますもって何をいうかとお叱りを受けそうである。家屋の明渡執行といえども，基本法2条1項にいわゆる「自由な人格の発展を求める権利」や同13条の「住居の不可侵」に干渉介入することになるというところから，この種の執行も裁判所の命令にかからしめてはどうかという見解がドイツにはある。日本の実務家からみれば，そのようなことはおよそ想像もつかない問題であるということになるのであろうが，このような考え方がドイツでは少数説ながら，あるのである。

　この問題に関する説明の中に，住居の不可侵に関する，基本法13条の1項，2項，3項と，民事執行法885条1項（不動産の明渡しを含む規定）が登場してくるのである。

　Schilken教授の論文に出てくる基本法13条は以下のようなものである。

基本法13条（住居の不可侵性）
(1) 住居は不可侵である。
(2) 捜索は，裁判官によってのみ，遅滞の危険のあるときは，法律に規定された他の機関の命令によってのみ，且つそこに規定された形式においてのみ行うことができる。
(3) 侵害と制限は，公共の危険，又は個人の生命の危険を避けるときに限り，法律に基づいて，公共の安全又は秩序に対する緊急の危険を避けるため……許される。

と規定している。ところが，同条は1998年3月26日，基本法の改正に関する法律（Gezetz zur Änderung des Grundgesetzes（Artikel 13））によって3項から6項までが追加され，旧3項は7項に変わったのである。Schilken教授の論説の13条2項以下の説明を読んで現行条文と照合しても全く合わないのは当然なのである。憲法はそう頻繁に改正されるものではないという日本的感覚をもっていた私は，誠に恥ずかしいことではあるが，上記1998年の改正に気付かずに，その間の相違にしばし頭を悩まし，ドイツ人の教授に説明を求めようとしていたのである。もし，打ち明けて教えを乞ういれば，まさに当方の不勉強を笑われるような羽目に陥るところであった。改正を知って，初めて不明を恥じながらも，筋を立ててSchilken教授の論説を理解できるようになったのである。極めて最近の改正なのである。

415

IX　その他

　日本国憲法が戦後50年以上も改正されずにきたという事実，何となく憲法は改正されざるものとの誤った考え方に囚われてきたことの消極的側面が必要以上に私を誤解させたのである。ボン基本法は，1990年8月31日の改正以降，1998年7月16日にいたる迄の改正だけでも11回，第1回の改正から数えれば，実に46回の改正を経ているのである。

　かつてわが国では憲法に改正すべき点があるか否か検討したいといっただけで法務大臣がその責任を問われたことがあった。法は，憲法であっても一般の法律であっても，制定されたその日から徐々に旧くなっていくものである。こんなことは法学の授業を聴講した大学1年生でも理解できることである。何故，問題点を検討したいといっただけで法務大臣が責任を問われなければならなかったのか誠に不思議な国といわなければならない。今日，このようなことが馬鹿げたことであるということが国民の常識になりつつあることは，誠に喜ばしいことといわなければならない。ユスチニヤン法典とかナポレオン法典のように，凡そ解釈を許さないといわれたほど完璧といわれながら，解釈が必要とされてくるのは当然のことであるし，時代が変われば法規を解釈で補い，解釈が限界を超えれば改正を必要とすることは当たり前のことなのである。

　一般の法律は当然のことながら，たとえ憲法であっても，絶えず改正すべき点がないか，いかなる点を改正すべきかという問題点を検討することは法律学の責任である。それをしない法律学も法律家も怠慢であるといわれても已むを得ない。　　　　　　　　　　　　　　　　　［判タ1011号70頁，平11］

　　追記　本稿は当該憲法が硬性憲法であるか軟性憲法であるかにより相違が出てくることを承知のうえで執筆されたものである。日本国憲法は硬性憲法でありボン基本法も硬性憲法であるが，両憲法の硬性的性格を一律に比較しえない点は指摘しておかなければならない。すなわちボン基本法の場合憲法改正手続として79条2項がある。同項によると基本法の改正には「連邦議会の3分の2，および連邦参議院の3分の2の同意」を必要とすると規定されており国民投票は不要とされている。硬性憲法とはいえ日本国憲法より改正手続が緩かである。それだけに日本国憲法と異り改正はしやすい。

　　ドイツにおいてボン基本法の改正が頻繁になされる原因は一つには，日本であれば法律レベルで規定される事項が基本法において規定されていることがあること，連邦と州の権限配分が頻繁に見直されること，基本法と現実との乖離を好まない国民性があること等が考えられる。なお本文中に挙げた Rosenberg／Gaul／Schilken／Becker-Eberhard は現在12版が最新版であるが，刊行書店の C. H. Beck 社は書名の紹介としては Rosenberg の名を残していない。

⟨118⟩ 法科大学院教育に関与して

1 法科大学院の授業を担当して感じたこと

⟨1⟩　私は本学年度前期某大学法科大学院において倒産処理法の講義を担当した。後期には別の大学院で民事訴訟法Ⅰの講義と演習を担当している。

　私自身法科大学院による法曹教育に必ずしも賛成しているわけではない（拙稿「法科大学院管見」朝日法学29号35頁）。そうはいっても法科大学院による法曹教育は既に発足してしまった。そこで実際に前期の授業を担当して感じたところをここに率直に述べてみたい。

⟨2⟩　1　まず，既修者と未修者の合同授業について述べてみたい。私の担当した倒産処理法の授業は既修者と未修者合同で，双方の学生を対象にした。本来この授業は初年度の後期の授業であったが，諸般の事情から，2年度の前期に行われた。したがって未修者も入学以来1年の学習を経てきている。それにしても，倒産処理法の授業を受けるにあたり，未修者についていえば，僅か1年の準備期間しかないのである。仮にこれが最初の計画通り第1学年度の後期に行われていたとすれば，未修者は僅か半年の準備期間で破産処理法の授業を受けることになったのである。学部の授業でも，いずれの科目を何年生の授業として配当することが学生にとって最も理解しやすいかという配慮があってカリキュラムが組まれるのが普通である。倒産処理法は周知のごとく，手続法と実体法とに分かれるが，そのいずれも初年度の後期に科目配当して果たして未修者に親切であるといえるのであろうか。倒産実体法は，せめて民法の総則及び財産編の学習を終えて受講してもらいたいし，倒産手続法は民事訴訟法（特に判決手続）の学習を終了して受講してもらいたいものである。それはいかなる担当者であれ，共通の認識であろう。未修者について初年度の後期に倒産処理法の講義を配当するのは随分と乱暴なカリキュラムであるように思われる。

　2　未修者と既修者の双方が受講者のなかに混在しているというのは，未修者にとっては当惑することであるし，授業の担当者としても大変やりにくいものである。民法・商法・民事訴訟法を一応学部で学習してきた既修者とそれら

IX その他

を学習してきていない未修者の双方が受講している場合，そのいずれにターゲットを定めて授業をしたらよいのか，担当者は大きな戸惑いを感じること必定である。既修者に標準を合わせれば，未修者は理解できないであろうし，未修者にターゲットを絞れば既修者には満足のいかない授業になってしまうし，授業は一向に進まない。

　このような心配はその他の授業でもないわけではない。受講者のなかには学習のかなり進んでいる者もいるし，そうでない者もいる。理解度の高い者も低い者もいる。そういう場合，何れに焦点合わせた講義をするべきかという問題もこれに類似している。ただ，この場合は中程度の学生に標準を合わせることが許されるであろう。しかし未修者と既修者の混在はこの問題と本質的に異なるといってよい。未修者は原則的には民商法や手続法に関する知識をそもそも持っていないのである。したがって中程度の学生という考え方が成立ちえない。私は既修者を基準として講義せざるを得なかった。私は，教科書を指定し，講義全体の簡略なレジュメを初回に配布し，各回毎に当日行う講義内容のレジュメを配布したので，未修者も講義全体のレジュメで受講の事前準備はできるものと考えたからである。

　3　さらにいうと，授業時間の不足にも大いに当惑した。倒産処理法に割り当てられた授業時間は半期15回，各90分であった。うち1回は試験であることから授業としては実質14回しかない。破産法だけでも14回で終わらせるのは至難の業である。私は14回が学生に倒産法を理解させるに十分な時間であるとは思わない。止むを得ず講義内容を破産法に限定し（折々に民事再生法に言及しないこともなかったが），破産法のなかでもかなりその範囲を限定せざるを得なかった。それ以上にスピード・アップして破産法全体を概略すれば，学生に講義内容が理解されないままに推移するのではないかと考えたからである。講義に取り入れなかった部分は教科書を受講者に読んでおくべき旨を指示するに止めた。このようなことで宜しいのかという後ろめたさと疑念を留めながら，そうするより仕様がなかったのである。

　いわんやただでさえ不足している講義時間のなかで，事例研究など挿入している時間はなかったというのが正直なところであった。

　当然のことながら修業年限が決まっているのであるから，すべての科目に十分な時間をかけて講義するわけにはいかないであろう。学生の主体的努力を必要とすることは勿論である。私は初回の授業で，未修者には早急に民法総則，

財産法，判決手続について学習し，一通りの知識を得ておかなければ破産処理法の講義を理解することはできない旨警告しておいた。

④ レポートについても若干言及しておく必要がある。レポートは講義において学習した知識をまとめること，それを基礎にして応用能力をつけること等，その効用は授業が効果を挙げるのに不可欠である。そのように考えた私は少しレポートの課題を出し過ぎたようだ。数回の講義後，学生が悲鳴を上げ，レポートを提出しない者も出てきた。私は兼任者であったし，どの科目がどの程度レポートを課しているのかまったく知らされていなかった。レポートについては，全履修科目の担当者が協定して1学期にいずれの科目が何回出題するという合意をしておく必要があるように思う，そうしている大学院もあるようである。あまり出題回数が多くなると，内容が極めて浅くなり逆効果のように思った。そして本来レポートとは添削して返却するのが筋である。そうしないと基礎概念の誤解を正したり，論理構成の誤りを正すことができない。講評添削がないと，レポートを真剣に作成する気持ちが薄くなるようである。しかし，だからといって授業担当者がレポートを添削することは大変な労力を必要とする。ドイツの講座のように数人の有能な助手がいれば，彼らが添削にあたることができ，授業担当者の労力はかなり省ける。そのような助手がつかないことは制度上の不備であるように思う。学生に訊ねてみると，レポートを提出させたまま添削して返却しない先生もいると聞いている。あるいは添削返却しないまでも，せめて一般的な講評ぐらいはしておくことが必要であるように感じた。

⑤ ドイツの司法試験の合格率（以下，1回試験に限定する）が高いことは，わが国でも周知のとおりである。わが国の従来の司法試験と比較して，ドイツの場合，合格率は確かに高い。しかし，その裏にある事情の考察を抜きにして，合格率だけ比較しても意味がない。ドイツの場合，司法試験の受験資格を得るまでの在学中に相当な選抜が行われるという事実はあまり紹介されていない。受験資格を得るには，シャイン（科目合格証）を一定数取得することが必要である。これが必要な数だけ揃わないために学業半ばに退学してしまう者が多い。わが国の大学のように入学してしまえば卒業は易しいというのとは異なる。したがって司法試験の受験資格を取得するまでにかなりの選抜がなされているのである。しかも司法試験の受験は原則として2回を限度とするという制約があるので，合格の自信がつくまで受験しないという傾向もないわけではない。7ゼメスターで受験できるところをそれ以上のゼメスターをかける者が多い。換

419

IX その他

言すれば，多くの受験生がある程度合格の自信がつくまで受験を差し控える傾向がある。そのためにわが国の従来の司法試験と比較して合格率が高くなる要素が認められる。もちろんこれらの諸要素を勘案してもわが国の合格率が著しく低いという事実は認めないわけにはいかない。

　このようなドイツの事情を勘案すれば，わが国の法科大学院の各科目の試験の合格率を低く抑えるという配慮が必要である。従来の大学教育にみられるように「出ずるに易い」というシステムは学生にとって却って不親切ということになる。科目試験は極めて厳重になされるべきであろう。

　6　私が担当した学生のなかには既修者コースに所属しているが，現行司法試験に合格する者，あるいはそれに近い知識と能力とをもっている学生もいないわけではなかった。バイパス試験を別にすれば法科大学院の卒業者に司法試験の受験資格が与えられることになっている。法科大学院の卒業者でも司法試験に合格しない限り，法学の学習は終了しているとは言い難いのである。そのように考えると，法学教育については卒業という概念よりも終了という概念の方が大切である。私はかねてからバイパス試験の枠を拡大することを提唱してきた。そのようにいうと，法学教育に法科大学院方式を取り入れたことの意味が失われるという反論は当然出てくるであろう。しかし私見によれば，それらの反論はいずれも再反論できないものではない。紙幅の関係から今ここでその詳細を述べることは差し控えたい。ただ1点述べておくとすれば，法科大学院制度を導入していないドイツの法律家は良い法律家ではないといえるのであろうかという点である。確かに従来の司法試験に欠陥があったことは認める。しかしそれは，司法試験の在り方を改善することによって回避できないことはないと思うし，またある意味ではわが国の下級学校の教育の欠陥に由来する面も多く認められるのである。

　7　しかしそうはいっても十分な準備もないままに法科大学院制度は発足してしまった。十分な準備もないまま発足したために問題点を多く残している。諸方面でシンポジウムを開催するなり，雑誌がこの制度について組んでいる特集記事も多い。暗中模索は新制度にある程度は付き纏うものである。それらの問題点は徐々に解決されつつあるものの，それらを早急に解決しない限り，法科大学院生の不安は一向に解決しないのではないかと私は危惧している。

2　法科大学院制度が抱えるその他若干の問題点

〈1〉　法科大学院は質の良い法曹を大量に供給することによって国民の法律や裁判所へのアクセスを容易にするという発想の下に発足した。法科大学院の発足の経緯と法学教育の在り方を要領よく纏めたものに、青山善充「法科大学院の発足と法学教育の方法」明治大学法科大学院開設記念論文集『暁（あけ）の鐘ふたたび』13頁以下がある。

　現行（本稿執筆当時）司法試験制度に欠陥があることを理由に新しい法曹養成制度としての法科大学院が開設された。その理念や教育内容については数多くの文献・資料中で明らかにされているので、私はここで繰返すことはしない。

　今ここで私が取り上げたいのは、法科大学院制度全般が持つと思われる問題点である。いかなる制度も一定の高尚な目的を持って設立されるものである。とはいえ反面、それが持つ欠点もないわけではなく、それを洗い出して法曹教育を担うものとして制度の更なる改善に資すべきであることは当然である。

　私自身は法科大学院が既に開設され動き始めた以上、今これをすぐに廃止するわけにはいかないのであるから、それがいかなる問題を持つかを探求し、その欠点を除去することによって、より良い制度に変えていくことを考慮することが肝要であると思う。以下の問題点もここで併せて指摘しておきたい。

〈2〉　①　第1に新司法試験の合格率とこれに関連する問題について考察してみよう。この制度が提案された当初、法科大学院卒業者のうち、7割ないし8割は新司法試験に合格するといわれていた。司法制度改革審議会意見書平成13年6月12日付によれば「法科大学院ではその課程を修了した者のうち、相当程度（例えば7割～8割）の者が新司法試験に合格できるよう、充実した教育を行うべきである」とされている。この意見書は、公式のものであるから、その読者がこれを信用することは当然である。マスコミもこの数字を報道したことは言うまでもない。仮にこの数字が単に審議会の希望的数字であったとしても、読者の多くはこれをもって希望的数字として受け取ることはないであろうし、単なる希望的数字として受け取る者は、余程慎重な少数者である。多くの一般人はこれをもって確定的に近い数字が宣言されたものと読むであろう。合格率については青山・前掲論文27頁以下にも言及されている。

　報告書執筆者はここでアメリカのBar Examinationの合格者が平均70%～

IX　そ の 他

75％位であること，ドイツの司法試験の合格率が70％～80％位であることを頭に置いて書かれたものと推測される。法科大学院で真面目に勉強すればこれくらいの合格率はありますと宣言したものと受け取る読者に非があるとは言い難い。そのように理解するならば法科大学院への進学希望者が初年度の入学試験で多数に上ったことは十分理解できる。だからこそ社会人も自らの安定している地位を捨ててまで法科大学院を受験しようということになったのであろう。現に，法科大学院第1期生のうち，社会人からの入学割合は48.4％とされている（2004年5月12日付・文部科学省「平成16年度法科大学院入学者選抜実施状況の概要」による）。これだけ多くの社会人が法科大学院に入学し，法曹を目指したのも卒業者の7～8割が合格するという，この合格率を念頭に置いていたものと想像されるのである。

　もっとも，ここでいう社会人の概念にいささか曖昧なところがあることは認めなければならない。文科省のアンケートにおける「社会人」の概念には，いわゆる司法浪人が含まれていることも考えられないことではないからである。人材の多様化という観点を強調したければ，社会人の概念を拡大するという政策的配慮が働いてもおかしくはない。そのようにみてくると上記の48.4％の数字は実質上，若干低く見積もられて良いかもしれない。第2期生では，法科大学院への応募者が全体的に減少したのみならず2005年5月20日付・文部科学省「平成17年度法科大学院入学者選抜実施状況の概要」によれば，入学者中社会人の割合は37.7％に落ちている。第1期生の社会人割合48.4％と比較すると10％も落ち込んでいるのである。この％は今後の入試で更に落ち込む可能性がないわけではないであろう。法曹のなかに多様な人材を取り込むというアイディアはそれだけ内容が希薄にならざるを得ない。

　私見によれば社会人応募者の減少には2つの要素があるように思われる。第1に社会人からの転向希望者の多くは第1期生に応募してしまっていることが考えられる。

　第2の要素は，新司法試験の予想合格率の下降傾向が徐々に明らかになってきたことである。法科大学院卒業者の7～8割が新司法試験に合格するという命題が幻になるにつれて，一応は安定した生活を保障されている社会人が合格率の低い新司法試験を受験するために高い授業料を支払ってまで，法科大学院生という純粋消費生活に入るかという疑問がある。

　当初，法科大学院卒業者の合格率7～8割といわれていたのが，2～3割とい

うことになれば，社会人で敢えて新司法試験に挑戦しようとするものの人数が減少すること必定である。

　法科大学院卒業者中新司法試験の合格率は2〜3割になることを示す資料を見てみよう。法曹養成検討会第7回（平成14年5月10日）での司法制度改革推進本部事務局配付資料4には以下のように記述されている。「毎年の法科大学院の卒業者を5,000〜7,000人とすれば，3回の受験回数制限を行っても，毎年の司法試験の受験者総数は，11,000人〜17,000人程度にのぼるものと見込まれる」とされている。そしてさらにこの段落の「注」として以下の記述も添えられている。すなわち「毎年の法科大学院の修了者数を3500人と仮定し，3回の受験回数制限を行うものとすれば，毎年の新司法試験の受験者総数は6200人程度になるものと見込まれる」とされているのである。ここで，受験者総数として①11000人，②17000人，③6200人という3つの数字が並んでいる。そこで新司法試験合格者を3000人とみて，その合格率を単純計算すれば，①の場合は27.8％，②の場合は17.6％，③の場合，48.4％ということになる。いずれの数字をとっても7割ないし8割という合格率に至らないのである。後藤守男『めざせ！ロースクール（法科大学院）』（2002年1月初版1刷・2003年7月初版6刷，日本能率協会マネジメントセンター刊）70〜71頁がこの点を指摘して，全体で70％は夢のまた夢と述べている。

　このように合格率の予測が次第に明らかになるにつれて，全体の応募者が減ると同時に社会人からの応募も減ってくることは容易に想像できる。

　合格率7〜8割という数字が，必ずしも正鵠を得たものでないと思われるにも拘らず，またこの数字が独り歩きを始めたにもかかわらず，それが独り歩きを始めたまま放置されたのである。

　そこで，法科大学院進学希望者が第1回入試では多かったものの，第2回入試ではその人気に翳りが生じたのである。その一般的傾向は社会人の場合にも妥当する。平成14年5月の段階で，合格率7〜8割という数字が幻想に過ぎないことが判明していたのであるから，関係機関としてはこの点を周知徹底させるべきではなかったかと思われる。

　② 第2に新司法試験の最終不合格者の取り扱いの問題について考えてみよう。

　法科大学院は卒業したけれども，所定の受験回数・期間内に新司法試験に合格しえなかった者をどのように取り扱うべきかが問題となる。合格率が7〜8

Ⅸ　そ の 他

割というのであれば，3～2割の不合格者の扱いはそれほど問題になるわけではないが，不合格者の方が7～8割ということになると，その処遇をいかにすべきかという問題が出てくるのではないかと思われる。法務博士の学位を与えることをもって足りる，何らの処遇も考えることなく切り捨ててしまうことは果たして妥当なのであろうか。その対策はいくつか考えられる。

　第1の対策は，各科目の採点を厳しくすることによって法科大学院の卒業に絞りをかけ，卒業者数を減少させることである。受験者・在学生に法科大学院の卒業は極めて困難で厳しいというイメージを与える。且つそれを実行することである。従来，法学部の卒業は，それほど厳しいものではなかった。そこで法科大学院でもそれほど厳しいものではなく且つ，新司法試験で卒業者の7～8割の合格者が出るならば，これは甘い話である。卒業者数が減れば，新司法試験不合格者数を確実に減らすことができる。不合格者数を著しく減らすことができるとすれば不合格者の処遇が大きな社会問題になることはないともいえようか。

　第2の対策は受験回数制限，期間制限を多少緩和することである。3回5年という制限は7～8割合格なら，納得できるものの，合格率を極端な想定で2割程度に留めるとすると，厳しすぎるのではないかという感じがしないでもない。

　第3は，簡易な試験で，別の法曹資格を与えることが考えられる。例えば，行政書士，社労士，あるいは書式試験を課して司法書士の資格を与えるということも考えられる。

　いずれにしても法科大学院は卒業したが新司法試験に合格しない者の処遇について現在のところ何の対策も講じられていないようであるが，それでよいのであろうか。特に司法試験の合格率が当初の予想を著しく下回る場合，この問題は大きな論点として浮上してくるように思われる。

〈3〉　多くの法科大学院の設立が認められたために，特に研究者教員についていえば，学部教員が法科大学院に吸い上げられ一時的とはいえ学部の教員不足という現象が一部に生じてしまった。既修者についていえば法学部における法学の基礎教育こそが重要なのである。そう考えると法学部の教員不足は質量ともに相当に深刻な状況になっているのではないかとの危惧がある。

〈4〉 法学部4年＋法科大学院2年（既修者の場合）という教育課程よりも，医学部，歯学部，薬学部のように法学部も専門教育としてみると6年制をとったほうがよりよいのではないかと思われる。6年制のほうが，法曹教育において学業の成長度に合わせ科目配当等ははるかに適切且つ効果的にできるのではないかと私は考える。勿論このことは4年で修了する可能性を否定するものではない。

〈5〉 地域法科大学院と地域密着型の法曹養成について──地域に根ざした法曹の養成はいかにして可能か

　法科大学院はいささか都市部に集中しているが，地方にも設立されていることは周知のとおりである。それらの中には特に当該地域に根ざした法曹の養成を意識的に特徴としているものもあるようだ（例えば，岡崎由美子「『地域に深く根ざした法曹』を目指して」自由と正義56巻（2005年）6号28頁以下がある）。各法科大学院が基本的知識は押さえながら加えてそれぞれの特徴を出していくことは結構なことである。

　当該地域にすでに生活の本拠を置いている社会人院生は，将来その地域に根ざす法曹に成長していく可能性は認められよう。そのことは地域法曹を増やすという点，換言すれば地域における弁護士へのアクセスを容易にすることに役立つ。しかしながら弁護士過疎地におけるアクセス可能な弁護士を増やすことが，この方法で十分といえるのであろうか。どれだけの合格者が当該地域，特に過疎地に残ってくれるかという問題は依然としてあるように思われる。そしてこの点について確かな解答を得るためには，少なくとも10年程度のスパンで考察しないと結論は出ないのではないか。いわんやこれからの弁護士数の増加という観点からみると，ある程度専門化も進むであろうし，通常事件についても都市部の仕事をもって切磋琢磨しないと自らの能力を絶えず磨くという点で不利になるということも考慮すべきであろう。

　アメリカやドイツのような連邦国家なら地域化があることは当然であるが，日本のような単一国家ではそのような弁護士会における地域化という傾向は出てきにくいのではないかと私は思う。弁護士の地域化に向けての努力は望ましいことであるし，評価すべきである。しかしそれと同時に日弁連や単位弁護士会自身，あるいは弁護士による弁護士過疎地をなくそうとする意識と努力，すなわち弁護士過疎地公設型事務所の開設・維持という努力がこれに加わらなけ

Ⅸ その他

ればならないことは当然である。そのためには弁護士が一国の司法の一翼を担う公的機関であるという自覚をすることが必要になる。法科大学院教育のなかでかような自覚を育てることも重要である。また弁護士過疎地を解消するために，地域医師養成を目指した自治医科大学のように法科大学院を開設することも一案である。

法科大学院＝新司法試験という法曹養成制度には，なお対策を講じるべき問題が残されている。本稿で述べた問題は，その一部にとどまる。しかし2006年には第1回の卒業生が出て新司法試験にトライすることになる。残された問題に対応する時間はあまりないように思う，というのが私の率直な感想なのである。授業等で法科大学院の院生に直接接しているとその感を強くする。

[判タ1189号93頁，平17]

〔付記Ⅰ〕 Ⅱ二②の執筆にあたり，辰巳法律研究所後藤守男所長から資料の提供を受けた。記して感謝の念を表したい。

〔付記Ⅱ〕 なお法曹養成制度の改革については，本書推敲時である4月末日においては法曹養成制度検討会議が平成25年6月に向けて最終結論を提出する予定とされている。

〔付記Ⅲ〕 本書に収録された法科大学院関係の章はいずれも執筆当時のものである。

119　法科大学院制度について

　以下，法科大学院の授業を現実に担当した者としての観点から若干の問題点を順不同ではあるが，思いつくままに指摘しておきたい。

(1) 法学部教育への影響

　一見してわかるように法科大学院の発足に伴って，そこに数多くの有能な教員を集めてしまった。このことによって，法学教育の最も基礎的な部分である法学部の法学教育が疎かにされることはないのか。その傾向が生じるのは，法科大学院の発足を急ぎすぎて，法科大学院および法学部の教育を充実させるだけの教員の養成や確保ができないままに学部教育が置き去りにされてしまったということに基因する。優秀な若手教員が続々と輩出されて，このような懸念は杞憂に過ぎないという見解もある。しかし教員不足にもかかわらず無理して多数の法科大学院を認可しているのであるから，老齢の教員は近い将来大量に定年になり，その補充がまた学部教員から行われることが予想されることを忘れてはならないであろう。

(2) 教員の負担

　法科大学院の教員の負担は教員の研究をいささかなりとも妨げる結果になりはしないかという点が問題になる。初年度はすべての教員が暗中模索的に教材を作成したり，レジュメを作成したり，レポートを課したり，添削したり，講義方法を工夫したりして，相当な労力を法科大学院教育に費やしたことは確かである。そしてそのことが教員の研究時間を相当奪ったことも明らかである（米倉明「法科大学院雑記帳（その1）」戸時580号〔平17・2〕21頁以下——同著「法科大学院雑記帳」325頁以下に収録——参照）。しかし1, 2年間の実験によって，教員や教育方法が安定してくると，それらが教員の研究時間を奪うことには必ずしもならないという者もいる。そうはいってもレポートの採点・添削などのためには依然として教員は多くの時間を割かなければならない。本来ならば，法科大学院の教員を数に見合うだけ十分養成しておいて開設してはじめて法科大学院は十分に機能する筈なのである。この点は私がしばしば指摘した点なので改めてこれ以上は言及しないことにしたい。教員に助手や秘書をつけるという配慮なくして教員の研究時間がかなり失われる点は憂うべきことである。

IX　そ　の　他

レポートは講義や演習において院生が基礎知識を十分身につけてその応用能力をつけているか否かをみるについて不可欠な手段である。これを疎かにするわけにはいかない。そうであるからといって，これらの作業を教員自身が担当しなければならないとすれば，教員は負担加重になり，研究と教育の狭間に落ちて苦悩することになる。

　十分な体制的準備もなしに法科大学院制度を発足させた付けが廻ってきたというべきである。

(3) 学部6年制・4年制並存論

　法科大学院の発足に伴い法学部を廃止すべきか。私は六年制法学部と四年制法学部が並存してよいと考えている。4年制法学部では法律を中心として社会科学の基本的知識の習得を目的とした学習をさせる。4年制法学部を廃止してすべて6年制にすることは，必ずしも将来実務法曹を目指さない者にとって大きな時間的・経済的負担にもなる。これに対して6年制法学部では，これを司法試験＝実務法曹の養成課程とする。現行の法科大学院では従来の法学部にない新しい科目が多く並べられており，それ自体結構なことであるが，法科大学院の2年ないし3年の課程でそれらのすべてを学習するにはかなり無理がある。科目の適正配置をするためには2年ないし3年の課程より6年課程のほうが効果的なのではないかと思われる。法曹養成課程が短ければ短いだけ司法試験の科目に院生の目が向いてしまい，ゆとりのある法曹教育はできない。そのためには6年制法学部を設けるのが良いと思われる。これに対して4年制法学部をこれとは別に設ける意味はあるのであろうか。法学部の学生のすべてが法曹実務家志望とはいえない。実務法曹を志望しない法学部の学生であっても法律専門家である教員の講義を聴講し，法学部の学生相互の会話を通して，法律家特有の物の考え方（それがリーガルマインドというものに値するか否かは別にして，思考の傾向をいうのであるが）や法律学の基礎知識を自然に身につける。実務に直ちに役立つまでの法律知識を備えないまでも，この点で他学部の学生とは，若干異なる物の考え方が養成される。類は友を呼ぶということであろう。法律学，経済学，経営学，文学等々，異なる学生集団に属し，それぞれにある程度特有の知識と思考方法をもった者が集まって討議し，企業やその他の社会等で全体として調和のとれた決定がなされうるものと思われる。そうであれば，四年制法学部を存続させる意味がないとはいえない。

　法科大学院の2年ないし3年で法曹実務家としての最低限の法的知識を習得

させるには概していえば，無理がある。法学部を6年制にして，法律学の基礎科目から解釈学までを全体として大系的に学習させることのほうが，現行法科大学院制度のなかでの法学教育と比較して，はるかに計画的・合理的であるように思われる。さらには学習の途中で半年実務経験をさせることは，これまで学習した法律学が社会でどう生かされているかを自らの目で見て，その後の学習に役立てることができるのであるから，有意義である。学生はそこで法学を学ぶことの意義や自らの適性を判断することができるからである。しかし，2年ないし3年という限られた法科大学院のカリキュラムのなかにこのような実務経験をさせる課程を設けることはできない。

医学部，歯学部および薬学部（薬学部は6年制と4年制が併存する）が6年制をとるのと軌を一にして，実務法曹養成も6年制にしてもバランス上，決しておかしいとはいえないように思う。6年制法学部にすると，前記の科目配置に余裕ができ，その結果，配置を適正化できると同時に学生の勉学にも余裕ができて，法哲学，法制史や外国法等，試験科目とは無関係なものも学んでみようという視点，法律家にとって不可欠な基礎法学を学ぶという発想が出てくることは必定で，この傾向は歓迎すべきことである。因みに法科大学院では各校それぞれの特色のある科目配置に心がけているものの，自ずから院生の目は主として試験科目に集中していくことになるであろう。加えて，法科大学院修了後は特にその関心は試験科目に偏るという結果になるのではないかと予測される。

6年制および4年制の双方の課程を設けてはどうかという私の提案からみると，法学部を6年制にすれば四年制法学部を廃止してよいという議論は拙速なのではないであろうか。

(4) **司法試験を資格試験へ** （後述(7)も参照）

私は司法試験を競争試験ではなく，能力検定試験とすることには大賛成である。実務法曹として十分な知識を持つ適格者に実務法曹の途が閉ざされることは邪道である（米倉・戸時582号27頁）。このような観点からすれば合格者数の制限にこだわることはないであろう。実務法曹としての能力をもち，適格をもつ者について定員を設けて競争試験という形で不合格者として，実務法曹の範囲から排除してしまうことは憲法上の職業選択の自由にも反するのではないかと私は考えている。

このように司法試験を定員を設けてする競争試験よりも，実務法曹としてのレベルに達しているか否かを判定する能力検定試験にしようとする提案は司法

Ⅸ　そ　の　他

試験の性質を180度転換するものであって，多くの反対が予想される。しかし，そうはいっても医師や薬剤師の国家試験は現実にそうなっている。そしてそのことは誰も納得している。そんなことをすれば実務法曹の員数が過度に増加してしまうが，それでよいのかという意見が必ず出てくる。実務法曹三者の増員は決して悪い結果のみをもたらすものではない。現に，私が何回も指摘しているように，訴訟社会化を前にして，依然として小さすぎる司法制度（裁判官および検察官を含めて）を適正規模の司法に拡大していく努力が成功しているわけではないし，弁護士は依然として大都市集中，地方は勿論のことその大都市でさえ国民と弁護士の距離が依然として遠い。

　能力検定試験制にすると法曹のレベルが低下するという見解がある。何故なら，能力検定試験は実務法曹のもつべき最低限の知識や理論構成力に関する試験にすぎないからであるという。初めから合格定員を決めるという現行司法試験は，法曹としての資質や知識を持つか否かという点とは無関係に，実務修習への収容能力とか弁護士会が求める弁護士の適正人数が基準になっているものと思われる。これらの要素を考え直しさえすれば，競争試験から能力検定試験への発想の転換はあってしかるべきことになる。司法は，小さい司法から適正規模への司法へ拡大されなければならないのであるし，弁護士と国民の距離は近くなるであろうし，弁護士過疎地も解消されることになるであろう。司法と国民の距離は確実に近くなることが予測される。

(5)　**法務博士という学位**

　法科大学院の課程を，未修者は3年で修了するのに対し，既修者は2年で修了する。未修者のなかに隠れ既修者として法学部の卒業生が含まれていることは周知の通りである。今ここで取り上げようとしているのは法学部を卒業して法科大学院の既修者コースに入学した者である。

　法学部を卒業して修士課程（一般的には博士前期課程といっている）に進み，2年の課程を修了して論文がパスして試験に合格すれば「修士」になる。ところが法学部を卒業して法務研究科に既修者として進学し，順調に2年の修業課程を修了すると「法務博士」の学位を取得できる。その後，新司法試験に合格するか否かは関係がない。両者の間に著しい開き，格差があるのではなかろうか。通常の博士号の取得は博士論文を必要とするのに対して，「法務博士」は課程を修了すれば得られる学位である。この点も奇妙な格差である。しかし，それはそれとしておくにしても，前記の「修士」と「法務博士」の格差をどう

考えたらよいのであろうか。「修士課程」を廃止するならばともかくとして，それを存続する以上，この格差は厳然として存在しつづけるのである。

(6)　考える法曹の養成

　ある法曹実務家から聞いた話である。新人の法曹が実務上の問題の処理にあたり困難な法律の解釈に自信がないので先輩法曹に解釈を訊ね，これに対して先輩法曹が自説を教示すると，自ら考えることはなく誠に素直に先輩法曹の言うように事件を処理しようとする。そこに法曹実務家としての自説を創作する意思がないし意欲もない。だからこそ考える法曹の養成制度を作るべきだ，というのである。そのようなことは，法曹の養成制度が悪い，司法試験（したがって受験勉強）に欠陥があるというのである。

　しかし，上記に指摘した欠陥は法曹養成制度に限ったものではなく，そもそもわが国の教育制度の欠陥なのではないかと思われる。わが国の初等教育からの教育制度を根本的に見直すことこそ必要なのであって，法曹教育だけの欠陥にとどまる問題ではない。わが国の初等教育からの教育制度を是正すれば，従来の法曹養成制度の欠陥も自ら修正されるのであって，法曹養成制度だけ改めたからといって，根本的な解決が図られたことにはならないのではないかというのが私の率直な感想である。

(7)　弁護士の激増計画

　私はかねてよりしばしば日本の司法は弁護士数を含めて小さきに失する旨，そしてそれを適正規模にいたるまで拡大することは，小さな政府の構造と矛盾するものではないことを説いてきた。

　この弁護士の激増計画に対しては勿論弁護士サイドから強い反対があるやもしれないことは十分承知している。弁護士相互間の自由競争という美名の下に，弁護士から生活基盤を奪い，その結果弁護士からその自治・独立を奪う，それは権力側からの攻撃である，という議論がある（憲法と人権の日弁連をめざす会「日弁連を改憲阻止の砦に」16頁）。

　弁護士の職域拡大の方策として行政機関への弁護士の参入という方法があるしあるいは企業内弁護士（以下「組織内弁護士」と略す）ということも考えられるといわれる。このような職域拡大の対策に対しては，それでは弁護士の公正性・独立性・中立性が危機に晒されることになるのではないかとの考え方が出てくるといわれる。また弁護士の過剰な供給について，どんなに方策を立ててもアンビュランス・チェイサーのような弁護士の出現は避けられないともいわ

IX その他

れる。
　私は本稿4で司法試験は合格定員を定めた選抜試験ではなく，実務法曹としての適格・能力・知識を検証する能力検定試験であればよいと説いた。そもそも実質的に弁護士としての知識・能力・適性を有しながら，司法試験の合格者数を定め，定員制を採用していること自体は，職業選択の自由に反することになるのではないかとも説いた。この点からのみ考えても，司法試験は選抜試験ではなく能力検定試験にすべきであると考える。そうはいっても近い将来，選抜試験的性格が変わるということは期待できない。そこで，ここでは選抜試験性を前提として考えてみよう。そのように考えたうえで在野法曹人口の飛躍的増員について考えてみたい。
　司法試験合格者数の飛躍的増員が狙われている。そしてそのことをめぐる賛否両論が戦わされていることは周知の通りである。
　司法制度改革審議会意見書では司法試験の合格者数が3000人になるのは2010年とされていたが，2007年には既に2600名になるとされて，合格者数が前倒し的に激増する旨が指摘されている。しかし，それどころではない。内閣府の規制改革・民間解放推進会議によって算出された最終的合格者数は9000人と報じられている。この数字に見られるような合格者数の前倒し現象，あるいは合格者数の飛躍的増加をどう評価すべきなのであろうか。私はその検証を客観的条件を慎重に検討してからのことにしてもらいたいと思う。
　合格者数を現在のそれと比較して著しく増大させて，弁護士社会を競争社会化とすることに私は賛成である。例えば企業内弁護士であっても弁護士として登録している以上は，弁護士の一員である。したがって，法に忠実であるべきで，組織内にあってもかような弁護士の職務義務を遵守すべきことには変わりがない。それは組織内弁護士の弁護士活動の限界なのであり，その遵守は弁護士の自覚の問題であり，弁護士倫理の問題である。法律の解釈には幅があるのが当然で，その範囲内で当該組織に有利な解釈を考えることは一向に差し支えないことである。それは一般の弁護活動でもクライエントに有利な法解釈を模索するのと同じことである。組織内弁護士であるから弁護士の義務を逸脱することになるのが常態と考えることには問題があるのではないかと思われる。組織内弁護士であるから法から乖離するのが通例であるのではないかとの懸念は無用のことと思われるが，懸念が大きければこれに対する対策として，弁護士が組織内にいる間弁護士登録ができないものとすることも考えられないわけで

はない。
　この点は別にしても，ライセンスがあっても，今後弁護士が専門弁護士と一般弁護士に別れていくこと，後者の専門化が益々細分化されていくこと，加えて訴訟社会化の進展によって弁護士のニーズが拡大していくことは確実である。このニーズに応えるには弁護士の著しい増員が必要になる。全国の地域住民の法的救済へのアクセスを容易にするという側面からの増員の必要性も無視できない。
　弁護士の増員による自由競争がその法的サービスの向上につながるために弁護士の能力の自主的開発にもつながる。
　弁護士数を激増させると弁護士自身が自らの生活にのみ追われ弱者の救済は後回しになるであろう，そしてそのことから人権擁護は後退するという考え方もあるようである（例えば前掲書 16 頁）。弁護士数の激増と国民の人権擁護の後退という二つの命題の間にいかなる因果関係があるのか，私にはよく理解できない。フェアな自由競争社会では優勝劣敗は自然の成行きである。その結果，弁護士界から脱落し登録を取消さざるを得ない弁護士が出てくることも止むを得ない。そうであるからといって弁護士自治の原則や弁護士の中立性・独立性が失われると考えるのはあまりにも短絡的な考えなのではなかろうか。
　先に述べた，合格者 9000 人程度との提案が，適切か否かは，なお諸般の資料を用いた慎重な検討を要するが，凡その推測をしても，各年毎に応募者中適格者が 9000 人いるということは考えられない。繰り返すようであるが合格定員を決めてしまう選抜試験ではなく，能力検定試験としたとしても 9000 人合格者を出すような結果にはならない筈である。
　能力検定試験化反対説は，司法修習生の員数が激増してもそれを受け入れるだけの収容能力が研修所にはないというかもしれない。現在のように，一つの研修所における修習制度を考えるとそうなるが，修習も地方分権化すること，極端な分権化は無理にしても東京と大阪に研修所を設けるだけでも相当程度問題は解決できよう。可能であるなら，八高裁の地域毎に研修所を設けることも考えられないことではない。将来わが国が道州制を採用した場合，問題のかような解決方法は決して背理ではないと思われる。　　［判タ 1222 号 72 頁，平 18］

　追記　本文中で指摘した米倉論文はその後米倉明著「法制大学院雑記帳」（日本加除出版，2008 年）に収録されている。

IX その他

120 新司法試験の合格者数について
法科大学院の一教員の立場から

　新司法試験の合格者数について当初 3000 人説が提唱されたが，実際に 2000 人余の合格者を出してみると，その合格者数をめぐって多様な問題が明らかになってきた。新司法試験は制度改革の結果であるから，予想しえなかった諸問題が生じてくるのは止むを得ない面がないでもない。その一つの結果として生まれたのが 2000 人説（本稿では 2000 人余も 2000 人説に入れている）の提唱，3000 人説は過剰という見解である。本稿は合格者数を含めて新司法試験について法科大学院教員の立場から若干の私見を述べたものである。

1　平成 12 年 11 月 1 日日弁連決議

　平成 12 年 11 月 1 日日弁連の臨時総会は「臨時総会・法曹人口，法曹養成制度並びに審議会への要望に関する決議」を出して，司法試験合格者数を 3000 人にせよと主張している（以下，この見解を「平成 12 年見解」と称し，本稿末尾にその 1 および 2 頁を日本弁護士連合会のホームページ〔http://www.nichibenren.or.jp/ja/opinion/ga_res/2000_4.html〕から引用して，紹介しておく）。

　この上記見解は単に法曹人口を毎年 3000 人に増やす旨を提唱しているのみならず，大きな司法政策への転換，法曹一元との関係，特に裁判官を弁護士のなかから選任せよという弁護士任官制の要望をしているのである。つまり，これは現行のキャリア・システムを「法の支配」や「市民の司法」という理念を掲げて批判をしているのである。このキャリア・システムの批判，法曹人口の増大は「法の支配」や「市民の司法」の実現と深く関わるものであって，上記決議はこれとの関係で 3000 人説を主張し法科大学院による法曹養成にも言及しているのである。

2　上記決議の背景

　「法の支配」や「市民の司法」の理念は，日弁連によれば，行政主導型の社会における「小さな司法」から「大きな司法」への転換につながるという。また「法曹一元制」や「陪審制」につながるという。

「法曹一元制」との関係からは，弁護士任官制が部分的に導入されたが，裁判官は弁護士という在野法曹から任官させるというシステムからみれば，現状では極めて不完全なものに止まっており，全体的にみれば，本来の法曹一元制が採用されていることとは極めて距離を置くものに止まっている。陪審制や参審制の導入は，それらとは異なる形で裁判員制度として刑事裁判に一部取り入れられたが，前二者と比較して国民の司法参加として必ずしも十分なものになっていない。陪審制・参審制はわが国において伝統として馴染んでいなかったために裁判員制度は現在のところ国民の間に評判が必ずしも芳しいとは言い難い。

法曹一元の理念からする弁護士任官制にしても，裁判員制度にしても，裁判を国民の身近なものにするという目的に向けての第一歩であるのであるから，裁判のあるべき姿に向けての制度の転換である点では大きな変化であるに違いない。今後これらの制度をいかに充実ないし活性化させるかという点が司法に与えられた大きな課題として残るのであろう。そのためには，これらの制度のもつ意味を国民の間に定着させ，国民の自覚を促すことが重要である。

3 「小さな司法」政策

日弁連の3000人説は現在の「小さな司法」から「大きな司法」（私見は従来これを「適正規模の司法」と呼んでいる）を目指して法曹一元の立場から裁判官の飛躍的な増員を含めて提唱されているように考えられる[1]。

「小さな司法」からの脱却，適正規模の司法への転換の傾向は，残念ながら，

---

(1) わが国の司法の小規模性を示すデータとして，判例調査会刊行の『裁判所データブック2008年版』28頁〜29頁を参照されたい。米・英・独・仏の各国とわが国との比較が掲載されている。
　　また，弁護士任官者（常勤）がいかに少ないかは，2008年10月1日現在で現職にある64名に過ぎないことから分かる。
　　さらに愛知弁護士会・中部経済新聞掲載「こちら弁護士会」平成14年8月の記事によると，平成13年度の国家予算は約82兆5500億円であるのに対し，裁判所関係の予算（司法予算）は，3200億円であり，それは全国家予算の0.378％に過ぎないとされている。司法の適正規模への拡大は必要である。現状の小規模司法のままでは，紛争の解決をADRに頼らざるを得なくなる。ADRそれ自体必要であると思うが，その原因が小規模司法に基づく裁判所の負担軽減にいささかなりとも頼るものであってはならない。朝日新聞2009年2月24日朝刊第5面［14版］に「裁判並みADR導入──金融庁方針，普及促す」と題する記事があるが，裁判並みのADRというのは，裁判の機能の不十分さすなわち司法の小規模性を示すものではないかと思われる。

IX　その他

現在のところ，顕著とは決していえない。訴訟手続のなかで訴訟上の和解が紛争解決に大きな割合を占めたり各種の裁判外紛争解決制度の創設が促進されるのも，ある意味では小さな司法の枠内で裁判所の負担軽減に通じるものがあることを否定できないといえよう。訴訟における判決による紛争解決と訴訟上の和解による紛争解決の割合については裁判所サイト「司法統計検索システム」第19表によると判決・和解・取下が30％台で並んでいる

4 「大きな司法」理念の下での合格者3000人説から2000人説への転換

弁護士任官制の当否はここでは言及しないにしても，日弁連の3000人説はそれと関係していることは前記「平成12年見解」をみてもわかる。しかし既述のように弁護士任官制が捗捗しくない現状下で「平成12年見解」は3000人説を採用したのである。それが，裁判官や検事の増員という司法制度の改革を目指した点は間違いのないことであろう。

ところが，第一回新司法試験合格者数が2100人に増えて，弁護士志望者のうちに就職が芳しくないという現象が起きてきた。将来弁護士相互間の事件の争奪が予想されるようになった。弁護士が過剰であるといわれるようになった。このことは法科大学院制度発足の当初から，当然に予想されてしかるべきであった。

既述のとおり日弁連の3000人説は大きな司法や弁護士任官制と深く関係するものであったと思われる。しかしながら，司法試験の合格者数は2000人余（本稿では2000人余も2000人説と称する）に増えても，他方では合格者の増員とかかわっている大きな司法への政策転換や弁護士任官制は一向に捗捗しく進んではいない。ここに弁護士過剰現象が生じたといえなくもない。弁護士任官制の実現に過大な期待をかけて，司法試験合格者数の3000人説を展開したとすれば，3000人説の前提の考え方に空想的予想があったのである。その点でも日弁連は3000人説を一人歩きさせてしまったようにみえる。換言すれば，3000人説は弁護士任官制という砂上の楼閣であったといえようか。しかしその3000人説がまさに多くの法科大学院進学希望者の判断を誤らせたといってよい。逆にいうならば，3000人説は弁護士任官制を前提とすれば日弁連として誤った数字ではなかったといってよいのかもしれない。日弁連はそのような言訳をする余地を残しているのである。

これに対して，日弁連2008年7月18日の「法曹人口問題に関する緊急提

言」の趣旨は以下のようなものである。すなわち、「本年度（2008年度）司法試験合格者の決定にあたっては、新しい法曹養成制度が未だ成熟途上にあることに鑑み、司法改革全体の統一的かつ調和のとれた実現を期するため、2010年頃に合格者3000人程度にするという数値目標にとらわれることなく、法曹の質に十分配慮した慎重かつ厳格な審議がなされるべきである」とされているのである。これは3000人説の変更ないし放棄であるといわれても致し方がないと思われる。なお最新のものとして日弁連2009年3月18日「当面の法曹人口の在り方に関する提言」（日弁連ホームページ）も参照されたい。

以上に述べたところを要約すると、日弁連の「平成12年見解」は大きな司法への政策転換や弁護士任官制にしても弁護士の増員にしても予測を誤ったということになる。今日にいたり、3000人説を否定することは日弁連としては自らの見通しを誤ったという結果になるのではないか。

もともと弁護士界には、司法試験合格者の増員、したがって弁護士の増員には反対論があった。それが当時の小泉内閣の規制緩和策に飲み込まれ反対論を提唱し難くし、その反対論が影を潜めてしまったのではないかという疑問を持ちたくなる。日弁連は色々な理由をつけて（そのなかには適切なものもないわけではない）合格者増員という大勢に迎合した嫌いがあるように思われる。その結果、合格者増員反対論が潜行してしまったのであろう。しかし、他方で大きな司法や弁護士任官制の実現にどれだけの努力をしたのであろうか。もっとも日弁連は2003年10月23日「裁判官及び検察官の倍増を求める意見書」を出している。

現状認識を前提にすると3000人説は些か行き過ぎであるとする見解もありうると思う。しかし、仮にそうであるとしても今それを提唱することはいかがなものかと思う。3000人説を提唱したのが平成12年、法科大学院の開設が平成16年、新司法試験開始が平成19年、日弁連の3000人説見直しの緊急提言が平成20年である。少なくとも平成20年4月の新入生までは見直し論が出る以前に3000人説を信じて法科大学院に進学しているのである。法科大学院発足以来、僅か4年にして3000人否定説が出てくるというのは朝令暮改に等しい。3000人説を前提にして法科大学院に入学した彼らには3000人説に対する信頼の原則が適用される。加えて先進諸国の弁護士と人口の比率もみる必要があるのではないか。弁護士過疎地もまだまだ多いのである。

2009年1月13日付けの東弁から日弁連に提出された「法曹人口問題に関す

IX そ の 他

る意見書」がある。その 11 頁に結論が 2 項目，すなわち，(1)，(2)にまとめられている。本稿では合格者数を扱っているので，上記(1)についてのみ紹介しておく。

　(1)　以上のことから，当会としては，市民のための司法改革を貫くため，「国民が必要とする数と質を維持しながら確保するよう努める」との基本方針を今後とも堅持し，「概ね 5 万人程度」の法曹人口に見合う基盤整備の対策を今後とも全力で推し進めるべきと考える。しかし，具体的な毎年の新司法試験合格者数については，現在の増員ペースは急激に過ぎ，増員のペースはスローダウンすべきであると考える。

　そして，その具体的人数については，新司法試験合格者年間 2000 人または現状維持である約 2100 人（旧司法試験組を入れると 2300 人程度）程度に固定するとの考え方もあるが，旧司法試験組が順次少なくなることを考えると，2000 人は全体数を現状から削減することを意味し，法科大学院に対する深刻な影響を避けるとともに，年間合格者数を当初構想した数からあまり低く抑えることはかえって司法試験受験生の意欲や質の低下を招きかねない悪循環も懸念される。当会としては，司法試験委員会が 2007 年 6 月の時点で 2008 年度の新司法試験の合格者数の目安とした年間 2100 人～2500 人の範囲内で，年度ごとの受験生の成績や質に応じて合格者の数が判断されることが妥当であると考える。

ここでは「2100 人～2500 人の範囲内で，年度ごとの受験生の成績や質に応じて合格者の数が判断されることが妥当である」とされている。しかしながら成績や質が年度ごとに大きく変化することは通常考えにくい。私見は 2500 人に限りなく近い数字であれば，3000 人説に近くなるので，3000 人説を前提とする私見によれば，それほど強く反対しなくてもよいとは思われるが，2100 人に限りなく近い合格者数ではやはり当面前記信頼の原則に反するのではないかと思う。

弁護士人口の拡大は次のような問題を生むことも確かである。すなわち，いわゆる隣接法律職種（司法書士，弁理士，税理士，行政書士，社労士，土地家屋調査士等）のうち，司法書士，弁理士，税理士等に限って制限的ではあるが，法曹としての職域の拡大を認めている。この点について前記意見書 5 頁は以下のように述べている。

「すなわち，法的サービスの担い手は弁護士であり，しかし弁護士人口が足りな

い現状に鑑み，当面の法的需要に応じる為に隣接法律専門職種に措置を講じる（一定の権限を付与する）としたものである。したがって，弁護士人口の増加により弁護士が法的需要を充足するに至った場合は，当面付与された権限の縮小すらを視野に置かれているのである。そして，この数年間において，着実な弁護士人口の増員を果たし，法的需要に対応できる展望が拓けている現状において，司法書士・行政書士・社会保険労務士等の権限拡大要求（上限額のない法律相談や代理権付与等）には断固反対するものである。」

これに関する私見は以下のごときものである。新司法試験の導入に至るまで，弁護士会は国民の法的需要に対応できるところまで弁護士人口を増やすことに積極であったとはいえない。そのために法的需要に応えるために隣接法律職にその不足分の役割を果たさせたのである。それを今日にいたり，弁護士数が増加したから拡大された法律隣接職の権限を弁護士会に取戻せというのは，いかにも御都合主義的なものを感じる。一度拡大した権限を弁護士に奪還することはそう容易ではない。拡大されたとはいえ，その範囲が広いものではないのであるから，新自由主義下の競争原理を作動させてもよいのではないかと思う。拡大領域では両サイドが自由競争をすることによって，司法は国民により身近なものになる。この新自由主義的権限競合は時代の趨勢でもあるし，悪くいえば，弁護士人口の拡大に反対して国民と司法の距離をおいてもきた弁護士会への一種の報いであると考えることもできる。

5　新司法試験下のバイパス試験の必要性

私は予てより新司法試験の下でもバイパス制を設けよという主張をしている（拙稿「法科大学院教育に関与して」判タ1189号93頁——本書118章——）。

　法科大学院には2年課程（既修者）と3年課程（未修者）とがあることは周知のごとくであるが，既修者であっても，大学によっては2年課程に入れないこともある。既修者の2年課程に進んで，法学部入学以来6年，未修者も他学部出身であれば7年の課程を履修することになる。院生の経済的負担は大きい。法科大学院の課程には法科大学院でなければ学べない科目（例えば，要件事実教育や法廷実習）もあるが，要件事実教育は書物によって学べないわけではないし，法廷経験も実務修習で学べないことではない。そのように考えると，法科大学院の修了者にのみ司法試験の受験資格を与えるのがよいとは必ずしもいえない。受験生の経済的負担その他の事情を考えるとバイパス試験で済ませう

IX その他

る枠はどうしても必要である。その場合，適性試験，回数制限とか最初の受験から一定期間以内という枠を設けてもよい。バイパス試験の合格者については修習期間を若干延長してもよいであろう。

受験生，したがって法曹の多様性はかねてより求められているにもかかわらず，バイパスを設けないと他の職から転職して司法関係に進む者が少なくなるということも予想される。

旧司法試験の終了に伴ってバイパス試験制度の内容を早急に具体化する必要があるのではないか。バイパス試験を設けることなく法科大学院の修了者にのみ受験資格を与えるに止まるというのでは司法界は高度の資質をもつ法曹を失う可能性もあるのではないかと思われるし，加えて法曹養成制度の一つの理念であった弁護士の多様性の理念にも反するのではないかと思われる。

6 弁護士過疎の解消

新司法試験によって法曹実務家，特に弁護士の数が増えれば弁護士過疎地がなくなるのであろうか。これからの弁護士はプライマリー弁護士というより，むしろ専門化してくることが予想される。そうでなくても弁護士の多くは都会地で弁護士としてのスキルを磨きたいと考えるであろう。そうなると弁護士は自然に都会に集中して弁護士過疎地はなかなか解消されないということも予想される。身近な法曹という理念を考えた場合，弁護士過疎地を解消しなければならない。

そこで，何年間は地域限定で実務を行うことを義務づけることも必要になるかもしれない。例えば特定過疎地域に存在する法科大学院生には授業料を減免するなどして法曹になった者について，期間限定をつけてその種の義務づけを行うことも考えられる。合格者を増やせば自然に需要と供給の関係から法曹が適正に配置され，過疎地が解消すると考えることができるであろうか。疑問がないわけではない。

もともと合格者の増員は，法を庶民の身近なものにするという要求からでたものである。法テラスやひまわり事務所等はこのような理念に沿ったシステムである。しかしそれだけの手当てをしておけば十分なのであろうか。防衛医大とか自治医大のように勤務に一定範囲の制限を課する合格枠を設けることも司法試験について考えてもよいのではないかと思われる。そこまでの配慮をすれば弁護士過疎地はある程度解消するであろう。

7 教員不足

　法科大学院の教員が不足すれば，廃止・合併の問題が生じ，それは間接的に法科大学院の定員の問題に関係し，さらには合格者数の問題にも絡んでくる。
　2008年11月29日付日本経済新聞朝刊第38面に【法科大学院『将来　教員不足も』77%】と題する記事が掲載されている。法科大学院の77%にあたる57校が刑訴法，行政法，民法といった「法律基本科目」で将来専任教員の確保が難しくなると懸念されることが文科省の調査で明らかになったというのである。そしてその理由として，法科大学院の修了者の大半が新司法試験を経て法曹の途を志し，研究者を志望する人が少ないことを挙げている。特に既存の法学部と兼任する教員を法科大学院の専任教員に数えてもよい「ダブルカウント」と呼ばれる教員不足緩和措置が講じられているが，これは2013年度までに廃止される見通しで，法科大学院が独自に教員を確保しなければならなくなることがその原因として指摘されている。このような懸念について私は以下のように考えている。
　第1に，たしかに，この記事の指摘は全く理由がないわけではない。しかし，この指摘は必ずしも全く正しいというわけでもない。研究者志望者は法科大学院を修了して博士課程に進学するというルートをつけておけばよい。いかなる時代にも，また制度がどう変わろうとも研究者志望者がいなくなる，あるいは減少することはない。
　たしかに研究者志望者が従来は修士課程を経て博士課程に進学するというルートをとっていたのであるが，修士課程が法科大学院に変わるだけのことである。そのために研究者志望者が激減するということは考え難い。
　第2に，司法試験合格者が増えれば自然に研究者志望者も増えるであろう。むしろ問題になる事項の1つとして現在の修士課程をどうするかという点こそが問題である。法科大学院ができたために修士課程は今や外国人学生の修士学位取得の機関になり，日本人学生が少数派になっているのが現状ではないであろうか。
　将来予想されるといわれている法科大学院内での研究者不足，すなわち法科大学院の教員不足をもたらすということは考え難い。ここでは研究者の待遇改善が必要であることは当然である。
　医学や薬学といった専門職の六年制教育が教員不足をもたらしていないのと

IX　そ　の　他

同様に考えてもよいのではないかと思われる。
　第3に教員不足の懸念が生じるのは法科大学院制の発足を急ぎすぎたことに起因している。多くの職業においても同様であるものと思われるが，大学教員の養成には10年ぐらいの期間を見積もっておく必要がある。既存の研究者の数は定まっており，そこに法科大学院を設けようとすれば，教員の一定の牌を学部，従来型の大学院と法科大学院とで奪い合うことになる。ある程度の期間をおいて研究者教員の牌を奪い合わなくともよいように研究者の養成の期間を設けたうえで法科大学院制度を発足させるべきであった。
　学部，旧来の大学院教員を大幅に法科大学院に引き抜けば，前者の教員の質は落ちる。法学部の4年間は法学の基礎をつくるべき場所である。その教員が例外はあるが一般的に質的低下を来たすことは法学教育上見逃すことのできない事態であることはいうまでもない。
　第4に法科大学院の教員の負担が大きいことも教員不足をもたらす一因である。特にレポートの出題と添削，学期末試験の採点に加えて添削・講評・小試験の実施とその採点と講評，レジュメを含む各種資料の配布等がそれである。わが国の法科大学院の教授には助手も秘書もいないため，上記の事項を科目担当者が全部ひとりでこなさなければならない。それらは研究者としての教員の研究時間を削ることになる。教育補助者を置くことは必要不可欠なのであろう。
　以上に述べた諸要因からみて，法科大学院における教員不足は深刻な問題である。日経新聞によると，その対策の一つとして論文作成を教える科目を設定したり，法科大学院修了後に法学部の博士課程に進む学生に経済支援したり，といった体制整備が必要であることを中央教育審議会法科大学院特別委員会が報告書に記載している旨報じている。たしかに経済支援は実務に就く学生と比較すれば必要であるといえようが，法科大学院で研究者要員を確保するために論文指導の科目を設けることまで必要なのかという点には若干の疑問をもたざるを得ない。

8　む す び

　2009年2月8日朝日新聞朝刊第1面に【法曹増員「数年は抑制」日弁連提案へ　年2100〜2200人維持】，第38面に【「法曹5万人」堅持　日弁連「逆行」批判に配慮】なる記事が掲載されている。ここに日弁連の苦悩が書かれている。しかし3000人説を信じた法科大学院生にとって3000人説の急な撤回は

酷ではないかと私は考えている。政策を変更するのはそれなりの事由があってのことであると考えられ，それが合理的なものである限り，これを否定するものではないが，法科大学院生の入学の意図を考慮すれば，仮に3000人説を撤回するにしても，それには相当な猶予期間を置くのが妥当ではないかと思われる。それを置かずに2000人説を据置くことは信頼の原則を裏切ることにならないのであろうか。いわんや合格者7割説を提唱しながら合格率がはるかにそれを下まわっている現在，2000人説を維持しようとすることは，法科大学院生には誠に酷なことである。また2000人説を堅持しようというならば回数制限，年限制限を緩和するという方法も考えられないわけではない。

「密雲不雨」というあまり有名ではない四字熟語がある。志賀直哉がその唯一の長編小説「暗夜行路」のなかで使っている。「密雲あれど雨ふらず」ということである。四書五経の筆頭である儒学の重要な経典「易経」に出てくる（円満字二郎著『心にしみる四字熟語』〔光文社新書，2007〕137頁参照）。密雲があるのだから雨が降ってもらいたいという農民の切なる願いと雨の降らない慨嘆とを表現しているように思える。2000人説と3000人説とに関連して，この四字熟語をめぐって，一方で日弁連その他の提唱するように弁護士任官制と結びつけたものであっても良いから3000人説を維持してもらいたいという法科大学院生の願望があり，他方で，弁護士任官制が望み薄であるが故にそれと結びつけられない2000人説に対する慨嘆とが併存しているのではないかと思われる。

Pacta sunt servanda（契約は履行されなければならない。Thomas Hobbes）という法諺があるが，3000人説を信じて法科大学院に進学した既卒ないし現役の法科大学院生は3000人説の遵守を切に願望することであろう。2000人説をとるか，当分3000人説を採用するかは国家や公的機関の品格が問われる問題である。制度の変革は必要であるが，朝令暮改であっては法的安定性を欠くことになることを銘記すべきである。この点は新司法試験発足時に7割合格説が提唱されながら，実際はそれと程遠い合格率になっているのが現状で，この点はかつて私も予見したところである。合格率を見誤ったという点では既に新司法試験が受験生に対して多大の迷惑をかけていることも忘れてはならない。

〔判タ1293号77頁，平21〕

追記　本稿は2009年6月に執筆されたものである。

Ⅸ　その他

【参考資料】　総会決議集　Subject : 00-11-1
臨時総会・法曹人口，法曹養成制度並びに審議会への要望に関する決議

平成12年11月1日
日本弁護士連合会臨時総会

　当連合会は，かねてより，21世紀の我が国の司法制度を「大きな司法」とし，市民が参加し，市民に身近で役立つ「市民の司法」とするために，法曹一元制及び陪・参審制の実現を求め，弁護士の自己改革を行う決意を表明してきた。また，本年5月の定期総会においても，その旨の宣言を行った。

　我々は，司法制度改革審議会の審議の現状を踏まえ，審議会に対し，改めて，法曹一元制と陪審制の実現について要望するとともに，市民から期待されている弁護士のあり方と社会的役割に応えるべく，以下のとおり決議する。

1. 司法が21世紀の我が国社会において果たすべき役割に照らし，司法制度改革審議会に対し，次のとおり，抜本的な制度改革を提起されるよう強く要望する。
   1. 裁判官制度については，判事補制度を廃止し，相当期間の豊かな実務経験を有する弁護士等の法律家から，市民も加わった裁判官推薦委員会の推薦を経て，裁判官を任用することを基本とし，あわせて裁判官の人事制度の透明性・客観性を図ることを内容とする法曹一元制の実現の方向を打ち出すこと。
   2. 陪審制度（少なくとも刑事重罪否認事件における選択的陪審制度）を早期に実現すること。
2. 法曹人口については，法曹一元制の実現を期して，憲法と世界人権宣言の基本理念による「法の支配」を社会の隅々にまでゆきわたらせ，社会のさまざまな分野・地域における法的需要を満たすために，国民が必要とする数を，質を維持しながら確保するよう努める。
3. 法曹一元制を目指し，21世紀の「市民の司法」を担うのにふさわしい専門的能力と高い職業倫理を身につけた弁護士の養成を眼目として，下記事項を骨子とする新たな法曹養成制度を創設し，大学院レベルの法律実務家養成専門機関（以下「法科大学院（仮称）」という。）における教育と，その成果を試す新たな司法試験及びその後の司法（実務）修習を行うこととし，弁護士会は，これらに主体的かつ積極的に関与し，その円滑な運営に協力する。
   1. 法科大学院（仮称）は，公平性・開放性・多様性を基本理念とし，全国に適正配置する。
   2. 新たな法曹養成制度は，法曹養成における実務教育の重要性を認識し法科大学院（仮称）においてもこれを適切に行う。
   3. 新たな司法試験後に実施する司法（実務）修習は，法曹三者が対等な立場で運営する。

提案理由

1. 司法制度改革審議会の現状と我々の課題

　当連合会が1990年（平成2年）5月25日の第41回定期総会で司法改革に関する宣言を行ってから，すでに10年余の時が経過した。「国民の権利を十分に保障し，豊かな民主主義社会を発展させるためには，充実した司法の存在が不可欠である。」という一文から始まるこの宣言は，「今や司法改革を実現していくための行動こそ，弁護士と弁護士会に求められている。当連合会は，国民のための司法を実現するため，国民とともに司法の改革を進める決意である。」と結ばれている。

　そして現在，「国民がより利用しやすい司法制度の実現，国民の司法制度への関与，法曹の在り方とその機能の充実強化その他の司法制度の改革と基盤の整備」について調査審議するために，衆参両院の決議により内閣に設置された司法制度改革審議会が，この11月中にその基本的見解をまとめた中間報告書を発表しようとしている。

　司法制度改革審議会が昨年12月に審議指針として発表した「論点整理」は，我が国の司法制度が，法を国民生活の血肉とするうえでは，十分な機能を果たしてこなかったことを指摘している。また，国民一人ひとりが，自律的でかつ社会的責任を負った統治主体として，自由で公正な社会の構築に参画していくことが，21世紀のこの国の発展を支える基盤であるとし，司法は，国民の具体的生活状況に即した法的サービスを提供し，さまざまな紛争を公正かつ透明な法的ルールの下で適正かつ迅速に解決し，政治部門の行き過ぎによる基本的人権の侵害を監視し救済しなければならないとしている。

　この「論点整理」には，我が国の司法の現状に対する批判的検討が不十分であるなどの問題があるとはいえ，ここで目指されているのは，司法制度が，我が国社会でより大きな機能を発揮できるよう抜本的な改革をすることであり，当連合会が求めつづけた司法改革と，その点で志向を一にするものである。

　司法制度改革審議会は，その後具体的な改革案の審議に入り，裁判所・検察庁の人的体制の充実，国民が期待する民事司法・刑事司法・弁護士のあり方など国民が利用しやすい司法の実現，法科大学院構想など，広範な改革案を論議している。本年4月25日には法曹（裁判官・検察官・弁護士）の大幅増員とともに，裁判所職員，検察庁職員等の増加を図ることが確認され，8月7日から9日にわたる夏期集中審議においては，法曹養成制度と法曹人口，法曹一元制につき中間報告に向けてのとりまとめがなされた。このとりまとめでは，法曹人口について，現在検討中の法科大学院（仮称）構想を含む新たな法曹養成制度の整備状況を見定めつつ，計画的に，できるだけ早期に年間3000人程度の新規法曹の確保を目指すこととされた。また法曹一元制については，判事補制度の廃止に踏み込まないな

IX その他

ど極めて不十分な面を残しているが，法曹一元の根底にある考え方に基づいて裁判官制度の改革を行っていくとして，1.裁判官の給源の多様性，多元性を図る，2.裁判官の任命のあり方について工夫する，3.裁判官の人事制度の透明性，客観性を付与する工夫を行う，など司法の民主化を図る方向性を示し，今後その具体像を審議検討するとした。

このような状況において，まさに今，我々弁護士に対して，10年前に高らかに宣言した司法改革を具体的にどのように実践するのか，法曹一元制と陪・参審制の実現のために，我々がいかなる行動をとり，いかに自己改革するのか，が端的に問われている。

121 新司法試験の合格者数について（続）

　第二次世界大戦をはさんで戦前および戦後暫くの時代と比較すれば，社会の訴訟化は誠に不十分ながら，徐々に進んできている。それに対応して，司法の規模が十分に拡大したといえるか，在朝野の法曹の数が飛躍的に伸びているかといえば必ずしもそうとはいえないであろう。司法試験合格者数も約500人時代，約1000人時代，約1500人時代を経て，2007年度は新旧併せて2099人，昨年は新旧併せて2209名になった。未だ法科大学院の開設に伴う新司法試験の合格者数は昨年2065名，今のところ，当初の予定の3000人に程遠い。私は別稿「新司法試験の合格者数について」判タ1293号77頁（本書前章，以下，「判タ論文」という）において，当分の間3000人を維持すべき旨を説いている。これに対して，日弁連の現在の主張は2000人説であり，小規模司法から適正規模司法（日弁連は「大規模司法」という）への政策転換をすべきであると，かねてより考えていながら，2000人説をもって司法は適正規模になるものとしているようである。

1　新司法試験合格者の進路

　合格者数を増やせば，当然合格者全体の平均学力は低下する。そこで私として考えられるのは，修習終了後判事補制度にならって，弁護士の場合にもとりあえず5年程度の弁護士補制度を設けてはどうかと考えている。
　各弁護士事務所は，原則として一定数の弁護士補を所員弁護士補として引受けて実務の基礎的な知識を得られるように指導する体制を造るということはどうか。換言すれば，弁護士補を一人前の弁護士に養成する義務を弁護士事務所（その資格には一定の要件を課する必要がある。その間の給与についてはなお検討の余地がある）自体が負担するのである。その期間終了後は，当該事務所には弁護士補を継続して雇用する義務はなく，雇用されない限りは他の事務所に移籍するか独立するかのいずれかを選択させるというのである。
　日弁連や各地方弁護士会は，それぞれに法曹三者の一角を担うものとして弁護士会としての提言，決議，研修，相談等を行っており，その在野法曹としてのしかるべき役割を果たしていると私は考えている。修習終了後新任弁護士補

IX その他

は弁護士事務所が養成する。そこで研修を受けた新人弁護士補が一人立ちして社会で活躍する基盤を造ってあげること，仕事のノウハウを修めさせることは在野法曹である弁護士事務所の職業的，且つ公的な責任であるといえよう。そして同じようなことは現在，実質上新人弁護士を受入れている各法律事務所において実施されているのである。修習を終えただけで一人前の弁護士とはいえないと考えるのが一般的ではないかと思うのである。

医師としての臨床研修終了後は町医者としてプライマリー医療を担当する者と，専門的医療機関において専門技術を学習した高度専門医師との二つに分かれるのと同様，弁護士も上記研修終了後，日常的法律問題を取扱う弁護士と益々専門化していく弁護士というそれぞれの道を歩むものとがあってもよいのではないか。

かような制度を創設すれば，新司法試験下における弁護士の就職難も若干は解消されることになろう。在野法曹数の拡大は法律先進諸国における人口対弁護士数の比率と比較しても（後掲別紙1），それほどの実害をもたらすわけではない。

2 新自由主義社会における生存競争

合格者3000人説によれば，弁護士人口の著しい増加により生存競争が高度化することは否定し得ない。それでも人口あたりの弁護士数の比率をみると，わが国の場合欧米並みになっていないといえよう。たしかに弁護士人口が増えれば，弁護士事務所に参加する，ないしは自ら開業することは大変困難になってくる。現在その傾向がみられる。しかし，そのような自由競争が新自由主義の下で求められるのであり，弁護士が過多になれば，数の上での自然な調整がなされることになるのであろう。法科大学院で教えていると修習生から色々なルートを通して弁護士事務所等への就職依頼を受けることが多い。知合いの法律事務所にその依頼を繋ぐと「当事務所では即戦力が欲しいのであって，実務法曹の雛を採用し育てる余裕はない」といって断られることが多い。殊に司法試験の合格者が，約2000人に達している新制度の下では修習期間がかなり短縮されている。繰返すようであるが，現在の修習終了者の実務法曹としての実力は旧制度のそれと比較して一般的，平均的にいえば，明らかに劣っている。この点からみると，司法修習期間の短縮，内容の簡素化は決して好ましいことではない。しかしながら，受入れる弁護士事務所側の考え方にも若干の問題が

ないわけではない。修習生の増加に対応して旧修習制度におけるようにある程度充実した養成制度を設けるためには予算措置が必要であるが，その手当てが困難なのであろうか。この現実を変えて司法研修所における研修を充実すべきことは間違いがなく当然であるといってもよい。それに対応する予算措置がとれない現状の下では，研修所における修習を若干期間を延長し，それなりに充実させることは不可能である。そうなると，弁護士の場合，弁護士（あるいは「弁護士補」）採用後の一定期間について弁護士は特定の事務所における研修に相当するものに頼らざるを得ないし，事務所もそのことを前提として新人弁護士を採用するように弁護士事務所の意識を変えていかざるを得ないというのが私の見解である。一般的には，何事についても，一人前の職業人になるには10年を要するといわれている。その間，新人を一人前の弁護士にするための研修を弁護士事務所が引受けざるを得ないのが必要ではないのか。新人弁護士に即戦力をもたせるための教育は今のところ，弁護士事務所しかないのである。弁護士採用後の実務経験が弁護士を一人前のものに育てるのである。即戦力が欲しいから新人弁護士は採用しないというのは，弁護士事務所の怠慢さを示すものではないかと思われる。弁護士事務所はこのような方法をもって弁護士の養成に協力すべきである。それが弁護士事務所の社会的役割の重要な部分になるものと思われる。

3 弁護士は不当に過剰になるのか

　新人弁護士の就職難などからみて2000人説でも弁護士過剰になるといえるのであろうか。医院や病院を開業している医者のケースをみて欲しい。都会地では一地点に立って360度回転すれば多くの場合〇〇病院ないし××医院の看板をみることができる。しかし弁護士事務所の看板をみることはそう多くない。この点だけからみても現時点で在野法曹の就職難（特に新人弁護士）がいわれるが，弁護士過剰とは必ずしもいえないのではないか。勿論職業別の相違があることはいうまでもない。法テラスそれ自体も十分な受入態勢を具備したと胸を張って威張ることができるかといえば，必ずしもそうではない。広宣活動の不十分さのゆえであろうか。その面での努力はなされているものの，法テラスも国民一般に熟知されているわけではない。状況は必ずしも当初主張された3000人説を否定して2000人説に立つところまでは進んでいないのである。かように考えてみると日弁連が主張していた3000人説によって，法を一般国民

Ⅸ　そ の 他

に浸透させ，より身近なものにするというのが法曹界本来の使命であろう。2000人説には若干の疑問を感ぜざるを得ない。特に欧米における弁護士数の対人口比をみて欲しいものである。

　弁護士も含めて司法の容量を適正規模に拡大することは訴訟社会化と不可分に関係している。弁護士数が増加すれば，一般的にいえば，弁護士報酬が下がると思われるので庶民は弁護士を利用しやすくなるし，裁判所の規模が拡大すれば裁判所が身近なものになりその活用は促進され，訴訟の迅速化に繋がるために訴訟社会化が実現する。弁護士数が増加すれば法律相談は充実し，訴訟についても国民は気軽にこれを利用することができるようになる。これらの諸点からみて弁護士を含め司法の容量を拡大することは絶対的に必要である。民訴手続を効率化することも必要不可欠であるが，司法の容量の拡大は手続の効率化と相俟って国民の裁判を受ける権利を拡大する。ADRの拡大は，弁護士を含めた司法の規模の拡大が怠られていたために，他方でこれを補うという機能が注目されてきたのである。ADRは判決による事件の解決と解決の質を異にするというメリットはあるものの，あまりにも多くの紛争解決を判決ではなくADRに委ねるということは訴訟の重要な目的の一つである法秩序の維持の理念を後退させる結果になることも我々はしっかりと認識しておく必要がある。必要以上にADRが拡大し判決による紛争解決が後退することは社会における法秩序維持の理念を不当に後退させることになるのである。当事者に対し判決のもつ法教育的機能もADRが拡大せしめられることにより後退する結果になるものと思われるのである。

4　日弁連「当面の法曹人口のあり方に関する提言」2009年3月18日について

(1)　日弁連の新提言

　日弁連が法科大学院や新司法試験をもってする新法曹養成制度について，裁判所，検察庁と並んで司法の一角を占める独立の機関として新司法試験制度およびそれと不可分に関連して法曹人口の問題について度重なる自らの提言を展開されていることは評価に値するものと思う。司法の一角を担うものとしての司法のあり方について責任ある発言をしようとしている努力には敬意を表するものである。

　前掲判夕論文にも述べたように日弁連は法科大学院制度の発足前後にいくつ

かの法曹人口に関する提言を出している。この点については判夕論文（本書前章）を参照されたい。

日弁連は前章の論文の執筆後の2009年3月18日に改めて「当面の法曹人口のあり方に関する提言」を発表している（以下，「2009年3月18日提言」という）。提言の要旨は本稿末尾の別紙2として日本弁護士連合会のホームページ（http://www.nichibenren.or.jp/ja/opinion/report/090318.html）から引用しているので参照されたい。なお，本稿では提言の要旨のみを掲載し，理由はのせていない。本小論の内容は繰返しになる部分もあるが，それは上記提言内容にも繰返し的な部分があることによるのであって，この点は本章読者に御諒解を賜りたいと思う。

(2) **提言の趣旨1**

趣旨1は，法曹人口5万人への増加を目標として掲げているが，この点は暫く措くとしよう（法曹人口の対人口比率については後掲別紙1参照のこと）。

(3) **提言の趣旨2**

問題は趣旨2である。ここでは法曹の質の確保，法的需要の動向，財政措置の必要性を含む司法の制度的基盤整備の状況が指摘されている。誠に尤もなことと考える。特に私はかねてより小さな司法から適正規模の司法への拡大を事ある度に説いてきたのであるから，趣旨2の提案に反対すべき理由はない。

ここで付言するとすれば，提言の趣旨2が言及している法的需要の動向である。国民が法化社会の必要性を実感して共有しそれを意識して，その種の社会を完成に近いところまでもっていくことが大切であり，そのための教育が不可欠である。同じことは裁判員制度についてもいえるように思われる。下級学校教育のなかで既に裁判員になることが国民的義務であることを十分に教え込むことが肝要である。そうすることによって国民の大多数の間に裁判員制度への国民的参加意識を高めること，換言すれば裁判員制度の導入について国民に対する息の長い啓蒙的活動があってよいのではないかと思われる。

2009年4月11日付朝日新聞朝刊第14版10面に「検事や看守　講師にいかが」という記事が掲載されている。今年度から新学習指導要領に採りいれられる教育を支援するため，学校や地域に現場の職員を派遣し，いわゆる出前授業をしようとするものである。今夏までに教材を準備して，夏休み明けから本格的に実施するようである。以下のようにこの事業について紹介している。

Ⅸ　そ　の　他

　「法教育は，市民に法律や司法制度の知識，法的な考え方を身につけてもらうのが狙い。『司法教育の充実』が提唱された司法制度改革の流れを受けて取り組みは広がりつつあるが，まだ手探り状態だ。
　しかし，5月から裁判員制度が始まり，司法に対する国民の関心も高まってきたことから，全省あげて取り組むことにした。今月，各局の職員を集めて発足した『法教育プロジェクトチーム』が授業で使う教材作りや，どんな講義が出来るかを検討する。」

　この企画は法化社会の実現のためには効果的な試みであり，必ず一定の効果をあげるものと私は確信している。この出前授業が，当面小規模のものであっても，将来，問題はどの程度の規模にまで拡大されるのかという点にその効果はかかっている。更には法務省のみならず裁判所も出前授業とまではいかなくても裁判制度の紹介や法廷見学にこれまで以上に積極的になるべきなのであろう。弁護士会もまた然りである。
　かように法化社会へ向けての教育が充実すれば，訴訟社会化が進み，弁護士が現在の段階からみて一見過剰と思われる状況が解消の方向に進むことが考えられる。
　なお提言の趣旨1では法曹人口5万人規模の体制整備という目標を立てながら，提言の趣旨3では「司法試験合格者数について，現状の合格者数（注1）を目安としつつ，慎重かつ厳格な合否判定によって決定されることが相当である。その後の適正な法曹人口のあり方については，上記の諸状況の変化を踏まえ，あらためて検討されるべきである」としている点では若干の解説を必要としないのであろうか。
　すなわち，第一の目標は，法曹人口5万人としながら，そのなかで裁判官，検察官，弁護士の割合について必ずしも明言がないことが気にかかる点である。問題は裁判所・法務省の人的構成の規模の適正化である。日弁連のかねてからの主張である弁護士任官制も強調されていない。第二には，「市民が必要とする数を確保するべく，法曹人口5万人」といって5万人の頭に「市民が必要とする」という文言が付されているのに対して，趣旨3では「その後の適正な法曹人口のあり方については，……改めて検討されるべきである」としている。一方では5万人についてはかなり断定的な数字を示しながら，他方では「改めて検討されるべきである」としている。5年間で必要な法曹人口がそれ程変わ

452

るものであろうか。時代が変われば，必要とされる法曹人口に変化が生じることは理解できるが，僅か数年でそれほど大きな変化があるのであろうか。若干疑問なしとしない。

5 在朝法曹人口の拡大

(1) 日弁連2009年3月18日提言の理由第4注3の表によると，過去5年間の司法修習終了後における判事補・検察官・弁護士の進路区分が掲載されている。この表によると，過去5年間（2004年〜2008年）の間に裁判官数は300人増，検察官は173人増，弁護士は6724人増ということになる。在朝法曹の増加数が在野法曹の増加数に比較して極めて少ない。

また主要諸外国の法曹人口とわが国の法曹人口との比較については後掲**別紙1**参照。

(2) 上記の表によると，新司法試験の全合格者数を増やしても，大幅に増えるのは弁護士のみで在朝法曹が著しく増加するわけではなく，適正規模への司法の拡大は実現できないのではないかというのが私の感想である。勿論弁護士人口を増加させることは訴訟社会化への第一歩であるが，これに対応して同時に司法機関の拡充（適正規模の司法）は不可欠である。紛争の解決を無闇にADRへ委ねる最近の傾向は些か行き過ぎであり，安易であるように思えるし，法秩序維持という訴訟の機能の相対的後退が認められるとすれば，そのことは法治国家として極めてシリアスな問題を産むことになるのである。前掲の諸外国との法曹人口の比較表をみれば，わが国では，在朝法曹の数がまだまだ不足していることがわかる。在野法曹人口を増やすことも軽視できないが，在朝法曹の増加のスピードはそれよりもはるかに遅いという点に訴訟社会化を妨げる主要な要因が存在することは指摘しておかなければならない。訴訟法を改正して訴訟手続の合理化や迅速化を図ることも，ADR制度を増やして大量の法的紛争処理をこれに委ね，裁判所の負担を若干なりとも軽減することの必要性を全く否定するわけではないが，それらと同様に，あるいはそれ以上に小さきに過ぎる現在の司法を適正規模に拡大することが訴訟社会化に対応する王道なのではないかと思われる。新司法試験合格者数の増加に伴って，在朝法曹人口を増やし司法の規模を拡大しなければならない。

Ⅸ　そ　の　他

6　法科大学院の統合，定員削減等について

　法科大学院卒業生の新司法試験における合格率は制度の発足当初，7 ないし 8 割といわれた。2004 年の法科大学院の開設の際に想定を上回る数の大学院が設置されたために，新司法試験の合格率は 3 割程度に低迷した。研修後の二回試験の不合格者も多いようである。法科大学院修了者の質が平均して著しく低下しているためである。受験者の質的向上を狙って，東大が 2010 年から定員 300 名を 240 名に減らし，京大も 200 人を 160 名に減らし，23 校ある国立大の殆どが 1〜3 割の定員の削減をする方針である旨新聞紙上に報じられている（朝日新聞 2009 年 4 月 17 日付第 14 版 1 面および 33 面参照）。記事によると，文科省は地方の国立大や私大についても削減や統合を考えているようである。もっとも私立大の場合，定員 300 名の早大が 2011 年度以降の削減を検討し，同じ定員の中央大は削減を考えていないとされている。
　司法試験合格者数の予定は当初約 3000 人，現在のところ約 2000 人であることは既に述べたとおりである。当初予定した 4000 人程度の法科大学院総定員を見込んだものの，現状では法科大学院が合計 74 校，総定員が 5800 人になってしまったのである（朝日新聞前掲 33 面記事）。そのため教員獲得や学生の質の維持が困難になったのであり，2008 年度入試では法科大学院入試の競争倍率が 2 倍を割った大学院は 3 分の 1 もあったと書かれている。総量規制で分母を減らし，司法試験の合格率を高めようという考えのようである（同 33 面記事参照）。
　法科大学院設置認可の際に，より以上に厳しい基準を適用して審査をして法科大学院の数を制限しておくべきだったのではないか。それをしないのであれば，7〜8 割合格などの謳い文句など提唱しなければよかったのである。両者の間には明らかな齟齬があったのである。私は当時，認可校数，総定員をみて，合格率 2〜3 割と予測していた（拙稿「法科大学院教育に関与して」判タ 1189 号 96 頁）。このような齟齬を生んだ責任はいずこにあるのであろうか。文科省は強く統合や定員削減を指導するといわれている（朝日新聞前掲 33 面記事）。簡単に定員削減，統合というが，既に施設を整え活用し，教育スタッフを揃えてしまっている私学にとり，定員の削減や統合をすることに要するエネルギーは異常に大きい。定員削減や統合を考えることも理解できないことではないが，以下の二点も考察する必要があるのではないかと思われる。第一に，合格者につ

454

いて本稿で述べたように3000人説を採用すること，弁護士については既述のとおり弁護士補制度を設けて数年間の研修期間を課して一定の弁護士事務所でその研修を引受けるべきこと，第二に，法科大学院終了生に弁理士資格ないし司法書士資格，あるいは制限された一定の範囲の訴訟代理人資格を取り易い方法を考えることである。第二の方法に対しては弁理士会や司法書士会から強い反発が予想される。

7 結びにかえて

私は判タ前掲論文（本書前章）および本章の執筆にあたり，日弁連から多くの資料提供を受けた。深く感謝したい。

穂積陳重著『法窓夜話』（岩波書店，1992）22頁～30頁に以下の記述がある（原文の数字は本稿が横書きのためアラビア数字に変えている）。

> パピニアーヌスは実にローマ法律家の巨擘であった。テオドシウス帝（2世，東ローマ皇帝。在位408-50）の引用法（レキス・キタチオニス）にも，パピニアーヌス，パウルス（3世紀前半），ウルピアーヌス（170頃-228），ガーイウス（2世紀頃），モデスチーヌス（3世紀前半）の五大法律家の学説は法律の効力ありと定め，一問題起こるごとに，その多数説に依ってこれを決し，もし疑義があるか，学説が同様に分れる時は，パピニアーヌスの説に従うべしと定めたのを見ても，当時の法曹中彼が占めたる卓然たる地歩を知ることが出来よう。しかしながら，吾人が彼を尊敬する所以は，独り学識の上にのみ存するのではない。その毅然たる節義あって甫めて吾人の尊敬に値するのである。碩学の人は求め得べし，しかれども兼ぬるに高節をもってする人は決して獲易くはない。西に，正義を踏んで恐れず，学理のためには身首処を異にするを辞せざりしパピニアーヌスあり。東に，筆を燕王成祖の前に抛って，「死せば即ち死せんのみ，詔や草すべからず」と絶叫したる明朝の碩儒方孝孺（1357-1402）がある。いささかもって吾人の意を強くするに足るのである。吾人はキュージャス（フランスの法学者1552-90）とともに「法律の保護神」「万世の法律教師」なる讃辞をこの大法律家の前に捧げたいと思う。

既述のとおり，私は日弁連はその社会的使命を色々な面でよく果たしていると考える。日弁連から資料の提供を受けて本稿を執筆したにもかかわらず，司

Ⅸ　そ の 他

法試験の合格者に関する私見は日弁連のそれと内容を異にする。パピニアーヌスに習って，私は一法律家として，また法科大学院の院生を目の前にして，信念として敢えて3000人説を前掲判タ論文（本書前章）に続いて，ここに堅持したい（なお，日弁連は法曹人口に関して2000年11月1日，2008年7月18日，2008年9月3日，2008年12月19日，2009年1月29日に提言ないし意見を発表されている）。

なお米倉明『法科大学院雑記帳』（日本加除出版，2008）12頁は，合格者について受験者の7～8割約5000人とされている。

別紙1　諸外国の法曹人口の比較

（単位：人）

	アメリカ 連邦	アメリカ 州	イギリス[*1]	ドイツ	フランス	日本	日本
人口	299,398,484		53,728,800	82,314,906	61,538,322	127,771,000	
法曹人口（対人口10万比）	1,130,136（377.47）		122,879（228.70）	172,128（209.11）	53,101（86.29）	31,131（24.36）	29,426（23.02）
裁判官（対人口10万比）	31,700（10.59）		3,639（6.77）	20,138（24.46）	5,844（9.50）	3,491（2.73）	2,685[*2]（2.10）
	1,800（0.60）	29,900（9.99）					
検察官（対人口10万比）	31,900（10.65）		3,218（5.99）	5,084（6.18）	2,107（3.42）	2,578（2.02）	1,679[*3]（1.31）
	5,376（1.80）	26,524（8.86）					
弁護士（対人口10万比）	1,066,536（356.23）		116,022（215.94）	146,906（178.47）	45,150（73.37）	25,062（19.61）	
弁護士数／裁判官数	33.64		31.88	7.29	7.73	7.18	9.33

＊1　イギリスは，イングランド及びウェールズを対象とする。
＊2　簡裁判事を除いた数
＊3　副検事を除いた数

＊本表は，『裁判所データブック2008年』28頁に掲載されたものの引用である。なお，日本の法曹人口の右欄は全法曹数から，簡裁判事と副検事を除いたもの，弁護士数／裁判官数の右欄は，全裁判官数から簡裁判事を除いた数を分母としたものである。

別紙2　当面の法曹人口のあり方に関する提言（要旨）

　日弁連は，理事会において「当面の法曹人口のあり方に関する提言」を採択しました。

1. 日弁連は，1990年以降数次にわたり司法改革宣言を行ってきました。2001年の司法制度改革審議会意見を受けて諸改革が実施され，本年5月に開始される裁判員裁判と本格的被疑者国選で制度の骨格が出揃います。しかし，司法制度改革を実りあるものにしていくのは，関係者の今後の取り組みに大きくかかっています。本提言は，この歩みをさらに力強く推し進めようとする目的に基づいています。

2. 今次の司法制度改革においては，司法・法曹への需要の変化を見据えつつ，人的基盤と制度的基盤の整備など，多岐にわたる諸改革の統一的かつ調和のとれた具体化と実行が必要とされています。しかし，新たな法曹養成制度は未だ成熟の途上にあって，新規法曹の質についての懸念が各方面から指摘されています。法曹の質の確保，法的需要の動向，財政措置を含む司法の制度的基盤整備の状況など，司法を取り巻く環境の変化は，この間の弁護士人口増加の状況に比して，当初の想定に沿った進展に至っていません。

3. 以上のような諸課題の改善・改革にはなお一定の年限が必要とされる状況に鑑みれば，来年度（2009年度）以降数年間は，司法試験合格者数について，現状の合格者数を目安としつつ，慎重かつ厳格な合否判定によって決定されることが相当であり，その後の適正な法曹人口のあり方については，上記の諸状況の変化を踏まえあらためて検討されるべきであると考えます。

4. 先の緊急提言は，法曹人口の増加をめざしつつも，ペースダウンを求めるものであったことから，裁判員裁判・被疑者国選や過疎偏在対策などに支障が生じるのではないか，司法改革全体を後退させはしないか，と言う懸念の声が寄せられました。司法改革の推進に向けて，日弁連の果たすべき役割に市民から大きな期待が寄せられていることを，改めて痛感させられた次第です。

5. この間，大幅な法曹人口の増加に日弁連の取り組みが伴って，地域的偏在は改善されつつあり，裁判員裁判・被疑者国選を支える態勢も整備されてきました。本提言は，今後とも着実に法曹人口を増加させつつ，これらの課題のさらなる整備・改善に向けて取り組みを強めていこうとするものであり，市民に懸念を生じさせるものではないと確信しています。

6. 司法は，市民の権利擁護の最後の砦であり，司法アクセスの一層の改革・改善は，国の重要な責務であります。増大する法曹人口を，裁判官・検察官の大幅増加に結びつけ，扶助予算の抜本的拡大を含む「大きな司法」の態勢を早急に確立することを求めるものです。

7. 日弁連は，今後とも増加する法曹人口について，多様な市民の期待に応えられる質の高い法曹を育成し，社会のあらゆる分野に広く法曹を輩出していくため総力をあげることを決意します。

［判タ1297号82頁，平21］

石 川　明（いしかわ　あきら）

昭和6年11月27日東京生まれ
慶応義塾大学名誉教授，吉備国際大学大学院客員教授

民事手続法評論集

2013年（平成25年）5月25日　第1版第1刷発行
8595-6：P 472　¥9800E-012：040-010

著　者　　石　川　　明
発行者　　今井 貴 稲葉文子
発行所　　株式会社　信山社
〒113-0033　東京都文京区本郷6-2-9-102
Tel 03-3818-1019　Fax 03-3818-0344
info@shinzansha.co.jp
笠間才木支店　〒309-1600　茨城県笠間市笠間515-3
笠間来栖支店　〒309-1625　茨城県笠間市来栖2345-1
Tel　0296-71-0215　Fax 0296-72-5410
出版契約2013-8595-01011　Printed in Japan

©石川明, 2013　印刷・製本／亜細亜印刷・牧製本
ISBN978-4-7972-8595-6 C3332　分類327.200-e001
8595-0101：012-040-010《禁無断複写》

〈(社)出版者著作権管理機構委託出版物〉
本書の無断複写は著作権法上での例外を除き禁じられています。複写される場合は，
そのつど事前に，(社)出版者著作権管理機構（電話03-3513-6969, FAX 03-3513-6979,
e-mail : info@jcopy.or.jp）の許諾を得て下さい。

小さな司法から適正規模の司法へ、現実を見据えた実践理論
訴訟上の和解
石川　明 著　　　　四六変上製 184頁　定価：本体 3,800 円＋税

ドイツ強制執行法の改正
石川　明 著　　　　A5変上製 228頁 定価：本体 6,300 円＋税

ドイツ強制執行法と基本権
石川　明 著　　　　A5変上製 274頁　定価：本体 7,560 円＋税

民事手続法の改革　ゲルハルト・リュケ教授退官記念
中野貞一郎・石川　明 編　A5変上製 640頁 定価：本体 21,000 円＋税

EU法の現状と発展　ゲオルク・レス教授65歳記念論文集
石川　明 編集代表　　A5変上製 434頁 定価：本体 12,600 円＋税

国際経済法と地域協力　櫻井雅夫先生古稀記念論集
石川　明 編集代表　　A5変上製 746頁 定価：本体 18,900 円＋税

ボーダレス社会と法　オスカー・ハルトヴィーク先生追悼
石川　明・永田　誠・三上威彦 編　A5変上製 488頁 定価：本体 12,600 円＋税

EUの国際民事訴訟法判例
石川　明・石渡　哲 編　A5変上製 472頁 定価：本体 12,600 円＋税

EU法・ヨーロッパ法の諸問題　石川明教授古稀記念論文集
櫻井雅夫 編集代表　　A5変上製 520頁 定価：本体 15,750 円＋税

信山社